Detlef Vonde

Auf den Barrikaden

Friedrich Engels und die
„gescheiterte Revolution" von 1848/49

Verlag Edition Köndgen

Verlag Edition Köndgen

Im Verlag Edition Köndgen erscheinen Bücher und Geschenkartikel über Wuppertal, Schwelm und das Bergische Land. Die vielfältigen Facetten dieser Region werden darin lebendig präsentiert.
www.edition.koendgen.de

Bibliographische Informationen der Deutschen Nationalbibliothek: Die Deutsche Bibliothek verzeichnet diese Publikation in der Deutschen Nationalbibliographie; detaillierte Daten sind im Internet unter *www.dnb.de* abrufbar.

1. Auflage 2019
© 2019 Verlag Edition Köndgen, Wuppertal
© Detlef Vonde
Deutsche Originalausgabe
Alle Rechte vorbehalten
Gestaltung: Sandra Balcke
Druck: BoD GmbH, Norderstedt
Printed in Germany
ISBN 978-3-939843-94-8
www.edition.koendgen.de

Inhalt

Im Oktober 1849

Gelegt hat sich der starke Wind,
Und wieder stille wird's daheime:
Germania, das große Kind,
Erfreut sich wieder seiner Weihnachtsbäume.
[...]
Gemüthlich ruhen Wald und Fluß,
Vom sanften Mondlicht übergossen;
Nur manchmal knallt's – ist das ein Schuß?
Es ist vielleicht ein Freund, den man erschossen.

(Heinrich Heine, 1850)

Der junge Friedrich Engels, aus der Zeichenmappe des sowjetischen
Künstlers Nikolai Nikolaijewitsch Shukow von 1952

Zur Einführung

Mit dem Elberfelder Kampf für die Anerkennung der am 28.03.1849 von der Frankfurter Nationalversammlung beschlossenen Reichsverfassung erlebte das Bergische Land nach den Solinger Fabrikstürmen vom Jahr davor seine zweite spektakuläre revolutionäre Erhebung. Sie war Teil einer breiten Aufstandsbewegung in verschiedenen deutschen Einzelstaaten seit Ende April, die unter der Bezeichnung *Reichsverfassungskampagne* in die Geschichtsschreibung eingegangen ist. Lange Zeit wurde dieser zweite Versuch einer Revolution als bloßes *Nachspiel* empfunden, als gleichsam letzte Zuckung einer längst von der Konterrevolution niedergeschlagenen, bürgerlichen Revolution. Schaut man etwas genauer hin, dann werden jedoch am Beispiel eben dieser Erhebungen noch einmal die besonderen Möglichkeiten und Grenzen in der Revolution deutlich. In dieser Geschichtserzählung hatte auch der Barmer Unternehmersohn und Partner von Karl Marx, Friedrich Engels, seinen Platz. Er war als Redakteur der Kölner Neuen Rheinischen Zeitung, als *Barrikaden-Inspekteur* an den Kämpfen in seiner Heimat nicht nur unmittelbar beteiligt, er hat in einer polemischen Nachbetrachtung der Elberfelder Ereignisse vom Mai 1849 diese Erhebung als eine revolutionäre Episode disqualifiziert, die zwar im Unterschied zur Märzrevolution 1848 die Tendenz zum republikanischen Umsturz in sich trug, aber letztlich in einer Mischung aus Unentschlossenheit, Inkompetenz und Angst vor der eigenen Courage scheitern musste.

Friedrich Engels, der sich zum letzten Male vor einem jahrzehntelangen Weg ins Exil für ein paar aufregende und aufgeregte Tage in der alten Heimat aufhielt, für die Durchsetzung einer demokratisch bürgerlichen Republik selbst auf den Barrikaden stand und diese sorgsam inspizierte, wurde schließlich am 15. Mai 1849 vom *revolutionären Regiment* in gleichsam vorauseilendem Gehorsam gegenüber Obrigkeit und Militär aus der Stadt verwiesen. Engels musste gehen. Wenn man so will, ausgebürgert von der bürgerlichen Revolution.

Diese eigenartige *Episode* bildet – 170 Jahre nach diesen *tollen Tagen* im Mai 1849 – den Ausgangspunkt für einen erneuten Blick auf die Revolution von 1848/49 und das *Narrativ* von deren *Scheitern*. Sie setzt sich dabei zunächst am Beispiel der genannten regionalen Episoden exemplarisch mit den besonderen Merkmalen dieser Erhebung in Deutschland auseinander: Kapitel 2 und 3 beschäftigen sich mit der »Revolution im Bergischen Land«. Das Bergische Land um die Städte Barmen, Elberfeld und Solingen zählte zu den dynamischen frühindustriellen Standorten und umkämpften Schauplätzen der Revolution in der Provinz, die in den großen historischen Gesamtdarstellungen lange Zeit eher ein Schattendasein fristete. Die Wahl eines regionalen Einzelfalls als Einstieg in das Thema folgt einer doppelten Absicht. Einerseits wird auf diese Weise der regelmäßig dominierende Blick von den revolutionären Zentren wie Berlin, Wien, Dresden oder Köln auf die vermeintlich weniger bedeutsamen Handlungsebenen verschoben und damit deutlich gemacht, dass diese Revolution auch in die sogenannte *Provinz* vordrang und hier häufig unter den Bedingungen regionaler oder lokaler Sonderkonstellationen stattfand. Andererseits sind solche Fallstudien aufgrund ihrer Überschaubarkeit bestens geeignet, Fragen nach Ursachen, Trägern, Motiven, Strategien und Verläufen *der* Revolution gleichsam hautnah zu entwickeln, bevor der Blick dann auf die zentralen Handlungsebenen gelenkt werden soll. Dabei wird die hier erzählte Geschichte von den Solinger Maschinenstürmern im März 1848 als *eine* Variante der sozialen Erhebungen dieses *tollen Jahres* gezeigt, bevor es im zweiten Teil um den *Aufstand der Bürger* im Mai 1849 im benachbarten Elberfeld geht, als es dort für wenige Tage tatsächlich gelang, ein revolutionäres Stadtregiment zu etablieren, dem nicht wenige nachsagten, es handele sich vor Ort um die Protagonisten einer zu errichtenden *roten Republik*. Auch Friedrich Engels, der hier Anfang Mai eine *revolutionäre Woche* auf den Barrikaden erlebte und als Redakteur für die Neue Rheinische Zeitung nach Köln berichtete, spielt in diesen aufregenden Tagen in Elberfeld eine interessante Rolle, wenn auch keine tragende. Kapitel 4 verlässt dann den Zusammenhang der regionalhistorischen Erzählungen, verlagert den Blickwinkel auf die zentralen Ebenen und beschäftigt sich mit der *Institutionalisierten Revolution*, das heißt mit derjenigen Phase des Geschehens, in der die Anfangserfolge der sogenannten *Märzbewegung* zur Einrichtung neuer Ministerien und Parlamente führten. In der Zeit bis um die Jahresmitte 1848 wurde die Revolution gleichsam zur Institution, dies vor allem in Gestalt der Frankfurter Nationalversammlung, deren Rolle und Problematik im Zentrum der Revolution hier vorgestellt wird. Das anschließende Kapitel *Revolution und Konterrevolution in Aktion* behandelt dann die Aktionsräume außerhalb der Parlamente: die Ebene der politischen Vereine, Parteien und Kongresse, die sich in diesen Wochen und Monaten in großer Breite konstituieren, die Entwicklung einer neuen Form politischer Öffentlichkeit durch Presse und Petitionen und die verschiedenen Formen einer Revolutionskultur der Straße. Die vielfältigen Formen der Organisation und Herstellung von Öffentlichkeit führten zu einer – in dieser Intensität – bis dahin unbekannten Politisierung breiter Bevölkerungskreise, die insofern einen fundamentalen Charakter annahm, als sie in den Alltag noch völlig politikferner Klassen und Milieus vordrang. Neben der widersprüchlichen sozialen Dynamik, die die Revolution ebenso vorantrieb wie gleichzeitig auch dämpfte, geht es hier vor allem um die Wirksamkeit und Durchschlagskraft der Gegenrevolution und ihrer Träger. Insgesamt also folgen wir der noch immer interessanten Frage, was denn nun *genau* in dieser vermeintlich *bürgerlichen* Revolution von 1848/49 in Deutschland so erfolglos blieb, und wo von einer Niederlage, von Scheitern oder Versagen nur unter Vorbehalt die Rede sein kann. Und wenn es dem Buch schließlich gelingen sollte, ein wenig einzustimmen auf die bevorstehenden *Feierlichkeiten* zum 200. Geburtstag von Friedrich Engels im Jahr 2020, dann wäre ein schöner Nebeneffekt erzielt.

1

Die Erzählung vom »Scheitern«

Die Geschichte der deutschen Revolution von 1848/49 wurde lange Zeit überwiegend aus der Perspektive ihres *Scheiterns* betrachtet, und die Erzählung von der am Ende schmachvollen Niederlage ist auch heute kaum geeignet, irgendwie nennenswerten Widerspruch auszulösen. Bisweilen musste ihr Beispiel geradezu als Blaupause dafür herhalten, *den* Deutschen pauschal eine für sie seltsam eigentümliche *Unfähigkeit zur Revolution* zu attestieren. Noch 70 Jahre später soll Lenin spöttisch bemerkt habe: »Bevor die Deutschen einen Bahnhof stürmen, besorgen sie sich am Bahnsteig eine Fahrkarte.« Bahnsteige gab es auch 1848 schon und einen der ersten Großstadtbahnhöfe in Elberfeld im Tal der Wupper, Nachbarstadt von Barmen, dem Geburtsort des Erfinders des wissenschaftlichen Sozialismus. Tatsächlich haben die Revolutionäre auch dieses damals ungeheuer moderne Verkehrsmittel benutzt, ob legal oder als »Schwarzfahrer« ist nicht überliefert.

Möchte man allerdings etwas genauer hinschauen, wird man jenseits aller ironischen Distanz eher fragen wollen, was 1848/49 denn nun eigentlich *wirklich* gescheitert ist. Was war da los? Und was hatte Friedrich Engels damit zu tun?

Zunächst einmal waren dies die Monate einer ebenso kurzen wie gewaltigen internationalen Krise von gesamteuropäischem Ausmaß. Schon bald sprach man vom *tollen Jahr*, wenngleich es tatsächlich dann doch ein paar Monate mehr waren. Bis auf Russland hatten alle europäischen Großmächte und auch die Mehrzahl der Mittel- und Kleinstaaten mit Tumulten, furiosen Volkserhebungen und blutigen Aufständen zu tun, die die Zeitgenossen als irgendwie *revolutionär* empfinden konnten. Da prallten für viele unerwartet soziale und politische Gegensätze heftig aufeinander, nicht selten gewaltsam und manchmal blutig auf hastig errichteten

Barrikaden auf den Straßen oder auf freiem Feld. Es gab Verwundete, es gab Tote. Nahezu überall in Europa wurde in den wenigen Monaten dieser Revolution zu grundlegenden Veränderungen der politischen, häufig auch der sozialen Verhältnisse aufgerufen. Und das zeigte Wirkung.

Insbesondere die Ereignisse in Frankreich gewannen dabei entscheidende Bedeutung, gerade auch für die darauffolgenden aufregenden Monate im benachbarten Deutschland. In Frankreich hatte sich – anders als beim östlichen Nachbarn – 1789 das Bürgertum zum allgemeinen Stand erklärt, in einer bürgerlichen Revolution die politische Vorherrschaft des Adels überwunden und radikalere Systemvarianten erprobt.

Als es zwei Generationen später, im Frühjahr 1848, in Paris im Anschluss an ein seltsames Verbot der Regierung von öffentlichen Kundgebungen für eine Revision des bis dato geltenden Wahlrechts zu blutigen Barrikadenkämpfen und zum Sturm auf den Palast des *Bürgerkönigs* Louis Philippe kam, wurde das politische Herrschaftssystem in Frankreich erneut einer radikalen Veränderung unterzogen. Dieser *Februarrevolution*, als die sie in die Geschichtserzählungen einging, waren massive wirtschaftliche und politische Krisen vorausgegangen, in denen sich als Gegenreaktion ein breites Bündnis der oppositionellen Kräfte des Bürgertums und Kleinbürgertums mit der Arbeiterschaft zusammengefunden hatte, welches im Frühjahr 1848 dem Versuch einer republikanischen Umwälzung die entscheidenden Impulse und den massiven Druck der Straße verlieh. Revolution, die Zweite? Der nur mäßig beliebte *Bürgerkönig* hatte die Metropole Paris Hals über Kopf und fluchtartig verlassen. Die Bewegung schien zunächst erfolgreich. Später sprach man gelegentlich von ihrer *Fanal-Wirkung* auf andere Erhebungen in Europa.

Kein Zweifel: Diese Ereignisse beeinflussten auch die Entwicklung der Situation in Deutschland im Laufe des Jahres 1848/49 nachhaltig. Die französische *Februarrevolution* wurde gleichsam zur *Initialzündung* für die folgende *Märzrevolution* in zahlreichen deutschen Territorialstaaten und anderswo. Der Historiker Karl Griewank skizzierte seine Sicht der Ausgangslage dieser Revolution so: »Als im Frühjahr 1848 die Fürsten und die alten Regierungen in Deutschland vor den Forderungen der Märzrevolution erschreckt zurückwichen, fühlten sie sich einer geschlossenen Front des ›Volkes‹ gegenüber, die – so schien es – nahezu alles umschloss, was unterhalb des alten Adels, des grundbesitzenden Feudaladels und des mit ihm verbundenen Dienst- und Offiziersadels stand, und die sogar manche stark intellektualisierte Angehörige des Adels mit erfasst hatte. Bürgerliche Lebens- und Gesellschaftsideale beherrschten diese durch alle Schichten gehenden ›Volkspartei‹: sie wollte das allgemeine Staatsbürgertum, die bürgerliche Gesellschaft mit persönlicher Rechtsgleichheit und Meinungsfreiheit, mit freier Bahn für jedes Erwerbs- und Erfolgsstreben gegenüber dem fürstlichen Obrigkeitsstaat und erblichen Standesprivilegien, und wollte dem deutschen Volke eine diesen Idealen entsprechende einheitliche politische Lebensform schaffen.«[1] Dies wurde zunächst zusammengefasst in den Forderungen nach einem aktiven Anteil an der politischen Macht, nach Verfassungen mit echten Volksvertretungen und nach einem einheitlichen deutschen Staat. Was immer damit auch gemeint war.

Ab März 1848 beschränkte sich diese revolutionäre Bewegung also nicht mehr nur auf die Forderung zur Behebung einzelner lokaler und regionaler Missstände, sondern verlangte umfassende Änderungen der politischen Strukturen insgesamt, Pressefreiheit, Schwurgerichte, Vereinsrecht, manchmal sogar eine Bewaffnung des Volkes, stets aber die Einberufung eines deutschen Parlaments. Das zeigte schnell Wirkung: Irgendwie schien diese Revolution zunächst durchaus erfolgreich zu sein. An vielen Orten kam es in den ersten Märzwochen des Jahres 1848 im Anschluss an zumeist

---

1 Karl Griewank: Ursachen und Folgen des Scheiterns der deutschen Revolution von 1848, in: Dieter Langewiesche (Hg.): Die deutsche Revolution von 1848/49, Darmstadt 1983, S. 63.

große Volksversammlungen zur Neubildung der ehemals fürstlichen Kabinette (Märzministerien), in die jetzt auch liberale Vertreter des ambitionierten Bürgertums Einlass fanden. Eine Reihe bürgerlicher Freiheiten wurden denn auch gewährt. Aber bereits in dieser ersten Phase der bürgerlichen Revolution, zeigten sich einige ihrer gravierenden, am Ende entscheidenden Schwächen. Sie *blieb vor den Thronen stehen*, ein Satz, der später zum geflügelten Wort im Kontext der Narrative vom *Scheitern* werden sollte. Das sollte heißen: Nirgendwo wurde die Machtposition der Monarchen wirklich und nachhaltig erschüttert, geschweige denn abgeschafft. Die Revolutionäre machten dabei mindestens diesen kardinalen Fehler: Sie ließen die Stellung der Bürokratie und des Militärs weitgehend unangetastet. Ein in letzter Konsequenz folgenreicher Umstand; denn damit standen die zentralen Machtinstrumente auch weiterhin den alten Mächten, nicht aber einer erfolgreichen Revolution zur Verfügung.

Für den weiteren Verlauf dieser *gescheiterten* Revolution in Deutschland stand die politische Rolle des liberalen Bürgertums im Mittelpunkt des Interesses. Die Eroberung politischen Einflusses und der zu erstellende, einheitliche Nationalstaat erforderten die Entscheidung für eine Option des radikalen Anschlusses an die revolutionäre Volksbewegung oder aber für eine Politik der Vereinbarung und des Kompromisses mit den Fürsten und Monarchen. Diese zwanghafte Alternative führte gleich zu Beginn zu schwerwiegenden Differenzen, tiefen Konflikten und letztlich zur Spaltung der revolutionären Bewegung. Bei genauerem Hinschauen aber wird deutlich, dass bereits vor den ersten revolutionären Regungen sich die sogenannten *Konstitutionellen*, die lediglich die monarchische Gewalt zu beschränken und verfassungsmäßig einzubinden suchten, deutlich getrennt hatten von den vermeintlich *Radikalen*, die als Republikaner und Demokraten die volle Volkssouveränität und Gleichheit aller politischen Rechte erstrebten.

Die finale Initiative zur Realisierung eines gesamtdeutschen Staates – das verbindende Ziel aller die Revolution tragenden politischen Richtungen und gleichsam ihr kleinster gemeinsamer Nenner – ging von südwestdeutschen Liberalen aus. Große Volksversammlungen in Offenburg und Heidelberg waren die Vorstufen zum baldigen Zusammentritt eines *Vorparlaments* in Frankfurt und den Wahlen zu einer deutschen Nationalversammlung, die am 18. Mai 1848 in ihrer ersten Sitzung zusammenfand.

Die Verfassungsarbeit der Nationalversammlung wurde in den dann folgenden Monaten überlagert von der äußerst komplizierten politischen Lage außerhalb des Parlaments: politische Zersplitterung, preußisch-österreichischer Gegensatz, Nationalitätenkonflikte (Posen, Schleswig-Holstein, im Vielvölkerstaat Österreich). Innerhalb des Parlaments verlief ein schwieriger Prozess der politischen Fraktionierung und Willensbildung entlang der zentralen Problematik, wie ein einheitlicher deutscher Staat tatsächlich zu realisieren und zu garantieren sei. An der Frage nach der Stellung des Parlaments zur Revolution überhaupt hatten sich bereits zu Beginn die Geister geschieden. Die Demokraten um Friedrich Hecker und Gustav Struve wollten das Vorparlament als revolutionäres Gremium für *permanent* erklären und versuchten nach einer Abstimmungsniederlage gegen die liberale Mehrheit, die den Übergang zu einer parlamentarischen Reichsverfassung unter einem gewählten Kaiser an der Spitze anstrebte, einen republikanischen Aufstand in Baden, der vom Militär schließlich blutig niedergeschlagen wurde.

Die zähen Verhandlungen über die Verfassung drohten Ende des Jahres 1848 festzufahren, bis der Parlamentspräsident Heinrich von Gagern mit einem *kühnen Griff* eine Lösung des deutschen Einigungsproblems vorschlug: Unter dem König von Preußen als Kaiser sollte ganz Deutschland außer Österreich zu einem *kleindeutschen* Nationalstaat, zu einem engeren Bunde vereinigt werden, der mit der Habsburgermonarchie einen unlösbaren weiteren Bund eingehen sollte. Diese Reichsverfassung des engeren Bundes, die kleindeutsche Lösung also, konnte denn schließlich auch im März 1849 mit einer äußerst wackeligen Mehrheit von gerade einmal vier Stimmen durchgesetzt werden. Das war knapp und reichte am Ende nicht zum Erfolg. Am 3. April lehnte der preußische König mit großer Geste und markigen Worten die Übernahme einer auf Volkssouveränität gegründeten Krone ab: ein wichtiges Element für die anschließende Erzählung vom Scheitern der politischen Revolution.

Auch die Entwicklung in den deutschen Einzelstaaten war dadurch bestimmt, dass den gewählten Volksvertretern der neuen Parlamente alsbald ein revitalisierter Staatsapparat mit Kraft und wachsendem Selbstbewusstsein entgegenarbeitete. In Österreich, besonders in Wien, stand der zunächst unentschlossenen kaiserlichen Regierung eine äußerst entschlossene Volksbewegung gegenüber, die sich zunehmend radikalisierte und auf weitere demokratische Zugeständnisse drängte. Die Reaktion kam schnell und eindeutig. Nach Anfangserfolgen kehrte die Regierung des Fürsten Schwarzenberg seit Oktober 1848 schonungslos zur offen absolutistischen Regierungsweise zurück. In Preußen gab sich die Nationalversammlung zunächst deutlich radikaler als ihr Frankfurter Pendant, blieb aber letztlich chancenlos, ihren mühsam erarbeiteten Verfassungsentwurf durchzusetzen. Vom preußischen König zunächst aus Berlin abgeschoben und dann vertagt, wurde sie schließlich sang- und klanglos aufgelöst, ohne dass ihr verzweifelter Aufruf zur allgemeinen Steuerverweigerung in der Bevölkerung erkennbaren Widerhall gefunden hätte. Die Fürstenhäuser der Mittelstaaten schließlich erwiesen sich in ihren verfassungspolitischen Zugeständnissen zunächst durchweg als besonders großzügig und liberal, bevor 1849 auch hier das meiste wieder rückgängig gemacht wurde.

Mitte des Jahres 1848 hatte die Gegenrevolution also Fuß gefasst und die Militärs zum gegenrevolutionären Rollback ausgeholt. Wiederum kam das Fanal aus Frankreich: Die blutigen und erfolglosen Arbeiteraufstände von Paris im Juni markierten die Wende der revolutionären Ereignisse, und zwar im europäischen Maßstab.

Barrikade in Paris, Lithografie von 1848

Der Verlauf der Revolution lässt sich kurz und bündig in einer Zeittafel erzählen:

1848

23. 05.	Beginn der Barrikaden-Kämpfe in Paris
26. 05.	Blutiges Ende der Aufstände
29. 06.	Wahl Erzherzog Johanns zum Reichsverweser
12. 07.	Auflösung des Bundestages
26. 08.	Waffenstillstand in Malmö
18. 09.	Straßenkämpfe in Frankfurt
06. 10.	Aufstände in Wien
31. 10.	Einnahme Wiens durch die Truppen des Fürsten Windischgrätz, Unruhen in Berlin

08.11.	Neues Ministerium in Preußen (Brandenburg)
09.11.	Robert Blum erschossen
10.11.	Truppen Generals vom Wrangels ziehen in Berlin ein
05.12.	Auflösung der preußischen Nationalversammlung und Oktroyierung einer neuen Verfassung

1849

07.03.	Auflösung des österreichischen Reichstages und reaktionärer Verfassungsoktroi
28.03.	Wahl Friedrich Wilhelms IV von Preußen zum deutschen Kaiser
03.04.	Ablehnung der Kaiserkrone
27.04.	Auflösung der Zweiten Preußischen Kammer
Mai	Aufstände in Süddeutschland, Preußen und Sachsen als Kampf um die »Rettung« der Reichsverfassung
30.05.	Verlegung der Frankfurter Nationalversammlung nach Stuttgart
18.06.	Auflösung der Nationalversammlung
23.06.	Badener Aufstand in Rastatt endgültig niedergeschlagen

Die letzten Daten dieser kurzen Chronik beschreiben die Revolution im Endstadium, als im Frühjahr 1849 die großen deutschen Staaten die Frankfurter Reichsverfassung endgültig ablehnten. Im Verlauf der sogenannten *Reichsverfassungskampagne* entschieden das Militär und hier vor allem preußische Truppen den Ausgang dieses letzten Versuchs demokratisch-republikanischer und sozialistischer Kräfte, den Verlauf der Revolution noch einmal zu beeinflussen. Die Paulskirche löste sich im Mai auf. Die Parlamentarier gingen nach Hause. Nach der Devise, dass *gegen Demokraten nur Soldaten* helfen, wurde am 18. Juni 1849 das nach Stuttgart übergesiedelte demokratische Rumpfparlament durch preußische Truppen gewaltsam gesprengt, bevor diese auch die Aufstände in Baden, der Pfalz und Sachsen niederschlugen. Damit waren alle revolutionären Kapitel geschlossen und die Zeit der Aufarbeitung, und Abrechnungen Bilanzen konnte beginnen.

Bereits im Jahr 1848 – die Konterrevolution war längst auf der Siegerstraße – sprach Karl Marx vom *Verrat gegen das Volk* und attestierte der Bourgeoisie eine Abneigung gegen eine Revolution, die doch im eigenen Klasseninteresse liegen musste. Damit war noch im Laufe des *tollen Jahres* eine frühe Variante der Erzählung vom *Scheitern* geboren, und zwar eine, die sich auf das klägliche Versagen des Bürgertums kaprizierte. Deutschland, oder besser dessen *rückständige* Teilstaaten hatten in der Perspektive von Marx eine bürgerliche Revolution immer noch vor sich und waren geradezu prädestiniert für deren radikalere Variante und eine alsbald folgende, proletarische Revolution. Die bürgerliche Revolution sollte gleichsam das Vorspiel dazu sein. Eine kühne Prognose, wie sich alsbald herausstellen sollte; denn es kam ganz anders. Die gemäßigten Liberalen spielten einfach nicht mit. Warum auch? Warum sollten sie zunächst die politischen Verhältnisse umwälzen, um dann eine proletarische Revolution zu erdulden? Lag es nicht viel näher, ihre Forderungen auf dem Wege der Verständigung mit den alten Mächten durchzusetzen als eine weitergehende soziale Revolution zu riskieren?

Damit standen Marx und wenig später noch pointierter Friedrich Engels nicht allein. Abrechnungen und Schuldzuweisungen fanden bereits zeitgleich zu den revolutionären Ereignissen statt. Der konstitutionelle Abgeordnete der Frankfurter Nationalversammlung Rudolf Haym etwa gab in seiner Darstellung zur Arbeit der Paulskirche den Demokraten die Schuld am Scheitern des Verfassungswerkes.[2]

---

2 Rudolf Haym: Die deutsche Nationalversammlung, Berlin 1848–1850.

Aus einem völlig anderen Blickwinkel als die beiden Erfinder des wissenschaftlichen Sozialismus betrachtete etwa der konservative Wiesbadener Ex-Theologe, Volkskundler und Zeitgenosse der Revolution, Wilhelm Heinrich Riehl, den Gang der Dinge aus kleinstaatlicher Perspektive und suchte nach Gründen für das Scheitern. Er vertrat die Ansicht, dass die Hauptprotagonisten der Revolution, die Bauern, sich schon bald nach der Erfüllung ihrer Forderungen zurückgezogen hätten. Damit habe die gar nicht *bürgerliche* Revolution ihre eigentliche Massenbasis verloren und sei daran letztlich gescheitert.[3]

Allerdings war es im Verlaufe des 19. Jahrhunderts nun wenig günstig, sich überhaupt als *Achtundvierziger* zu bezeichnen, zu sehr lastete dieser Makel des Scheiterns auf den Ereignissen. Die Geschichte wurde, wenn nicht vollständig verdrängt, so doch höchstens in den Stand einer Vorgeschichte der folgenden deutschen Reichseinigung erhoben, als deren Vollstrecker Bismarck galt. Das war es dann auch schon für lange Zeit. Revolutionsgeschichte war bis weit in die Kaiserzeit hinein, insbesondere für Historiker mit staatlichen Universitätslehrstühlen, ein heikles Thema. Die meisten deutschen Geschichtswissenschaftler schwiegen beharrlich zum Thema. Fernab des akademischen Betriebs entstanden dann diejenigen Analysen, die die ökonomischen und sozialen Ursachen der Revolution zu verstehen suchten. Die vielleicht berühmteste sogar im Exil: Von August 1851 bis September 1852 beschrieb Friedrich Engels von London aus seine Sicht der Revolution und publizierte diese als Artikelserie in der *New York Daily Tribune* unter dem Titel »*Revolution und Konterrevolution in Deutschland*«. Er leistete damit den vermutlich frühesten fundierten Beitrag zum Narrativ der *gescheiterten Revolution.*[4] Noch eine Generation später

---

3 Wilhelm Heinrich Riehl: Die bürgerliche Gesellschaft (1851), hg. v. Peter Steinbach, Frankfurt a.M./Berlin/Wien 1976, S. 99f.; vgl. auch Ders.: Nassauische Chronik 1848, hg. v. Guntram Müller-Schellenberg, Idstein 1979, S. 104ff.
4 Karl Marx/Friedrich Engels: Werke (MEW), Bd. 8: Revolution und Konterrevolution in Deutschland, Berlin 1960, S. 5–108.

kritisierte der bekannte Demokrat, Pazifist und Friedensnobel-preisträger Ludwig Quidde das Bürgertum wegen dessen Versagens, nicht mit der Arbeiterschaft gemeinsame Sache gemacht zu haben.[5] Und vor noch gar nicht allzu langer Zeit stellte der Historiker Karl Griewank sogar die Grundsatzfrage, ob es sich 1848/49 denn überhaupt um eine *Revolution* gehandelt habe, »[…] um eine Umwälzung, die sich wirklich auf das staatliche, gesellschaftliche und geistige Leben unseres Volkes erstreckt habe; verbitterte Anhänger und höhnende Gegner waren sich darin einig, diese Frage zu verneinen. Verstehen wir aber unter Revolution mehr als einen bloßen Aufstand der Unzufriedenheit, dann war es eine Revolution: eine politische Bewegung, die das deutsche Volk doch in seinen Tiefen aufgerührt hat, die neuen und unterdrückten Kräften einen weithin sichtbaren Raum verschaffte, wenn dieser ihnen auch von den Gegnern wieder streitig gemacht werden konnte.«[6]

Die offenbar langfristige Haltbarkeit der These vom *Scheitern* mag verwundern, könnte man doch einwenden, dass gemessen am Anspruch der demokratischen Bewegung, eine demokratische Republik und politische Volkssouveränität durchzusetzen, dieses Narrativ zwar durchaus seine Berechtigung hat. Hängt man die Sache aber etwas niedriger und legt den bescheideneren Anspruch etwa der gemäßigten Liberalen zu Grunde, im besten Falle eine Vereinbarung mit den Monarchen zur konstitutionellen Mitarbeit zu treffen, dann kann eigentlich nur sehr begrenzt von einer *Niederlage* die Rede sein, wenn sie doch von dieser Seite letztlich gar nicht gewollt war. Und war nicht gerade das *reaktionäre* Preußen durch die Ereignisse schließlich und endlich auch zu einem konstitutionellen Staat geworden, unter dessen Hegemonie die Einigung Deutschlands dann später vollzogen wurde?

---

5 Walter Schmidt: Die Revolution 1848/49 in einer sich wandelnden Geschichtskultur. Vortrag für einen »Akademischen Abend« der Rosa-Luxemburg-Stiftung am 18. Mai 2000, Berlin 2000, S. 7.
6 Griewank, Ursachen und Folgen, S. 59.

Wie auch immer: Alles in allem wird bereits auf diesen flüchtigen ersten Blick deutlich, dass die Auffassung vom *Scheitern* der Revolution zumindest einer eher politikgeschichtlichen Perspektive verpflichtet ist. Bei der Frage nach den Gründen für dieses *Scheitern* wurde in der Regel die zentrale Rolle des liberalen Bürgertums hervorgehoben. Es wurde dessen *Verrat* an den eigenen Interessen angeprangert, gegen die Angst vor der eigenen Courage oder vor dem entstehenden und erstarkenden Proletariat polemisiert, welche die Vertretung der eigentlich vitalen Interessen der Bourgeoisie angeblich verhindert habe.

Inzwischen darf aus guten Gründen und auf der Grundlage entsprechend differenzierter historischer Forschung bezweifelt werden, dass das Bürgertum in Deutschland eine Revolution wirklich jemals gewollt habe.[7] Oder anders: Man kann keine Interessen *verraten*, die man gar nicht vertritt.

Das sah auch schon Friedrich Engels so, der während der Revolution nicht nur als Redakteur der Neuen Rheinischen Zeitung gemeinsam mit Karl Marx die Ereignisse von 1848/49 begleitet, dokumentiert und analysiert hatte, sondern selbst in Elberfeld auf den Barrikaden gestanden und anschließend im aufständischen Baden in den Reihen der Revolutionäre gekämpft hatte. Die Vertreter einer marxistischen Geschichtsschreibung und die neuere Sozialgeschichte haben später erfolgreich dazu beigetragen, die Perspektiven zu wechseln und den Blickwinkel zu erweitern. Sie rückten verstärkt die Radikalen und die Demokraten, die Kommunisten, die Arbeiter und Handwerker ins Zentrum des Interesses. »Insbesondere die marxistische Forschung kehrte dabei die Schuldzuweisung um, in dem sie die Geschichte der Revolution

---

7 Vgl. Wolfgang Schieder: 1848/49: Die ungewollte Revolution, in: Carola Stern /Heinrich August Winkler (Hg,): Wendepunkte deutscher Geschichte 1848–1945, Frankfurt a.M. 1980, S. 13–35.

als eine Anklage gegen das liberale Bürgertum schrieb.«[8] Und diese ging in erster Linie zurück auf Friedrich Engels. Dieser musste sich im Anschluss an die sogenannte *Reichsverfassungskampagne* nämlich fragen, warum es – wie erhofft – mit der Revolution in Rheinpreußen nicht wirklich funktioniert hatte. Gerade in dieser Provinz hatten sich Marx und Engels noch am ehesten eine *allgemeine Insurrection* erhofft, weil »dessen gesellschaftliche Entwicklung fast ganz die Höhe der modernen bürgerlichen Gesellschaft erreicht« habe. »Eine wesentliche Ursache sah er (Engels) darin, daß das Großbürgertum das revolutionäre Volk ›bei der ersten Gelegenheit […] verrathen‹ habe.«[9] Friedrich Engels, Zeitzeuge und Akteur, gleichermaßen, hat in der Rückschau diese nüchterne Bilanz der bürgerlichen Revolution von 1848/49 gezogen und damit eine populäre Variante der Erzählung vom Scheitern mit erschaffen.

Daran hat sich auch die historische Forschung viele Jahrzehnte lang orientiert und abgearbeitet, bis sich schließlich die Forschungsinteressen verlagerten: Die Revolution wurde »aus der Perspektive nationaler Isolierung gelöst und als Teil eines gemeineuropäischen Wandlungsprozesses begreifbar. In dessen Mittelpunkt stand der Übergang von der Agrar- zur Industriewirtschaft, vom ›Pauperismus zum Proletariat‹, von der Stände- zur Klassengesellschaft, befanden sich Mobilisierung, politische Emanzipation und Teilhabe, Parlamentarisierung, wachsende bürokratische Staatstätigkeit, die Aufspaltung der Gesellschaft in politische Parteien und antagonistische Interessensverbände.«[10]

Zunächst brachen die Ergebnisse der neueren historischen Forschung, insbesondere im Kontext der 150-Jahr-Feierlichkeiten,

---

8   Jürgen Herres: Das preußische Rheinland in der Revolution von 1848/49, in: Stephan Lennartz /Georg Mölich (Hg.): Revolution im Rheinland. Veränderungen der politischen Kultur 1848/49, Bielefeld 1998, S. 13–36.
9   Ebd.
10   Wolfram Siemann: Die Deutsche Revolution von 1848/49, Frankfurt a.M. 1985, S. 15.

mit den bündigen Identifikationen und einfachen Traditionsbildungen und verkehrten das scheinbar so vertraute Bild *der* 48er Revolution in eine Reihe von Ansichten ihrer Vielschichtigkeit, aber auch ihrer Widersprüchlichkeiten.[11] Es wurde versucht, sie als Teil eines nicht umkehrbaren, aber höchst ambivalenten Modernisierungsprozesses mit Gewinnern und Verlierern verständlich zu machen. Seitdem vor allem das sozial- und kulturgeschichtliche Interesse an der Revolution die Akteure nicht mehr nur in der Paulskirche und den anderen Parlamenten aufsuchte, sondern auch jenseits der Metropolen und Residenzen, auf dem platten Land, auf der Straße und auf vermeintlich provinziellen Nebenschauplätzen, wurde deutlich, dass die Revolution von 1848/49 buchstäblich *alle* Bevölkerungskreise nachhaltig erfasste und dort zu einer breiten Politisierung führte, die tief bis in den Alltag der Betroffenen reichte. Es wurde deutlich, dass diese nur vermeintlich gleichförmige und geschlossen an den bekannten *großen* Zielen orientierte Bewegung eine kaum überschaubare Fülle widersprüchlicher, sozialer und politischer Konflikte in sich trug. Aus dieser Komplexität bezog die Revolution von 1848/49 ihre Dynamik, aber auch die Probleme, an denen die unterschiedlichen Revolutionäre schließlich *scheiterten.*

---

11   Vgl. Rüdiger Hachtmann, Nachlese: Bemerkungen zu einigen Neuerscheinungen zur Revolution von 1848/49, in: Neue Politische Literatur 47 (2002), S. 224–248.

2

Auf den Barrikaden im Bergischen Land: Maschinenstürmer in Solingen 1848

Am 16. und 17. März 1848 wurden der Landkreis Solingen und das Burgtal zu Schauplätzen spektakulärer Aktionen der örtlichen Schmiedearbeiter. Die Ereignisse dieser beiden Tage waren geeignet, die scheinbar heile Welt des Bergischen Landes gehörig durcheinander zu bringen. Die Zeitgenossen reagierten aufgeregt. Die Emotionen lassen sich aus zwei später aus der Distanz von fünfzig Jahren verfassten Darstellungen, noch einigermaßen erahnen.

»In Solingen, das nach der 1846er Volkszählung 6610 Einwohner hatte, ging zuerst der Tanz los. Die Arbeiter zerstörten dort eine Anzahl Fabriken, die Messer, Scheren usw. durch Maschinenarbeit in Guss herstellten. Am 16. März morgens zogen eine große Anzahl durch Einführung der Gusstechnik brotlos gewordener Arbeiter hinunter auf den Wehrwolf bei Hammesfahr und Kratz und hausten dort vandalisch in der Gießerei. Dann marschierten sie, ungehindert in jeder Weise, in hellen Haufen nach Binkenburg zur Küllenburgschen Fabrik, die sie gleichfalls zerstörten. Weiter wandten sie sich zur G. Beckerschen Gießerei in Hohscheid, die in kurzer Zeit einem Schutthaufen glich. Es war schon sieben Uhr abends geworden, als sich die Zerstörer der Stadt zuwandten, zu der vor der Stadt liegenden Wagnerschen Fabrik. Auch diese wurde von der rasenden Menge, deren Treiben Einhalt zu tun von den Behörden viel zu spät versucht wurde, zerstört. Von der Wagnerschen Fabrik zogen sie mit einer roten Fahne nach dem Etablissement Burgthal, wo sie ihre Zerstörungswut an den Werkstätten und Wohnhäusern ausließen und erst um vier Uhr morgens abzogen, nach dem sie alles Verbrennbare zu einem großen Scheiterhaufen getürmt und verbrannt hatten. Der an dieser Fabrik verursachte Schaden wurde allein auf 150.000 Taler geschätzt. Die Solinger Schützengilde, die

zum Schutze der Fabrik ausgerückt war, riss bald wieder aus, als sich die Meuterer nun gar zum Zug in die Stadt anschickten. Mit Säbeln und Beilen bewaffnet, das Lied ›Ein freies Leben führen wir‹ singend, zog diese Räuberbande in die im Morgengrauen liegende Stadt. Der helle Feuerschein vom Burgthalschen Etablissement schien den Bürgern ähnliche Greuel in der Stadt anzukündigen, doch die Aufrührer, müde von dem langen Tagwerk, kehrten heim zu ihren Wohnungen. Als es Tag wurde, kam endlich hinreichend Militär, das jeden Versuch zu weiteren Tumulten energisch unterdrückte und die Schuldigen dem Gericht überantwortete.«[12]

Soweit das in seiner Tendenz ziemlich deutliche *Stimmungsbild* eines rückschauenden Betrachters auf die lokalen Ereignisse zu Beginn der Revolution von 1848/49. Seine Schilderung der Solinger Fabrikzerstörungen im März 1848 ist dabei ebenso anschaulich wie diffus zugleich. Die Zuverlässigkeit dieser Betrachtung lässt sich einigermaßen sicher überprüfen, wenn man sie mit einem weiteren Zeitzeugenbericht konfrontiert.

»Eines Tages hielten die arbeitslosen Scherenschmiede, Schleifer, Feiler, Nagler etc. auf dem damaligen Schützenfelde, südlich von der Stadt, eine Volksversammlung ab. Es wurden viele Reden gehalten, wodurch die Gemüter erhitzt wurden. Dann zog man zu der Gießerei am Wehrwolf, ganz in der Nähe gelegen. Der Volkshaufen vermehrte sich durch viele Neugierige und junge Burschen. Kaum war man zur Fabrik gekommen, als die jungen Burschen mit Steinwürfen die Dachpfannen zerstörten und die Fenster einwarfen. Dann drang Jung und Alt in die Fabrik hinein, holten in Körben und Kisten die fertigen und halbfertigen Waren heraus und machten dieselben mit Eisenstangen und Kolben in kurzer Zeit unbrauchbar. Nachdem das Zerstörungswerk im Innern

---

12   Alois Niessner: Rheinland und Westfalen während der Sturmjahre 1848/49. Stimmungsbilder aus der deutschen Revolution, Aachen 1906, S. 65f.

der Fabrik vollendet, brachte man den großen Schornstein durch Ein-
kerben am unteren Ende zu Fall. Das ganze Werk der Verwüstung war
in kaum zwei Stunden vollbracht. Gegen die wütende Volksmenge war
die Polizei ohnmächtig. Der Schützenverein wurde durch Alarmsig-
nale versammelt, zog sich aber zurück, als die Massen des Volkes, bewaffnet mit allen möglichen Gegenständen aus der zerstörten Fabrik,
eine drohende Haltung gegen ihn einnahmen. Die Menge zog nun zu
der Gießerei am Platzhof, eine halbe Stunde südwestlich von Solingen gelegen. Hier und in einer Gießerei zu Voerde, dicht bei Solingen,
verfuhr man in derselben Weise. In der großen Fabrik zu Burg hatte
man sich vorgesehen und war bereit, ernstlichen Widerstand zu leisten;
auch einige Gendarmen hatten sich eingefunden. Aber in kurzer Zeit
war mit den mitgebrachten Eisenstangen das Haupttor eingeschlagen
und nun wälzten sich die Massen in den Hof und in die Fabrik, alles
zertrümmernd, was ihnen im Wege war; das andere wurde herausge-
schafft und zerstört, vieles auch gestohlen und in Körben fortgeschafft.

Solingen um 1850, Lithographie von Joh. Wetzel

Der Kutschwagen des Fabrikdirektors wurde voll Scheren gepackt und in den großen Teich gefahren. [...] Nachdem das Volk fast alles zerstört hatte, versuchte man, die Fabrik anzuzünden; doch kam der Brand nicht so recht zum Ausbruch. Als man das bemerkte, schob man zwischen die Wasserräder Stangen und Balken und öffnete das große Schott. Die große Gewalt des Wassers zerstörte die Räder. [...] Nach dem die Zerstörung der Fabrik in Burg erfolgt war, kehrten die Teilnehmer an dem Zerstörungswerk am nächsten Morgen früh nach Solingen zurück. An langen Stangen trugen sie aufgeschnittene Strohsäcke als Fahnen. Sie hatten fleißig gearbeitet, denn in einem halben Tag und einer halben Nacht waren vier verhasste große Gießereien vollständig zerstört. Der Aufruhr hatte bei den Warenzahlern geradezu Wunder gewirkt. Am anderen Morgen nämlich hatten die meisten derselben Schilder über ihren Türen angebracht, worauf stand: ›Es wird nicht mehr in Waren bezahlt!‹ Sie hatten Lunte gerochen, denn schon damals munkelte man davon, diesen Leuten auch das Handwerk zu legen.«[13]

Fünf Eisengießereien wurden also am 16. und 17. März des Jahres 1848 von Arbeitern der Kleineisenindustrie im Landkreis Solingen nahezu vollständig zerstört, Maschinen und Werkstoffe vernichtet oder gestohlen. Nennenswerter Widerstand stellte sich den Aufrührern offenbar nicht in den Weg, und erst der massive Einsatz von Militär durch die Behörden machte den *Tumulten* ein Ende. Folgt man zunächst einmal Alois Niessners Darstellung der Ereignisse, so waren die Vorgänge dieser aufregenden Tage offenbar die Ergebnisse blinder Zerstörungswut brotloser Arbeiter, die planlos brandschatzend über die lokalen Gießereien herfielen, dort Angst und Schrecken verbreiteten und ihr rücksichtsloses Zerstörungswerk anrichteten, bevor am Ende die geballte Ordnungsmacht diesem Spuk ein Ende bereitete und die Verantwortlichen vor Ge-

---

13 August Peiniger: Persönliche Erlebnisse während der Unruhen 1848/49 in Elberfeld und Solingen, in: Monatsschrift des Bergischen Geschichtsvereins (1898), S. 3ff.

richt stellte. Das alles liest sich insgesamt wie eine Chronologie des blanken Terrors. Ursachen und Motive der *Täter* hingegen sind für den Verfasser völlig uninteressant. Er löst die Ereignisse komplett aus ihrem sozialen Kontext heraus und denunziert die Akteure als rasenden Mob. Solche sozialen Motive werden in August Peinigers Bericht dann zumindest zaghaft angedeutet. In seiner Darstellung rekrutierten sich die Fabrikzerstörer und Maschinenstürmer aus sehr verschiedenen Berufsgruppen der örtlichen Solinger Eisenindustriearbeiterschaft, die durch die Konkurrenz der lokalen Gießereibetriebe vermutlich arbeitslos geworden waren. Daneben aber beteiligten sich aber noch weitere, zumeist jüngere Sympathisanten an den tumultartigen Übergriffen.

Was war also passiert? Und wer war tatsächlich beteiligt? Offenbar handelte es sich in diesen Solinger Märztagen um eine – wenn auch nicht gut geplante – zumindest aber sorgfältig vorbereitete und gezielt verabredete Protestaktion verarmter Handwerker und Arbeiter gegen die von ihnen als bedrohlich empfundene neue Konkurrenz der Massenproduktion in der Solinger Eisenhütte. Diese Aktion trug damit insgesamt vielfältige Merkmale, die zum Handlungsrepertoire frühindustrieller Arbeitskämpfe und vormärzlicher *Widersetzlichkeiten, Excesse, Crawalle, Tumulte und Skandale*[14] gehörten. Ein zentrales Merkmal solcher Protestaktionen war das Tempo der Handlung; denn solche Aktionen mussten in der Regel ausgesprochen schnell über die Bühne gehen, bevor die Behörden wirksam eingreifen konnten. Genau das war in diesen beiden Märztagen in Solingen geschehen. Die Art und Weise des Hergangs und die lokale Tradition von Arbeitskämp-

---

14   Vgl. Rainer Wirtz: »Widersetzlichkeiten, Excesse, Crawalle, Tumulte und Skandale«. Soziale Bewegung und gewalthafter sozialer Protest in Baden 1815–1848, Frankfurt a.M./Berlin/Wien 1981.

fen[15] deuten aber auch darauf hin, dass diese »Maschinenstürme«
nicht vollständig im Erklärungsmuster einer *plebejischen Kultur*
aufgingen, ein Begriff, der von dem englischen Historiker Edward
Palmer Thompson formuliert wurde. Sie sei »keine revolutionäre,
ja nicht einmal eine protorevolutionäre Kultur (in dem Sinne, dass
sie Fernziele hegte, die die soziale Ordnung in Frage stellten.) Sie
brachte Krawalle, aber keine Rebellionen, direkte Aktionen, aber
keine demokratischen Organisationen hervor. Es fällt die Schnel-
ligkeit auf, mit der die Stimmung der Menge von Passivität zu
Aufsässigkeit und wieder zu eingeschüchtertem Gehorsam um-
schlug.«[16]

Einige verdeckte Hinweise in den Schilderungen der beiden
oben zitierten Gewährsleute deuten nämlich daraufhin, dass diese
Solinger Ereignisse vom 16. und 17. März 1848 durchaus widersprüchliche Merkmale aufweisen: Sie waren offenbar noch den
überkommenen Artikulationsmustern eines vormodernen sozialen
Protestes verhaftet und bedeuteten doch im Ergebnis für den lokalen Zusammenhang bereits einen durchaus sozialrevolutionären
Bruch mit den herrschenden Verhältnissen. Diese Interpretation
betrifft zunächst das Merkmal der *Spontanität*. Peiniger erwähnt
die vorbereitende Volksversammlung, auf der die gesamte Mobilisierung und das offenbar gezielte Vorgehen abgestimmt und dann
vorangetrieben worden war. Auch die zu erwartenden Konflikte
mit den Schutzmannschaften und Bürgerwehren waren offenbar eingeplant und damit Bezugspunkte der inneren Logik und
Konzeption dieses Protestes: Die bestens vorbereiteten Akteure

---

15   Vgl. Martin Henkel / Rolf Taubert: Maschinenstürmer. Ein Kapitel aus der
Sozialgeschichte des technischen Fortschritts, Frankfurt a.M. 1979,
S. 143ff.; Rudolf Boch / Manfred Krause: Historisches Lesebuch zur Geschichte
der Arbeiterschaft im Bergischen Land, Köln 1983, S. 81–134. Grundlegend
Michael Spehr: Maschinensturm. Protest und Widerstand gegen technische
Neuerungen am Anfang der Industrialisierung, Münster 2000.
16   Edward P. Thompson: Patrizische Gesellschaft, plebejische Kultur, in: Ders:
Plebejische Kultur und moralische Ökonomie. Aufsätze zur englischen Sozialge-
schichte des 18. und 19. Jahrhunderts, Berlin 1980, S. 190f.

bewaffneten sich sukzessive, planvoll und effektiv. Der spontane Solinger *Tumult* hatte ganz offensichtlich eine Strategie. Stellt sich also die Frage nach den Ursachen. Was hatten diese *Maschinenstürmer* nun eigentlich gegen Maschinen? War Ihr Aufbegehren lediglich Ausdruck von ohnmächtiger Wut und Lust auf *Krawall*? Und was war mit den Freiheitsparolen und politischen Begriffen, die dort laut wurden?[17] Einerseits könnte man vermuten, dass sich die Solinger Arbeiter mit den Gießereien eher symbolische Angriffspunkte suchten, denen sie gewissermaßen eine Sündenbockfunktion für ihre materielle Not und Existenzsorgen zuschrieben. Möglicherweise vermischte sich diese Sicht der Dinge aber auch mit dem Vorsatz, damit zugleich ein erpresserisches System der Entlohnung, nämlich das sogenannte *Warenzahlen*, womöglich für immer zu beseitigen. Dieses *Trucksystem* war ein zutiefst verhasstes System der Pseudoentlohnung, dem etliche verarmte Handwerker ihr ganzes Elend und ihre grenzenlose Abhängigkeit von den rücksichtslosen Kaufleuten und Verlegern zuschrieben. Und tatsächlich: Der Aufstand war erfolgreich. Durch direkte Aktion und gewaltförmige Kampfmethoden erreichte man offenbar genau das, was bürgerliche Sozialreformer und ein besorgter Landrat in zahllosen Eingaben bei den staatlichen Behörden und beim Monarchen nicht vermocht hatten[18]: Sie gewannen überregionale Aufmerksamkeit für ihre Anliegen.

Bereits die ältere historische Forschung zum sozialen Protest weist vorsichtig auf eben diese mögliche Erfolgsperspektive der Maschinenstürmer hin, wenn etwa der englische Historiker Eric Hobsbawm feststellt, dass in der industriellen Revolution alle Kampfmaßnahmen als erfolgreich gelten mussten, die die Arbeiter vor dem

---

17   Dazu Wirtz, Widersetzlichkeiten, S. 187.
18   Vgl. S. Kühn: Der Aufstand der Kleineisenarbeiter in Solingen am 16. und 17. März 1948, Diss. München 1938, S. 22ff.

Absinken unter die Hungergrenze bewahrte.[19] Wenn die Solinger Arbeiter also in diesen beiden Märztagen 1848 einen Subsistenzkampf führten, dann ging dieser offensichtlich ausgesprochen zielbewusst und im Gefühl der vollen Legitimität in direkte Aktion über. Schließlich kämpfte man um nichts weniger als die Sicherung der Existenz und bisweilen sogar ums nackte Überleben. Die Beteiligten verstanden es als Form legitimer Selbsthilfe und brachten dies auch auf Transparenten zum Ausdruck, die während des *Umzugs* im Anschluss an die Zerstörungen mitgeführt wurden: *»Die Gießereien sind unser Unglück! Nieder mit den Warenzahlern!«* Zuvor waren sie in die Fabriken eingedrungen mit dem Ruf nach *»Freiheit, Gleichheit, Einigkeit, Brüderschaft, Republik«*[20].

Drei Tage später berichtete die Barmer Zeitung sichtlich beeindruckt von diesem, in den Augen ihres Lesepublikums als bedrohlich empfundenen Arbeiteraufstand: *»Es war ein schrecklicher Anblick, diese Zerstörungsarbeit. Mit einer Kaltblütigkeit, einer Ruhe, die nicht zu begreifen ist, und die sich nur als das Produkt eines Wahnes erklären lässt, der den Unglücklichen das Bewusstsein der Rechtmäßigkeit ihres Beginnens vorspiegelte, ging dieselbe planmäßig vorwärts bis zum Abend. Die kostbarsten Waren wurden nach und nach aus den reichgefüllten Lagern herausgeholt, methodisch zerschlagen, unbrauchbar gemacht und liegen gelassen, oder in den Teich gefahren. Dabei waren denn Weiber und Kinder tätig mit einem Eifer, als gälte es guten Lohn und das Lob treuen rechtlichen Fleißes zu verdienen.«* [21]

---

19   Eric Hobsbawm: Machine Breakers, in: Past and Present I (1952), S. 66; vgl. auch Ders./George Rudé: Captain Swing, London 1969 sowie Arno Herzig: Die Reaktion der Unterschichten auf den technologischen Wandel der Proto- und Frühindustrialisierungsphase in Deutschland, in: Archiv für Sozialgeschichte 28 (1988), S. 1–26.
20   Zit. nach: Kühn, Aufstand, S. 68.
21   Barmer Zeitung, Nr. 8, 20.3.1848.

Gerade die Planmäßigkeit, Ruhe und Methode des Zerstörungs-werkes irritierte und erschreckte offenbar die Presse. Zu sehr un-terschieden sich die Solinger Ereignisse von den Aktionen der sogenannten Märzbewegung, die im Rheinland und in Westfalen eine weniger bedrohliche Qualität und vergleichsweise friedfertige Handlungsebene hatte, als dass sie anders als »*das Produkt eines Wahnes*« der zeitungslesenden Öffentlichkeit erklärt werden konn-ten. Der gewaltförmige Aufstand gegen soziales Unrecht, das sich im Selbstverständnis der Akteure als »gerecht« legitimieren konn-te, musste in dieser Perspektive *wahnhafte* Züge tragen. Für den bürgerlichen Betrachter geschah dort schier Unglaubliches, das die Unruhen der Märztage in der näheren und weiteren Umgebung deutlich übertraf. Was bahnte sich dort an?

Zwar hatte bereits am 3. März 1848 eine Volksversammlung auf dem Kölner Rathausplatz den eilig zusammengetretenen Ge-meinderat unter Druck gesetzt, eine Eingabe an den rheinischen Landtagsabgeordneten Ludolf Camphausen in Berlin zu beschlie-ßen, worin die Einberufung des Vereinigten Landtages, die umfas-sende Wahlrechtsänderung und Abschaffung der Zensur gefordert wurde. Der örtliche *Bund der Kommunisten* aber hatte sich bis dato noch mit einer Arbeiterpetition begnügt, in der die Forderung nach allgemeinem Wahlrecht, allgemeiner Wählbarkeit, Presse-freiheit, Volksbewaffnung und Vereinigungsfreiheit laut wurde. Ein paar Kilometer entfernt, in der Stadt Elberfeld waren Anfang März 1848 die Dinge ebenfalls in Bewegung geraten. Auf Volks-versammlungen am 6. und 9. des Monats wurden ganz ähnliche Forderungen wie in Köln gestellt und der aufgeschreckte Düssel-dorfer Regierungspräsident vermutete bereits *kommunistische Um-triebe* hinter dem Ruf nach Volkssouveränität, Volksbewaffnung und Verbesserung der Arbeits- und Lohnverhältnisse. Zehn Tage später, am 18. März, schien dann die Lage ähnlich wie tags zuvor in Solingen zu eskalieren, als nur noch Militär die Beschädigung einer Weberei durch aufgebrachte Arbeiter verhindern konnte.

In Solingen – weit ab der bekannten revolutionären Zentren – waren solche Übergriffe jetzt zu einer für Behörden und bürgerliche Öffentlichkeit erschreckenden und wohl auch überraschenden Realität geworden, die zwar von einem »neuen« politischen Vokabular begleitet wurden, jedoch nicht auf geordneten Volksversammlungen vor dem Rathaus vorgetragen oder in Petitionen schriftlich formuliert wurde. War dieses Zusammentreffen von bürgerlichen Politikbegriffen und proletarischer Selbsthilfeaktion in diesen Märztagen 1848 wirklich *neu*? Betrachten wir die Lage vor Ort: Der hohe Bevölkerungszuwachs vor allem des oberen Kreises Solingen in der ersten Hälfte des 19. Jahrhunderts – zwischen 1816 und 1849 erhöhte sich die Einwohnerzahl Solingens um 68%, in der gesamten Rheinprovinz dagegen lediglich um 50% – sorgte dafür, dass das traditionelle örtliche Stahlwarengewerbe mit minder qualifizierten Arbeitern zunehmend überfüllt war. Diese konnten selbständig Werkstätten eröffnen und brachten mit der Produktion von Billigwaren das überkommene Preisgefüge kräftig durcheinander. Angesichts solch ungünstiger Bedingungen im Zuge des verschärften Konkurrenzdruckes und dauernder Unterbeschäftigung berichtete 1847 die Solinger Handelskammer zur Lage in ihrem Bezirk, »*dass unsere Kreisstadt Solingen von 6000 Einwohnern im vorigen Winter, wo der Volksstand bekanntlich einen hohen Grad erreicht hatte, circa 4000 arme Familien, also wohl ein Drittel der ganzen Einwohnerzahl aus Armenmitteln unterstützen musste. Die hiesigen Armenausgaben haben sich in den letzten zehn Jahren mehr als verdoppelt und es ist nicht zu leugnen, dass dieser Zustand ohne die totale Verarmung der Mittelklasse keine fünf Jahre fortbestehen kann.*«[22]

Die Berichterstatter erstellten damit am Ende des Krisenjahres 1847, als vorangegangene Missernten auch in Solingen für eine drastische Verschlechterung der Lebensbedingungen gesorgt hatten, die Prognose einer fortschreitenden *Pauperisierung*, die

---

22 Handelskammerbericht für 1847, 18.2.1848, Stadtarchiv Solingen, Behälter 1000 »Jahresberichte der Solinger Handelskammer« 1841–1868.

bis auf wenige reiche Kaufleute und Grundbesitzer alle Bevölkerungskreise betraf. Damit war die Stadt von potentiellen sozialen Absteigern und Modernisierungsverlierern bevölkert. Diese ökonomische Entwicklung kann also durchaus erklären, dass die eingangs geschilderten Märzereignisse Ausdruck wachsender materieller Not und Verelendung waren, allerdings nicht wann und in welcher Form der Protest dann tatsächlich losbrach. Warum etwa kam es nicht auf dem Höhepunkt der Subsistenzkrise von 1847, sondern erst zeitversetzt, nach deren Abflauen zu den erwähnten Aufständen? Warum richteten sich diese Erhebungen nicht direkt gegen die Protagonisten des als ungerecht empfundenen *Drucksystems*, der ungerechten und ruinösen Entlohnung durch Warenzahlung, sondern gegen die vermeintliche industrielle Konkurrenz? Damit ist die Frage nach den Motiven und dem Selbstverständnis der Akteure gestellt.

Bei der Krise des Heimgewerbes, vor allem der Textil- und Kleineisenproduktion, handelte es sich um eine schleichende Krise, die mit dem Aufstand der schlesischen Weber im Juni 1844 einen spektakulären und blutigen Höhepunkt fand, der sich gegen die Fabrik- und Handelsherren direkt entlud. Lange Zeit hat die historische Forschung, soweit sie sich überhaupt mit Formen des sozialen Protestes befasste, frühindustriellen *Aufruhr* als Folge von Hunger und Not erklärt. Aufruhr erschien in dieser, von dem englischen Historiker Edward P. Thompson als *spasmodisch* bezeichneten Sichtweise vorwiegend als *Rebellion des Bauches*.[23] Bereits für die Lebensmittelrevolten im England des 18. Jahrhunderts wies er aber hochkomplexe Formen direkter Volksaktion, gepaart mit Disziplin und klaren Zielvorstellungen nach. Thompson stellte fest, dass es »natürlich richtig (ist), dass Unruhen durch starke Preissteigerungen, obskure Praktiken der Händ-

---

23   Vgl. Edward P. Thompson: Die sittliche Ökonomie der englischen Unterschichten im 18. Jahrhundert, in: Detlev Puls u.a.: Wahrnehmungsformen und Protestverhalten, Frankfurt a.M. 1979, S. 14.

ler oder durch Hunger ausgelöst wurden. Doch diese Proteste bewegten sich im Rahmen eines volkstümlichen Konsens darüber, was auf dem Markt, in der Mühle, in der Backstube usf. legitim und was illegitim sei. Dieser Konsens wiederum beruhte auf einer in sich geschlossenen, traditionsbestimmten Auffassung von sozialen Normen und Verpflichtungen und von den angemessenen wirtschaftlichen Funktionen mehrerer Glieder innerhalb des Gemeinwesens. Zusammengenommen bildeten sie das, was man die ›sittliche Ökonomie‹ der Armen, die ›moral economy of the poor« nennen könnte. Eine gröbliche Verletzung dieser moralischen Grundannahmen war ebenso häufig wie tatsächliche Not der Anlass zu direkter Aktion.«[24]

In ihrer *sittlichen Ökonomie* bedroht fühlen mussten sich vor allem die Solinger Schleifer, die sich des Öfteren über ihre Benachteiligung gegenüber den anderen Berufsgruppen beklagt hatten.[25] Dies betraf vor allem die physischen und psychischen Folgen der neueren technischen Entwicklungen und den Preis, den sie dafür nach eigenem Verständnis zu zahlen hatten. Die Verbesserung der Wasserzufuhr und Transmissionsriemenanlagen verkürzten ihre, auf die Jahresarbeitszeit berechneten, durchaus eingeplanten Ruhephasen bei Wassermangel im Sommer und im Winter. Unter den Bedingungen des Zunftsystems waren solche Ausfallzeiten auf den Lohnsatz bereits mitberechnet und damit durchaus willkommen. Das steigende Arbeitstempo stand in Kontrast zu sinkenden Löhnen. Existenzen waren plötzlich bedroht. Das erschien nicht nur neu, sondern zutiefst ungerecht, denn es zwang die Schleifer zu härteren und weit längeren Arbeitseinheiten. Dabei waren die Auswirkungen des Verlagschleifens auf den Gesundheitszustand der Arbeiter eklatant. Geradezu selbstverständlich zählten Rheumatismus und Asthma zu den Berufskrankheiten der Schleifer, die

---

24 Ebd., S. 16.
25 Vgl. Franz Hendrichs: Die Schleifkotten an der Wupper, Köln 1922, S. 30f.

_ Herr, hier ist die Bestellung, verakkordirt zu 28 Rthr, wir haben es uns vier Wochen sauer daran
werden lassen.
_ Laßt sehen, gute Leute — da habt Ihr erstens eine schöne Weste, zu 4 Rthr 10 Sgr. Dann ein Rest
Atlas, 7 Ellen à 15 Sgr. 3 Rthr 15 gr. 5 Ð Kaffeebohnen à 11 Sgr. I Rthr 25 Sgr. 4 Stück seidene Tücher
I Rthlr 15 Sgr. macht 5 Rthlr 18 Sgr, sodann kriegt Ihr hier einen schönen Kanarienvogel nebst mes-
singenen Käfig, zu 5 Rthlr 20 Sgr, — so kriegt Ihr noch grade I Rthlr 16 Sgr. baar heraus.

____ Ich sage Ihnen, Herr Fuchs, das Malter Frucht ist abgeschlagen um einen
ganzen Silbergroschen! ____
____ Entsetzlich! Wir sind ruinirt, und werden kaum noch 30,000 Rthr an dieser Ladung verdienen! Da kann sich ein ehrlicher Mann, wie unser-
eins aufhängen! ____

Die Waarenzahler. Die Wucherer.
Lithografien von Adolf Schroedter in Düsseldorfer Monatshefte 1847/48

selten das 40., aber *fast nie das 45. Lebensjahr* erreichten.[26] Die Solinger Schleifer galten als *kränkliches Geschlecht*. Und der allgemeine Gesundheitszustand verschlechterte sich in der ersten Hälfte
des 19. Jahrhunderts derart katastrophal, dass jetzt sogar Fabrikin-
spektoren und Mediziner in einigen Publikationen dazu Stellung
bezogen. Im vollen Bewusstsein ihrer sich stetig verschlechtern-
den Lage nahmen die Schleifer denn auch bereits in den sozia-

---

26 Vgl. Alphons Thun: Die Industrie am Niederrhein und ihre Arbeiter, Zweiter
Theil: Die Industrie des Bergischen Landes, Leipzig 1879, S. 94.

len Konflikten des Vormärz eine Schlüsselrolle ein. Anders als die übrigen, stärker isoliert arbeitenden Berufsgruppen hatten sie eine Vielzahl gemeinsamer Arbeitsgänge und damit kommunikative Zusammenhänge, die solidarischen Umgang miteinander fördern konnten. Schon 1826 setzten sie sich mit einem wohl organisierten Streik gegen den Lohnverfall trotz allgemein günstiger Konjunkturlage zur Wehr und hielten diesen immerhin einen Monat durch, bevor er durch einen Wetterumschwung beendet wurde.[27]

Eine Generation später gingen die Solinger Arbeiter radikaler vor. Dazwischen aber lagen weitere Erfahrungen und Lernprozesse, die sie in den sozialen Konflikten des Vormärzes machten. So griff man in Solingen, wenn man den Polizeiakten Glauben schenkt, immer wieder zum Mittel der Selbsthilfe, um angesichts saisonal schwankender Preise und Löhne die Existenz zu sichern. Gerade im Winter kam es immer wieder zu Diebstahlsdelikten, tätlichen Übergriffen und auch größeren Raubzügen.[28] Darauf reagierte auch die aufgeschreckte Öffentlichkeit. Tatsächlich war es in den vierziger Jahren in der Presse zu hitzigen Debatten über die sozialen Missstände und Auswüchse des Trucksystems gekommen. An die Spitze des Protestes hatte sich der Solinger Waffenfabrikant Peter Knecht gestellt, der seit 1845 in der Elberfelder Zeitung unter dem Pseudonym *Immerwahr* eine Artikelserie *Nebelbilder* veröffentlichte, die er mit der düsteren Metapher *Nebelbilder aus Solingen* überschrieb und die zu erregten Leserbriefduellen in der lokalen Presse führten, je schonungsloser Knecht mit der Skrupellosigkeit Solinger Verleger abrechnete. Die Gegner des Warenzahlens kamen also auch aus dem Lager der Fabrikanten, und diese handelten nicht aus altruistischen Motiven, sondern aus kaufmännischem Kalkül. Knecht etwa bekämpfte das Trucksystem in Solingen, da er angesichts zunehmend unkontrollierter Konkurrenzverhältnisse um den Erfolg der eigenen Geschäfte fürchtete.

---

27 Vgl. Henkel / Taubert, Maschinenstürmer, S. 158.
28 Ebd., S. 157.

Als weitreichender erwies sich vielmehr der Umstand, dass – über vereinzelte Wahrnehmungen hinaus – die sozialen Konflikte vor Ort zum Gegenstand einer regional ausgeweiteten Öffentlichkeit wurden, damit eine zunehmende Politisierung erfuhren, die an die Basis zurückreichte und das Bewusstsein der Betroffenen prägte. Das Solingen der *Hungry Forties* war zugleich ein Ort des öffentlichen Streites über die sozialen Kosten der Konkurrenzwirtschaft, in dem sich der aufgestaute Unmut vor Publikum artikulieren konnte. Diese politische Kultur der Straße und der Schankwirtschaften profilierte sich im Zusammenspiel mit der lokalen Presse und drängte auf effektive Lösungen, zumal davon auszugehen ist, dass der Elberfelder *Gesellschaftsspiegel*, eine verbreitete sozialkritische Zeitschrift von Moses Hess herausgegeben, auch in Solingen gelesen wurde und zur Politisierung der Lage beitrug. Die Nachrichten und Gerüchte vom revolutionären Aufbegehren in den preußischen Metropolen, in Baden und vor allem in den benachbarten Städten Köln und Elberfeld, ja sogar im provinziell Märkischen Iserlohn erreichten auch die Bevölkerung des Bergischen Landes und stießen auf ein lange aufgestautes Protestpotential, das sich schließlich mit einiger Verzögerung in den Fabrikzerstörungen entlud. Dass sich die Aktionen Solinger Arbeiter zunächst gegen die Konkurrenz der großen Gießereibetriebe richteten, mag mit der Sündenbocktheorie erklärbar sein. Plausibler aber scheint es anzunehmen, dass die Solinger Schmiede und Schleifer mit den Gerechtigkeitsvorstellungen ihrer *sittlichen Ökonomie* die Herstellung von Gusswaren, mit der preislich nicht zu konkurrieren war, als Betrug an ehrlicher Arbeit auffassten, solange die verhassten Konkurrenzprodukte nicht eigens gekennzeichnet oder gar für geschmiedete Ware ausgegeben wurden.

Der eigentliche Erfolg der Aktionen stellte sich indirekt, dafür aber umgehend ein: Wenige Tage nach den Unruhen veröffentlichten zahlreiche Fabrikanten in groß aufgemachten Annoncen der örtlichen Zeitung ihre Bereitschaft, die Praxis des Warenzahlens künftig einstellen zu wollen. Sie befürchteten zu Recht, dass ihre Winkel und Kontore die nächsten Ziele von Übergriffen sein würden und traten die Flucht nach vorn an. Damit war die gewaltsame Verteidigung der moralischen Grundannahme, dass niemand aus der Not des Anderen Profit ziehen dürfe, erfolgreich. »Der Durchbruch der neuen politischen Ökonomie des freien Marktes war zugleich der Zusammenbruch der alten, sittlichen Ökonomie der Fürsorge.«[29] Die Fabrikzerstörungen in Solingen im März 1848 waren dieser noch weitgehend verpflichtet, sie wurden aber begleitet von explizit politischen Begriffen, deren Anwendung weniger von *Verwirrung* als von überlebensnotwendiger Übersetzung *ins Materielle*[30] zeugt und das Selbstverständnis der Betroffenen kennzeichnet: Freiheit von Willkür und Abhängigkeit, Gleichheit der Arbeitsbedingungen, Sicherheit der Löhne und damit der Existenz. Dieses Selbstverständnis beruhte auf den Erfahrungen und Lernprozessen früherer Arbeitskämpfe, die die *Politikbildung von unten*[31] begleitete. Es bedurfte dieses Prozesses und der revolutionären Euphorie der Märztage, damit militante Selbsthilfeaktionen als momentaner, aber gezielter Ausbruch aus der Alltagsnot des Vormärzes zum Auftakt der 48er Revolution in Solingen werden konnten. Im Zentrum der bergischen Kleineisenindustrie dominierte also in der ersten Phase weniger die bürgerliche Erhebung in der ritualisierten Form der Volksversammlung und Adressbewegung der revolutionären Metropolen, sondern der spontane soziale Protest in Form kollektiver Gewaltanwendung gegen Symbole kapitalistischer Konkurrenzwirtschaft und die damit verbundenen fundamentalen Veränderungen gewohnter Lebens- und Arbeitsverhältnisse in der krisengeschüttelten Hausindustrie.

Damit bildete der Auftakt der Revolution im Bergischen Land offenbar eine Variante ihrer sozialrevolutionären Unterströmung.

---

29 Thompson, Sittliche Ökonomie, S. 71.
30 Wirtz, Widersetzlichkeiten, S. 189.
31 Manfred Gailus: Soziale Protestbewegungen in Deutschland 1847–1849, in: Heinrich Volkmann / Jürgen Bergmann (Hg.): Sozialer Protest, Opladen 1984, S. 101.

Die Fabrikzerstörungen der Stahlwarenarbeiter trugen dabei weniger antimodernistische Merkmale *rückwärtsgewandter Zunftorientierung*, sie richteten sich vielmehr aus einer überkommenen Tradition der Lohnkämpfe im Vormärz gegen den nächstliegenden Angriffspunkt bei der Sicherung vitaler Arbeitnehmerbelange. Im Laufe der weiteren revolutionären Entwicklung und der Etablierung einer bürgerlichen (politischen) Öffentlichkeit (Presse, Vereinswesen, Parteien, Wahlkämpfe) intensivierten sich Organisationsbereitschaft und Erfahrungen mit legalen Instrumenten des Arbeitskampfes. Die in der Frühphase der Erhebung den Unternehmern abgerungenen Zugeständnisse und Maßnahmen zur Verbesserung der eklatanten sozialen Lage erwiesen sich unter den Vorzeichen der schließlich einsetzenden Reaktion als brüchig. Die Auswirkungen des Trucksystems waren nämlich keineswegs erfolgreich zu den Akten gelegt, sondern wirkten informell weiter. Fixierte Tariflohnsätze wurden von den Fabrikanten zwar gezielt unterlaufen. Die Berührungspunkte der Solinger Arbeiterschaft mit den politischen Zielsetzungen der demokratisch-republikanischen Bewegung im Laufe des Jahres 1848 verschafften den folgenden Kämpfen für die Durchsetzung der Reichsverfassung und Republik aber eine neue Qualität: Solinger Arbeiter zählten zu den Stützen der Kämpfe im Mai 1849 auf den Barrikaden im benachbarten Elberfeld, wo ihr diszipliniertes und engagiertes Verhalten die Erfahrungen bereits ausgeprägter Gruppensolidarität widerspiegelten.

Dies erkannte später ein von den Elberfelder Ereignissen enttäuschter Friedrich Engels an, der die Solinger Verhältnisse in etwa kannte: »*Daß es nicht schlimmer dort* [in Solingen] *aussah, war nur der guten Organisation und der Entschlossenheit der Solinger Arbeiter zu verdanken, die 400 bis 500 Bewaffnete nach Elberfeld geschickt hatten, (aber) immer noch stark genug waren, ihrer Bourgeoisie und ihrer Bürgerwehr zu Hause das Gleichgewicht zu halten.* [...] Wären die Elberfelder Arbeiter so entwickelt und so organisiert gewesen wie die Solinger, die Chancen hätten ganz anders ausgesehen. [...]«

3

Auf den Barrikaden im Wuppertal:
Der Aufstand in Elberfeld 1849

Elberfeld im Mai 1849, Historienmalerei von Heinrich von Tiedemann 1917

Am 16. Mai 1849 titelt der Redakteur Friedrich Engels für die *Neue Rheinische Zeitung* in Köln:

»Auch auf den Elberfelder Barrikaden vertreten.«

Um verschiedenen falschen Gerüchten entgegenzutreten, sind wir unsern Lesern einen kurzen Bericht über diese Angelegenheit schuldig:

Am 10. Mai ging Friedrich Engels, Redakteur der ›Neuen Rheinischen Zeitung‹, von Köln nach Elberfeld und nahm von Solingen aus zwei Kisten Patronen mit, welche bei dem Sturm des Gräfrather Zeughauses durch die Solinger Arbeiter erbeutet worden waren. In Elberfeld angekommen, stattete er dem Sicherheitsausschuß Bericht ab über die

Lage der Dinge in Köln, stellte sich dem Sicherheitsausschuß zur Verfü-
gung und wurde von der Militärkommission sogleich mit der Leitung
der Befestigungsarbeiten durch folgende Vollmacht betraut: ›Die mili-
tärische Kommission des Sicherheitsausschusses beauftragt hiermit den
Herrn Friedrich Engels, die sämtlichen Barrikaden der Stadt zu in-
spizieren und die Befestigungen zu vervollständigen. Sämtliche Posten
auf den Barrikaden werden hiermit ersucht, denselben zu unterstützen,
wo es Not tut.‹

Elberfeld, 11. Mai 1849

(gez.) Hühnerbein – Troost‹

Am folgenden Tage wurde ihm die Artillerie ebenfalls zur Verfü-
gung gestellt:

›Vollmacht für Bürger F. Engels, die Kanonen nach seinem Gut-
dünken aufzustellen wie auch die dazu nötigen Handwerker zu requi-
rieren, wovon die Kosten der Sicherheitsausschuß trägt.

Elberfeld, 12. Mai 1849

Der Sicherheitsausschuß

Für denselben:

(gez.) Pothmann – Hühnerbein – Troost‹

Gleich am ersten Tage seiner Anwesenheit organisierte Engels eine
Kompanie Pioniere und vervollständigte die Barrikaden an mehreren
Ausgängen der Stadt. Er wohnte allen Sitzungen der Militärkommis-
sion bei und schlug ihr Herrn Mirbach *zum Oberkommandanten vor,*
welcher Vorschlag einstimmig angenommen wurde. An den folgenden
Tagen setzte er seine Tätigkeit fort, veränderte mehrere Barrikaden,
gab die Positionen für neue an und verstärkte die Pionierkompanien.
Von dem Augenblicke der Ankunft Mirbachs an stellte er sich zu seiner
Verfügung und beteiligte sich ebenfalls an den durch den Oberkomman-
danten abgehaltenen Kriegsräten.

Während seiner ganzen Anwesenheit genoß Engels das unbeding-
teste Vertrauen sowohl der bewaffneten bergischen und märkischen Ar-
beiter wie der Freikorps.

Gleich am ersten Tage seiner Anwesenheit befrug ihn Herr Ri-
otte, Mitglied des Sicherheitsausschusses, über seine Absichten. Engels

*erklärte, er sei hergekommen, erstens weil er von Köln aus dazu depu-
tiert gewesen, zweitens weil er geglaubt habe, daß er in militärischer
Beziehung vielleicht nützlich verwandt werden könne, und drittens
weil er, selbst aus dem Bergischen gebürtig, es für eine Ehrensache gehalten habe, bei der ersten bewaffneten Erhebung des bergischen Volks
auf dem Platze zu sein. Er wünsche, sich bloß mit militärischen Dingen zu befassen und dem politischen Charakter der Bewegung gänzlich
fremd zu bleiben, da es auf der Hand liege daß bis jetzt hier nur eine
schwarz-rot-goldene Bewegung möglich sei und daher jedes Auftreten
gegen die Reichsverfassung vermieden werden müsse.*

Herr Riotte war mit dieser Erklärung vollkommen einverstanden.

*Am 14. morgens, als Engels den Oberkommandanten Mirbach zum
Generalappell auf den Engelnberg begleitet hatte, kam Herr Höchster,
ebenfalls vom Sicherheitsausschuß, zu ihm und erklärte: Obwohl gegen
sein Betragen durchaus nichts zu sagen sei, so sei doch die Elberfelder
Bourgeoisie durch seine Anwesenheit im höchsten Grade alarmiert, sie
fürchte jeden Augenblick, er werde die rote Republik proklamieren, und
wünsche allgemein, er möge sich entfernen.*

*Engels erklärte, er wolle sich weder aufdrängen noch seinen Posten
feige verlassen, und verlangte, ohne sich sonst zu irgendetwas zu ver-
pflichten, man möge ihm diesen Wunsch schwarz auf weiß, vom gesamten Sicherheitsausschuß unterzeichnet, übergeben.*

*Herr Höchster brachte die Sache im Sicherheitsausschuß vor, und noch
am selben Tage wurde folgender Beschluß gefaßt: ›Der Bürger Friedrich
Engels von Barmen, zuletzt in Köln wohnhaft, wird unter voller Anerkennung seiner in hiesiger Stadt bisher bewiesenen Tätigkeit ersucht,
das Weichbild der hiesigen Gemeinde noch heute zu verlassen, indem
seine Anwesenheit zu Mißverständnissen über den Charakter der Bewegung Anlaß geben könnte.‹ Schon ehe der Beschluß gefaßt, hatte
Engels erklärt: Er werde der Aufforderung des Sicherheitsausschusses
nur dann Folge leisten, wenn Mirbach es ihm befehle. Mirbach sei auf
seine Veranlassung hergekommen, und er dürfe daher nicht eher gehen,
bis Mirbach ihn entlasse. Am 15. morgens unterzeichnete Mirbach nach
vielseitigem Drängen von Seiten des Sicherheitsausschusses endlich den*

fraglichen Beschluß, der nun auch durch Plakat bekanntgemacht wurde.
Die bewaffneten Arbeiter und Freikorps waren im höchsten Grade
aufgeregt über den Beschluß des Sicherheitsausschusses. Sie verlangten,
Engels solle dableiben, sie würden ihn ›mit ihrem Leben schützen‹. En-
gels ging selbst zu ihnen und beruhigte sie, indem er sie auf Mirbach
verwies und erklärte, er werde nicht der erste sein, der dem auf seine
Veranlassung herbeigerufenen Kommandanten, der übrigens sein un-
bedingtes Vertrauen besitze, den Gehorsam aufkündige. Engels machte
nun noch eine Rekognoszierung in die Umgegend mit und entfernte
sich von Elberfeld, nachdem er sein Kommando an seinen Adjutanten
abgetreten hatte. Die bergischen und märkischen Arbeiter aber, die un-
serem Mitredakteur eine so überraschende Zuneigung und Anhänglich-
keit bewiesen haben, mögen bedenken, daß die gegenwärtige Bewegung
nur das Vorspiel einer andern, tausendmal ernsthafteren Bewegung ist,
in der es sich um ihre, der Arbeiter, eigensten Interessen handeln wird.
Diese neue revolutionäre Bewegung wird das Resultat der gegenwärti-
gen sein, und sobald sie eintritt, wird Engels – darauf mögen die Arbei-
ter sich verlassen – ebensogut wie alle andern Redakteure der ›N[euen]
Rh[einischen] Z[ei]t[un]g‹ an seinem Platze sein, und keine Macht
der Erde wird ihn dann bewegen, von diesem Platz zurückzutreten.
Geschrieben von Friedrich Engels.«[32]

Vorgeschichte

Mit dem Elberfelder Kampf für die Anerkennung der am
28. März 1849 von der Frankfurter Nationalversammlung beschlossenen und veröffentlichten Reichsverfassung erlebte das Bergische
Land seine nach den Solinger Fabrikstürmen zweite spektakuläre
revolutionäre Erhebung. Sie war Teil der Aufstandsbewegung in
den deutschen Einzelstaaten seit Ende April, die unter der Be-

---

32   Karl Marx / Friedrich Engels: Werke (MEW), Bd. 6, Berlin 1959,
S. 500–502.

zeichnung *Reichsverfassungskampagne* in die Geschichtsschreibung eingegangen ist und – lange Zeit als bloßes Nachspiel verkannt – noch einmal die Möglichkeiten und Grenzen der Volksbewegung in der bürgerlichen Revolution deutlich machen sollte. Die oben ausführlich zitierte und reichlich polemische Nachbetrachtung der Elberfelder Ereignisse im Mai 1849 von Friedrich Engels, der als Redakteur der Kölner Neuen Rheinischen Zeitung und als *Barri-kaden-Inspekteur* unmittelbar beteiligt war, nimmt bereits vorweg, dass diese Erhebung nicht mehr als eine revolutionäre Episode blieb, die zwar im Unterschied zur Märzrevolution 1848 die Tendenz zum republikanischen Umsturz in sich trug, zugleich aber die widersprüchlichen Motive und Methoden der aufständischen Gruppen, ihre Konflikte und die Begrenztheit revolutionärer Chancen abbildete.[33]

Das war zu Beginn der revolutionären Ereignisse aber nicht unbedingt absehbar. Für Karl Marx und Friedrich Engels etwa mussten die europäischen Revolutionen von 1848/49 geradezu lehrbuchmäßig erscheinen: Die kapitalistische Produktionsweise hatte die überkommenen politischen und rechtlichen Verhältnisse überholt. Jetzt schien die Zeit gekommen, diese den neuen ökonomischen Verhältnissen anzupassen. Die Aufgabe der Überwindung feudaler Strukturen sollte die *Bourgeoisie* vorantreiben und

---

33   Im Folgenden wird auf diese Biographien zurückgegriffen: Hans Peter Bleuel: Friedrich Engels. Bürger und Revolutionär, Bern, München 1981; Heinrich Gemkow u.a.: Friedrich Engels. Eine Biographie, Berlin 1970; John Green: Engels: A Revolutionary Life, London 2008; Jürgen Herres: Marx und Engels. Porträt einer intellektuellen Freundschaft, Stuttgart 2018; Helmut Hirsch: Friedrich Engels. Hamburg 1975; Tristram Hunt: Friedrich Engels. Der Mann der den Marxismus erfand, Berlin 2013; Johann-Günther König: Friedrich Engels. Die Bremer Jahre 1838 bis 1841, Bremen 2008; Klaus Körner: »Wir zwei betreiben ein Compagniegeschäft«. Karl Marx und Friedrich Engels. Eine außergewöhnliche Freundschaft, Hamburg 2016; Gustav Mayer: Friedrich Engels. Eine Biographie, Bd. 1: Friedrich Engels in seiner Frühzeit, Berlin 1920; Bd. 2: Engels und der Aufstieg der Arbeiterbewegung in Europa, Haag 1934, Nachdruck Frankfurt a.M./Berlin/Wien 1975 (die bis heute umfassendste Engels-Biographie); Gareth Stedman Jones: Karl Marx. Die Biographie, Frankfurt a.M. 2017.

damit den finalen Weg der Geschichte zum Kommunismus durch eine bürgerliche Revolution ebnen. In ihren Augen war diese geeignet, eine alte Welt zu beseitigen und damit eine wichtige Etappe auf dem Weg zur Etablierung proletarischer Herrschaft voran zu kommen.[34]

Anfang 1848 war ihr brillantes Pamphlet, das *Kommunistische Manifest*, erschienen, das sie im unmittelbaren Vormärz durch aufwendige Reiseaktionen zu verbreiten suchten. Anschließend entwarfen sie noch mit den »*Forderungen der kommunistischen Partei in Deutschland*«[35] (s. Quellenanhang) ein sich daraus ableitendes Aktionsprogramm, das sie als Flugblatt ab dem 25. März 1848 in die Öffentlichkeit brachten. In diesen *Forderungen* formulierten die beiden das Programm einer Radikalisierung der bürgerlichen Revolution. Deutschland sollte danach zur demokratischen und *untheilbaren Republik* werden und zwar auf der Grundlage des Allgemeinen Männerwahlrechts, der Volksbewaffnung und besoldeter Volksvertreter. Unentgeltliche Schulbildung und Rechtspflege zählten ebenso zu den *Forderungen* wie die Einrichtung von Nationalwerkstätten, um den Arbeitern eine staatlich geregelte Existenzsicherung zu garantieren. Schärfe aber gewannen diese Forderungen im Postulat der grundlegenden Abschaffung aller feudalen Privilegien und Lasten und Überführung feudaler Besitztümer in Staatseigentum. Die Verstaatlichung der Bergwerke, des Verkehrswesens sowie die Einführung einer progressiven Einkommensteuer bildeten die radikalen Eckpunkte eines geradezu antibürgerlichen Programmes, das die Revolution auf eine neue Stufe heben sollte. Damit waren die Kommunisten um Marx und Engels mit einem Schlag in ganz Deutschland im Gespräch, fanden die namentlich gekennzeichneten *Forderungen* doch alsbald zügige Verbreitung,

---

34 Vgl. Tristram Hunt: Friedrich Engels. Der Mann, der den Marxismus erfand, Berlin 2013, S. 204ff.

35 Karl Marx / Friedrich Engels: Gesamtausgabe (MEGA) Bd. 7/I, hg. v. der Internationalen Marx-Engels-Stiftung. Berlin/München/Boston 2016, S. 25f.

als sie im April und Mai 1848 »von mindestens zwölf deutschen Zeitungen ganz oder auszugsweise wiedergegeben« wurden.[36] Für Friedrich Engels gestalteten sich die folgenden sechzehn Monate der bürgerlichen Revolution in Frankreich und vor allem im preußischen Rheinland sowie anschließend in Baden zu einem persönlichen Erlebnis der besonderen Art: Er tauschte am Ende den Schreibtisch in den Redaktionsstätten gegen den Kampfplatz auf den Barrikaden und bei den Freischärler-Truppen gegen die Konterrevolution. Doch da war bereits alles entschieden und das Experiment einer bürgerlichen Revolution in seiner Perspektive sang- und klanglos gescheitert. Woran hatte das gelegen? War das, was sich in den aufregenden Wochen und Monaten zwischen Dänemark und Sizilien, Frankreich und Ungarn abgespielt hatte, doch nicht der vorausgesagte und herbeigewünschte Idealtypus eines – am Ende möglichst siegreichen – Klassenkampfes?

Die *Märzstürme* – um eine beliebte Metapher der Geschichtsschreibung zu verwenden – brachen zunächst im entlegenen sizilianischen Palermo aus. Dort hatten die führenden Familienclans die Herrschaft des Bourbonen-Königs beendet und ein neues Parlament errichtet, Barrikadenkämpfe inklusive. Dies war der Anfang einer dann auf Gesamteuropa ausgreifenden Erhebung gegen die allerorten in Bedrängnis geratenen Herrschaftshäuser. Deren Geld war knapp geworden, neue Steuerbewilligungen und damit diverse Verfassungsänderungen erforderlich. Soweit die politische Perspektive. Der eigentliche Auslöser der Unruhen aber lag woanders: In der Verbindung von tiefgreifender Agrarkrise, Missernten und ökonomischer Krise, welche die Banken und Unternehmen in den Ruin getrieben hatte. Dieser Mischung aus Hunger- und Finanzkrise folgten der übliche Preisanstieg, sinkende Löhne, Arbeitslosigkeit. Die Lage im Frühjahr 1848 war also durchaus explosiv: Ein Pulverfass, an dessen Lunte nur noch ein zündender

---

36 Ebd., Einführung, S. 874.

Funken zu fehlen schien.[37] Während schon bald in der französischen Hauptstadt die Barrikadenkämpfe tobten, hielten sich Marx und Engels im entfernten Brüssel auf. Die März-Revolution, ausgelöst in Paris, wirkte wie ein europäischer Flächenbrand gegen die monarchische Ordnung von 1815. Aber wofür? Was waren die Ziele? Marx und Engels gingen nach Paris, sozusagen ins Auge des Sturms. Der Bürgerkönig Louis-Phillipe hatte dort fluchtartig das Land verlassen und eine Übergangsregierung aus Republikanern war installiert worden. Von Paris aus sollte die Revolution jetzt auch nach Deutschland getragen werden. Anders aber als radikale Exilanten aus Deutschland planten weder Marx noch Engels keinen – wie auch immer gearteten – kommunistischen Umsturz, sondern zunächst die erfolgreiche Etablierung einer demokratischen Republik. Unter dem Banner der Republik sollte es sozusagen zu einem klassenübergreifenden Bündnis aus Bourgeoisie, Kleinbürgern, Proletariern und Bauern kommen. Die kommunistischen Aktivisten zog es zunächst ins Rheinland.

Dies alles vollzog sich in hoher Geschwindigkeit, ein Merkmal dieser revolutionären Situation im März 1848, vorangetrieben durch die neuen Kommunikations- und Verkehrsmittel der Zeit.[38] So verbreitete sich denn auch die Botschaft von den brennenden Pariser Tuilerien in Deutschland wie ein Lauffeuer und war – um im Bilde zu bleiben – der vorhersehbare zündende Funke, der die Lage jetzt schlagartig veränderte. Mitte März 1848 stand die Revolution auch in Preußen und anderswo auf der Tagesordnung. In Berlin kommt es zur Überreaktion des Militärs und blutigen Barrikadenkämpfen mit mehr als 400 Todesopfern: Ein brutales Fanal. Der preußische König reagiert beschwichtigend durch Proklamation (*An mein Volk*) und verspricht weitere Liberalisierung und die Einberufung einer gesamtdeutschen Nationalversammlung.

Marx und Engels aber zog es nicht an den Schauplatz der

---

37 Ebd., S. 206.
38 Siemann, Revolution, S. 114ff.

heftigen Kämpfe nach Berlin sondern nach Köln, um dort die Rheinische Zeitung wiederzubeleben. Die Perspektive: Das fortschrittlich liberale und urbane Rheinland mit seinem wachsenden Proletariat sollte zum Kerngebiet der erfolgreichen Revolution in Preußen werden. Dort in Köln, das nicht nur ein Zentrum des römischen Katholizismus war, existierte auch bereits ein mitgliederstarker Arbeiterverein mit hoher Anziehungskraft, die noch einmal wuchs, als 1848/49 eine der großen Cholera-Epidemien beinahe 1.300 Todesopfer vor allem in den Arbeitervierteln kostete.[39] Dieser Kölner Arbeiterverein wusste allerdings so rein gar nichts mit dem Konzept zur Unterstützung einer bürgerlichen Revolution zwecks Errichtung einer parlamentarischen Demokratie anzufangen. Dort wollte man nicht weniger als den sofortigen Übergang vom Feudalismus zur *Arbeiterrepublik* erreichen.[40] Karl Marx und Friedrich Engels hielten solche Pläne der *wahren Sozialisten* für schlichtweg naiv. Und sie lagen damit schon mit Blick auf die nächste Umgebung wohl nicht falsch: In Köln fanden selbst republikanische Tendenzen trotz der Anwesenheit von Karl Marx, Andreas Gottschalk, Karl d'Ester und anderen prominenten Persönlichkeiten nie eine Mehrheit.[41] In ihren Augen war das feudal rückständige Deutschland, das sich gegenüber England gleichsam auf dem Niveau eines Entwicklungslandes befand, absolut nicht reif für eine proletarische Revolution. Folgerichtig vertrat die Rheinische Zeitung in den nächsten Wochen und Monaten kein sozialrevolutionäres Konzept, sondern propagierte ein bürgerfreundliches Programm zur Unterstützung gemäßigter Revolutionsziele.

Als aber im Juni in Frankreich die *proletarische Revolution* das vorangegangene Februar-Spektakel radikalisierte, sah Friedrich

---

39 Jürgen Herres, 1848/49 – Revolution in Köln. Köln 1998, S. 106.
40 Ders.: Köln, in: Christoph Dipper/Ulrich Speck (Hg.): 1848. Revolution in Deutschland, Frankfurt a.M./Leipzig 1998, S. 121.
41 Ders.: 1848/49, in: Dipper/Speck, 1848, S. 37.

Engels von Köln aus für die Rheinische Zeitung berichtend, zumindest dort den Übergang von der bürgerlichen zur proletarischen Revolution im vollen Lauf. Wenn auch nur für den Moment; denn die Reaktion, angeführt von einem blutrünstigen Kriegsminister Cavaignac, beendete rasch den Arbeiteraufstand in den Faubourgs von Paris: mit Kartätschen und Granaten gegen die insgesamt schlecht bewaffneten Barrikadenkämpfer. Symbolische Berühmtheit gewann in diesen Tagen die Barrikade in der Rue de Cléry mit ihrer jungen Revolutionärin an der Spitze, die Fahne schwenkend den Reaktionären entgegenstürmte – und erschossen wurde.[42]

Als Friedrich Engels, der seine gebotene Flucht aus Köln in eine sinnlich kulinarische Tour de France durch Burgund in die Schweiz verwandelt hatte, im Winter 1848/49 wieder ins revolutionäre Geschehen zurückkehrte, war die Gegenrevolution in Deutschland längst im vollen Gange. Und sie war erfolgreich, was sich zu diesem Zeitpunkt aber noch nicht absehen ließ. Karl Marx hatte inzwischen die Neue Rheinische Zeitung auf einen eher proletarischen und kämpferischen Kurs gebracht.[43] Welche Chancen aber besaß diese Revolution jetzt noch angesichts der eklatanten Überlegenheit der preußischen Truppen? Sollte man auf die in Ungarn erfolgreiche Guerillataktik und Konzepte einer asymmetrischen Kriegsführung setzen? Derweil war in Frankfurt eine gesamtdeutsche Verfassung ausgearbeitet worden. Damit lag jetzt alles in der Hand des preußischen Monarchen und bei der Frage, ob er die ihm angebotene Kaiserkrone aus der Hand der Volksvertreter denn annehmen würde. Der aber wollte *das Hundehalsband* nicht, und damit war das liberale Projekt einer Reichsverfassung absehbar gescheitert. Im Westen, Südwesten und in Sachsen allerdings entfachte dieser Affront ab April 1849 den Widerstand. Der

---

42 Zu den *Amazonen der Freiheit* und den Frauen in der 48er Revolution in Deutschland vgl. Sabine Kienitz: Frauen, in: Dipper/Speck, 1848, S. 272ff.
43 Hunt, Engels, S. 229.

entscheidende Impuls ging jetzt von Dresden aus, wo sich Anfang Mai die Rebellion gegen den sächsischen König formierte, als dieser den Landtag aufgelöst und die Anerkennung der Reichsverfassung verweigert hatte. Die Bewegung griff nach Westfalen und ins Rheinland über. Und schließlich auch ins Wuppertal.

Boomtowns der Frühindustrialisierung

Die beiden Textilgewerbestädte Barmen und Elberfeld im Tal der Wupper zählten in der ersten Hälfte des 19. Jahrhunderts zu den Städten, deren traditionelle Gewerbestruktur sich »industriell zu überformen begann.«[44] Innerhalb dreier Jahrzehnte verdoppelte sich die Einwohnerzahl von Elberfeld (1810: ca. 19.000, 1840: ca. 40.000), das diesen gewaltigen Zuwachs vor allem der Zuwanderung verdankte, »ein für jene Jahrzehnte in Mitteleuropa ungewöhnlich rasanter Wachstumsprozess, der sich zur Hälfte aus Zuwanderung von arbeitsuchenden vor allem aus dem oberbergischen, westfälischen und dem nordhessischen Raum speiste. Diese Neuankömmlinge trugen zum Wachstum der bergischen Wirtschaft erheblich bei, konnten aber seit dem preußischen Freizügigkeitsgesetz von 1842 nicht mehr so einfach in ihre Heimatgemeinden abgeschoben werden, wenn sie arbeitslos oder krank wurden.«[45]

Das unkontrollierte Wachstum griff tief in das Erscheinungsbild dieser Doppelstadt ein und führte zur nachhaltigen Auflösung der bisherigen, insbesondere von den unterbürgerlichen Schichten erfahrbaren Lebensumwelt, während die städtischen Eliten, Verleger und Fabrikanten, es recht bald verstanden, durch Umzug in die

---

44 Jürgen Reulecke: Geschichte der Urbanisierung in Deutschland, Frankfurt a.M. 1985, S. 22.
45 Rudolf Boch: Das Bergische Land im 19. Jahrhundert (1814–1914), in: Stefan Gorißen / Horst Sassin / Kurt Wesoly (Hg.): Geschichte des Bergischen Landes, Bd. 2: Das 19. und 20. Jahrhundert, Bielefeld 2016, S. 218.

grünen Randbereiche den wachsenden Umweltbelastungen und der sozialen Enge zu entgehen, litten die Elberfelder Textilarbeiter*innen unter eklatanter Wohnungsnot und ständiger Seuchengefahr aus der durch Industrieabwässer zur Kloake degenerierten Wupper und den ihr zuführenden Bachläufen, die als offene Abwasserkanäle dienten. Hier zeigten die Erfolge der Frühindustrialisierung und des Gewerbefleißes ihr zweites Gesicht, wurden die sozialen Kosten der rasanten Entwicklung greifbar.

Bereits 1829 schilderte ein zutiefst erschreckter Besucher seine Eindrücke von der Stadt und ihren Bewohnern in düstersten Farben: »*Elberfeld hat mir einen unheimlichen Eindruck hinterlassen; die Gegensätze auf diesem Menschenmarkte sind gar groß: kaufmännische Großhänse mit Schmerbäuchen und ausgearbeiteten Freßwerkzeugen, ausgehungertes Lumpengesindel, abgemagerte Gestalten mit Gesichtern, bleich von innerer sektiererischer Arbeit, und dabei nachts auf den Straßen ein so roher Lärm liederlicher und betrunkener Menschen, wie mir selten vorgekommen ist.*«[46]

Auch die Innenansichten der Boomtowns an der Wupper lasen sich ähnlich. Als junger Mann von knapp zwanzig Jahren verfasste Friedrich Engels 1839 seine später berühmten *Briefe aus dem Wupperthale*, die er unter Pseudonym (Paul Oswald) schrieb und in Bremen veröffentlichte. Über das Gewässer, das der Region den Namen gab, berichtete er: »*Der schmale Fluß ergießt bald rasch, bald stockend seine purpurnen Wogen zwischen rauchigen Fabrikgebäuden und garnbedeckten Bleichen hindurch; aber seine hochrote Farbe […] rührt nicht von Scham über das Treiben der Menschen, obwohl dazu wahrlich Grund genug vorhanden ist, sondern einzig und allein von den vielen Türkischrot-Färbereien.*« Bis ins 16. Jahrhundert wurde der ehemals artenreiche Fluss neben der Fischerei vorwiegend für den Antrieb von Mühlen, Schleifkotten und Hammerschmieden genutzt. 1527 erhielten die Gemeinden Barmen und Elberfeld

---

46 So der Gothaer Buchhändler Perthes, zit. nach: Gerd Huck / Jürgen Reulecke (Hg.): Reisen im Bergischen Land um 1800, Neustadt / Aisch 1978, S. 216f.

dann durch den Herzog von Berg das Exklusivrecht für die Garnbleiche, wofür sich das klare und weiche Wasser der Wupper sowie die ausgedehnten Wupperwiesen auch bestens eigneten. Das war der Auftakt für die spätere Entwicklung zum Industriefluss. Bald siedelten sich mit Färbereien und Webereien andere Produktionsbereiche der Textilfabrikation an. Es folgten noch später Maschinenbaubetriebe, die die industrielle Revolution im Tal der Wupper vorantrieben. War die Garnbleiche, bei der das angefeuchtete und mit Pottasche bestreute Garn auf den sogenannten Bleichwiesen der Sonne ausgesetzt wurde, noch eine den Fluss wenig belastende Methode, die vielmehr besonders sauberes Wasser erforderte, so sorgten insbesondere die Färbereien und Tuchdruckereien schnell zu massiven Verschmutzungen der Wupper. Diese machte sich schnell einen Namen als *schwarzer* Fluss. Bereits 1807 trat ein erstes Badeverbot in Kraft.

Besonders in den Armenvierteln an der Wupper waren die hygienischen Verhältnisse katastrophal. Beengtes Wohnen, verschmutztes Trinkwasser, mangelhafte Abwasserentsorgung und Abfallgruben in unmittelbarer Wohnungsnähe waren die Folgen eines chaotischen Urbanisierungsprozesses. Die Lebensumstände der Arbeiterbevölkerung stanken buchstäblich zum Himmel, und sie machten krank. Solche Elendsviertel gab es in Elberfeld an der Bachstraße (heute Gathe), an der Fuhr und im Island. Bäche und Fluss mutierten zu wahren Kloaken: die Wupper, der Mirker Bach in Elberfeld oder der Mühlengraben in Barmen. 1858 fielen über 800 Menschen der Cholera zum Opfer. 1849/50 waren es ähnlich viele. Solche Epidemien verbreiteten gerade deswegen Angst und Schrecken, weil über ihre Ursachen noch wenig bekannt war. Die Seuche zählte zu den sozialen Kosten der rapiden Industrialisierung und Urbanisierung in Deutschland. Allein durch die *Asiatische Cholera* starben zwischen 1831 und 1871 in Preußen in mehreren Schüben etwa 380.000 Menschen. Vor Ort häuften sich Klagen über die Verschmutzung der Wupper, die neben den ungeklärt eingeleiteten Fäkalien auch organische und saure Abwässer sowie

salz- und schwermetallhaltige Abwässer der Industrie aufnahm.
Die Darstellung der sozialen Verhältnisse in Friedrich Engels'
Briefen aus dem Wupperthale hätten bissiger und pointierter kaum
ausfallen können:

»[...] *Die wenigen kräftigen Gestalten, die man dort sieht, sind fast
nur Schreiner oder andre Handwerker, die alle aus fremden Gegenden
her sind; unter den eingebornen Gerbern sieht man auch kräftige Leute,
aber drei Jahre ihres Lebens reichen hin, sie körperlich und geistig zu
vernichten; von fünf Menschen sterben drei an der Schwindsucht, und
alles das kommt vom Branntweintrinken. Dies aber hätte wahrlich
nicht auf eine so furchtbare Weise überhandgenommen, wenn nicht der
Betrieb der Fabriken auf eine so unsinnige Weise von den Inhabern gehandhabt würde, und wenn der Mystizismus nicht in der Art bestände,
wie er besteht, und wie er immer mehr um sich zu greifen droht. Aber
es herrscht ein schreckliches Elend unter den niedern Klassen, besonders
den Fabrikarbeitern im Wuppertal; syphilitische und Brustkrankheiten
herrschen in einer Ausdehnung, die kaum zu glauben ist; in Elberfeld
allein werden von 2500 schulpflichtigen Kindern 1200 dem Unterricht
entzogen und wachsen in den Fabriken auf, bloß damit der Fabrikherr
nicht einem Erwachsenen, dessen Stelle sie vertreten, das Doppelte des
Lohnes zu geben nötig hat, das er einem Kinde gibt. Die reichen Fabrikanten aber haben ein weites Gewissen, und ein Kind mehr oder
weniger verkommen zu lassen, bringt keine Pietistenseele in die Hölle,
besonders wenn sie alle Sonntage zweimal in die Kirche geht. Denn das
ist ausgemacht, daß unter den Fabrikanten die Pietisten am schlechtesten mit ihren Arbeitern umgehen, ihnen den Lohn auf alle mögliche
Weise verringern, unter dem Vorwande, ihnen Gelegenheit zum Trinken zu nehmen, ja bei Predigerwahlen immer die ersten sind, die ihre
Leute bestechen. [...]*«[47]

---

47 Friedrich Engels, Briefe aus dem Wupperthale, in: Karl Marx / Friedrich
Engels: Gesamtausgabe (MEGA) I/3, hg. v. der Internationalen Marx-Engels-Stiftung. Berlin 1985, S. 736–756.

Friedrich Engels schrieb diesen frühen Verriss der heimischen Verhältnisse in Bremen, wo er seine Lehrjahre absolvierte. In Barmen hatte er zunächst die konservative örtliche Stadtschule besucht, wechselte dann mit vierzehn Jahren auf das liberalere Gymnasium im benachbarten Elberfeld, das er jedoch nur ein Jahr vor dem Abitur unfreiwillig auf Drängen des Vaters verlassen musste, um eine Lehre als Kaufmann anzutreten. Schon in jungen Jahren profilierte er sich als überaus scharfer Analytiker und Kritiker der Verhältnisse in seiner Heimatstadt. In den *Briefen* geißelte Engels insbesondere den Pietismus im Tal als eine mentale Welt zwischen Gewerbefleiß, religiösem Fundamentalismus, Doppelmoral und Alkoholexzess. Dabei stand er selbst in einer patriarchalischen Familientradition aus Religiosität, Wohltätigkeit und Unternehmertum, allerdings früh sensibilisiert für *das Elend unter den [...] Fabrikarbeitern im Wuppertal* und das Schicksal von hart arbeitenden Kindern in den rund 200 Textilfabriken der 1830er Jahre und ihre Bedeutung als billige Arbeitskräfte eines tendenziell bigotten Unternehmertums – wie er es sah.

Er bezog sich auf die Verhältnisse auch in der Nachbarstadt Elberfeld, das im frühen 19. Jahrhunderts zusammen mit Barmen zu den absoluten Boomtowns in Deutschland zählte. Die Stadt, wie das Wuppertal insgesamt, entwickelte sich in atemberaubendem Tempo zu einem der führenden deutschen frühindustriellen Zentren, mit einem hohen Maß an demografischer und räumlicher Verdichtung, durch schubweise Migrations- und Urbanisierungsprozesse.[48] Im Verlauf des 19. Jahrhunderts genoss diese Doppelstadt an der Wupper einerseits den Ruf eines prosperierenden

---

48   Zur Urbanisierung im Wuppertal vgl. Friedrich Lenger: Stadt-Geschichten. Deutschland, Europa und Nordamerika seit 1800, Frankfurt a.M. 2009, S. 44–56. Der Text folgt einem Vortrag des Autors anlässlich des »Zweiten Wuppertaler Geschichtsfestes« im Engelsgarten und Historischen Zentrum, Sommer 2008. Ders.: Metropolen der Moderne. Eine europäische Stadtgeschichte seit 1850, München 2013, bes. S. 53 zur Entwicklung der der 20 größten Städte Europas zwischen 1850 und 1913.

Modernisierungszentrums der industriekapitalistischen Entwicklung in Preußen, andererseits bildeten sich hier – wie an kaum einem anderen Ort im Lande – die Schattenseiten des Kapitalismus durch soziales Elend und ökologische Verwüstung geradezu hautnah ab. Das enge Tal der Wupper war der Raum, in dem die sozialen Gegensätze, insbesondere in der Frühphase der Entfesselung der Produktivkräfte, besonders markant aufeinanderprallten und physisch erfahrbar wurden – durch ein aufstrebendes Bürgertum und eine pauperisierte, sozial entwurzelte Handwerker-Arbeiterschaft: Fortschritt und Beharrung, Reichtum und Armut – solche Erfahrungswelten bildeten sich ab auf engstem Raum.

Sozialstruktur Elberfeld 1850 [49]

Einwohner	48.801
Geschlecht	24.426 männl. / 24.375 weibl.
Konfession	37.966 ev. / 10.687 rk. / 148 andere

Altersklassen	
bis 5 Jahre	16,3 %
bis 16	24,6 %
17–45	46,1 %
45–60	7,5 %
über 60	5,1 %

49   Nach Karl Coutelle: Elberfeld 1852. Topographisch-statistische Darstellung, Elberfeld 1852, Nachdruck Wuppertal 1963, S. 51, 72, 77. Coutelle, seit 1820 in Dorsten beschäftigt, war ab 1850 Verwaltungssekretär in Elberfeld, auch mit schriftstellerischem Talent.

Berufe

Fabrikarbeiter	18.445
davon in Textilfabriken	16.352
davon auswärtige	8.100
Handwerksmeister	4.505
Gesellen/Lehrlinge	3.471
Gewerbetreibende	1.237
Beamte, Geistliche, Lehrer	326
Landwirtschaftl. Beschäftigte	549

Insgesamt lebten rund 20% der Bevölkerung bis in die Mitte des 19. Jahrhunderts von der Armenunterstützung, »ein Ausmaß von Verarmung, das sich nicht durch kirchliche Nächstenliebe und Spenden bewältigen ließ. [...] Der Problemdruck für die Städte wuchs durch die massive Wirtschaftskrise der 1840er Jahre noch einmal deutlich und kulminierte in der Krisenkonstellation von 1848 aus hoher Sockelarmut, und agrarischer Unterproduktion: Hungerkrise auf Grund von Missernten insbesondere in den Jahren 1846/47. Dies trieb die Preise für Agrarprodukte in die Höhe. Und als dann noch eine grassierende Kartoffelkrankheit (›Brot der Armen«) zur Massenarmut dazukam, hatte sich eine hochbrisante soziale Konfliktlage ergeben.«[50]

In den 30er Jahren des 19. Jahrhunderts sprachen bürgerliche Sozialreformer aufgeregt von einer neuen *Volksseuche*, die sie wortgewaltig als *Branntweinpest* bezeichneten. Mit der forcierten kapitalistischen Industrialisierung im Wuppertal wurden nämlich auch die Klagen über die Auswirkungen des reichlichen Alkoholkonsums des Proletariats lauter. Das Wort vom *Elendsalkoholismus* machte die Runde. Für Friedrich Engels, der in den 40er Jahren im Familienbetrieb *Ermen & Engels* in Salford bei Manchester

---

50 Boch, Das Bergische Land, S. 218f.

Brücke am Döppersberg in Elberfeld

Die Wupper um 1850

die Geschäfte führte und *Die Lage der arbeitenden Klasse in England* untersuchte, war die Sache eindeutig: Er sah einen direkten Zusammenhang zwischen kapitalistischer Industrialisierung und Alkoholmissbrauch. Nur mit Hilfe *geistiger Getränke* könnten die

Arbeiter ihre elende soziale Lage und unmenschlichen Arbeitsbedingungen vermeintlich erträglicher gestalten. Sie rutschten damit
aber unvermeidlich in die Abhängigkeit und weitere Verelendung.
In seiner 1845 verfassten Sozialstudie, ließ Engels keinen Zweifel
an den zwangsläufigen Folgen des Kapitalismus, denen die Arbeiter schutzlos ausgeliefert waren. Und was Engels für Manchester
und das Mutterland des Kapitalismus beschrieb, hatte auch für das
sogenannte *deutsche Manchester* an der Wupper seine Gültigkeit.
Auch wenn die historische Sozialforschung inzwischen ein etwas
differenzierteres Bild des Alkoholkonsums im 19. Jahrhundert
hervorgebracht hat, ist Engels Analyse und die Ursachenforschung
der Trunksucht noch heute eine überaus interessante historische
Quelle.[51] Für die Lage im Wuppertal ist insbesondere der Umstand
von Bedeutung, dass die Arbeitgeber selbst im damals verbreiteten
Trucksystem die abhängig Beschäftigten mit billigem Alkohol ent-
lohnten und damit ihren Beitrag zur Trunksucht leisteten. Den
Rest erledigte der allgemein sinkende Preis für Alkoholprodukte.
1839 schrieb Engels in seinen *Briefen aus dem Wupperthale*: »*Alle
Kneipen sind, besonders Sonnabend und Sonntag, überfüllt, und abends
um elf Uhr, wenn sie geschlossen werden, entströmen ihnen die Betrunkenen und schlafen ihren Rausch meistens im Chausseegraben aus.*«

Historisch ist der drastisch steigende Konsum im 19. Jahrhundert
bestens belegt. Lag in Preußen um 1800 der Pro-Kopf-Verbrauch
von Branntwein pro Jahr noch bei 2 bis 3 Litern, so verdoppelte er sich in den folgenden zwei Jahrzehnten. Mitte der 1830er
Jahre konsumierten 13 Mio. Preußen sage und schreibe 250 Mio.
Liter an hochprozentigem Branntwein. Die Gegenbewegung ließ
nicht lange auf sich warten. Sozialreformer der Zeit stellten neben
der *sozialen Frage* jetzt auch die Alkoholfrage und diskutierten deren Auswirkungen, vor allem auf die Arbeitsmoral. Aus den ang-

---

51   Vgl. James S. Roberts: Der Alkoholismus deutscher Arbeiter im 19. Jahrhundert, in: Geschichte und Gesellschaft 6 (1980), S. 220–242.

lo-amerikanischen Städten gelangte die sogenannte *Mäßigungs-bewegung* bald auch ins Wuppertal. 1843 gründeten sich sowohl in Barmen als auch in Elberfeld *Enthaltsamkeitsvereine*, welche der *Brandweinpest* den Kampf ansagten.[52] Obwohl die Barmer Variante schon drei Jahre später bereits 1.900 Mitglieder zählte und damit die größte im gesamten Rheinland war, standen solch bürgerliche Moralanstalten weitgehend auf verlorenen Posten. In den 1840er Jahren wurden in Preußen über acht Liter Schnaps pro Kopf und pro Jahr konsumiert, und zwar gemessen in reinem Alkohol. Tendenz steigend.

Für die aufgeregten bürgerlichen Beobachter der Zeit war also die vertraute Ordnung in der expandierenden Textilgewerbestadt aus den Fugen geraten. Sie begegneten einer *Kultur der Armut*, mit besonderen sittlichen und moralischen Werten, Verhaltens-mustern, Normen, Werthaltungen und Weltanschauungen, die der amerikanische Anthropologe Oscar Lewis Ende der fünfziger Jah-re des letzten Jahrhunderts auf diesen Begriff gebracht hat.[53]

Fast alles, was es an sozialer Fürsorge zur Dämpfung der Not proletarisierter Handwerker und ihrer Familien gab, entsprang christlich motivierte *Nächstenliebe* einiger weniger Fabrikanten, blieb aber allgemein unverbindlich und damit uneffektiv. Mit spendenfinanzierten Suppenküchen und öffentlich bezahlten Ar-beiten suchten Unternehmer, Kirchen und Politiker der schweren Krise von 1846/47 zu begegnen, mussten aber immer wieder zu flankierenden Polizeimaßnahmen gegen das sogenannte Lumpen-proletariat greifen, ohne verhindern zu können, »daß sich hier wie allerorten die Gegensätze zuspitzten, daß die Massen der Färber, Drucker, Weber in Bewegung gerieten [...]«[54]

---

52   Vgl. Sigrid Lekebusch: Das Vereinswesen, in: Gorißen/Sassin/Wesoly, Ge-schichte des Bergischen Landes, S. 416.
53   Oscar Lewis: Five Families. Mexican Case Studies in the Culture of Poverty, New York 1959, Ders.: Die Kinder von Sanchez. Selbstportrait einer mexikani-schen Familie, Düsseldorf/Wien 1963.
54   Mayer, Engels, S. 356.

Die drastische Armut betraf zumeist die Älteren und die Kinder. Von den Lebensverhältnissen proletarischer Kinder in den frühindustriellen Zentren an der Wupper und anderen Industriestädten des Bergischen Landes existiert ein ebenso klares wie bedrückendes Bild. Das kommt besonders eindrucksvoll in Otto Hausmanns Epos »Mina Knallenfalls« zum Ausdruck, das in achtzehn Episoden die Lebensgeschichte eines Proletariermädchens erzählt – in Elberfelder Mundart. Das liest sich in der Übersetzung von Wolfgang Köllmann so: »*Ich bin an der Fuhr-Straße aufgewachsen, mein Vater war Alkoholiker, meine Mutter strickte Socken und spulte nebenbei. Wir hatten den obersten Boden für 20 Taler gemietet. Dort kam ich unter Holterdipolter als Mädchen auf die Welt. Die Kammer war zum Tanzen nicht geeignet, aber die Wanzen schlugen einem nachts durch das Gesicht Purzelbäume. Wir hatten viele Kinder; das bedeutet Geschrei und Gezänk; wir saßen bis zum Kragen im Dreck; mit vier Jahren bekam ich die Krätze. Zwei Brüder litten an Drüsenkrankheiten (Tuberkulose?) und drei hatten ›offene Beine‹ (Tuberkulose der Haut?); im Winter klapperten uns manchmal vor Kälte die Zähne.*«[55]

Während bürgerliche Beobachter noch den enormen wirtschaftlichen Aufschwung der Region in euphorischen Reiseberichten feierten, äußerten sich erfahrene Pädagogen wie etwa der Pionier der Lehrerbildung, Friedrich Adolph Wilhelm Diesterweg ernüchternd über das soziale Leben im frühen 19. Jahrhundert. Für die Kinder begann der Ernst des (Erwerbs-)Lebens nicht selten bereits im Alter von 5 Jahren, wenn sie in der Heimindustrie ans Spulrad gesetzt wurden und »*in diesen Fabriken um den Frühling ihres Lebens gebracht werden. [...] Ich sehe hier nur allgemeinen Jammer und schleichendes Elend neben einigen scheinbar Glücklichen, welche sich durch das Blut der Armen, durch die Arbeit der Kinder be-*

55 Wolfgang Köllmann: Aus dem Alltag der Unterschichten in der Vor- und Frühindustrialisierungsphase, in: Jürgen Reulecke / Wolfhard Weber (Hg.): Fabrik. Familie. Feierabend. Beiträge zur Sozialgeschichte des Alltags im Industriezeitalter, Wuppertal 1978, S. 25f.

reichern.«[56] Die Lebenswelt der Kinder war durch Erfahrungen geprägt, wie sie in den Lebenserinnerungen des Hermann Enters zum Ausdruck kommen, der sich an einen bis zu 15stündigen Arbeitsalltag in einer Riemendreherei erinnert – und dies im Alter von 14 Jahren. Enters' Bericht bezieht sich vor allem auf die 50er Jahre des 19. Jahrhunderts. »[…] *Vater verdiente sehr wenig, und Mutter mußte in Tagelohn gehen, waschen und schrubben, und bald wurde uns Bruder Wilhelm geboren. Die Not war groß, und es wurde davon gesprochen, wenn ich 12 Jahre alt wäre, wollte Mutter zu dem Pastor gehen und bitten, daß ich einen halben Tag aus der Schule käme, ich mithelfen, verdienen. […] Wir waren alle unterernährt, und ich erinnere mich, daß meine Schulkameraden immer sagten, ich hätte die Schwindsucht.*[57]

Kinderarbeit »gehört zu den finstersten Kapiteln der Sozialgeschichte der Kindheit und der Gesellschaftsgeschichte des Kapitalismus im Deutschland des 19. Jahrhunderts.«[58] Die Erfahrungswelt der Kinder aus ländlichen und städtischen Unterschichten war durch Mangel oder Not geprägt. Gearbeitet wurde täglich und dies bis an die Grenzen der Leistungsfähigkeit: in der Fabrik, im Heimgewerbe, in der Manufaktur, in der Landwirtschaft, ohne wirklich materielle Sicherheit zu garantieren.[59] Erst die staatlich initiierte Verteuerung der Kinderarbeit durch verschärfte Schutzbestimmungen (1869, 1878, 1891) führte in der zweiten Hälfte des 19. Jahrhunderts zu deren Rückgang.

---

56 Friedrich Adolph Wilhelm Diesterweg: Sämtliche Werke, Bd. 1, Berlin 1956, S. 342.

57 Die kleine, mühselige Welt des jungen Hermann Enters. Erinnerungen eines Amerika-Auswanderers an das frühindustrielle Wuppertal, hg. v. Heinz Born, Wuppertal 2. Aufl. 1971, S. 43.

58 Ulrich Herrmann: Familie, Kindheit, Jugend, in: Jeismann, Karl-Ernst/ Lundgreen, Peter (Hg.): Handbuch der deutschen Bildungsgeschichte, Bd. 3: 1800–1870: Von der Neuordnung Deutschlands bis zur Gründung des Deutschen Reiches, München 1987, S. 53–69, hier S. 61.

59 Zahlreiche Beispiele für die zeitgenössische Wahrnehmung von Kinderarbeit im Wuppertal in: Huck/Reulecke, Reisen.

Elberfeld am Wall

Armenviertel

Diese Entwicklung aber war im Vormärz noch nicht absehbar, als die sprunghafte Entwicklung Elberfeld das Etikett eines *deutschen Manchesters* einbrachte, jene Textilstadt mit dem exponentiellen Wachstum im Nordwesten Englands, die manchem Betrachter und Analytiker geradezu als urbane Ablagerung eines ungebremsten Kapitalismus galt.[60]

»Der erste Fabrikplatz Englands hat mit dem ersten Fabrikort Preußens sehr vieles gemein. Auch Manchester hat die nächsten Flecken und Dörfer in sich eingeschlossen, oder soll man sagen, seinen Stadtumkreis auf sie ausgedehnt. Manchester ist erst seit hundert Jahren so bedeutend angewachsen, und Elberfeld mit seinen 40.000 Menschen war vor zweihundert Jahren ein Ort der 800 Seelen gewesen. In beiden ist neben Reichtum zugleich so viel Elend und Armuth.«[61]

Das schrieb im Jahre 1847 der Leipziger Verleger und Journalist Ferdinand Gustav Kühne in einem Beitrag für sein Blatt *Europa – Chronik der gebildeten Welt*, das gepflegte Reiseberichterstattung mit tagespolitischen Beiträgen und Kommentaren für ein bürgerliches Publikum verbinden wollte. Kühne galt in den vierziger Jahren als einer der aufmüpfigen Vertreter der jungdeutschen Bewegung, zu der auch Heinrich Heine und andere zählten, die Biedermeier und Restauration und damit die moralische und politische Ordnung einer ganzen Epoche zu den Akten legen wollten. Der Sohn eines Holzhändlers aus Magdeburg war zugleich ein durchaus erfolgreicher Schriftsteller, der mit dem schönen Titel *Quarantäne im Irrenhaus* einen reichlich wortgewaltigen Beitrag zum kritischen Zeitgeist leistete.

Einer, der sich in Manchester damals aber besser auskannte, war der Barmer Unternehmersohn Friedrich Engels. Er hatte das

---

60 Vgl. Jürgen Osterhammel: Die Verwandlung der Welt. Eine Geschichte des 19. Jahrhunderts, München 2. Aufl. 2016, S. 399ff.
61 Burkhardt Dietz: »Das deutsche Manchester« – Ferdinand Gustav Kühnes Reisen durch Barmen und Elberfeld 1847, in: Huck/Reulecke, Reisen, S. 197–223, hier S. 203.

Elend der Arbeiterslums *von Little Ireland* in Manchester und Salford mit eigenen Augen gesehen und genauestens analysiert. Die Industrie-Agglomeration im Nordwesten Englands galt ihm als steingewordener Nachweis der zerstörerischen Kraft eines schrankenlosen Kapitalismus. Tatsächlich: Die *Shock-City* Manches-

Friedrich Engels in Manchester,
Zeichnung von Nikolai Nikolaijewitsch Shukow, 1952

ter überragte in der Mitte des 19. Jahrhunderts seine vermeintlich deutsche Variante in Sachen Wachstum, Armut, ökologische Verwüstung, aber auch Reichtum um Längen: Es war 1850 mit 400.000 Einwohnern schließlich zehnmal so groß. Eine laute, eine zischende und qualmende Zusammenballung von Menschen und ein neuer Typus von Stadt, in der die Klassengegensätze hart und räumlich kaum getrennt aufeinanderprallten. Die Zeitgenossen übertrafen sich in der Kreation immer drastischerer Metaphern, um ihren zwischen Irritation und Schrecken changierenden Empfindungen beim Betrachten der Verhältnisse Ausdruck zu verleihen. Wenn sie sich denn überhaupt ins Auge des Sturms vorzudringen getrauten. Die Slums von Salford stanken nicht nur zum Himmel, sie waren auch gefährlich. So dachte man. Engels auch. Aber er machte sich nichts daraus und ging dorthin, wo es weh tut. So entstand, auch durch teilnehmende Beobachtung, eine der wichtigsten frühen Sozialstudien der Weltgeschichte: *Die Lage der arbeitenden Klasse in England*. Und nicht zuletzt war dieses Manchester, die *Coke-Town* (Charles Dickens), auch der Ort, an dem sich die verarmten Industrieproletarier, zumeist irischer Herkunft, solidarisierten, gewerkschaftlich organisierten und für ihre Belange kollektiv auf die Straße gingen: *strikes* und Polizeiknüppel. Wenn der Klassenkampf einen symbolischen Ort brauchte: hier fand man ihn – inmitten einer funktional errichteten, ökologisch verwüsteten Szenerie kapitalistischer Ausbeutung von humanen und natürlichen Ressourcen. Kühne aber, der *Erfinder* des Narrativs vom *deutschen Manchester* und leitende Redakteur des feinen *Magazins für die elegante Welt* hatte es selbst nie bis Manchester geschafft und für die ersten kommunistischen Versammlungen in Elberfeld ab 1845 allenfalls Spott übrig. Wen wundert es da, dass Friedrich Engels keine sonderlich gute Meinung von ihm hatte und ihn einen ziemlich *zahmen liberalen Literaten* nannte. Kein Wunder, belächelte dieser doch die drei Veranstaltungen *im größten Saale und ersten Gasthof der Stadt* (Engels an Marx). Immerhin zogen sie 370 Menschen an, bevor eine angekündigte vierte Versammlung vom Oberbürgermeister persönlich unter Strafandrohung verboten wurde. Das Publikum bestand vornehmlich aus der *besseren Gesellschaft* der Stadt; Arbeiter fehlten.

Tatsächlich waren also die Organisationsversuche, die Friedrich Engels und Moses Hess in Elberfeld unternommen hatten, nur begrenzt erfolgreich, stellten sie doch fest, dass das örtliche Proletariat an kommunistischen Versammlungen wohl eher desinteressiert schien.[62] Viel später sah das der erste Biograf von Friedrich Engels, Gustav Mayer, ganz anders, als er diese Zusammenkünfte in Elberfeld als die »frühesten sozialistischen Versammlungen auf deutschem Boden« bezeichnete.[63] In den Jahren 1845/46 wurde in Elberfeld auch der *Gesellschaftsspiegel, Organ zur Vertretung der besitzlosen Volksklassen und zur Beleuchtung der gesellschaftlichen Zustände der Zeit* von Moses Hess herausgegeben: Wenn man so will, eine Folge dieser ersten kommunistischen Diskussionsansätze in der Stadt. In den Maitagen 1849 standen dann Teile eben dieser an Vorträgen desinteressierten Elberfelder Arbeiterschaft auf den Barrikaden.

Die revolutionäre Woche des Friedrich Engels in Elberfeld

Am 3. April hatte also Friedrich-Wilhelm IV die ihm aus Frankfurt angetragene Kaiserkrone, diesen *Reif aus Dreck und Lettern*, für die Mehrzahl der betrachtenden Zeitgenossen unmissverständlich und endgültig abgelehnt. Die Ereignisse spitzten sich unmittelbar dramatisch zu, als die Zweite Preußische Kammer die Reichsverfassung bestätigte, die Regierung zur Annahme aufforderte und der König das Parlament erneut umgehend auflöste. Wenige Tage

---

62 Engels an Marx, 23.2.1845, in: Karl Marx / Friedrich Engels: Werke (MEW), Bd. 27, 7. Aufl. Berlin 2000, S. 20, vgl. auch Jürgen Herres: Friedrich Engels (1820–1895), in: Gorißen/Sassin/Wesoly, Geschichte des Bergischen Landes, S. 394, der von 200 Zuhörern spricht.
63 Mayer, Engels, S. 224.

zuvor hatten sich 28 Staaten des Deutschen Bundes ebenfalls für die Annahme der Verfassung erklärt. Damit war Preußen nunmehr offizielle Führungsmacht der Gegenrevolution. Dies erforderte militärische Mittel und die zügige Mobilisierung der Landwehr, um gegenüber neuen revolutionären Unruhen gewappnet zu sein. Das waren die politischen Rahmenbedingungen für den sogenannten Elberfelder Aufstand vom 7. bis 17. Mai 1849, »der neben dem zeitgleichen Dresdener Aufstand und der Volkserhebung in der Pfalz zu den bedeutendsten Widerstandshandlungen zur Verteidigung der liberal-demokratischen Reichsverfassung gehört. [...] Der Widerstand gegen die offen reaktionäre Politik des Königs nahm in Elberfeld auch deswegen vergleichsweise radikale Formen an, weil er mehr und mehr von den Elberfelder und – nach dem Gräfrather Zeughaussturm am 9. Mai – den hinzustoßenden Solinger Handwerker-Arbeitern getragen wurde.«[64]

Die 1849er Revolution in Elberfeld hatte ein seit den Märztagen des Vorjahres andauerndes, eher wenig spektakuläres Vorspiel.[65] In einer Volksversammlung mit ca. 2.000 Menschen auf dem Johannisberg kommt es am 9. März 1848 zum Beschluss einer Adresse an die badische Volksvertretung und – wenn man dem Bericht des Barmer Zeichenlehrers und Aktivisten Herrmann Joseph Alois Körner Glauben schenkt – zu unmittelbar anschließenden Arbeitertumulten mit den Parolen *»Freßfreiheit statt Preßfreiheit!«* Neun Tage später, am 18. März 1848, überschlagen sich an vielen Orten die Ereignisse. In Berlin kommt es zu blutigen Barrikadenkämpfen mit dem Militär. In Elberfeld gerät eine weitere Volksversammlung auf dem Johannisberg völlig außer Kontrolle, als die Fabrik des wohlhabenden Textilfabrikanten und Stadtverordneten Johann Caspar van der Beeck am Neuenteich zerstört wird. Einen Tag später schreibt ein zunehmend aufgewühlter und

---

64 Boch, Das Bergische Land, S. 226.
65 Vgl. Uwe Eckardt: Elberfelder Chronik 1848/49, in: Michael Knieriem (Hg.): Michels Erwachen – Emanzipation durch Aufstand? Wuppertal 1998, S. 8–30.

von dem Aufstand überraschter landrätlicher Kommissar Bredt an die Düsseldorfer Regierung: »*Als der Sturm dennoch losbrach und die Arbeiter, fremde und einheimische vom Johannisberg aus in großen Massen durch die Straßen der Stadt lärmend und pfeifendnach dem van der Beeckschen Lokale zogen, war der Sicherheitsverein noch nicht völlig ins Leben getreten [...] Die disponible Polizeimannschaft war zu schwach, um dem rohen, von Zerstörungslust beseelten und mit schweren Steinen und anderen Werkzeugen bewaffneten Haufen in seinem Beginnen Einhalt zu thun.*«[66] *Zufällig* durch die Stadt ziehendes Militär greift ein. Ende März gründet sich der *Politische Club*, der seine künftigen Hauptziele in Richtung konstitutionelle Monarchie und Deutsche Einheit formuliert. Lokal bekannte Akteure sind u.a. Carl Hecker (Fabrikant, Gemeinderat), Ernst Herman Höchster (Anwalt), Carl Nicolaus Riotte (Assessor) und der erwähnte Hermann Joseph Alois Körner. Am 12. April kommt es erneut zu Unruhen am Westende und in der Vogelsau. Während Polizeieinsatz die Ausplünderung von Marktlieferanten verhindert, schützt eine Bürgerwehr den anschließenden Marktverkauf vor aufgebrachten Arbeitern. Am Tag darauf verurteilt der *Politische Club* diese Ausschreitungen auf das Schärfste. Der Oberbürgermeister reagiert mit massiven Strafandrohungen, um Ruhe und Ordnung einigermaßen aufrecht zu erhalten. Bürger-, Turner- und Schützengildenwehr werden umgehend mit Waffen ausgestattet.

Ende des Monats April gründen in der Mehrheit wohlhabende Unternehmer um August von der Heydt dann den *Konstitutionellen Verein* auf dem Döppersberg. Der Politische Club wirkt inzwischen über die Stadtgrenzen hinaus. Am 8. Mai nehmen Karl Marx und Friedrich Engels dort an einer Sitzung teil.[67] Zwei Tage

---

66   Landesarchiv NRW, Abteilung Rheinland (früher HStAD), Regierung Düsseldorf, Präsidialbüro Nr. 793, Bl. 222ff. 19.3.1848, zit. nach: Tania Ünlüdag: Historische Texte aus dem Wupperthale. Quellen zur Sozialgeschichte des 19. Jahrhunderts, Wuppertal 1989, S. 49f.
67   Eckardt, Chronik, S. 13.

später wird Dr. Alexander Pagenstecher zum Abgeordneten für die Frankfurter Nationalversammlung gewählt. Der Sommer vergeht mit Beratungen im Gemeinderat über die Effekte von »*Arbeitsbeschaffungsmaßnahmen für Arbeitslose beim Wegebau, bei der Wupper-Regulierung oder bei Rodungsarbeiten.*«[68] Als am 16. August König Friedrich Wilhelm IV zu Besuch bei Bankier Daniel von der Heydt ist, kommt es im Anschluss an eine vom *Politischen Club* initiierte Protestversammlung mit *Katzenmusik* zum Konflikt mit dem *Konstitutionellen Verein.* Die geplante Aktion wird zwar von Polizei und Bürgerwehr gewaltsam verhindert, aber die Spaltung des bürgerlichen Lagers ist damit auf dem Tisch. Die Kluft vertieft sich wenige Wochen später im Streit zwischen beiden Organisationen über die Auflösung der Preußischen Nationalversammlung. Volksversammlungen gegen die Auflösung der Nationalversammlung Mitte September und zwei Monate später am 13. November eine weitere Manifestation mit rund 2.000 Teilnehmern auf dem Johannisberg verabschieden eine Solidaritätsadresse an die Preußische Nationalversammlung in Berlin, die vom Monarchen wegen deren Steuerverweigerungsbeschlüssen verlegt wurde. Man wolle die Deputierten mit *Gut und Blut* unterstützen. Die Gegenreaktion lässt nicht lange auf sich warten: Drei Tage später treffen sich Landwehrmänner und Reservisten in einem Lokal, um eine Gegenadresse an den preußischen Monarchen zu richten, in der sie vor den *Folgen der Anarchie* warnen. Wieder drei Tage später, am 22. November, werden August und Daniel von der Heydt Mitglieder im Konstitutionellen Verein. Ihr Motiv: »[…] *den Umsturz und den Ruin des Landes*« verhindern zu helfen.[69] August von der Heydt macht danach tatsächlich politische Karriere: Der preußische Mo-

---

68 Arbeitsbeschaffungsmaßnahmen im Juni 1848: 2.055 der 2.795 arbeitslos Gemeldeten beteiligen sich an Wegebau- und Rodungsarbeiten sowie bei der Regulierung der Wupper. Der Gemeinderat hatte dafür 29.945 Taler aufgebracht. Unruhen bei den Arbeitslosen werden dadurch aber nicht verhindert. (Eckardt, Chronik, S. 14).
69 Ebd.

narch ernennt den Banker zum *Minister für Handel, Gewerbe und öffentliche Arbeiten.* Ansonsten herrscht Ruhe im Tal.

Ende April 1849 spitzt sich die Lage zu. Über 1.000 Teilnehmer auf einer Versammlung am Engelnberg verabschieden eine Resolution gegen die Auflösung der Zweiten Kammer in Preußen. Redner bezeichnen die Regierung als *absolutistisch.* Die Resolution wird von einer Deputation an die Bezirksregierung nach Düsseldorf überbracht, wo Soldaten mit entsicherter Waffe auf die Wuppertaler Abordnung warten. Bei der Rückkehr nach Elberfeld kommt es zu tumultartigen Protesten. Die Polizei hält sich zurück. Der Elberfelder Gemeinderat schließt sich halbherzig an und verabschiedet am 1. Mai eine Missbilligung der Auflösung der Zweiten Kammer, lehnt jedoch mit 12 gegen 11 Stimmen eine gemeinsame Adresse ab, die Reichsverfassung für *unbedingt gültig* zu erklären. In der Nachbargemeinde Lüttringhausen versammeln sich am Tag darauf rund 7.000 Menschen. Nachdem jetzt auch der Gemeinderat in außerordentlicher Sitzung die Auflösung der Zweiten Kammer missbilligt und sich die Lage durch die bewaffneten Kämpfe in Dresden, den Einsatz preußischer Truppen sowie die ersten Gestellungsbefehle an die Landwehr zugespitzt hatte, kommt es am 3. Mai schließlich zur offenen Revolte. In Elberfeld erklären sich 153 Landwehrmänner mit der Reichsverfassung einverstanden, aber *der absoluten Krone für entbunden.* Es gründet sich ein Komitee, das vor rund 400 Landwehrmännern spricht. Die Gegenreaktion lässt wiederum nicht lange auf sich warten und distanziert sich von den *rothen Republikanern.*

Am 6. Mai erhält die Landwehr den landesweiten Einberufungsbefehl. Die Unruhe wächst. Einen Tag später hängt ein Aufruf an den Mauern im Großherzogtum Berg und in der Grafschaft Mark, der die Zeit des passiven Widerstands beenden will: Das Komitee erklärt sich kampfbereit und permanent. Der alarmierte kommissarische Landrat Melbeck meldet nach Düsseldorf höchste Gefahr im Verzuge und fordert umgehend Militär an. Die Presse berichtet ausführlich, während sich die Lage zuspitzt: Oberbürgermeister von Carnap wird von demokratischen Abgeordneten und aufgebrachten Landwehrmännern zur Rede gestellt und verabschiedet sich Richtung Steinbecker Bahnhof. Dort erwartet ihn eine lauthals aufgebrachte Volksmenge mit Steinwürfen, die das verunsi-

Bahnhof Steinbeck 1840

cherte Stadtoberhaupt ins nahegelegene *Casino* flüchten lässt. Die Menge attackiert das Gebäude und verursacht dabei Glasschäden, bevor Polizei und Bürgerwehr eingreifen können.

Am 9. Mai trifft auf dem Steinbecker Bahnhof das angeforderte Militär ein, mit dem Auftrag, die Ruhe wiederherzustellen. Der Einsatz des Militärs, wie später noch häufiger ultima ratio preußischer Sicherheitspolitik, richtet sich gegen das Landwehrkomitee, gegen das ohne richterlichen Haftbefehl vorgegangen werden soll. Ab da überstürzen sich die Ereignisse. Das Komitee verbarrikadiert sich, das Militär dringt bis zur Wilhelmshöhe vor, trifft aber auf eine entschlossene Menschenmenge, aus der heraus es zu Übergriffen auf das Haus des Oberbürgermeisters kommt. Aus dem Gefängnis am Wall werden insgesamt 93 Insassen befreit, die wegen Beteiligung an den Märzereignisse dort einsaßen. Gegen Abend wird die eilig errichtete Barrikade am Wall zum militärischen Ziel. Das Feuergefecht fordert vier Todesopfer: Kompanieführer Uttenhoven auf Seiten des Militärs und die Aufständischen Buchmüller, Buschmann und Kranefeld, ein Tagelöhner, ein Färber und ein Schuhmacher, kommen ums Leben. Nachdem sich das Militär auf den Laurentiusplatz zurückgezogen hat, wird es am kommenden Morgen nach Düsseldorf abkommandiert. Die funktionalen Eliten (Oberbürgermeister, Kreissekretär, Polizisten, Politiker) fliehen Hals über Kopf aus der Stadt. Diese befindet sich im Ausnahmezustand.

»Der Oberbürgermeister hatte bereits um 6 Uhr die Flucht ergriffen, ohne dass mir etwas Näheres über seinen Aufenthalt bekannt wäre. In der Nacht machte ich den Versuch aus dem gedachten, von allen Seiten mit Barrikaden eingeschlossenen Lokal zu entkommen. Ich überstieg die Barrikade an der Schlössergasse mit Lebensgefahr, indem mehrere scharfe Schüsse auf diese Stelle gerichtet wurden, konnte aber meine Wohnung nicht erreichen, sondern fand nach mehrstündigem Umherirren ein Asyl in dem Hause eines Freundes zu welche mich nach Übersteigung mehrerer Mauern tief in der Nacht gelangte. Die Zerstörung, insbesondere des von Carnapschen Eigenthums, dessen kostbarste Effekten zum Barrikadenbau verwendet wurden, dauerte die ganze Nacht an; auf den meisten Barrikaden weheten blutrothe Fahnen.«

So schreibt via verdeckt agierendem Sondergesandten der verängstigte Verwalter des Landratsamtes, Carl Friedrich Melbeck, am 11. Mai an den Regierungspräsidenten in Düsseldorf.[70]

---

70 Landesarchiv NRW, Abteilung Rheinland (früher HStAD), Regierung Düsseldorf, Präsidialbüro Nr. 818, Bl. 33ff., zit. nach: Ünlüdag, Historische Texte, S. 55.

Einen Tag später gründet sich aus Mitgliedern des Politischen Clubs und der Landwehr ein *Sicherheitsausschuss* und sucht um die Anerkennung durch den Gemeinderat nach. Diese wird tatsächlich erteilt, allerdings unter der Voraussetzung, dass diesem auch Vertreter des Rates und der Bürgerschaft angehören. Danach löst sich der Gemeinderat gleichsam selbst auf, indem er alle Funktionen an den Sicherheitsausschuss abtritt. Elberfeld hat nunmehr ein revolutionäres Gremium qua Ratsbeschluss, Zugriff auf die Stadtkasse inklusive. Die Bürgerwehr soll entwaffnet werden. Das Sitzungsprotokoll versammelt 22 Unterschriften. Verwaltungsgeschäfte und militärische Angelegenheiten sind ab jetzt Sache des revolutionären Ausschusses. Der sieht ab dem folgenden Tag geschätzte 3.000 Freischärler in die Stadt strömen, die es zu versorgen gilt. Bei einer Sichtung des revolutionären Potenzials erweisen sich aber höchstens 800 Kämpfer als tatsächlich einsatzfähig, weil ausreichend bewaffnet und überhaupt kampftauglich. Die Versorgungslage gestaltet sich reichlich schwierig. Als zögerliche Spendenaufrufe wenig Erfolg haben, kommt es zu Plünderungen. Gleichzeitig ermöglicht der Sturm auf das Gräfrather Zeughaus durch Solinger Arbeiter eine zügige Bewaffnung des Volkes. Am selben Tag verschaffen sich die meuternden Landwehrmänner mit dem Bankier Daniel von der Heydt eine prominente Geisel, während das Militär nach Düsseldorf abzieht, um den dortigen Aufstand blutig niederzuschlagen. Bilanz: 18 Tote, davon 15 Unbeteiligte.

Am 12. Mai berichtet die Neue Rheinische Zeitung in Köln darüber ausführlich:

»Die hiesige Landwehr hat den Impuls zu einem Kampfe gegeben, der unserer, bisher mit vollem Recht als höchst reaktionär verschrieenen Stadt, alle Ehre macht. Die Elberfelder Landwehr hat mit den Waffen in der Hand bewiesen, daß sie nicht auf der Seite des Königs, sondern auf der Seite des Volkes steht. Sie hat durch ihren Enthusiasmus die ganze Bevölkerung mit sich fortgerissen. Schon am vorigen Sonntag

hatte sich die für den 10. Mai einberufene Landwehr auf der sogenann-
ten Wilhelmshöhe Rendezvous gegeben, und sich gegenseitig verpflich-
tet, dieser Einberufung unter den gegenwärtigen Verhältnissen nicht

Eine Elberfelder Barrikade.

In Elberfeld haben viel tausend Mann
Auf die Reichsverfassung geschworen.
Der Tanz geht los! der Feind rückt an!
Die Preußen stehn vor den Thoren!

In Elberfeld giebt's harten Strauß,
Und Prügel giebts nach Noten;
Die Preußen ziehn zur Stadt hinaus
Mit fünf drei Viertel Todten.

In Elberfeld geht's lustig her:
Die Rheinischen Lazzaroni
Bau'n Barrikaden von Golde schwer,
Von Silber und Mahagoni.

Und all die blanke Herrlichkeit,
Bildsäulen, Spiegel und Lüstre,
Die liefert Herr Daniel von der Heydt,
Der Bruder vom Handelsminister.

Herr Daniel rauft sich das Haar und heult:
Weh! Wollt ihr mich denn nicht schonen?
Ich habe ja an die Rebellen vertheilt
Schon an die tausend Patronen!"

Da kömmt ein Proletarier her
Und bietet ihm eine Prise:
„Wenn ihr Bruder nur kein Minister wär'!
Und wenn er nicht August hieße!!"

aus der satirisch politischen Wochenzeitschrift Kladderadatsch, Mai 1849 nachzukommen. Ein in Permanenz zurückgelassener Ausschuß brachte dieses Uebereinkommen auch zur Kenntniß aller später eintreffenden Landwehrmänner, so daß man bald in dem ganzen Thale vollkommen einig war und den allenfallsigen Gewaltmaßregeln der Regierung ruhig entgegensah. Diese ließ denn auch nicht lange auf sich warten, indem am 9. Mittags eine Eskadron Ulanen von Düsseldorf und zwei Compagnien vom 16. Regiment aus Köln nebst zwei Kanonen hier einrückten.

Das Signal zu einem allgemeinen Aufstand war hierdurch gegeben; die Sturmglocken tönten, etwa vierzig Barrikaden befestigten in wenigen Stunden die wichtigsten Straßen und Bürgerwehr und Landwehr vereinigten sich, um der auf dem Marktplatz aufgestellten Soldateska die Stirn zu bieten. Das Resultat des Kampfes ist Ihnen schon bekannt. Das Volk siegte, indem es die mit Kartätschen und Musketenkugeln angreifenden Soldaten zurück und aus der Stadt schlug. Wir erfahren seitdem, daß ein Theil der 16er sich nach Düsseldorf retirirte, und wüthend über die erlittene Niederlage an wehrlosen Menschen die abscheulichsten Grausamkeiten verübte. Außer einigen schon bekannten Details bemerke ich Ihnen, daß das Hotel des Ministers von der Heydt zu einem Lazareth eingerichtet wurde, und daß die Schützen, in grauen Hüten und grünen Blousen, Wache davor halten. Ueber der Hausthür lies't man in großen Buchstaben ›Lazareth‹. Das Haus des Oberbürgermeisters von Carnap wurde gänzlich zerstört. Die Kanonen der Gesellschaft ›Genügsamkeit‹, welche sich bisher damit begnügten, mit Freudenschüssen die königlichen Geburtstage zu feiern, wurden diesmal gegen ›Mein herrliches Kriegsheer‹ gerichtet. Die Gefangenen der Gefängnisse wurden sämmtlich in Freiheit gesetzt. Der Bruder des Ministers von der Heydt leidet an einer solchen Geistesverwirrung, daß er eben Pulver und Blei unter die Proletarier austheilt. — Wahrscheinlich sind diese verborgenen Kriegsvorräthe ursprünglich zu einem ganz andern Zweck angeschafft. Der Regierungspräsident von Düsseldorf ist als Geißel in den Händen des Elberfelder Volkes. Wie bei jedem Kampfe benimmt sich das Volk wahrhaft groß und edel. Kisten mit Silbergeschirr des von Carnap liegen in den Barrikaden, und zwar ebenso sicher, wie in dem

Keller des Eigenthümers. Für weitern Kampf ist man auf's beste gerüstet. Alle Straßen sind verbarrikadirt. Die Dächer liegen voller Steine. Zahlreicher Zuzug langt aus allen umliegenden Orten an, die ganze Bevölkerung erwartet auf's Neue den Feind.«[71]

Zwei Tage zuvor, am 10. Mai, war Friedrich Engels im Auftrag der Neuen Rheinischen Zeitung in Köln, als Redakteur nach Elberfeld entsandt in der Stadt eingetroffen. In den Wochen zuvor hatte er in der Zeitung seine Vorstellungen entwickelt, wie die Bewegung für die Reichsverfassung doch noch erfolgreich zum Sieg über die Konterrevolution gelangen konnte. Sein Plan umfasste im Wesentlichen drei Maßnahmen. Die erste zog strategisch zu vernachlässigende Ziele der möglichen Aufstandsbewegung ins Kalkül: In den rheinpreußischen Festungen und Garnisonsstädten (Köln, Koblenz, Wesel, Jülich und Saarlouis, sowie Aachen, Düsseldorf und Trier) sollte möglichst auf aussichtslose Kraftakte gegen die militärische Übermacht verzichtet werden. Aktionen sollten sich eher, so seine zweite Überlegung, auf die kleineren linksrheinischen Städte, auf Fabrikorte und Dörfer konzentrieren, um dort die rheinischen Garnisonen zu binden. Sein dritter Vorschlag bezog sich auf eine strategisch breite Offensive in den rechtsrheinischen Bezirken, wo es die Aufstandsbewegung zu un-

---

71 Neue Rheinische Zeitung, 12. Juni 1849. Die Zitate aus den Ausgaben der Neuen Rheinischen Zeitung sind der digitalisierten Version im Deutschen Textarchiv entnommen, die auch solche Artikel versammelt, die nicht von Marx und Engels stammen. »Die Neue Rheinische Zeitung. Organ der Demokratie erschien in 301 Ausgaben vom 1. Juni 1848 bis zum 19. Mai 1849 täglich in der preußischen Stadt Köln unter der Chefredaktion von Karl Marx und Mitarbeit von Friedrich Engels. Sie umfasst somit den Zeitraum der europäischen Revolution von 1848/49. Weitere Redakteure waren Heinrich Bürgers, Ernst Dronke, Ferdinand Freiligrath, Georg Weerth, Ferdinand Wolff und Wilhelm Wolff. Die Zeitung erreichte eine Auflage von 5000 bis 6000 Exemplaren und verfügte über eigene Korrespondenten insbesondere in Berlin, Frankfurt am Main, Wien und Paris. Zu den täglichen Ausgaben wurden häufig Beilagen veröffentlicht. Von der vollständig in Rot gedruckten Abschlussnummer vom 19. Mai 1849 wurden fast 20 000 Exemplare gedruckt.« http://www.deutschestextarchiv.de/nrhz/.

terstützen gelte und das Potenzial der Landwehr zu nutzen, *um so den Kern einer revolutionären Armee zu organisieren.*[72]

Als sich Engels bei beim Sicherheitsausschuss meldet, bringt er zwei Kisten Patronen mit, die von Solinger Arbeitern bei einem Sturm auf das Gräfrather Zeughaus erbeutet worden waren. Der Sicherheitsausschuss ernennt ihn zum *Barrikadeninspekteur*, überträgt ihm damit die Leitung der Befestigungsarbeiten und darüber hinaus das Kommando über die *Artillerie* der aufständischen Elberfelder, wenn man von einer solchen sprechen mag angesichts von einem halben Dutzend kleiner Kanonen, die allenfalls bei Salutschüssen auf Königs Geburtstag ihren Dienst taten.[73]

Der Redakteur und Militärexperte macht sich noch am selben Tag an die Arbeit, rekrutiert eine Handvoll Pioniere zum kontrollierten Barrikadenbau, die vor allem an den Ausgängen der Stadt ergänzt werden. Das fällt auch der Obrigkeit auf. Am 12. Mai meldet ein aufgeregter Landrat Melbeck an den Düsseldorfer Regierungspräsidenten, dass Friedrich Engels auf der stark befestigten Barrikade an der Haspeler Brücke an der Grenze zwischen Barmen und Elberfeld gesehen worden sei. Er habe die Bauweise dieser strategisch wichtigen Verteidigungsanlage korrigieren und zwei Kanonen für den Fall eines Angriffes der preußischen Arme in Stellung bringen lassen. Bei den Sitzungen der Militärkommission im Sicherheitsausschuss ist Engels regelmäßig vor Ort.[74] Ob und wie er die dortigen Debatten beeinflusst, lässt sich nicht mehr rekonstruieren.

Der Sicherheitsausschuss besorgt sich in diesem Zusammenhang militärische Expertise in Person eines ehemaligen preußischen Artillerieleutnants: Otto von Mirbach wird – vermutlich auf Vorschlag von Friedrich Engels – zum militärischen Komman-

---

72   Friedrich Engels, Reichsverfassungskampagne, in:
Karl Marx/Friedrich Engels: Werke (MEW), Bd. 7, Berlin 1960, S. 124.
73   Hirsch, Engels, S. 59.
74   Gemkow u.a., Engels, S. 217ff.

danten ernannt. Der offenbar entschlossene Mann verfügt über militärische Weihen, hat auch Hafterfahrung und ansonsten klare Vorstellungen: Er fordert neben dem zügigen Ausbau der Barrikaden, die konsequente und umgehende Entwaffnung der Bürgerwehren, eine gutgefüllte Kriegskasse und als deutliches politisches Signal die Vereidigung aller bewaffneten Männer auf die Reichsverfassung.[75] Der Sicherheitsausschuss stimmt zu, verläuft sich aber in den kommenden Stunden in schier endlose Debatten über Ziele und Strategien des Aufstandes: Aktiver oder passiver Widerstand, Kampf für die Reichsverfassung oder mehr? In einer gezielten Aktion werden Waffen in Cronenberg beschafft, während sich unter Leitung von Alfred Pagenstecher eine Delegation nach Düsseldorf auf den Weg macht, um einen Militäreinsatz abzuwenden.

Am 14. Mai wendet sich der Sicherheitsausschuss gleich doppelt an die Öffentlichkeit. Im *Aufruf an das deutsche Volk* heißt es: »*Elberfeld hat sich erhoben für die Reichsverfassung! Es hat nicht dulden wollen, dass seine Söhne im Dienste der undeutschen Bestrebungen der Regierung gegen ihre eigene Freiheit und gegen ihre eigenen Brüder kämpfen. Auf dem Rathause zu Elberfeld weht die schwarz-rot-goldene, die deutsche Fahne. Die bewaffnete Mannschaft hat heute Morgen der Reichsverfassung Treue geschworen und sich der Nationalversammlung zu Frankfurt zur Verfügung gestellt.*«[76] Dann teilt der Sicherheitsausschuss noch offiziell die Ernennung Otto von Mirbachs zum militärischen Befehlshaber mit, verbindet dies aber demonstrativ mit einer Erklärung zur Ausweisung von Friedrich Engels aus der Stadt: Ein offenbar symbolischer Akt für die Öffentlichkeit. Der revolutionäre Ausschuss begründet sein Vorgehen mit den möglichen *Missverständnissen*, welche die Anwesenheit

---

75   Zu Mirbach vgl. Carl Hecker: Der Aufstand zu Elberfeld im Mai 1849 und mein Verhältniß zu demselben. Elberfeld 1849, S. 43f. sowie Beltz, 1849, S. 51ff.
76   Eckardt, Chronik, S. 24.

von Engels in der Stadt hervorrufen könnte, wenn er denn bliebe. Damit reagieren die besorgten Revolutionäre auf die offenbar erfolgreiche Stimmungsmache gegen den *roten Fabrikantensohn*, der vom Sicherheitsausschuss die Entwaffnung der Bürgerwehr, die Verteilung der Waffen unter den aufständischen Arbeitern und eine Zwangssteuer von wohlhabenden Bürgern gefordert hatte.[77]

Das klärt die Lage. Für weitergehende Ziele als eine Verteidigung und Anerkennung der Frankfurter Reichsverfassung will man partout nicht zur Verfügung stehen: Verfassung *und* Schutz des Eigentums. »*Nur die schwarz-rot-goldene Fahne ist das Banner, welches der Sicherheits-Ausschuß als das seinige anerkennt.*« Der Kampf für eine *rote Republik* steht hingegen nicht auf der Tagesordnung. Die Ausweisung von Friedrich Engels zielt in dieser Logik auf öffentlichkeitswirksame Symbolik.

Über den kurzen Aufenthalt von Friedrich Engels in Elberfeld und auf den Barrikaden ist die *schöne Legende* entstanden, »*dass Vater und Sohn sich in den Revolutionstagen an der Haspeler Brücke begegneten*«[78], der Vater auf der (konservativen) Barmer Seite, der rebellische Sohn aus Elberfeld kommend. Diese Erzählung beruhte aber eher auf nachträglichen Phantasien des nationalliberalen Politikers Ernst von Eynern als auf belegbaren Fakten. Zu diesen zählte, dass Friedrich Engels nachweislich am Sonntag, den 13. Mai auf einer Barrikade an der Haspeler Brücke, angeblich mit roter Schärpe geschmückt, Dienst schob. Dabei kam es gelegentlich auch zu einem Gespräch mit Alexander Pagenstecher, dem Elberfelder Abgeordneten der Casinopartei, in dem es um die möglichen Folgen eines militärischen Angriffs auf die Stadt ging. Die weiteren Umstände, auch die Frage nach der roten Symbolschärpe bleiben ebenso unklar wie eine mögliche Begegnung mit seinem Vater. Die Legende darüber gilt inzwischen als »*längst*

---

77   Mayer, Engels, S. 359.
78   Hunt, Engels, S. 233.

Bekanntmachung.

Der Sicherheits=Ausschuß hat am heutigen Tage beschlossen:

1) Der Bürger v. Mirbach ist mit der Leitung der Militär= Angelegenheiten betraut. Ueberall da, wo es sich um nicht bloß strategische Maßregeln handelt, ist derselbe verpflichtet, mit Dr. Höchster, als Commissär des Sicherheits = Aus= schusses, Rücksprache zu nehmen.

2) Der Bürger Friedrich Engels von Barmen, zuletzt in Cöln wohnhaft, wird unter voller Anerkennung seiner bis= herigen in hiesiger Stadt bewiesenen Thätigkeit ersucht, das Weichbild der städtischen Gemeinde noch heute zu verlassen, da seine Anwesenheit zu Mißverständnissen über den Cha= rakter der Bewegung Anlaß geben könnte.

3) Der Sicherheits = Ausschuß erklärt: allen Bestrebungen welche sich nicht auf die Anerkennung und Durchführung der deutschen Reichsverfassung beschränken, mit größter Ent= schiedenheit und allen ihm zu Gebote stehenden Mitteln entgegentreten zu wollen. Gleichzeitig wird derselbe alles aufbieten, um die Sicherheit der Person und des Eigen= thums aufrecht zu erhalten.

4) Nur die schwarz=roth=goldne Fahne ist das Banner, wel= ches der Sicherheits=Ausschuß als das Seinige anerkennt.

5) Die gesammte bewaffnete Macht wird aufgefordert, eine verbindliche Erklärung dahin abzugeben, daß sie bereit sei, den Sicherheits=Ausschuß zu dem unter 3 angegebenen Zwecke kräftigst zu unterstützen.

Elberfeld, den 14. Mai 1849.

Der Sicherheits=Ausschuß.

Elberfelder Sicherheitsausschuss vom 14. Mai 1849

widerlegt. Es trafen sich die Brüder Hermann und Friedrich Engels.«[79]
Mit Engels' Abschied ist die Spaltung der Bewegung endgültig vollzogen, und die folgenden Tage spitzen die Verwirrung der Lage noch einmal kräftig zu. Die militärische Leitung des Sicherheitsausschusses vermag es weder, die Entwaffnung der Bürgerwehr, noch den Oberbefehl über die Landwehr durchzusetzen; lediglich einige Freischar-Kompanien lassen sich schließlich auf die Reichsverfassung vereidigen. Während einzelne Kom-

---

79 Vgl. die Rezension von Michael Knieriem: Tristram Hunt: Friedrich Engels, in: Marx-Engels-Jahrbuch (2012/13), S. 310. Diese Buchbesprechung lässt an der Hunt-Biografie kaum ein gutes Haar.

mandounternehmen zur weiteren Bewaffnung auf die Zeughäuser der Umgebung glücken, schlägt ein verzweifelter Versuch, die Eisenbahnstrecke zu unterbinden auf Intervention der Barmer Bürgerwehr fehl. Die endgültige Spaltung der Aufstandsbewegung wird schließlich durch die Entsendung einer Deputation nach Berlin zur Abwendung des Militäreinsatzes unterstrichen. Am 16. Mai erklärt das preußische Kriegs- und Innenministerium den Belagerungszustand über die Aufstandsgebiete. Am folgenden Himmelfahrtstag besetzt die Elberfelder Bürgerwehr die Stadt, nachdem die Freikorps die Stadt verlassen haben und bei ihrem Rückzug von den Bürgerwehren umliegender Ortschaften völlig aufgerieben werden. Der umgehend wiedereinberufene Gemeinderat fasst schließlich einen Unterwerfungsbeschluss und beendet damit faktisch den Elberfelder Aufstand, während gleichzeitig der Einsatz von preußischen Truppen im märkischen Iserlohn mehr als 100 Todesopfer fordert[80] und der revolutionären Bewegung in der Region den Rest gibt.

Es ist nicht mehr als eine Randnotiz, dass Engels vor seiner Rückkehr nach Köln, noch ein revolutionäres Abenteuer erlebt, indem er noch eine *Recognostizierung in die Umgebung* mitmacht. Das ist nicht weniger als ein bewaffneter Zugriff auf das Zeughaus von Gräfrath am 15. Mai. Diese Aktion an der Spitze einer berittenen Gruppe von etwa 30 bis 40 Männern verfolgt den Zweck, weitere Waffen und Bekleidungsstücke zu holen, um die Aufständischen in Elberfeld damit zu versorgen. »Zu Pferd und mit Säbel und Pistolen bewaffnet, erschien Engels vor dem Zeughaus. Er ließ die Abteilung Aufstellung nehmen und die Türen mit Posten besetzen. Mit gezogener Pistole schritt er auf den Wachhabenden zu und forderte ihn auf, mit ins Zeughaus zu gehen. Die Wache leistete keinen Widerstand. Engels suchte aus den vorhandenen Waffen und Bekleidungsgegenständen aus, was er für brauchbar

---

80 Franz Ludwig Nohl: Der Iserlohner Aufstand 1849. Ein Tatsachenbericht, hg. v. Kulturamt der Stadt Iserlohn, Iserlohn 1949, S. 19.

hielt, ließ es auf den Hof tragen und unter die Aufständischen verteilen.« Danach setzt er sich ab. Polizeiliche Untersuchungen werden eingeleitet, Haftbefehl erlassen, ein Steckbrief veröffentlicht, dies allerdings erst Anfang Juni, nachdem er Köln bereits längst verlassen hat.[81]

Die Meuterei der Landwehr

Damit war das kurze Intermezzo eines Elberfelder Aufstandes am Himmelfahrtstag 1849 tatsächlich gescheitert. Was waren die Gründe dafür? Warum erwies sich die von Friedrich Engels unterstützte *Insurrection* in der Nachbarstadt seines Heimatortes Barmen sprichwörtlich als Himmelfahrtskommando?

Maßgeblich für den Ausgang der Reichsverfassungskampagne in den deutschen Teilstaaten, besonders in Preußen, war die Haltung des Militärs. Als Anfang Mai die Regierung mit wechselnden Schauplätzen der Aufstandsbewegung konfrontiert wurde, entschloss sie sich zur Anwendung militärischer Gewalt nach innen, zum systematischen Vorgehen gegen das eigene Volk, das die jetzt vollzogene Mobilisierung der Landwehr nicht nur als Bruch mit der Vergangenheit, sondern als ausgesprochene Provokation empfinden musste. Der Mobilisierungseffekt schlug alsbald psychologisch und faktisch in sein Gegenteil um. Die Landwehr war eine Reservearmee, der Wehrpflichtige nach Ablauf ihrer aktiven Dienstzeit angehörten, die in Reserveübungen für ihren Einsatz an der Seite der Linientruppen gegen äußere Feinde geschult wurden. Anders als die stehenden Heere jedoch galten die Landwehreinheiten als das »eigentliche Volk in Waffen, das Volksheer schlecht-

81   Gemkow u.a., Engels, S. 220. April/Mai 1850 kommt es gegen die am Elberfelder Aufstand Beteiligten zum Prozess; ohne den flüchtigen Engels, der Preußen längst verlassen hatte. 1859 war die Anklage verjährt. 1860 wurden die Untersuchungen gegen Engels eingestellt.

hin«, dessen Integration in die Linientruppen des preußischen Militärs zu keiner Zeit gelungen war, und dessen Einberufung bereits im November 1848 als *gefährliches Experiment*[82] angesehen werden konnte. Denn von »Diensteifer oder gar Begeisterung konnte jedenfalls keine Rede sein, selbst wenn es Männer gab, die ihren Frieden mit der neuen Einrichtung schlossen und ihr sogar mancherlei Vorzüge abgewannen: eine kleidsame Uniform, einen respektheischenden persönlichen Status und, bei Landwehroffizieren und -unteroffizieren, eine die eigene Autorität stärkende Befehlsgewalt.«[83] War die Einberufung zum Militär allein bereits eine lästige Pflicht, der nur diensteifrige Landwehrmänner gern und widerspruchslos nachkamen, so wurde die Landwehr angesichts des beabsichtigten Einsatzes gegen die aufständische Bevölkerung zum potenziellen Träger des Widerstandes.

Wer also konnte sich am ehesten zu einer revolutionären Rolle aufschwingen, wenn nicht die Landwehr? Sollte sie von der Regierung etwa gegen potenziell Aufständische eingesetzt werden, so hing alles von deren Loyalität ab. Während die Vertreter aus 303 Gemeinden auf dem verbotenen Rheinischen Gemeindetag noch gegen ihre Einberufung protestierten, ergriffen die Einberufenen in Elberfeld die Initiative. Sie veröffentlichten am 3. Mai ein revolutionäres Manifest und verweigerten den Gehorsam. Dieser in der Perspektive der Obrigkeit ungeheuerliche Vorgang erfüllte den Tatbestand der Meuterei. Als im Anschluss an den provokanten Militäreinsatz schließlich ein Sicherheitsausschuss gegründet wurde, waren auch einige Landwehrleute dabei.[84]
Die Landwehrjahrgänge in Elberfeld und anderswo waren jung,

---

82   Ernst Rudolf Huber: Deutsche Verfassungsgeschichte, Bd. 2, Stuttgart u.a. 2. Aufl. 1969, S. 862.

83   Vgl. Ute Frevert: Die kasernierte Nation. Militärdienst und Zivilgesellschaft in Deutschland, München 2001, S. 95 sowie Dies.: Nation und militärische Gewalt, in: Dipper/Speck, 1848, S. 338–354.

84   Klaus Göbel: Politisierung und Industrialisierung, in: Ders./Manfred Wichelhaus (Hg.): Aufstand der Bürger, Wuppertal 1974, S. 236.

ihre Offiziere zählten zur liberalen und demokratischen Bewegung, und ihre Basis rekrutierte sich aus allen Schichten des Volkes. Hugo Hillmann, Sohn eines betuchten Fuhrunternehmers und späterer Mitbegründer des Allgemeinen Deutschen Arbeitervereins, spielte an der Spitze der Landwehrmänner eine zentrale Rolle. Später floh er ins Exil nach London und kehrte erst Anfang der 60er Jahre nach Elberfeld zurück. Der Landwehreinsatz auf Seiten der Reaktion hätte den Kampf gegen die Revolution bis tief in die Familien getragen: Angehörige und Verwandte auf beiden Seiten der Barrikaden, Väter im Kampf gegen ihre Söhne und dies alles wider Willen.

Ihre radikalen Exponenten probten in Elberfeld den Aufstand und wurden zum Ausgangspunkt eines vierzehntägigen revolutionären Stadtregiments, als sie über den verbalen Protest hinaus zum bewaffneten Widerstand aufriefen: »[...] *Wir vertrauen der Ehrenhaftigkeit aller unserer Kameraden, daß keiner der Aufforderung zum Einrücken Folge leistet und jeder entschlossen ist, wie eine Mauer zusammenzuhalten und gegen diese ungesetzliche Aufforderung nötigenfalls mit den Waffen in der Hand feierlich zu protestieren. Die Zeit des passiven Widerstandes ist vorüber, wir können nur noch durch gemeinschaftliche energische Handlungen unsern Zweck erreichen. Es gilt nur noch ein letzter entscheidender Kampf, da jede Vermittlung zwischen dem volksfeindlichen Ministerium und der Nation unmöglich geworden ist. Wir fordern daher alle Landwehrleute auf, sich morgen, den 8. Mai, so früh wie möglich, mit ihren Waffen hier selbst zu versammeln. [...]«*[85]

Die Landwehraufrufe drückten eine Entschlossenheit zu aktiver Strategie aus, die durch den ständigen Zuzug von auswärtigen Freischärlern noch verstärkt wurde. Ein Augenzeuge der Landwehrmeuterei gibt an, dass diese vor allem die Elberfelder Arbeiter mobilisierte, welche durch sich verdichtende Gerüchte vom bevor-

---

85 Landwehraufruf vom 7. Mai 1849, zit. nach: Göbel, Aufstand, S. 40.

stehenden Militäreinsatz den Barrikadenbau besorgten.[86] Als die Truppen schließlich gegen die Verteidigungseinrichtungen vorgingen, wurde die militärische Gewaltanwendung des preußischen Staates, die brachiale Gewalt der Regierung gegen das eigene Volk zur hautnahen Erfahrung vor Ort. Dieser psychologische Effekt verhalf der Aufstandsbewegung in Elberfeld zu ihrer Massenbasis.

Innerhalb weniger Tage durchlief das revolutionäre Stadtregiment in Elberfeld alle Etappen zwischen euphorischer Aufbruchsstimmung und resignierendem Unterwerfungsbeschluss. Dazwischen lagen die Konflikte innerhalb und außerhalb des Sicherheitsausschusses über Ziele und Strategie der Bewegung.[87] Der bewaffnete Aufstand der Landwehr und ihre Aufrufe führten der Stadt binnen weniger Tage bis zu 3.000 Freischärler aus der Region zu, die offenbar zum Bürgerkrieg für Reichsverfassung und Republik angetreten waren. Die *Meuterei* der Elberfelder Landwehr ist in engem Zusammenhang mit einem Kongress der Demokraten in Deutz zu sehen, auf dem es in Kenntnis der Gehorsamsverweigerung zum Entwurf eines militärischen Planes zur Durchsetzung der Reichsverfassung gekommen war, der im westlichen Preußen in einer Reihe von Städten die bewaffnete Erhebung für den 15. Mai vorsah, um die preußischen Truppen zu binden. Zentral für das Gelingen dieses Plans war die massive Beteiligung der Landwehrkontingente und die rasche Volksbewaffnung durch gezielte Kommandounternehmen auf die Waffenarsenale der Zeughäuser.

Solche Koordinationsabsichten bildeten den Hintergrund der Elberfelder Ereignisse, die begleitet wurden von ähnlichen Landwehraufrufen in der Region Berg und Mark sowie erfolgreichen Stürmen auf die Waffenlager der Zeughäuser in Prüm und Gräfrath. Die Mobilisierung und Bewaffnung der Aufständischen ver-

---

86   Alexander Pagenstecher: Lebenserinnerungen, Bd. 3, Leipzig 1913, S. 59.

87   Zur Alltagsarbeit im Sicherheitsausschuss vgl. Hecker, Aufstand, S. 35ff. (s. Quellenanhang).

lief zunächst gradlinig. Die revolutionäre Begeisterung steigerte sich nach dem kläglichen Scheitern des verunsicherten Militärs bei seinem erfolglosen Versuch, das Elberfelder Landwehrkomitee zu verhaften, und den anschließend erfolgreichen Barrikadenkämpfen.

Ähnlich sah es im märkischen Hagen und in Iserlohn aus. In Hagen verweigerten etwa 1.500 Landwehrmänner die Einkleidung, weil man nicht auf die eigenen Leute schießen wollte. Eine spontane Volksversammlung aus mehreren tausend Menschen schwor auf die Reichsverfassung. Die überörtliche Vernetzung funktionierte bestens.[88] So wurde aus der südwestfälischen Industriestadt Iserlohn bekannt, dass es Arbeitern gelungen war, das dortige Zeughaus zu stürmen und damit die Einkleidung der Soldaten zu verhindern. Auch in Iserlohn verfügten die Aufständischen jetzt über die Waffen der Landwehr. Nach Elberfelder Muster folgten Barrikadenbau und Rathausbesetzung. Eine Delegation mit einem Vertreter der Arbeiterschaft und einem Rechtsanwalt als Vertreter der Demokraten reiste nach Münster zum Oberpräsidium mit der Forderung, den Einberufungsbefehl zurückzunehmen und auf einen Militäreinsatz gegen die Stadt zu verzichten. Die Delegation blieb erfolglos und sprach am 11. Mai vor 3.000 Menschen auch über die Ablehnung einer Amnestie für die Aufständischen und das Ultimatum, unmittelbar die Waffen niederzulegen. Die Versammlung lehnte ab. Die Zeichen standen auf Eskalation. Aus Hagen reisten an die tausend Unterstützer an. Ein Sicherheitsausschuss wurde gewählt, rote Fahnen auf den Barrikaden gehisst und der Obrigkeit der Eindruck vermittelt, in Iserlohn hätte sich das Proletariat erhoben.

---

88 Vgl. Arno Herzig: Die Entwicklung der Sozialdemokratie in Westfalen bis 1894, in: Westfälische Zeitschrift 121(1971), S. 117, der feststellt, dass es während des Iserlohner Aufstandes wiederholte Kontakte zwischen den Sicherheitsausschüssen von Iserlohn und Elberfeld gegeben habe, die aber keinen Effekt erzielt hätten im Hinblick auf eine Aktionseinheit von märkischem und bergischem Aufstand. Vermutlich war die Initiative von Elberfeld ausgegangen.

Der Sicherheitsausschuss

Ihren sichtbarsten Ausdruck fand diese aufsteigende Phase der Kampagne also in der Kontrolle der lokalen Behörden und Gemeinderäte. Der im Mai 1849 in Elberfeld aktive Gemeinderat war ein nach der Preußischen Landgemeindeordnung und dem geltenden Dreiklassenwahlrecht gewähltes Gremium aus Fabrikbesitzern und einigen wenigen sozialen Aufsteigern, die sich qua Heirat ins Besitzbürgertum bewegen konnten. Da das Wahlrecht an Grundbesitz und steuerliche Mindestleistungen gebunden war, blieb die überwiegende Mehrheit der Bevölkerung außen vor.

Die Revolution institutionalisierte sich also in Form von Sicherheitsausschüssen, die sich am 10. Mai in Elberfeld aus Mitgliedern des Landwehrkomitees und des Politischen Clubs gegründet hatten. Doch bereits in der Gründung des revolutionären Gremiums war der künftige Konfliktstoff, die erwartbare Opposition gegen den bewaffneten Kampf, mitangelegt, indem fünf *politisch gemäßigte* Mitglieder des aufgelösten Gemeinderates hinzugewählt wurden.

Zunächst wurde das neue Stadtregiment jenseits aller Aufstandsromantik mit der hektischen Betriebsamkeit eines revolutionären Alltags konfrontiert. Aus der Perspektive des Scheiterns berichtete darüber später ein ehemaliges Mitglied: »*Dieses beständige Kommen und Gehen und mitunter wüster oder bekannter und manchmal abenteuerlicher metamorphosierter Gestalten – dieses unausgesetzte Drängen um Geld, Waffen, Munition, Wohnung und Passagescheine – dazwischen die immer sich erneuernden und stets falsch sich erweisenden Meldungen vom Anrücken der bewaffneten Macht, das Vortragen persönlicher, der Sache ganz fremder Drangsale und Leiden einzelner mit der Bitte um deren Abhilfe – Boten mit Brief, die verschiedensten Anfragen enthaltend – Deputationen von nah und fern, sogar aus der Pfalz – Anerbietungen von Hilfe aller Art, sogar Anpreisungen von Geheimnissen in Verteidigung der Barrikaden – endlich die Verhandlungen in den Plenarsitzungen des Ausschusses selbst, in deren jeder beinahe die Bekämpfung der widersinnigsten und gefährlichsten Vorschläge die ernsteste Besonnenheit in Anspruch nahm. Während dabei häufig die fast ans Barocke grenzende Wichtigtuerei einzelner die Gesichtsmuskeln unwiderstehlich zum Lachen reizte, alles wie ein wüstes Chaos vor der Seele [...]«*[89]

Noch in der Nachbetrachtung über Verwaltungsalltag und Beratungen des Sicherheitsausschusses kommen die Überforderungen und die schwelenden Konflikte der Akteure deutlich zum Ausdruck. Sehr bald schon war nämlich erkennbar, wie unversöhnlich sich die Optionen für eine verfassungsgemäße konstitutionelle Monarchie unter preußischer Führung oder eine im Bürgerkrieg erstrittene demokratische und soziale Republik gegenüberstanden. Dabei hatte zu Beginn die Mehrheit des Sicherheitsausschusses auch die Unterstützung durch Kommunisten *durchaus nicht abgelehnt.*[90] Programmatisch unmissverständlich aber hieß es im Aufruf des Sicherheitsausschusses vom 11. Mai: »Bürger! Die Stadt ist in den Händen des Volkes. Das Volk *muß jetzt zeigen, daß es ihm um wahre Freiheit zu thun ist. Darum darf nicht ein Einzelner über die Person und das Eigenthum bestimmen. Noch weniger wird das Volk Person und Eigenthum antasten. Des freien Volkes Wahlspruch sei: Unverletzlich sei die Person! Heilig sei das Eigenthum! Der Sicherheitsausschuß. Für denselben: Körner.*«[91]

Die Probe aufs Exempel ließ denn auch nicht lange auf sich warten. Die Lage in Elberfeld hatte sich schon am Vortage zugespitzt, als der aufgeschreckte Landrat fluchtartig die Stadt verließ, weil er einen bewaffneten Aufstand vorhersah, gegen den die lokale Bürgerwehr vermutlich wenig hätte ausrichten können. Barrikaden versperrten wichtige Verkehrswege der Stadt am Kipdorf und am Hofkamp. Und stündlich kamen weitere hinzu, errichtet und bewacht von »Trupps bewaffneter, abenteuerlicher Sansculotten«, wie

---

89 Hecker, Aufstand, S. 30.
90 Goebel, Politisierung, S. 238.
91 Neue Rheinische Zeitung, 12. Mai 1849; Goebel, Aufstand, S. 68.

es ein noch nachträglich schaudernder Beobachter formulierte.[92] In dieser Situation traf Friedrich Engels aus Köln ein und wurde am folgenden Tag noch mit einer Vollmacht ausgestattet, »*die Kanonen nach seinem Gutdünken aufzustellen, wie auch die dazu nötigen Handwerker zu requirieren, wovon die Kosten der Sicherheitsausschuß trägt.*«[93] Engels stellte sich dem Gremium mit der Perspektive vor, dass er seine Dienste lediglich aus militärtechnischen Gründen anbieten wolle, um dem bevorstehenden Gegenschlag der preußischen Truppen etwas entgegensetzen zu können. Tatsächlich vermutete man im Sicherheitsausschuss allerdings deutlich weitergehende Ambitionen, schließlich war der junge Revolutionär in seiner Heimatstadt kein unbeschriebenes Blatt. War er nicht schon im Kölner Sicherheitsausschuss aktiv gewesen, der sich im September nach einem gewaltsamen Übergriff des Militärs auf Zivilisten gegründet hatte? Diesem Ausschuss hatten die Redakteure der Neuen Rheinischen Zeitung und die Spitze des Arbeitervereins angehört. Engels spielt hier eine zentrale Rolle. So hatte er eine Adresse an die Berliner Nationalversammlung mit auf den Weg gebracht, die zum konsequenten Widerstand gegen den preußischen Monarchen aufrief. In den öffentlichen Versammlungen des Ausschusses ergriff er in den folgenden Wochen immer wieder das Wort.[94] Das dürfte auch in Elberfeld bekannt geworden sein. Gleichwohl nahm man dessen mitgebrachte Kiste Munition vom Gräfrather Zeughausturm gern entgegen. Zwei Tage später wurde derselbe *Bürger Engels* von eben diesem Sicherheitsausschuss durch öffentliche Proklamation ersucht, »unter voller Anerkennung seiner bisherigen *Thätigkeiten* [...], *das Weichbild der städtischen Gemeinde noch heute zu verlassen, da seine Anwesenheit*

---

92   Pagenstecher, Erinnerungen, Bd. 3, S. 63.

93   Der Sicherheitsausschuss vom 12. Mai 1849, zit. nach: Goebel, Aufstand, S. 83.

94   Karl Marx / Friedrich Engels Gesamtausgabe (MEGA) I/7, hg. v. der Internationalen Marx-Engels-Stiftung. Berlin/München/Boston 2016, S. 887.

Barrikaden. Ölgemälde von Albert Mann, Dresden 1953

zu Mißverständnissen über den Charakter der Bewegung Anlaß geben könnte.«[95]

Die Auseinandersetzungen im Vorfeld der Entscheidung, Friedrich Engels vom revolutionären Geschehen auszuschließen, lassen sich kaum noch rekonstruieren. Sein Biograf Gustav Mayer beschreibt die Situation so: »Das Gerücht wurde verbreitet, daß Engels über Nacht aus einer Reihe von Barrikaden die schwarz-rot-goldenen Fahnen durch rote ersetzt habe, zu denen teils die roten Fenstergardinen aus dem demolierten Haus des Oberbürgermeisters von Carnap, teils Stränge Türkischrotgarns Verwendung fanden. Soviel steht fest, daß der Versuch gemacht worden ist, die kleinbürgerliche Bevölkerung gegen Engels aufzuhetzen und daß die Männer des Sicherheitsausschusses den ersten Anlass benutzten, um sich des ›jungen Phantasten« zu entledigen, der die Dinge gar so ernsthaft nahm. Während sie besorgt blieben, allem, was bereits geschehen war, zum Trotz die Brücken nach

---

95   Bekanntmachung vom 14.5.1849, zit. nach: ebd., S. 111.

rückwärts nicht vollends abzubrechen, verlangte jener jetzt von ihnen die Entwaffnung der Bürgerwehr, die sich neutral verhalten wollte, die Verteilung ihrer Waffen unter die revolutionären Arbeiter und, was sicherlich das schrecklichste war, daß man bei den Bürgern eine Zwangssteuer für deren Unterhalt erhöbe. So unbequem machte der Heißsporn sich jenen Männern, die nachher beim Herannahen der Gefahr nicht nur das Hasenpanier ergriffen, sondern sich ihren freiwilligen Rücktritt von den Industriellen für bares Geld genauso abkaufen ließen, wie die schnapslustigen Lumpenproletarier die achtzig Gewehre, die Engels aus dem Cronenberger Rathaus genommen hatte.«[96]

Faktisch war mit dieser Demission aber zugleich auch die kurzfristige Allianz aus Liberalen und Sozialrevolutionären aufgekündigt als gleichsam symbolischer Akt der Abwendung von der bloßen und wenig realistischen Fiktion einer *roten Republik*. Viel entscheidender aber war wohl, dass damit die Mehrheit des Sicherheitsausschusses indirekt einen Verzicht auf die tatsächliche Durchsetzung der Reichsverfassung erklärte, sobald der vermeintlich drohende Bürgerkrieg radikaldemokratischen und möglicherweise weitergehenden Bestrebungen zum Durchbruch verhelfen konnte. War die Abschiebung des auf kaltem Wege verhinderten Barrikadenkämpfer Engels nichts als der nackten Angst vor einer gar nicht beabsichtigten Eskalation der Bewegung geschuldet, so entsprach die Entsendung einer Schlichtungsdeputation nach Berlin einer inzwischen längst akzeptierten und mehrheitsfähigen Kompromissstrategie. In Verhandlungen Elberfelder Honoratioren mit König und Regierung sollte der befürchtete Einsatz des preußischen Militärs und ein mögliches Massaker nach Berliner Muster noch verhindert werden. Solche Verhandlungsbereitschaft signalisierte Resignation und gewährte der Regierung jene Atempause, ihre in Sachsen gebundenen Machtmittel auch in der rheinischen und westfälischen Provinz zum Einsatz zu bringen. Die

---

96 Mayer, Engels, S. 358.

Elberfelder **Kreisblatt.**

№ 64   1849.

Sonnabend den 9. Juni

Bekanntmachungen.

Steckbrief.

Auf Grund der durch den königl. Instruktions-richter erlassenen Vorführungsbefehle, ersuche ich die betreffenden Civil- und Militairbehörden, auf folgende Personen, und zwar:

1) Friedrich Engels, Redacteur der neuen rheinischen Zeitung, geboren in Barmen, zuletzt wohnhaft zu Köln;

2) Peter Paul Franken, angeblich Pro-fessor der Magie, hierselbst geboren und wohnhaft;

3) Carl Christmann, Gummirer, hier wohn-haft;

welche sich der gegen sie wegen des im Art. 96 des Strafgesetzbuchs vorgesehenen Verbrechens eingeleiteten Untersuchung durch die Flucht ent-zogen haben, und deren Signalement ich nach-stehend mittheile, vigiliren, und sie im Betre-tungsfalle verhaften und mir vorführen zu lassen.

Elberfeld, den 6. Juni 1849.

Für den Ober-Prokurator:
Der Staats-Prokurator
(gez.) Eichhorn.

Signalement des ꝛc. Engels.

Alter: 26 bis 28 Jahre; Größe: 5 Fuß 6 Zoll; Haare: blond; Stirne: frei; Augenbrau-nen: blond; Augen: blau; Nase: proportionirt; Mund: id.; Bart: röthlich; Kinn: oval; Ge-sicht: oval; Gesichtsfarbe: gesund; Statur: schlank; besondere Kennzeichen: spricht sehr rasch und ist kurzsichtig.

Signalement des ꝛc. Franken.

Alter: 40 Jahre; Größe: 5 Fuß 4 Zoll; Haare: schwarz; Stirne: rund; Augenbrauen: schwarz; Augen: braun; Nase: gewöhnlich; Mund: id.; Zähne: vollständig; Bart: schwarz; Kinn: oval; Gesicht: rund; Gesichtsfarbe: ge-sund; Statur: untersetzt.

Signalement des ꝛc. Christmann.

Alter: 29 Jahre; Größe: 5 Fuß 3 Zoll; Haare: schwarz; Stirne: frei; Augenbrauen: schwarz; Augen: dunkelbraun; Nase: spitz; Mund: gewöhnlich; Zähne: gut; Bart: schwarz; Kinn: spitz; Gesicht: länglich; Gesichtsfarbe: gesund; Statur: klein.

Elberfelder Liberalen wurden in Berlin vom Berater des Monarchen, Radowitz, empfangen und schließlich mit einem vagen Verfassungsversprechen wieder nach Hause geschickt: Ein weiteres Missverständnis, das den künftigen Verlauf der Kampagne bestimmen sollte, denn solche Nachrichten verhalfen schließlich der preußen- und königstreuen Fraktion vor Ort zum endgültigen Durchbruch.

Das Ende: Bürgerwehr als Ordnungsmacht

Obwohl in diesen Tagen die Entscheidung des Königs und des Kabinetts Brandenburg/ Manteuffel längst gefallen war, die Reichsverfassung scheitern zu lassen und Preußen – zur Interventionsmacht der Gegenrevolution aufgestiegen – mit Militäreinsätzen und der Verhängung von Belagerungs-zuständen die Volksbewegung im Innern zu unterdrücken drohte, wurde die Revolution in Elberfeld bereits am 17. Mai, dem Himmelfahrtstag, ohne direkten äußeren Einfluss faktisch beendet. Angesichts des wiederhergestellten Gewaltmonopols – preußische Truppen kontrollierten die Lage in Breslau und Dresden – machte die lokale Bürgerwehr, die *Ordnungstruppe der bürgerlichen Mitte*[97], dem revolutionären Stadtregiment ein unrühmliches Ende. Diese gegenrevolutionäre Rolle der Bürgerwehr war nicht von vornherein zwingend selbstverständlich, obwohl ihr sogenannter *Ordnungsflügel* in Elberfeld gegenüber dem *Bewegungsflügel* dominierte, so dass sie tendenziell näher an der Seite von Polizei und Militär stand. Nach dem Bürgerwehrgesetz vom Oktober 1848 war jeder männliche preußische Staatsangehörige im Alter zwischen 24 und 50 Jahren berechtigt, der örtlichen Miliz beizutreten, wenn er seine aktive Militärzeit hinter sich gebracht hatte. Faktisch bildeten jedoch in der eher ruhigen Phase bis Mai 1849 Schützenverein, Turnverein und Schützengilde den harten, weil aktiven Kern der Bürgerwehr mit ihren regelmäßigen paramilitärischen Übungen. Gerade zu Beginn des Monats Mai auf Ersuchen des Bürgermeisters neuformiert, um als Garantin für Sicherheit und Ordnung aufzutreten, ließ ihre Spitze den Kreissekretär am 7. Mai wissen, Bürgerwehr schieße nicht auf Landwehr. Zwei Tage später erklärte ihr Chef, ein Elberfelder Gastwirt, den Militäreinsatz zur massiven Verletzung des Bürgerwehrgesetzes und duldete anschließend die Gründung des Sicherheitsausschusses, der zwar keine Befehlshoheit gewinnen sollte, dem aber Kooperationsbereitschaft signalisiert wurde. Das war keine offene Unterstützung der Revolutionäre wie etwa im benachbarten Solingen, sondern eher der Ausdruck von Desorientierung, bestenfalls von Neutralität der Einsatzleitung, die anfangs eine labile Koexistenz und Akzeptanz gegenüber den Anordnungen des Sicherheitsausschusses irgendwie hinnahm. Ein trügerisches Versprechen, das aber einstweilen Ruhe suggerierte.[98]

Schon nach wenigen Tagen vollzog sich dann ein Wechsel an

---

97   Huber, Verfassungsgeschichte, Bd. 2, S. 864f.
98   Eckardt, Chronik, S. 24.

der Spitze. Nach inneren Querelen und Richtungsstreitereien war am 12. Mai der Bürgerwehrchef entnervt zurückgetreten. Dieser Wechsel brachte Klarheit in die Haltung der Elberfelder Bürgerwehr und deren konterrevolutionären Schwenk zur unverhohlenen Bereitschaft, mit der Waffe in der Hand gegen die Revolution vorzugehen. Vergeblich unterbreitete Friedrich Engels im Sicherheitsausschuss noch den Vorschlag, die Bürgermiliz zu entwaffnen, die dabei erbeuteten Waffen an die Arbeiter und Handwerker zu verteilen und diese durch die Einnahmen aus Zwangssteuergeldern zu unterstützen. Vor dieser radikalen und mutigen Konsequenz aber schreckte die Mehrheit des revolutionären Stadtregiments zurück, zumal sich weite Teile der Landwehr mit den Sektionen der Bürgerwehr inzwischen zusammengeschlossen hatten: ein Umstand, der das militärische Kräfteverhältnis gegenüber den revolutionären Freikorps entscheidend verschob.

Zur faktischen Schwäche des Sicherheitsausschusses kam der psychologische Druck durch den Oberpräsidenten der Rheinprovinz und das preußische Innenministerium in einer wohl kalkulierten Mischung aus Warnung, Drohung und Ultimatum. Das Schreiben vom 16. Mai band die Unversehrtheit der Geiseln und deren unverzügliche Freisetzung an das Überleben eines jeden Mitglieds des Ausschusses. Das zeigte Wirkung: Noch am gleichen Tag wurde ein folgenschwerer Beschluss herbeigeführt. Die Freikorps sollten finanziell abgefunden werden und die Stadt umgehend verlassen.

Während das preußische Militär den Belagerungszustand über die Kreise Iserlohn und Hagen und die Städte Solingen und Elberfeld verhängt, verhandelt Kommandeur von Mirbach über die Höhe seiner Abfindung, die er schließlich auf 6.000 RT hochreizt. Am Himmelfahrtstag 1849 ziehen in aller Frühe die Freischärler-Truppen unter Führung von Mirbach und Friedrich Wilhelm Hühnerbein aus der Stadt ab. Ihr Ziel ist in zwei voneinander getrennten Gruppen die Pfalz, aber nur wenige von ihnen kommen dort an. Der überwiegende Teil wird bereits auf dem Weg durchs

Bergische von einheimischen Bauern- und Bürgerwehren aufgerieben und gefangengesetzt. Gleichzeitig besetzt die Elberfelder Bürgerwehr erst das Rathaus, dann die gesamte Stadt und beendet damit die revolutionäre Episode. Der wiedereinberufene Gemeinderat verkündet unter dem Schutz von Bürgerwehrchef van Poppel den Unterwerfungsbeschluss der Stadt an das Oberpräsidium und den befehlsführenden General der preußischen Truppen von Hanneken. Während Mirbach und Hühnerbein als Gefangene nach Elberfeld zurückgeführt werden, besetzen preußische Truppen die Stadt, entwaffnen die Bürgerwehr, verhängen ein öffentliches Versammlungsverbot und setzen die Pressefreiheit qua Ausgabeverbot außer Kraft.

Damit war der Elberfelder Aufstand von 1849 binnen weniger Tage praktisch beendet: zerbrochen an den Widersprüchen seiner Protagonisten aus Advokaten, kleineren Beamten, ein paar Lehrern, Handwerkern und bürgerlichen Intellektuellen. Den Rest erledigte die an der Spitze reformierte Bürgerwehr im Handumdrehen, als sie nach dem Abzug der letzten Freischärler am Morgen des 17. Mai öffentlich proklamierte, die gesetzliche Ordnung der Stadt sei wiederhergestellt und der alte Gemeinderat ins Rathaus zurückgekehrt. Nach Berliner Muster vom Oktober 1848, als die dortige Bürgerwehr gegen revoltierende Arbeiter vorgegangen war, setzte sie sich auch in Elberfeld gegen Freischärler, *rote Republikaner* und aufständische Landwehr durch. Damit überwand *eine Wehrformation der bürgerlichen Gesellschaft*[99] die andere und machte für den preußischen Staat die tatsächliche Anwendung militärischer Gewalt gegen die Elberfelder Revolutionäre überflüssig.

Es hätte auch anders ausgehen können. Wenige Kilometer weiter östlich marschierten am 17. Mai 1849 preußische Linientruppen in Iserlohn ein und konnten die Stadt nahezu widerstandslos einnehmen. Und trotzdem eskalierte die Lage. Irgendwo in der kleinen Innenstadt fiel ein Schuss und traf einen komman-

---

99 Huber, Verfassungsgeschichte, S. 865.

dierenden Oberstleutnant tödlich. Danach brachen alle Dämme. Die aufgebrachten Soldaten setzten den verdächtigten Schützen, einen Schneider, in seinem Haus fest und erschossen ihn und drei weitere Bewohner standrechtlich. An anderer Stelle machte das Gerücht die Runde, ein Schreinermeister und seine beiden Söhne seien als Tatverdächtige hingerichtet worden. Blinder Racheakt und wilde Gerüchte bildeten den Auftakt zu einem anschließenden Blutbad, bei dem die Soldateska auch vor bettlägerigen Kranken und einer schwangeren Frau keine Gnade kannte. In nur eineinhalb Stunden hatte das Gemetzel der preußischen Militärs die Straßen von Iserlohn mit Blut getränkt und über hundert Menschen das Leben gekostet.[100]

Die Akteure der Straße

Die Frage nach den Protagonisten der Elberfelder Ereignisse außerhalb des Kreises der revolutionären Eliten und Gremien ist nicht leicht zu beantworten, zumindest dann, wenn man nach den Akteuren *der Straße* fragt, also nach dem Personal, das sich – wie der Historiker Manfred Gailus es formuliert – an der *Straßenpolitik* beteiligte.[101] Wer stand also in Elberfeld auf den Barrikaden oder besetzte die Straßen? Wir wissen es nicht genau. Aber man gewinnt immerhin Anhaltspunkte, wenn man die Liste der Mai-Angeklagten näher anschaut, denen später – zumeist in Ab-

---

100   Julius Köster: Die Iserlohner Revolution und die Unruhen in der Grafschaft Mark Mai 1849. Nach amtlichen Akten und Berichten von Zeitgenossen dargestellt. Berlin 1899, *S.* 227f.; Wilhelm Schulte: Zustände und Vorgänge in Iserlohn und Hagen 1848/49. Aufzeichnungen des Karl Wilhelm Sudhaus (1827–1915), in: Stadt Iserlohn (Hg.): Fritz Kühn zum Gedächtnis. Beiträge zur Geschichte Iserlohns. Iserlohn 1968, S. 106–122.
101   Manfred Gailus, Die Straße, S. 155 Zum sozialen Protest in Preußen in Vormärz und Revolution Ders.: Straße und Brot. Sozialer Protest in den deutschen Staaten unter besonderer Berücksichtigung Preußens, 1847–1849, Göttingen 1990.

wesenheit – der Prozess gemacht wurde.[102] Zusammengefasst lässt sich feststellen: Die Elberfelder Aktivisten waren überwiegend jung, zumeist Arbeiter, Handwerker oder Tagelöhner und etwa zur Hälfte Einheimische. Über 50% der Angeklagten waren unter 30 Jahre alt. Erweitert man die Gruppe der relativ *jungen* auf U40, dann standen in den Tagen des Elberfelder Aufstands etwa 80% eher jüngere Jahrgänge auf den Barrikaden. Mit anderen Worten: Die *bürgerliche* Revolution der Straße war in Elberfeld ein Aufstand der besitzlosen und lohnabhängig Beschäftigten.

Dabei handelte es sich in Elberfeld in der Regel um junge Leute aus der Stadt selbst oder aus der näheren Umgebung. »Die jüngeren Generationen, die in Berlin und ebenso in Paris, Wien und eigentlich überall, der Revolution zum Durchbruch verholfen hatten, gaben nicht nur auf den Barrikaden den Ton an. Auch für andere Bühnen gilt, dass sich die Jungen für die Revolution engagierten, die Älteren dagegen oft nur ihre Ruhe haben wollten und weit stärker den Konservativen und Liberalen zuneigten.«[103] So formuliert es der Historiker Rüdiger Hachtmann.

59 der 242 Angeklagten war die Flucht gelungen.[104] Damit entsprach die Sozialstruktur der Elberfelder Akteure in diesen Maitagen des Jahres 1849 in etwa dem, was sich in der Preußischen Metropole Berlin beobachten ließ, wo rund 80% der Rebellierenden zu den jungen Generationen der dortigen Unterschichten zählten, die in der 48er Revolution völlig neue Erlebnisse der Freiheit machen konnten, die Polizei ärgerten, die Schule schwänzten, sich in der gewonnenen Freizeit als *fliegende Buchhändler* betätigten und Flugschriften verteilten oder sich an Protestzügen zu den Häusern

---

102   Michael Knieriem: Der Prozeß gegen die Mai-Angeklagten in Elberfeld, in: Ders.: Michels Erwachen. Emanzipation durch Aufstand? Neustadt/Aisch 1998, S. 56ff.

103   Rüdiger Hachtmann / Susanne Kitschun / Rejane Herwig (Hg.): 1848. Akteure und Schauplätze der Berliner Revolution, Freiburg 2013, S. 26ff.

104   Knieriem, Prozeß, S. 41.

von missliebigen Honoratioren beteiligten, um dort *Katzenmusik* anzustimmen.[105]

Das rebellische Selbstgefühl der jungen Leute fand sich offenbar auch auf den Straßen von Elberfeld wieder. In diese Richtung jedenfalls lassen sich die rückblickenden Schilderungen eines zeitgenössischen Gymnasiallehrers interpretieren, wenn er auf die tumultartigen Übergriffe auf das Haus des Oberbürgermeisters und den Widerstand gegen das Militär eingeht: *»Inzwischen hatte eine Masse Gesindels, vorzugsweise halbwüchsige Jungen und Fremde und Leute, die der untersten Pöbelklasse angehörten, eingefunden, um der Deputation als tumultirende Begleitung zu dienen, und es dauerte nicht lange, da traf ein Steinwurf den Oberbürgermeister. Das Gedränge und das drohende Geschrei wuchs von Secunde zu Secunde, und hatte in der Nähe des Casino bereits einen solchen Grad erreicht, daß das an der Seite des Oberbürgermeisters als Begleitung gehende Gemeinderathsmitglied es im Interesse der persönlichen Sicherheit desselben erachtete, ihn aufzufordern, im Casinogebäude Schutz gegen diesen Pöbelandrang zu suchen, was auch geschah.«*[106]

»Der Abzug des Militärs war für die versammelten Volksmassen (Pöbel aus der Stadt und Schaaren von Fremden gleichen Gelichters) das Signal zum Bau von Barrikaden, die man zuvor schon in einigen Seitengassen fast vor den Augen des Militärs begonnen und nun auch in den Hauptstraßen, besonders des mittleren Stadttheils, zu errichten anfing.«[107]
Eine weitere Beobachtung des Oberlehrers ist ebenso interessant: *»Charakteristisch war, daß während des ersten und heftigsten Schießens gegen 9 Uhr sich besonders viele Frauenpersonen geringeren*

105 Hachtmann/Kitschun/Herwig, 1848, S. 33.
106 Karl Christian Beltz: Elberfeld im Mai 1849, Elberfeld/Iserlohn 1849, S. 21.
107 Ebd., S. 26.

Standes auf den Straßen ganz in der Nähe des Kampfplatzes zeigten und auch noch unter diesen Umständen ihrer Neugierde den gebührenden Tribut zollten.«[108]

Auch junge Lehrer selbst waren beim Elberfelder Aufstand vertreten, so Carl Jansen, ein Neunzehnjähriger und späterer Teilnehmer am Übergriff auf das Zeughaus in Gräfrath zusammen mit Friedrich Engels sowie der gerade dreiundzwanzig Jahre alte Präsident des Sicherheitsausschusses, Hermann Josef Alois Körner, von Beruf Zeichenlehrer an der Elberfelder Real- und Gewerbeschule.

Am 11. Mai berichtete der Inspektor des erstürmten Gräfrather Gefängnisses, Alberti, an den Verwalter des Landratsamtes, Melbeck, dass aus zwei Gefängnisbauten 90 Gefangene entkommen seien, darunter auch einige Solinger, die sich an den eingangs geschilderten Fabrikzerstörungen im Burgthal vom März 1848 beteiligt hatten und sich jetzt auf den Barrikaden zu Elberfeld einfanden.[109] Und auch aus den umliegenden Ortschaften, vor allem aus Barmen, stießen junge Arbeiter zum Elberfelder Aufstand hinzu.[110]

Bereits im März 1848 hatte der Düsseldorfer Regierungspräsident im Schreiben an den preußischen Innenminister mögliche Arbeiterunruhen und *kommunistische Umtriebe* angedeutet und die Notwendigkeit eines Militäreinsatzes zum Schutz des Eigentums in Aussicht gestellt.[111] Dies war eine zu diesem Zeitpunkt deutlich überpointierte Darstellung der tatsächlich eher ruhigen Lage. Der Gemeinderat der Stadt wurde von den eingesessenen Honoratiorenfamilien dominiert, während die Masse der fluktuierenden und eigentumslosen Arbeiter und Handwerker politisch entrech-

---

108 Ebd., S. 30.
109 Landesarchiv NRW, Abteilung Rheinland (früher HStAD), Regierung Düsseldorf, Präsidialbüro Nr. 818, Bl. 37f., zit. nach: Ünlüdag, Historische Texte, S. 55.
110 Goebel, Politisierung, S. 238.
111 Ebd., S. 226f.

tet blieb. Revolutionäre Dynamik war aber nur von dieser Seite oder von außerhalb zu erwarten. Ihre sozialen Nöte wurden programmatisch von Teilen der Elberfelder Demokraten aufgegriffen und politisiert. Der gemeinsame Kampf für die Reichsverfassung bildete schließlich den kleinsten gemeinsamen Nenner, überlagert durch die Agitation für eine radikalere Perspektive des Umsturzes und der Etablierung einer sozial ausgerichteten Republik. Wer also machte die Revolution? Die historische Protestforschung hat regelmäßig den *großen Protest der kleinen Leute um 1848* und dessen soziale Perspektive hervorgehoben: »Die Revolution, wenn sie einen Sinn haben soll, muss uns den Tisch decken! Und es darf schon etwas mehr sein als trocken Brot, Kartoffel, Kohlsuppe und Hering.«[112]

Abrechnungen

Die Elberfelder Ereignisse vom Mai 1849 hatten ein kurzes juristisches und ein aufwendiges publizistisches Nachspiel. Unmittelbar nach der militärischen Intervention setzte die polizeiliche Verfolgung flüchtiger Freischärler, Landwehrmänner, Zeughausstürmer und radikaler Mitglieder des Sicherheitsausschusses ein. Im Mai und Juni 1850 wurde in zwei separaten Verhandlungsgängen mit insgesamt 242 Angeklagten kurzer Prozess gemacht. Während die Hauptangeklagten bis auf von Mirbach und Hühnerbein flüchtig waren, kam es in schwierigen Beweisverfahren – politisch motivierte Rebellion oder schlichte Ordnungswidrigkeit – zu relativ moderaten Urteilen und Strafen: Ein Todesurteil wegen Anwerbung von Freischärlern wurde verkündet. Zwölf Verurteilungen zu mehrjähriger Zwangsarbeit mit anschließender Polizeiaufsicht und zwei Gefängnisstrafen à zwei Jahren, das waren die härtesten

---

112 Manfred Gailus: »Pöbelexcesse« oder Straßenpolitik? Vom großen Protest der »kleinen Leute« um 1848, in: Hachtmann/Kitschun/Herwig, 1848, S. 19.

Strafmaße. Sechs Verurteilungen zu fünf Jahren Polizeiaufsicht und ein Landesverweis für die Dauer von 5 Jahren nahmen sich vergleichsweise moderat aus. Von den 141 Angeklagten, die vor Gericht standen wurden insgesamt 115 freigesprochen. Hätte der Arm der preußischen Justiz die Hauptangeklagten erreicht, die Strafen wären sicherlich drakonischer ausgefallen. So irritiert nur die Härte des Todesurteils wegen eines eher geringfügigen Deliktes, das aber offenbar ein abschreckendes Exempel für die Zukunft statuieren sollte.

58 Angeklagten der *revolutionären Episode* von Elberfeld war schließlich die Flucht gelungen. Im Jahr der gescheiterten Revolution machten sich insgesamt etwa 1.000 Bürgerinnen und Bürger aus dem Wuppertal, nicht wenige von ihnen als politische Flüchtlinge und oft im kompletten Familienverband, auf den Weg in Richtung Nordamerika, zumeist in den Mittleren Westen. Und das war nicht gerade billig. Eine Reise über Rotterdam und Le Havre nach New York kostete beinahe den gesamten Jahreslohn eines heimischen Textilarbeiters. Die massenhafte Auswanderung im Jahrhundert aus Deutschland war also eher eine Perspektive für die Mittelschichten als für notleidende *Lumpenproletarier*. Die meisten Emigranten und Flüchtlinge der 40er und 50er Jahre ließen sich dann dauerhaft in ihrer neuen Heimat nieder.[113] Der ehemalige Präsident des Sicherheitsausschusses, Alois Körner, aber kehrte alsbald nach Elberfeld zurück, nachdem er sich eilfertig von einem gewissen Friedrich Engels distanziert hatte, dem er nachträglich sozialistische Extravaganzen auf den Barrikaden vorwarf. Gegen Friedrich Engels war Anfang Juni 1849 ein Steckbrief in Umlauf gebracht worden, nachdem er Köln bereits verlassen hatte. Der Prozess gegen die am Aufstand Beteiligten fand natürlich

---

113   Vgl. Peter Mesenhöller: Eine stille Karavane zog durchs deutsche Vaterland. Zum Verhältnis von Auswanderung und Revolution im Wuppertal, in: Knieriem, Aufstand, S. 228–237, hier S. 230. Allgemein zur Auswanderungsbewegung Peter Marschalck: Deutsche Überseewanderung im 19. Jahrhundert, Stuttgart 1973.

Zuccamaglios Spott mit der Zeichenfeder: Von Mirbach zieht blank.

ohne den flüchtigen Engels, der sich schon längst nicht mehr in Preußen aufhielt, statt. 1859 war die Anklage dann verjährt. 1860 wurden die Untersuchungen gegen ihn eingestellt.

Die publizistische Abrechnung mit der revolutionären Episode hingegen erwies sich über die Jahre hinweg als echter Dauerbrenner. Wen wundert es, dass dabei die Sieger die Geschichte schrieben. Konservative Monarchisten und konstitutionelle Großbürger rechneten im Klima verschärfter Reaktionspolitik mit den *radikaldemokratischen Abenteurern* ab. Noch Jahrzehnte später meldeten sich einige *Hochverräter* und *Meuterer* mit retrospektiven Einschätzungen, Kritiken und Rechtfertigungen zu Wort, so dass eine Vielzahl von Presseberichten, persönlichen Erinnerungen, politischen Vermächtnissen, Bekenntnissen und neuen Legenden, behördlichen Berichterstattungen, Pamphleten und Denunziationen überliefert ist, die in der Rückschau die widerstreitenden Fraktionen der Elberfelder Variante der *Reichverfassungskampagne* noch einmal abbildeten und das Narrativ vom Scheitern der Revolution variierten.

Auch Friedrich Engels rechnete 1852 mit der gescheiterten bürgerlichen Revolution in Deutschland ab, als er für *New York Daily Tribune* eine Artikelserie über die Reichsverfassungskampagne verfasste. Sein Blickwinkel aber war ein anderer.

Barmer Zeitung vom 23. Mai 1849

Der Kommentar der *Barmer Zeitung* zählt zu den publizistischen Abrechnungen, die unmittelbar nach dem Ende der Aufstände in der rheinischen und westfälischen Provinz verfasst wurden, während in Baden und in der Pfalz noch gekämpft wurde. Das Blatt war während des Elberfelder Aufstandes das Sprachrohr der Ordnungskräfte gewesen, insbesondere der stramm gegenrevolutionären Bürgerwehr, die in Barmen – anders als in der Nachbarstadt Elberfeld – die Lage vollständig unter Kontrolle hatte. Mit zahlreichen Kommentaren und Aufrufen hatte sie in den Tagen zuvor, die Bewegung dort zu diskreditieren versucht und so ihren Beitrag zum Ruf von der *treuen Stadt Barmen* geleistet.

»So wäre also der Aufstand in Rheinland und Westfalen glücklich beendet. Wir atmen wieder freier und freuen uns, daß das Ungewitter, welches die Unvernunft an unserm Horizonte heraufbeschworen hat, vorübergegangen ist. Wenn auch die renitente Landwehr der Grund zu diesem aufstand war und diese ganze Bewegung, wie es hieß, der Durchführung der deutschen Reichsverfassung gelten sollte, so ist es doch erwiesen, daß die roten Republikaner gerade diese Sache zu ihren verderblichen Plänen auszubeuten suchten. So geht es aber mit jeder Bewegung, die zu ungesetzlichen mitteln greift. Man kann sie wohl hervorrufen, denn wozu lässt sich nicht das arme betörte Volk gebrauchen, aber sie in ihren Grenzen zurückweisen oder sie zu bändigen, dazu hat man nicht mehr die Gewalt. Die Vorgänge in Sachsen und in unserer

nächsten Nachbarschaft, wo die roten Fahnen auf den Barrikaden weh-
ten, beweisen, daß es hier nicht der Durchführung der Reichsverfassung,
sondern hauptsächlich der Verwirklichung der verderblichen Ideen der
Kommunisten galt. [...] über das Ziel dieser Bewegung können wir
uns nicht täuschen; es ist die Republik. Wenn auch das Wort noch nicht
gesprochen ist, die Männer, die an der Spitze dieser Bewegung stehen,
bürgen uns dafür, daß sie ihr Ziel nicht aus dem Auge verlieren und
dann erst ihre Maske ablegen. [...] ein rotes Banner führt sie und nennt
sich die soziale; forschen wir aber den Prinzipien nach, so finden wir,
daß den Kern der Kommunismus bildet, der sich nur darum in repub-
likanische Formen kleiden zu wollen scheint, weil diese der erträumten
Gleichheit aller und der den Führern willkommenen Anarchie die meis-
ten Chancen bietet.«

Elberfelder Zeitung vom 4. Juni 1849

Die *Elberfelder Zeitung* meldete sich mit einem Beitrag des örtlichen Kreissekretärs und Verwalter des Landratsamtes, Carl Friedrich Melbeck, zu Wort. Melbeck war einer jener ambitionierten
Bürokraten, die auf das Amt des Landrates spekulierten und für
den der Zusammenbruch von Ruhe und Ordnung in seinem Ver-
antwortungsbereich natürlich alles andere als karrierefördernd
gewesen sein musste. Er war verantwortlich für den provokanten
Militäreinsatz vom 8. Mai. Nach einer kurzen Phase der Öffnung
auch für liberale Stimmen während des Aufstandes vollzog die
Elberfelder Zeitung nach dessen Niederschlagung eine rasche
Kehrtwende und schwang sich zu knallharten Abrechnungen mit
den führenden Köpfen des Sicherheitsausschusses auf.
»Elberfeld, der 24. Mai. Wer das Wuppertal und namentlich Elber-
feld mit seinen biederen Bewohnern gleich ausgezeichnet durch ihren
Gewerbefleiß wie durch ihren Sinn für Ordnung und Gesetz, ken-
nengelernt hat, dem müssen die Ereignisse der letztverflossenen Tage,
während welcher die zügelloseste Anarchie in dieser Stadt ihr Haupt

erheben konnte, unerklärlich erscheinen. Zu richtiger Würdigung dieser Ereignisse ist ein Rückblick auf die politische Bewegung in Elberfeld erforderlich.

[...]

Nun begann die Schreckensherrschaft, unter welcher Elberfeld eine Woche lang seufzen mußte. Der Advokat Höchster, Präses des Politischen Klubs und zugleich Gemeindeverordneter, hatte die Schreckensregierung unter seinem Vorsitz bereits vorbereitet; um ihr einen legalen Schein zu geben, ließ er durch den auf seine Aufforderung versammelten und unter den Bajonetten roher Haufen beratenden Gemeinderat sich und die von ihm vorgeschlagenen Klubmitglieder und Landwehrmänner ›als Sicherheitsausschuß‹ bestätigen, dem dann der Form wegen einige Gemeindeverordnete beigesellt wurden. Diesen Ausschuß delegierte nun der Gemeinderat der Stadt Elberfeld in alle seine Funktionen. Dem ruhigen Beobachter ist es von Anfang an nicht zweifelhaft gewesen, – und die schwebende Untersuchung wird dies näher dartun –, daß die Insurrektion ein lange vorbereiteter Plan der ultrademokratischen Partei oder ihres Meisters, des Märzvereins gewesen. Man wählte Elberfeld als den Zentralpunkt einer weitverzweigten Verbindung, einmal weil man großen Wert darauf legte, daß der Putsch von einer eines so guten Rufes sich erfreuenden Stadt ausging, und zum anderen, weil man darauf rechnete, hier eine bedeutende Stütze in der nach allen Richtungen durchwühlten arbeitenden Klasse zu finden.

Man hat sich getäuscht! Die einberufenen Wehrmänner haben sich bis auf wenige Köpfe sämtlich gestellt. Als statt der ›edlen Helden‹, welche für die deutsche Verfassung in zweiter Lesung ihr Leben in die Schanze schlagen sollten, nur wilde, zügellose Horden, entsprungene Sträflinge und arbeitsscheues Gesindel erschien, welches raub und Mord auf seine Banner geschrieben hatte, als Männer wie Engels, Anneke, Mirbach ihre kommunistischen Prinzipien theoretisch und praktisch geltend machten, als endlich die Fahnen der roten Republik auf den Barrikaden in unseren öden Straßen flatterten, da fiel es wie Schuppen von den Augen unserer gutgesinnten Elberfelder. Das arme verführte Volk sah ein, in welche Schlinge es unter der Maske der ›deutschen

Einheit‹ geraten war. Nun ermannt sich ein Teil der Bürgerwehr, namentlich die Sect. A., b. und F. Ihrer seitdem behaupteten vortrefflichen Haltung ist es zuzuschreiben, daß eine schreckliche Katastrophe unblutig abgewendet, daß der bedrohte Wohlstand und die Ehre der Stadt vermöge eigener Kraft noch gerettet worden sind. Möge Elberfeld durch diese Ereignisse für alle Zeiten eine ernste Lehre erhalten. Möge man im Allgemeinen daraus erkennen, wie verderblich das ungezügelte Versammlungsrecht auf das Volk und insbesondere die untere Klasse wirkt.«

Neue Rheinische Zeitung vom 19. Mai 1849 (Abschiedsausgabe)

Die seit dem 1. Juni 1848 in Köln erscheinende *Neue Rheinische Zeitung* mit Karl Marx als Chefredakteur wurde zum führenden Presseorgan der revolutionären Bewegung in Deutschland. Als Karl Marx am 16. Mai 1849 als *unerwünschte Person* ausgewiesen wurde, erschien am 19. Mai die später berühmte, in Rot gedruckte letzte Ausgabe mit dem ebenso berühmten *Abschiedswort* von Ferdinand Freiligrath. Die Redakteure wandten sich *an die Arbeiter Kölns* mit den Worten: *Die Redakteure der Neuen Rheinischen Zeitung danken Euch beim Abschiede für die ihnen bewiesene Theilnahme. Ihr letztes Wort wird überall und immer sein: Emancipation der arbeitenden Klasse!*

Elberfeld, 17. Mai.
Die tricolore Reichsemeute ist zu Ende, abgethan wie alle Erhebungen durch den Verrath der Bourgeois und die Feigheit einiger, sich überall vordringenden jüdischen Demokraten-Spekulanten, mögen Sie aus dem folgenden kläglichen Verkauf dieser ›einzig schwarz-roth-goldenen‹ Barrikadenfarce urtheilen.
Nachdem gestern Nachmittag der hiesige Sicherheits-Ausschuß in der Sitzung beschlossen hatte, daß sämmtliche Freikorps die Stadt verlassen sollten, und Dr. Höchster seine Entlassung genommen hat-

te, wurden am Abend schon Vorkehrungen getroffen, der Freischaren sich zu entledigen. Dieselben wurden auf eine schmähliche Weise betrogen. Sie erhielten nämlich durch den Kommandanten v. Mirbach, den Befehl, morgen früh um 2 Uhr sich zu versammeln, um als Vorposten auszurücken, damit sie zeitig genug von dem Herannahen des Militärs benachrichtigt würden. Jeder erhielt 50 scharfe Patronen und ein tägliches Traktament von 15 S. nebst Verpflegung, es wurde ihnen nebenbei angedeutet, daß sie in den ersten Tagen nicht mehr zurückkehren würden. Zugleich forderte man sie nochmals auf, auf die Reichs-Verfassung zu schwören, und stellte ihnen frei auszutreten; nur zwei verheirathete Elberfelder traten zurück. Gegen 10 1/2 Uhr wurde Generalmarsch geschlagen und hierdurch die ganze Stadt in Bestürzung versetzt, denn Jeder glaubte, das Militär sei am Anrücken. Die Corps folgten dem Rufe und blieben ohne Nachricht bis am Morgen unter den Waffen. Gegen 6 Uhr sollten sie ausrücken; bevor sie jedoch abzogen, wollten sie sich der Person des gefangenen v. d. Heyet bemächtigen, zwangen ihn jedoch später sich mit 6000 Thlr. loszukaufen, die diesem habgierigen, schmutzigen Schmuggel-Agenten nur unter Drohung der Erschießung abgezwungen wurden. Alle waren begeistert, den preußischen Schnapshorden entgegen zu ziehen, ahnten jedoch nicht, welch' perfider Verrath mit ihnen gespielt wurde. Die Bürgerwehr, welche von dem Plan unterrichtet war, blieb ebenfalls die ganze Nacht unter den Waffen, und hören Sie nur die Gemeinheit dieser Bourgeoishunde, welche noch vor einigen Tagen selbst diese Besatzung zusammenberufen, und zu ihrer Unterstützung aufgefordert hatten, die Bourgeois gaben Feuer auf einige 50 dieser Freischaren, welche am Ende der Stadt sich nicht schnell genug entfernten. Es fielen 18 Schüsse, ob aber Einer geblieben ist, kann ich nicht sagen. Widersetzung fand nicht statt, da die Uebermacht zu groß war. — Die Uebrigen Freikorps, 1500 an der Zahl, sind ebenfalls der Reaktion in die Hände gespielt. Sie zogen mit dem guten Vorsatze dem Feinde entgegen, um bei seinem Herannahen sich allmälig auf die Stadt zurückziehen, und ihn so in dieselbe herein zu locken, indem sie alsdann hofften, daß Bürgerwehr und Schützen sie unterstützen würden; aber die feigen Krämer- und Beutelschneider-Hunde ha-

ben ihnen ein anderes Schicksal zugedacht: Im Fall sie vielleicht auf die Stadt zurückziehen und vom Militär verfolgt werden, soll ihnen die noble Besatzung Elberfelds, auf deren Aufforderung sie selbst hierher kamen, in den Rücken fallen, damit die betrogenen Narren des deutschen Reichsspuks, ja den Mordkanaillen des russischen Unterknäs in Potsdam nicht entgehen.

Das sind die Früchte die Elberfeld durch seine schwarz-roth-goldene Emeute erndten will; die Bourgeois, welche allein durch ihren prämeditirten Verrath den Angriff der Soldaten abhielten, werden durch ihre Feigheit der Achtung des tapfern Hohenzoller gewiß sein.

Nach dem Abzug der Freischaaren wurden sogleich die Barrikaden, zu deren Befestigung noch gestern hundert Mann gesucht wurden, weggeräumt, und heute Mittag 12 Uhr waren sämmtliche verschwunden, obschon deren über 100 gebaut waren. Die Stadt ist wieder für den kaufmännischen ›Verkehr‹ der Diebe und Beutelschneider geöffnet.

Der Kommandant der Bürgerwehr machte heute Morgen um 7 Uhr durch Anschlagzettel bekannt, daß die Bürgerwehr die Stadt in Besitz habe, und sämmtliche königl. Beamte sofort in ihre Funktionen eintreten möchten. Wie gezaubert sah man gleich Polizeisergeanten, welche man seit acht Tagen nicht mehr gesehen hatte, die Straßen entlang laufen und zum Wegräumen der Barrikaden kommandiren. Die Mitglieder des Sicherheits-Ausschusses sind theils schon geflüchtet. Von den Anführern der Landwehr vermißt man blos Kirberg.

Bis jetzt, 3 Uhr Nachmittags, hat man noch keine Nachricht vom Anrücken des Militärs.

Was die hiesige Deputation von Berlin gebracht hat, schwebt im Dunkeln, doch geht das Gerücht, daß der Potsdamer Unterknäs von Amnestie der politischen Verbrecher nichts wissen, dagegen aber die treue Stadt Elberfeld mit Schonung behandeln wolle. Wenn die Revolution siegt, wird sie ebenfalls wissen, was sie mit dieser ›treuen Stadt‹ anzufangen hat.

Vincenz von Zuccalmaglio

Der Hückeswagener Jurist und Schriftsteller Vincenz von Zuccalmaglio war selbst Mitglied der Landwehr und ein glühender Anhänger von Friedrich Wilhelm IV. Seine scharfe Polemik *Die große Schlacht von Remblingrade* war ein absoluter Publikumserfolg und wurde in zwölf Auflagen gedruckt.

»*Was mitzog, das war eben nicht viel Rares. Entweder wahnsinniges Heldengeschmeiß, das nicht weiter dachte, als die Nase reicht und sich auf der Volksversammlung eine Katze im Sacke hatte aufschwätzen lassen, oder entsprungene Sträflinge, Steckbriefmänner, Döppchenspieler, faule Handwerksbursche, erschrecklich gelehrte Judenjungen, bankerotte Winkelierer und Gott der Herr weiß was all' für souveraines Kommunistenpack aus Breslau, Frankfurt, Leipzig, Dresden, Berlin, Köln, Spandau, Krähwinkel, Mühlheim, aus Frankreich und Polackenland vom Galgen geschnitten wie Spreu von allen Winden hergeweht, wie verdorbene Milch zusammen gelaufen war. Es geht mit dem Barrikadengesindel von Profession wie mit den Wölfen. Man kann noch so lange suchen, und findet doch nimmer etwas Gutes drunter. Gleich zu*

Gleich gesellt sich gern. Wo ein Sicherheitsausschuß ist, da sammelt sich der Ausschuß und Auswurf aus aller Herren Ländern. Die unsichersten Leut sind am ersten bei der Hand. Wenn man das Völkchen nur ansah, hatte man eine Musterkarte schlechter verwilderter Gesichter. Sogar eine Hurenmutter mit ihren Töchtern sah man einziehen, mit Dolchen und Pistolen bewaffnet. Das war die rechte Sorte.«[114]

Alexander Pagenstecher

Der Arzt Dr. Alexander Pagenstecher stellte die Verbindung Elberfelds zum Frankfurter Parlament her, dem er bereits im Vorparlament und im Fünfzigerausschuss angehört hatte. Pagenstecher war Kandidat des Politischen Clubs und saß bis Anfang November im volkswirtschaftlichen Ausschuss der Nationalversammlung. Während des Aufstandes hatte er sich eindeutig von den radika-

---

114 Vincenz von Zuccalmaglio: Die große Schlacht bei Remlingrade oder der Sieg der bergischen Bauern über die Elberfelder Allerwelts-Barrikadenhelden am 17. Mai 1849, Koblenz 1849, S. 7f.

len Republikanern abgesetzt. Seine Lebenserinnerungen, die auch eine zum Teil episodisch angereicherte Schilderung der Elberfelder Mai-Ereignisse enthalten (etwa die erwähnte angebliche Begegnung mit Friedrich Engels in einer Barrikadenwachstube), verfasste er während seiner Zeit als Mitglied des Badischen Landtags zwischen 1854 und 1867 in Heidelberg.

[…] *hier hatte sich bereits eine viel weitergehende republikanisch-sozialistische Partei organisiert, die in der ›Kölner rheinischen Zeitung‹ ihr unverblümtes Organ besaß, ihre zahlreichsten und bedeutendsten Führer in Baden zählte und durch ganz Deutschland hindurch in dem zahllosen Heer verkommener Literaten, brotloser Schulmeister, ehrgeiziger junger Gerichtsbeamten und Advokaten, bankrotter Kaufleute, studierter, rachelustiger Juden ebenso zuverlässige als entschlossene Bundesgenossen fand. Die breite und immer und zu jedem Äußersten bereite Grundlage der Partei war das Proletariat der großen Städte [...]*

Auch ein kleiner Teil des Elberfelder Landwehrkontingents, 40 bis 50 Mann, ließ sich in diesem Garn fangen. Nicht diese Landwehrmänner waren es, welche aus revolutionären oder sonstigen Prinzipien heraus den Kampf gegen die südwestdeutschen Rebellen verweigerten, vielmehr waren dieselben nur von den geheimen und offenkundigen Agenten der großen Revolutionspropaganda in das Schlepptau genommen. Sie wußten nicht, was sie taten; zu Hause, bei Frau und Kind, bei ihrem Handwerk wären sie allerdings insgesamt lieber geblieben, als in Baden zweideutige Lorbeeren durch Niedermetzelung von Landsleuten zu verdienen. Von Pietät gegen den königlichen Kriegsherrn und seine Minister war auch nicht viel zu verspüren; aber für die rote Republik schwärmten jene guten Leute erst recht nicht, und noch weniger waren sie geneigt, der Führerschaft unserer Stegreifpolitiker, der Herren Höchster, Körner, Engels sich unterzuordnen. [...]

Die rote Republikaner hielten den Augenblick, wo der König von Preußen die Kaiserkrone zurückgewiesen und die konstituierende Parlamentspartei dadurch faktisch vernichtet hatte, für den geeignetsten zum Losschlagen, und sie ergriffen den an sich klugen und glücklichen

Gedanken, im Namen der von den Fürsten verworfenen Reichsver-
fassung sich zu erheben. So stellten sie sich dem äußeren Anschein nach
auf einen legalen Boden und machten Revolution im Namen des Ge-
setzes.«[115]

Hermann Joseph Alois Körner

Hermann Joseph Alois Körner war der Präsident des Elberfelder
Sicherheitsausschusses, der sich seiner strafrechtlichen Verfolgung
durch Flucht in die USA entzog. In New York veröffentlichte der
ehemalige Zeichenlehrer an einer Realschule und der Mitbegründer der deutsch-katholischen Gemeinde Elberfeld 1865/66 seine
Lebenserinnerungen unter dem Titel *Lebenskämpfe in der Alten
und Neuen Welt.* Körner hatte allen Grund, eine mäßigende Rolle
während des Aufstandes für sich in Anspruch zu nehmen, weil
er nach seiner Rückkehr »Unbescholtenheit« herauskehren wollte;
ein Umstand, der seine Position gegenüber Engels in ein bezeich-
nendes Licht rückt. Der Rechtfertigungsdruck im Exil legt die
Vermutung nahe, dass der angeblich mit roten Fahnen hantieren-
de Redakteur der Neuen Rheinischen Zeitung als legendenmäßige
Ausschmückung des tatsächlichen Geschehens zu einer Erzählung
eigener Art verarbeitet wurde.
*»Und selbst dieser Engels hat, ungeachtet seiner edlen opferungsfähigen
Hingabe, doch durch seine stets unzeitigen, rein äußerlichen sozialistischen Extravaganzen innerhalb der reihen kämpfender Demokraten
den unmittelbaren Erfolg der Sache mehr geschadet, als wenn er ihr
ferngeblieben wäre. [...] Als derselbe in einer der Nächte heimlich die
deutschen Trikolorfahnen- teils die roten Fenstergardinen aus des Oberbürgermeisters demolierten Hause, teils stränge türkischroten Garns —
ersetzt hatte, da war die aufregung am frühen Morgen unter dem Volke*

---

115 Alexander Pagenstecher: Lebenserinnerungen, Leipzig 1913, Bd. 3,
S. 32, 55, 53.

so groß, daß ein Gegenaufstand nur durch die schleunigste Wegräumung der roten Fetzen und eine Mißhandlung Engels nur durch seine Entfernung aus der Stadt verhindert werden konnte. [...]«[116]

Karl Christian Beltz

(1807–1857) war Oberlehrer am Gymnasium in Elberfeld, wo er auch Friedrich Engels unterrichtete. In der Revolution 1848/49 diente er in der Bürgerwehr und trat als deren Sprecher gegenüber dem Sicherheitsausschuss auf. Zu seinen Bekannten zählten der Lehrer und Naturforscher Johann Carl Fuhlrott und der Dichter Ferdinand Freiligrath.

Mit dem Himmelfahrtstage hörte jede Aeußerung in schroff demokratischem Sinne auf, und Alles vereinigte sich zunächst indem Gefühle großen Behagens einen solchen Zustand losgeworden zu sein; selbst solche, die früher halb oder zu dreiviertel demokratisch waren, hatten in den Vorgängen eine ziemlich gründliche Heilung von dieser Staats- und Gesellschaftsverbesserungsart, wie sie die Demokraten wollten, erhalten. Höchstens hörte man von dieser Seite noch Aeußerungen, wie folgende: es sei Schade, daß die gute Sache in solche Hände gekommen (als könnten je zu solchen Durchführungen, wie sie hier und anderwärts bei Revolutionen vorfallen, andere Mittel und Hände als unsaubere gebraucht werden); Uneinigkeit im Ausschusse, theilweise Schroffheit und Unfähigkeit der einzelnen Mitglieder, Mangel des Zusammenhanges und der gehörigen Uebereinstimmung mit näheren und weiteren Distrikten unseres Vaterlands in gleichen politischen Bestrebungen seien schuld am Mißlingen. Wir wissen recht gut, daß alles dieses zu dem Resultate mitgewirkt; wir wissen aber auch, warum dies so gekommen: nämlich, weil dieser Art der Demokratie und der Anwendung ihrer Mittel die Gerechtigkeit oder die innere Berechtigung ihres Prinzips

---

116   Hermann Joseph Alois Körner: Lebenskämpfe in der Alten und Neuen Welt, zit. nach: Goebel, Aufstand, S. 197.

fehlt: sie wird, so lange noch in Europa Sinn für Gesetz und Ordnung und Religiosität herrscht, nicht im Stande sein obzusiegen, wenn auch augenblickliche Erfolge ihr zu Theil werden. [117]

Friedrich Engels: Die Reichsverfassungskampagne in der bergisch-märkischen Industriegegend

Friedrich Engels verfasste 1849/50 die Artikelserie »Die Reichsverfassungskampagne« für das Exil-Projekt von Karl Marx, die *Neue Rheinische Zeitung – Politisch-ökonomische Revue*, für die zwar schnell der Hamburger Verleger Julis Schubert gewonnen werden konnte, die jedoch als unterfinanziertes Vorhaben schon bald wieder eingestellt werden musste. Engels beschrieb in der Abfolge von kürzeren Texten vor allem seinen Einsatz im bewaffneten Badischen Revolutionskampf gegen das preußische Militär. In der letzten von vier Folgen rechnete er mit einer Bewegung ab, die –als Revolution gestartet – sich schließlich in eine wahre *Komödie* auflöste, bevor sie durch die Gewalt der Konterrevolution als *Tragödie* blutig endete. Mit Blick in die Zukunft prophezeite er schließlich, die Deutschen würden die Erschießung der Revolution in Rastatt und anderswo nicht vergessen.

[...] *Elberfeld und Iserlohn, Solingen und die Enneper Straße* [Industriegebiet zwischen Hagen und Gevelsberg] *waren die Zentren des Widerstandes. Sofort wurden nach den beiden ersteren Städten Truppen beordert. Nach Elberfeld zogen ein Bataillon Sechzehner, eine Schwadron Ulanen und zwei Geschütze. Die Stadt war in der höchsten Verwirrung. Die Landwehr hatte bei reiflicher Überlegung doch gefunden, daß sie ein gewagtes Spiel spiele. Viele Bauern und Arbeiter waren politisch indifferent und hatten nur keine Lust gehabt, irgendwelchen*

---

117 Karl Christian Beltz: Elberfeld im Mai 1849. Die demokratischen Bewegungen im Bergischen und in der Grafschaft Mark, Elberfeld, Iserlohn 1849, S. 67f.

Regierungslaunen zu Gefallen auf unbestimmte Zeit sich vom Hause zu entfernen. Die Folgen der Widersetzlichkeit fielen ihnen schwer aufs Herz: species facti, Kriegsrecht, Kettenstrafe und vielleicht gar Pulver und Blei! Genug, die Anzahl der Landwehrmänner, die unter den Waffen standen – ihre Waffen hatten sie –, schmolz immer mehr zusammen, und es blieben ihrer zuletzt noch etwa vierzig übrig. Sie hatten in einem öffentlichen Lokal vor der Stadt ihr Hauptquartier aufgeschlagen und warteten dort auf die Preußen. Um das Rathaus stand die Bürgerwehr und zwei Bürgerschützenkorps, schwankend, mit der Landwehr unterhandelnd, jedenfalls entschlossen, ihr Eigentum zu schützen. In den Straßen wogte die Bevölkerung, Kleinbürger, die im politischen Klub der Reichsverfassung Treue geschworen hatten, Proletarier aller Stufen, vom entschiedenen, revolutionären Arbeiter bis zum schnapstrunkenen Karrenbinder. Kein Mensch wußte, was zu tun sei, keiner, was kommen werde. Der Stadtrat wollte mit den Truppen unterhandeln. Der Kommandierende wies alles ab und marschierte in die Stadt. Die Truppen paradieren durch die Straßen und stellen sich am Rathause auf, gegenüber der Bürgerwehr. Man unterhandelt. Aus der Menge fallen Steinwürfe auf das Militär. Die Landwehr, wie gesagt, etwa vierzig Mann stark, zieht von der andern Seite der Stadt her nach langem Beraten ebenfalls dem Militär entgegen. Auf einmal ruft man im Volk nach Befreiung der Gefangenen. Im Arresthaus, das dicht am Rathaus liegt, saßen nämlich seit einem Jahr 69 Solinger Arbeiter in Verhaft wegen Demolierung der Stahlgußfabnk an der Burg. Ihr Prozeß sollte in wenig Tagen verhandelt werden. Diese zu befreien, stürzt das Volk nach dem Gefängnis. Die Türen weichen, das Volk dringt ein, die Gefangenen sind frei. Aber zu gleicher Zeit rückt das Militär vor, eine Salve fällt, und der letzte Gefangene, der aus der Tür eilt, stürzt mit zerschmettertem Schädel nieder. Das Volk weicht zurück, aber mit dem Ruf: Zu den Barrikaden! In einem Nu sind die Zugänge zur innern Stadt verschanzt. Unbewaffnete Arbeiter sind genug vorhanden, bewaffnete sind höchstens fünfzig hinter den Barrikaden. Die Artillerie rückt vor. Wie vorher die Infanterie, so feuert auch sie zu hoch, wahrscheinlich mit Absicht. Beide Truppenteile bestanden aus Rheinländern oder Westfalen und waren gut. Endlich rückt der Hauptmann von Uttenhoven an der Spitze der 8. Kompanie des 16. Regiments vor. Drei Bewaffnete waren hinter der ersten Barrikade. ›Schießt nicht auf uns‹, rufen sie, ›wir schießen nur auf die Offiziere!‹ – Der Hauptmann kommandiert Halt. ›Kommandierst du Fertig, so liegst du da‹, ruft ihm ein Schütze hinter der Barrikade zu. – ›Fertig – An – Feuer!‹ – Die Salve kracht, aber auch in demselben Augenblick stürzt der Hauptmann zusammen. Die Kugel hatte ihn mitten durchs Herz getroffen. Das Peloton zieht sich eiligst zurück; nicht einmal die Leiche des Hauptmanns wird mitgenommen. Noch einige Schüsse fallen, einige Soldaten werden verwundet, und der kommandierende Offizier, der die Nacht nicht in der empörten Stadt zubringen will, zieht wieder hinaus, um mit seinen Truppen eine Stunde vor der Stadt zu biwakieren. Hinter den Soldaten erheben sich sogleich von allen Seiten Barrikaden. Noch denselben Abend kam die Nachricht vom Rückzuge der Preußen nach Düsseldorf. Zahlreiche Gruppen bildeten sich auf den Straßen; die kleine Bourgeoisie und die Arbeiter waren in der höchsten Aufregung. Da gab das Gerücht, daß neue Truppen nach Elberfeld abgeschickt werden sollten, das Signal zum Losbruch. Ohne den Mangel an Waffen – die Bürgerwehr war seit November 1848 entwaffnet –, ohne die verhältnismäßig starke Garnison und die ungünstigen breiten und graden Straßen der kleinen Exresidenz zu bedenken, riefen einige Arbeiter zu den Barrikaden. In der Neustraße, Bolkerstraße kamen einige Verschanzungen zustande; die übrigen Teile der Stadt wurden teils durch die schon im Voraus konsignierten Truppen, teils durch die Furcht der großen und kleinen Bürgerschaft frei gehalten.

Gegen Abend entspann sich der Kampf. Die Barrikadenkämpfer waren, hier wie überall, wenig zahlreich. Wo sollten sie auch Waffen und Munition hernehmen? Genug, sie leisteten der Übermacht langen und tapfern Widerstand, und erst nach ausgedehnter Anwendung der Artillerie, gegen Morgen, war das halbe Dutzend Barrikaden, das sich verteidigen ließ, in den Händen der Preußen. Man weiß, daß diese vorsichtigen Helden am folgenden Tage an Dienstmädchen, Greisen und friedlichen Leuten überhaupt blutige Revanche nahmen.

An demselben Tage, an dem die Preußen aus Elberfeld zurückgeschlagen wurden, sollte auch ein Bataillon, wenn wir nicht irren des 13. Regiments, nach Iserlohn einrücken und die dortige Landwehr zur Räson bringen. Aber auch hier wurde dieser Plan vereitelt; sowie die Nachricht vom Anrücken des Militärs bekannt wurde, verschanzte Landwehr und Volk alle Zugänge der Stadt und erwartete den Feind mit geladener Büchse. Das Bataillon wagte keinen Angriff und zog sich wieder zurück.

Der Kampf in Elberfeld und Düsseldorf und die Verbarrikadierung Iserlohns gaben das Signal zum Aufstand des größten Teils der bergisch-märkischen Industriegegend. Die Solinger stürmten das Gräfrather Zeughaus und bewaffneten sich mit den daraus entnommenen Gewehren und Patronen; die Hagener schlossen sich in Masse der Bewegung an, bewaffneten sich, besetzten die Zugänge der Ruhr und schickten Rekognoszierungspatrouillen aus; Solingen, Ronsdorf, Remscheid, Barmen usw. stellten ihre Kontingente nach Elberfeld. An den übrigen Orten der Gegend erklärte sich die Landwehr für die Bewegung und stellte sich zur Verfügung der Frankfurter Versammlung. Elberfeld, Solingen, Hagen, Iserlohn setzten Sicherheitsausschüsse an die Stelle der vertriebenen Kreis- und Lokalbehörden.

Die Nachrichten von diesen Ereignissen wurden natürlich noch ungeheuer übertrieben. Man schilderte die ganze Wupper- und Ruhrgegend als ein großes, organisiertes Lager des Aufstandes, man sprach von fünfzehntausend Bewaffneten in Elberfeld, von ebensoviel in Iserlohn und Hagen. Der plötzliche Schreck der Regierung, der alle ihre Tätigkeit gegenüber diesem Aufstande der treuesten Bezirke mit einem Schlage lähmte, trug nicht wenig dazu bei, diesen Übertreibungen Glauben zu verschaffen. Alle billigen Abzüge für wahrscheinliche Übertreibungen gemacht, blieb das eine Faktum unleugbar, daß die Hauptorte des bergisch-märkischen Industriebezirks im offnen und bis dahin siegreichen Aufstande begriffen waren. Dies Faktum war da. Dazu kamen die Nachrichten, daß Dresden sich noch hielt, daß Schlesien gäre, daß die Pfälzer Bewegung sich konsolidiere, daß in Baden eine siegreiche Militärrevolte ausgebrochen und der Großherzog geflohen sei, daß die

Magyaren am Jablunka und der Leitha ständen. Kurz, von allen re-
volutionären Chancen, die sich der demokratischen und Arbeiterpartei
seit März 1848 geboten hatten, war dies bei weitem die vorteilhafteste,
und sie mußte natürlich ergriffen werden. Das linke Rheinufer durfte
das rechte nicht im Stich lassen. Was war nun zu tun?

[...] Wollte man also die aufgestandenen Bezirke unterstützen, so
war nur eins möglich: vor allen Dingen in den Festungen und Gar-
nisonsstädten jeden unnützen Krawall vermeiden; auf dem linken
Rheinufer in den kleineren Städten, in den Fabrikorten und auf dem
Lande eine Diversion machen, um die rheinischen Garnisonen im Schach
zu halten; endlich alle disponiblen Kräfte in den insurgierten Bezirk
des rechten Rheinufers werfen, die Insurrektion weiter verbreiten und
versuchen, hier vermittelst der Landwehr den Kern einer revolutionä-
ren Armee zu organisieren. Die neuen preußischen Enthüllungshelden
mögen nicht zu früh frohlocken über das hier enthüllte hochverräterische
Komplott. Leider hat kein Komplott existiert. Die obigen drei Maßre-
geln sind kein Verschwörungsplan, sondern ein einfacher Vorschlag, der
vom Schreiber dieser Zeilen ausging, und zwar in dem Augenblick, als
er selbst nach Elberfeld abreiste, um die Ausführung des dritten Punkts
zu betreiben.

[...] In den insurgierten Bezirken sah es inzwischen ganz anders
aus, als die übrige Provinz voraussetzte. Elberfeld mit seinen – übri-
gens höchst planlosen und eilig zusammengerafften – Barrikaden, mit
den vielen Wachtposten, Patrouillen und sonstigen Bewaffneten, mit
der ganzen Bevölkerung auf den Straßen, wo nur die große Bourgeoisie
zu fehlen schien, mit den roten und trikoloren Fahnen nahm sich zwar
gar nicht übel aus, im Übrigen aber herrschte in der Stadt die größte
Verwirrung. Die kleine Bourgeoisie hatte durch den gleich im ersten
Moment gebildeten Sicherheitsausschuß die Leitung der Angelegenhei-
ten in die Hand genommen. Kaum war sie soweit, als sie auch schon
vor ihrer eignen Macht, so gering sie war, erschrak. Ihre erste Handlung
war, sich durch den Stadtrat, d.h. durch die große Bourgeoisie, legiti-
mieren zu lassen und zum Dank für die Gefälligkeit des Stadtrats fünf
seiner Mitglieder in den Sicherheitsausschuß aufzunehmen. Dieser so

verstärkte Sicherheitsausschuß entledigte sich denn sofort aller gefährlichen Tätigkeit, indem er die Sorge für die Sicherheit nach außen einer
Militärkommission überwies, sich selbst aber über diese Kommission
eine mäßigende und hemmende Aufsicht vorbehielt. Somit vor aller Be-
rührung mit dem Aufstande gesichert, durch die Väter der Stadt selbst
auf den Rechtsboden verpflanzt, konnten die zitternden Kleinbürger
des Sicherheitsausschusses sich darauf beschränken, die Gemüter zu be-
ruhigen, die laufenden Geschäfte zu besorgen, ›Mißverständnisse‹ auf-
zuklären, abzuwiegeln, die Sache in die Länge zu ziehn und jede energische Tätigkeit unter dem Vorwande zu lähmen, man müsse vorerst die
Antwort auf die nach Berlin und Frankfurt geschickten Deputationen
abwarten. Die übrige Kleinbürgerschaft ging natürlich Hand in Hand
mit dem Sicherheitsausschuß, wiegelte überall ab, verhinderte möglichst
alle Fortführung der Verteidigungsmaßregeln und der Bewaffnung und
schwankte fortwährend über die Grenze ihrer Beteiligung am Aufstande. Nur ein kleiner Teil dieser Klasse war entschlossen, sich mit den
Waffen in der Hand zu verteidigen, falls die Stadt angegriffen würde.
Die große Mehrzahl suchte sich selbst einzureden, ihre bloßen Drohun-
gen und die Scheu vor dem fast unvermeidlichen Bombardement Elberfelds werde die Regierung zu Konzessionen bewegen; im Übrigen aber
hielt sie sich für alle Fälle den Rücken frei.

Die große Bourgeoisie war im ersten Augenblick nach dem Gefecht
wie niedergedonnert. Sie sah Brandstiftung, Mord, Plünderung und
wer weiß welche Greuel vor ihrer erschreckten Phantasie aus der Erde
wachsen. Die Konstituierung des Sicherheitsausschusses, dessen Majorität – Stadträte, Advokaten, Staatsprokuratoren, gesetzte Leute – ihr
plötzlich eine Garantie für Leben und Eigentum bot, erfüllte sie daher
mit einem mehr als fanatischen Entzücken. Dieselben großen Kaufleute, Türkischrotfärber, Fabrikanten, die bisher die Herren Karl Hecker,
Riotte, Höchster usw. als blutdürstige Terroristen verschrien hatten,
stürzten jetzt in Masse aufs Rathaus, umarmten ebendieselbigen an-
geblichen Blutsäufer mit der fieberhaftesten Innigkeit und deponier-
ten Tausende von Talern auf dem Tische des Sicherheitsausschusses. Es
versteht sich von selbst, daß ebendieselben begeisterten Bewunderer und

Unterstützer des Sicherheitsausschusses nach dem Ende der Bewegung nicht nur über die Bewegung selbst, sondern auch über den Sicherheitsausschuß und seine Mitglieder die abgeschmacktesten und gemeinsten Lügen verbreiteten und den Preußen mit derselben Innigkeit für die Befreiung von einem Terrorismus dankten, der nie existiert hatte. Unschuldige konstitutionelle Bürger, wie die Herren Heeker, Höchster und der Staatsprokurator Heintzmann, wurden wieder als Schreckensmänner und Menschenfresser geschildert, denen die Verwandtschaft mit Robespierre und Danton auf dem Gesicht geschrieben stand. Wir halten es für unsre Schuldigkeit, unsrerseits genannte Biedermänner von dieser Anklage vollständig freizusprechen. Im Übrigen begab sich der größte Teil der hohen Bourgeoisie möglichst rasch mit Weib und Kind unter den Schutz des Düsseldorfer Belagerungszustandes, und nur der kleinere couragiertere Teil blieb zurück, um sein Eigentum auf alle Fälle zu schützen. Der Oberbürgermeister saß während des Aufstandes verborgen in einer umgeworfenen, mit Mist bedeckten Droschke. Das Proletariat, einig im Moment des Kampfes, spaltete sich, sobald das Schwanken des Sicherheitsausschusses und der Kleinbürgerschaft hervortrat. Die Handwerker, die eigentlichen Fabrikarbeiter, ein Teil der Seidenweber waren entschieden für die Bewegung; aber sie, die den Kern des Proletariats bildeten, hatten fast gar keine Waffen. Die Rotfärber, eine robuste, gut bezahlte Arbeiterklasse, roh und deshalb reaktionär wie alle Fraktionen von Arbeitern, bei deren Geschäft es mehr auf Körperkraft als auf Geschicklichkeit ankommt, waren schon in den ersten Tagen gänzlich gleichgültig geworden. Sie allein von allen Industriearbeitern arbeiteten während der Barrikadenzeit fort, ohne sich stören zu lassen. Das Lumpenproletariat endlich war wie überall vom zweiten Tage der Bewegung an käuflich, verlangte morgens vom Sicherheitsausschuß Waffen und Sold und ließ sich nachmittags von der großen Bourgeoisie erkaufen, um ihre Gebäude zu schützen oder um abends die Barrikaden niederzureißen. Im ganzen stand es auf der Seite der Bourgeoisie, die ihm am besten zahlte und mit deren Geld es während der Dauer der Bewegung sich flotte Tage machte.

Die Nachlässigkeit und Feigheit des Sicherheitsausschusses, die

Uneinigkeit der Militärkommission, in der die Partei der Untätigkeit anfangs die Majorität hatte, verhinderten von vornherein jedes entschiedene Auftreten. Vom zweiten Tage an trat die Reaktion ein. Von Anfang an zeigte es sich, daß in Elberfeld nur unter der Fahne der Reichsverfassung, nur im Einverständnisse mit der kleinen Bourgeoisie auf Erfolg zu rechnen war. Das Proletariat war einerseits gerade hier erst zu kurze Zeit aus der Versumpfung des Schnapses und des Pietismus herausgerissen, als daß die geringste Anschauung von den Bedingungen seiner Befreiung hätte in die Massen dringen können, andrerseits hatte es einen zu instinktiven Haß gegen die Bourgeoisie, war es viel zu gleichgültig gegen die bürgerliche Frage der Reichsverfassung, als daß es sich für dergleichen trikolore Interessen hätte enthusiasmieren können. Die entschiedene Partei, die einzige, der es mit der Verteidigung Ernst war, kam dadurch in eine schiefe Stellung. Sie erklärte sich für die Reichsverfassung. Aber die kleine Bourgeoisie traute ihr nicht, verlästerte sie in jeder Weise beim Volke, hemmte alle ihre Maßregeln zur Bewaffnung und Befestigung. Jeder Befehl, der dazu dienen konnte, die Stadt wirklich in Verteidigungszustand zu setzen, wurde sofort kontremandiert vom ersten besten Mitglied des Sicherheitsausschusses. Jeder Spießbürger, dem man eine Barrikade vor die Türe setzte, lief sogleich aufs Rathaus und verschaffte sich einen Gegenbefehl. Die Geldmittel zur Bezahlung der Barrikadenarbeiter – und sie verlangten nur das Nötigste, um nicht zu verhungern – waren nur mit Mühe und im knappsten Maß vom Sicherheitsausschuß herauszupressen. Der Sold und die Verpflegung der Bewaffneten wurde unregelmäßig besorgt und war oft unzureichend. Während fünf bis sechs Tage war weder Revue noch Appell der Bewaffneten zustande zu bringen, so daß kein Mensch wußte, auf wieviel Kämpfer man für den Notfall rechnen konnte. Erst am fünften Tage wurde eine Einteilung der Bewaffneten versucht, die aber nie zur Ausführung kam und auf einer totalen Unkenntnis der Streitkräfte beruhte. Jedes Mitglied des Sicherheitsausschusses agierte auf eigene Faust. Die widersprechendsten Befehle durchkreuzten sich, und nur darin stimmten die meisten dieser Befehle überein, daß sie die gemütliche Konfusion vermehrten und jeden energischen Schritt ver-

hinderten. Dem Proletariat wurde dadurch vollends die Bewegung verleidet, und nach wenigen Tagen erreichten die großen Bourgeois und die Kleinbürger ihren Zweck, die Arbeiter möglichst gleichgültig zu machen.

Als ich am 11. Mai nach Elberfeld kam, waren wenigstens 2.500–3.000 Bewaffnete vorhanden. Von diesen Bewaffneten waren aber nur die fremden Zuzüge und die wenigen bewaffneten Elberfelder Arbeiter zuverlässig. Die Landwehr schwankte; die Mehrzahl hatte ein gewaltiges Grauen vor der Kettenstrafe. Sie waren anfangs wenig zahlreich, verstärkten sich aber durch den Zutritt aller Unentschiedenen und Furchtsamen aus den übrigen Detachements. Die Bürgerwehr endlich, hier vom Anfang an reaktionär und direkt zur Unterdrückung der Arbeiter errichtet, erklärte sich neutral und wollte bloß ihr Eigentum schützen. Alles dies stellte sich indes erst im Laufe der nächsten Tage heraus; inzwischen aber verlief sich ein Teil der fremden Zuzüge und der Arbeiter, schmolz die Zahl der wirklichen Streitkräfte infolge des Stillstandes der Bewegung zusammen, während die Bürgerwehr immer mehr zusammenhielt und mit jedem Tage ihre reaktionären Gelüste unverhohlener aussprach. Sie riß in den letzten Nächten schon eine Anzahl Barrikaden nieder. Die bewaffneten Zuzüge, die im Anfang gewiß über 1.000 Mann betrugen, hatten sich am 12. oder 13. schon auf die Hälfte reduziert, und als es endlich zu einem Generalappell kam, stellte sich heraus, daß die ganze bewaffnete Macht, auf die man rechnen konnte, höchstens noch 700 bis 800 Mann betrug. Landwehr und Bürgerwehr weigerten sich, auf diesem Appell zu erscheinen.

Damit nicht genug. Das insurgierte Elberfeld war von lauter angeblich ›neutralen‹ Orten umgeben. Barmen, Kronenberg, Lennep, Lüttringhausen usw. hatten sich der Bewegung nicht angeschlossen. Die revolutionären Arbeiter dieser Orte, soweit sie Waffen hatten, waren nach Elberfeld marschiert. Die Bürgerwehr, in allen diesen Orten reines Instrument in den Händen der Fabrikanten zur Niederhaltung der Arbeiter, aus den Fabrikanten, ihren Fabrikaufsehern und den von den Fabrikanten gänzlich abhängigen Krämern zusammengesetzt, beherrschte diese Orte im Interesse der ›Ordnung‹ und der Fabrikanten.

Die Arbeiter selbst, durch ihre mehr ländliche Zerstreuung der politischen Bewegung ziemlich fremd gehalten, waren durch Anwendung der bekannten Zwangsmittel und durch Verleumdung über den Charakter der Elberfelder Bewegung teilweise auf die Seite der Fabrikanten gebracht; bei den Bauern wirkte die Verleumdung vollends unfehlbar. Dazu kam, daß die Bewegung in eine Zeit fiel, wo nach fünfzehnmonatlicher Geschäftskrise die Fabrikanten endlich wieder Aufträge vollauf hatten, und daß, wie bekannt, mit gut beschäftigten Arbeitern keine Revolution zu machen ist – ein Umstand, der auch in Elberfeld sehr bedeutend wirkte. Daß unter allen diesen Umständen die ›neutralen‹ Nachbarn nur ebensoviel versteckte Feinde waren, liegt auf der Hand.

Noch mehr. Die Verbindung mit den übrigen insurgierten Bezirken war keineswegs hergestellt. Von Zeit zu Zeit kamen einzelne Leute von Hagen herüber; von Iserlohn wußte man so gut wie gar nichts. Es boten sich einzelne Leute zu Kommissären an, aber keinem war zu trauen. Mehrere Boten zwischen Elberfeld und Hagen sollen in Barmen und Umgegend von der Bürgerwehr arretiert worden sein. Der einzige Ort, mit dem man in Verbindung stand, war Solingen, und dort sah es geradeso aus wie in Elberfeld. Daß es nicht schlimmer dort aussah, war nur der guten Organisation und der Entschlossenheit der Solinger Arbeiter zu verdanken, die 400 bis 500 Bewaffnete nach Elberfeld geschickt hatten, [aber] immer noch stark genug waren, ihrer Bourgeoisie und ihrer Bürgerwehr zu Hause das Gleichgewicht zu halten. Wären die Elberfelder Arbeiter so entwickelt und so organisiert gewesen wie die Solinger, die Chancen hätten ganz anders gestanden.

Unter diesen Umständen war nur noch eins möglich: Ergreifung einiger rascher, energischer Maßregeln, die der Bewegung wieder Leben verliehen, ihr neue Streitkräfte zuführten, ihre inneren Gegner lähmten und sie im ganzen bergisch-märkischen Industriebezirk möglichst kräftig organisierten. Der erste Schritt war die Entwaffnung der Elberfelder Bürgerwehr und die Verteilung ihrer Waffen unter die Arbeiter und die Erhebung einer Zwangssteuer zum Unterhalt der so bewaffneten Arbeiter. Dieser Schritt brach entschieden mit der ganzen bisherigen Schlaffheit des Sicherheitsausschusses, gab dem Proletariat neues Leben und lähmte die Widerstandsfähigkeit der ›neutralen‹ Distrikte. Was nachher zu tun war, um auch aus diesen Distrikten Waffen zu erhalten, die Insurrektion weiter auszudehnen und die Verteidigung des ganzen Bezirks regelmäßig zu organisieren, hing von dem Erfolge dieses ersten Schrittes ab. Mit einem Beschluß des Sicherheitsausschusses in der Hand und mit den vierhundert Solingern allein wäre übrigens die Elberfelder Bürgerwehr im Nu entwaffnet gewesen. Ihr Heldenmut war nicht der Rede wert.

Der Sicherheit der noch im Gefängnis gehaltenen Elberfelder Maiangeklagten bin ich die Erklärung schuldig, daß alle diese Vorschläge einzig und allein von mir ausgingen. Die Entwaffnung der Bürgerwehr vertrat ich vom ersten Augenblicke an, als die Geldmittel des Sicherheitsausschusses zu schwinden begannen.

Aber der löbliche Sicherheitsausschuß fand sich durchaus nicht gemüßigt, auf dergleichen ›terroristische Maßregeln‹ einzugehen. Das einzige, was ich durchsetzte, oder vielmehr mit einigen Korpsführern – die alle glücklich entkamen und teilweise schon in Amerika sind – auf eigene Faust ausführen ließ, war die Abholung von etwa achtzig Gewehren der Kronenberger Bürgerwehr, die auf dem dortigen Rathaus aufbewahrt wurden. Und diese Gewehre, höchst leichtsinnig verteilt, kamen meistens in die Hände von schnapslustigen Lumpenproletariern, die sie denselben Abend noch an die Bourgeois verkauften. Diese Herren Bourgeois nämlich schickten Agenten unter das Volk, um möglichst viele Gewehre aufzukaufen, und zahlten einen ziemlich hohen Preis dafür. Das Elberfelder Lumpenproletariat hat so mehrere Hundert Gewehre den Bourgeois abgeliefert, die ihm durch die Nachlässigkeit und Unordnung der improvisierten Behörden in die Hände geraten waren. Mit diesen Gewehren wurden die Fabrikaufseher, die zuverlässigsten Färber etc. etc. bewaffnet, und die Reihen der ›gutgesinnten‹ Bürgerwehr verstärkten sich von Tage zu Tage. Die Herren vom Sicherheitsausschuß antworteten auf jeden Vorschlag zur bessern Verteidigung der Stadt, das sei ja alles unnütz, die Preußen würden sich sehr hüten zu kommen, sie würden sich nicht in die Berge wagen usw. Sie selbst wußten sehr gut, daß sie damit die plumpsten Märchen verbreiteten, daß die Stadt von allen Höhen selbst mit Feldgeschütz zu beschießen, daß gar nichts auf eine nur einigermaßen ernsthafte Verteidigung eingerichtet war und daß bei dem Stillstand der Insurrektion und der kolossalen preußischen Übermacht nur noch ganz außerordentliche Ereignisse den Elberfelder Aufstand retten konnten.

Die preußische Generalität schien indes auch keine rechte Lust zu haben, sich auf ein ihr so gut wie gänzlich unbekanntes Terrain zu begeben, bevor sie eine in jedem Fall wahrhaft erdrückende Streitmacht zusammengezogen. Die vier offnen Städte Elberfeld, Hagen, Iserlohn und Solingen imponierten diesen vorsichtigen Kriegshelden so sehr, daß sie eine vollständige Armee von zwanzigtausend Mann nebst zahlreicher Kavallerie und Artillerie aus Wesel, Westfalen und den östlichen Provinzen, zum Teil mit der Eisenbahn, herankommen und, ohne einen Angriff zu wagen, hinter der Ruhr eine regelrechte strategische Aufstellung formieren ließen. Oberkommando und Generalstab, rechter Flügel, Zentrum, alles war in der schönsten Ordnung, gerade als habe man eine kolossale feindliche Armee sich gegenüber, als gelte es eine Schlacht gegen einen Bem oder Dembinski, nicht aber einen ungleichen Kampf gegen einige hundert unorganisierter Arbeiter, schlecht bewaffnet, fast ohne Führer und im Rücken verraten von denen, die ihnen die Waffen in die Hand gegeben hatten.

Man weiß, wie die Insurrektion geendigt hat. Man weiß, wie die Arbeiter, überdrüssig des ewigen Hinhaltens, der zaudernden Feigheit und des verräterischen Einschläferns der Kleinbürgerschaft, endlich von Elberfeld auszogen, um sich nach dem ersten besten Lande durchzuschlagen, in dem die Reichsverfassung ihnen irgendwelchen Schutz böte. Man weiß, welche Hetzjagd auf sie durch preußische Ulanen und aufgestachelte Bauern gemacht worden ist. Man weiß, wie sogleich nach ihrem Abzug die große Bourgeoisie wieder hervorkroch, die Barrikaden abtragen ließ und den herannahenden preußischen Helden Ehrenpforten baute. Man weiß, wie Hagen und Solingen durch direkten Verrat der Bourgeoisie den Preußen in die Hände gespielt wurde und nur Iserlohn den mit Beute schon beladenen Siegern von Dresden, dem 24. Regiment, einen zweistündigen ungleichen Kampf lieferte. Ein Teil der

Elberfelder, Solinger und Mülheimer Arbeiter kam glücklich durch nach der Pfalz. Hier fanden sie ihre Landsleute, die Flüchtlinge vom Prümer Zeughaussturm. Mit diesen zusammen bildeten sie eine fast nur aus Rheinländern bestehende Kompanie im Willichschen Freikorps. Alle ihre Kameraden müssen ihnen das Zeugnis geben, daß sie sich, wo sie ins Feuer kamen, und namentlich in dem letzten entscheidenden Kampf an der Murg, sehr brav geschlagen haben.

Die Elberfelder Insurrektion verdiente schon deshalb eine ausführlichere Schilderung, weil gerade hier die Stellung der verschiedenen Klassen in der Reichsverfassungsbewegung am schärfsten ausgesprochen, am weitesten entwickelt war. In den übrigen bergisch-märkischen Städten glich die Bewegung vollständig der Elberfelder, nur daß dort die Beteiligung oder Nichtbeteiligung der verschiedenen Klassen an der Bewegung mehr durcheinanderläuft, weil dort die Klassen selbst nicht so scharf geschieden sind wie im industriellen Zentrum des Bezirks. In der Pfalz und in Baden, wo die konzentrierte große Industrie, mit ihr die entwickelte große Bourgeoisie fast gar nicht existiert, wo die Klassenverhältnisse viel gemütlicher und patriarchalischer durcheinanderschwimmen, war die Mischung der Klassen, die die Träger der Bewegung waren, noch viel verworrener. Wir werden dies später sehen, wir werden aber auch zugleich sehen, wie alle diese Beimischungen des Aufstandes sich schließlich ebenfalls um die Kleinbürgerschaft als den Kristallisationskern der ganzen Reichsverfassungsherrlichkeit gruppieren.

[...] Mit der Niederlage der rheinischen Arbeiter ging auch das Blatt zugrunde, in dem allein sie ihre Interessen offen und entschieden vertreten sahen – die ›Neue Rhein[ische] Zeitung‹. Der Redakteur en chef, obwohl geborner Rheinpreuße, wurde aus Preußen ausgewiesen, den andern Redakteuren stand, den einen direkte Verhaftung, den andern sofortige Ausweisung bevor. Die Kölner Polizei erklärte dies mit der größten Naivetät und bewies ganz detailliert, daß sie gegen jeden genug Tatsachen wisse, um in der einen oder andern Weise einschreiten zu können. Somit mußte das Blatt in dem Augenblick, wo die unerhört rasch gewachsene Verbreitung seine Existenz mehr als sicherstellte, aufhören zu erscheinen. Die Redakteure verteilten sich auf die ver-

schiedenen insurgierten oder noch zu insurgierenden deutschen Länder;
mehrere gingen nach Paris, wo ein abermaliger Wendepunkt bevor-
stand. Es ist keiner unter ihnen, der nicht während oder infolge der
Bewegungen dieses Sommers verhaftet oder ausgewiesen worden wäre
und so das Schicksal erreicht hätte, das die Kölner Polizei so gütig war,
ihm zu bereiten. Ein Teil der Setzer ging nach der Pfalz und trat in
die Armee. Auch die rheinische Insurrektion hat tragisch enden müssen.
Nachdem drei Viertel der Rheinprovinz in Belagerungszustand ver-
setzt, nachdem Hunderte ins Gefängnis geworfen worden, schließt sie
mit der Erschießung dreier Prümer Zeughausstürmer am Vorabend des
Geburtstags Friedrich Wilhelms III. von Hohenzollern. Vae victis![118]

---

118   Karl Marx/Friedrich Engels: Werke (MEW), Bd. 7, Berlin 1960,
S. 109–197.

4

Die Revolution wird Institution

Solingen, Elberfeld: Die hier präsentierten Fallstudien als Rekonstruktionsversuche der spektakulären Ereignisse im Bergischen Land zu Beginn und gegen Ende der Revolution von 1848/49 sollten auf zwei Sachverhalte aufmerksam machen. Zum einen sollte deutlich werden, dass lokale Geschichtserzählungen ihren Eigenwert haben, deren Vorzüge sich nicht lediglich darin erschöpfen, geringere historische Relevanz durch höhere Verbindlichkeit und Konkretion der Darstellung auszugleichen, sondern dass sie bestens geeignet sind zu zeigen, wie die Aktionen tatsächlich entstehen, wie sie ablaufen, wer daran teilnimmt oder wie die Ordnungsseite jeweils reagiert. Mit anderen Worten: Gegenüber einer Analyse der großen Strukturen, der aggregierten Zahlen und abstrahierenden Begriffe gewinnen die Ereignisse hier eine Konkretion und Lebensnähe, aus der sich weiterführende Fragen nach Ursachen, Verlauf und Auswirkungen der Revolution wie von selbst stellen. Vielmehr macht der historische Blick in die Provinz deutlich, welch kaum überschaubare Fülle widersprüchlicher sozialer und politischer Konflikte, begrifflicher Verwirrungen, partikularer Interessen und Überforderungen in der kurzen revolutionären Zeitspanne eine Rolle spielten und welch komplexe Dynamik, aber auch Probleme daraus erwuchsen, an denen die Revolutionäre schließlich scheiterten. Zum anderen wird damit zugleich die Frage nach der Breitenwirkung der Revolution gestellt, soweit sie sich in einer tiefgreifenden, vor allem aber beschleunigten Politisierung der gesamten Bevölkerung, im kulturellen Wandel, im Presse-, Vereins- und Parteiwesen, in der außerparlamentarischen Organisation und in den nicht institutionalisierten agrarischen und städtischen Volksbewegungen niederschlug. Dies führt uns zum Perspektivwechsel auf andere Handlungsebenen.

Am Vorabend der Revolution

Deutschland am Vorabend der Revolution – hinter einer solchen metaphorischen Formulierung steht die Vorstellung sich überstürzender Ereignisse, die gleichsam zwangsläufig über Nacht hereinbrechen. Solche bildhaften Formulierungen – zu ihnen zählt ebenso der rückblickend gewählte Begriff vom *Vormärz* – markieren auch zu einem gewissen Teil das Forschungsinteresse an Revolutionen als Frage nach deren besonderen Ursachen und Voraussetzungen. Tatsächlich jedoch kennzeichnen solch populäre Begriffe, wenn man sie denn analytisch benutzen möchte, den historischen Problemzusammenhang von längerfristigen Strukturen und wechselnden Krisen als Ursachenkomplex solch revolutionären Geschehens, sowie dessen unmittelbare Anlässe oder Anstöße, die den Grunderfahrungen jene Schubkraft verliehen, dass sich Konflikt-Potenziale schließlich in revolutionäre Bewegung umsetzten.

»Die Revolution von 1848/49 ist nicht aus dem Nichts entsprungen. Sie bereitete sich seit 1815 vor, die Restauration gehört ebenso zu ihrer Vorgeschichte wie die Zeitspanne unmittelbar vor den Märzereignissen. Daher fasst man auch häufig den ganzen Zeitraum unter dem Begriff des Vormärz zusammen. Unterhalb der Ebene spektakulärer politischer Ereignisse vollzogen sich Veränderungen, welche die Geschichtswissenschaft inzwischen ebenfalls als ›Revolution‹, als längerfristige, aber gleichwohl beschleunigte Prozesse mit weitreichenden Auswirkungen beschrieben hat: die ›Agrarrevolution‹, die den Grund legte für die moderne Herrschaft über die Natur; die ›Industrielle Revolution‹, die durch den Einsatz von Maschinen völlig neue Möglichkeiten der Güterproduktion erschloss und damit die gesamte Gesellschaftsverfassung umzugestalten begann; die ›Verkehrsrevolution‹, welche die Kommunikation und den Austausch von Gütern und Informationen erweiterte, selbst die ›Leserevolution‹ im Zusammenhang mit dem Aufbau des modernen Bildungssystems, in dem sich die Wissensaneignung demokratisierte und auf deren Grundlage sich die bürgerliche Kultur und die spezifisch moderne Intellektualität entwickelte. Neuartige Konflikte, aber auch Zukunftsperspektiven, zum Teil schon in der Aufklärung vorbereitet, nahmen die Zeitgenossen in Anspruch.«[119]

Diese Bemerkungen des Historikers Wolfgang Hardtwig klangen zum Zeitpunkt ihrer Formulierung noch reichlich ungewohnt, denn sie verlagerten den Revolutions-Begriff auf die Ebene von gesellschaftlichen, ökonomischen und kulturellen Prozessen, die in der Zeit des Vormärz neben der politischen Entwicklung längerfristig, zugleich aber auch beschleunigend wirkten und zu der Konfliktkonstellation führten, die die Ausgangslage im März 1848 kennzeichnete.

Die historische Forschung hat inzwischen längst ein deutlich differenzierteres Bild über die vorrevolutionäre Gesellschaft in Deutschland und ihre ebenso tiefgreifenden wie widersprüchlichen Konflikte ermittelt. Doch bereits die Zeitgenossen versuchten, die Ereignisse der Jahre 1848/49 aus deren größeren ursächlichen Zusammenhängen heraus zu erklären. Der Anhang des Buches versammelt unter anderem zwei Beispiele solcher Erklärungsversuche: David Hansemann und Friedrich Engels bemühen sich dort mit noch geringer zeitlicher Distanz zu den Geschehnissen um eine Analyse der Ausgangslage.[120] Während Hansemann jedoch aus der Tagesaktualität heraus dies in einem Brief an den preußischen Minister Ernst von Bodelschwingh in Berlin tat, stellte Engels seine Überlegungen mehr als zwei Jahre nach dem Ende der Revolution in Form einer Artikelserie in der liberalen amerikanischen Tageszeitung *New York Daily Tribune* an. Engels hatte zwar auch schon vor der Revolution ähnliche Analy-

---

119   Wolfgang Hardtwig: Vormärz. Der monarchische Staat und das Bürgertum, München 1985, S. 8.
120   Aus dem Nachlass Hansemann gedruckt in: Rheinische Briefe und Akten zur Geschichte der politischen Bewegung 1830–1850, hg. v. Joseph Hansen, 2 Bde., Bonn 1942, Bd. 2, Teil 1, S. 477–482.

sen verfasst, so in *Der Status Quo in Deutschland*[121], legte aber erst aus der zeitlichen Distanz seine Ansichten von der Klassenlage und wirtschaftlichen Entwicklung Deutschlands bis zum Beginn der Revolution in geschlossener Form vor. Wenn man einmal bei der Lektüre von den Unterschieden der jeweiligen Textsorte absieht, lassen sich dennoch alsbald die abweichenden Perspektiven der beiden Verfasser ermitteln. Hansemann, der seit 1845 Mitglied des rheinischen Provinziallandtags gewesen und 1847 auch in den als zentrale ständische Körperschaft Preußens eingesetzten Vereinigten Landtag berufen worden war, behandelt nach einem kurzen Seitenblick auf die europäische Landkarte die Eigentümlichkeit des politischen Klimas in Deutschland, das er in erster Linie durch ein *Prinzip der Unfreiheit und der Bevormundung*, der dynastischen Machtansprüche, des Vertrauensverlustes in die politischen Führungen sowie einer krisenhaften Desorientierung *des Volkes* gekennzeichnet sieht.

Hansemann, der in Preußen einen bedeutenden Ruf als schlagfertiger Redner, parlamentarischer Taktiker und sachkundiger Finanzexperte genoss, verfasste seinen Brief an den Minister in der Absicht, politisch wirksame Schritte im Sinne der konstitutionell-monarchistischen Bewegung nahezulegen. Engels Klassenanalyse hingegen beschreibt die komplizierte Lage der gesellschaftlichen Verhältnisse in Deutschland als Gemengelage aus überständigen Privilegien des Feudaladels, industrieller Rückständigkeit gegenüber England und Frankreich, der ambivalenten Stellung der Bourgeoisie (relative Schwäche und dennoch Bedeutungs- und Machtzuwachs etwa seit 1840), aus dem Opportunismus der Kleinbürger (Handwerker und Kleinhändler) zwischen Aufstiegshoffnungen und Proletarisierungsängsten, politischem Partizipationsstreben und faktischer Unterwürfigkeit, aus der Rückständigkeit der Arbeiterschaft in ihrer gesellschaftlichen und politischen Entwicklung und schließlich aus der widersprüchli-

---

121 Geschrieben März-April 1847, zuerst veröffentlicht 1929 in der UdSSR.

chen Schichtenvielfalt der bäuerlichen Bevölkerung.

Die gesellschaftliche und politische Perspektive der Konfliktkonstellation am *Vorabend der Revolution* ist inzwischen von der neueren Forschung teilweise bestätigt, präzisiert und erweitert worden. Einigkeit herrscht dabei über die Tatsache, dass die deutsche Revolution von 1848/49 »weit mehr als etwa die Bauernkriege der Frühen Neuzeit oder die Freiheitskriege von 1813/14 (sie) die Bevölkerung und das in nationaler Weite und bis in die kleinste Dorfgemeinde und das flache Land erfasste.«[122] Hansemanns Seitenblick auf die europäische Konstellation des Jahres 1848 zeigt, wie sehr bereits die Politiker des Vormärz die internationale Verflechtung einer tiefen gesellschaftlichen und ökonomischen Strukturkrise und die wechselseitigen Abhängigkeitsverhältnisse erkannten. Dem trägt auch seit geraumer Zeit die historischen Forschung Rechnung.[123] Viele Indizien sprechen für die Annahme einer synchronen Erschütterung in Ost-, West- und Südeuropa, in deren Verlauf ein europaweit geltendes politisches System zerbrach, das auf die Wiener Verträge von 1815 aufbaute und seine Selbsterhaltung mit den Mitteln der Repression betrieb. Das System der Restauration setzte unerfüllte bürgerliche Partizipationsforderungen an der politischen Macht frei, wurde konfrontiert mit den wachsenden Nationalbewegungen und ihrem Kampf um Selbstbestimmung und Unabhängigkeit, mit der *Krise vorindustrieller, handwerklicher Berufe,*[124] den Auswirkungen des enormen Bevölkerungszuwachses in Stadt und Land, die einhergingen mit Missernten, Hunger- und Teuerungskrisen in den *Hungry Forties.* Dies waren insgesamt europäische Grundgegebenheiten, die die Stabilität der jeweiligen politischen Systeme auf den Prüfstand

---

122   Siemann, Revolution, S. 17.

123   Vgl. Walter Schmidt u.a.: Die europäischen Revolutionen 1848/49, in: Manfred Kossok (Hg.): Revolutionen der Neuzeit 1500–1917, Berlin/Vaduz 1982, S. 271–348; Eric Hobsbawm: Das lange 19. Jahrhundert: Europäische Revolution. Die Blütezeit des Kapitals, Das Imperiale Zeitalter, Darmstadt 2017.

124   Siemann, Revolution, S. 50.

stellten und dabei die Staaten der monarchisch-legitimistischen Restauration, die Habsburgermonarchie, Preußen, Italien, aber auch Frankreich stärker forderten als die späteren Ruhezonen der Revolution England, Niederlande, Belgien, Skandinavien und Russland.

»Gemeinsam […] war allen Staaten, die 1848/49 revolutionäre Erschütterungen erlebten, das System der Restauration, die bürokratische Bevormundung der Bürger, die Beschränkung der politischen Mitspracherechte, der Vorrang des Adels, zum Teil, wie in Frankreich, in enger Verbindung mit einer kleinen bürgerlich-plutokratischen Oberschicht. Fast überall war zwar die Untertanenschaft an der staatlichen Willensbildung beteiligt worden, aber nach Geburt, Besitz und Bildung gestaffelt und unter Ausschluss der Bevölkerungsmehrheit. Die Rechte der Repräsentativkörperschaften selbst waren so begrenzt geblieben, dass sich – zumindest in den deutschen Staaten – ein immer stärkerer Dualismus von Volksrepräsentanten und monarchischer Gewalt herausgebildet hatte. […] Mit dem Festhalten am System der Restauration behinderten die Regierungen alle Lösungsstrategien aus der Gesellschaft selbst heraus und zogen damit zunehmend die Kritik aller gesellschaftlichen Gruppen, auch ihrer eigenen Beamtenschaft, auf sich.«[125]

Diesen Problemzusammenhang hatte bereits David Hansemann hervorgehoben: die europäische Krisenkonstellation unter dem politischen Dach der Restauration mit seiner gestauten Mischung aus Bestrebungen nach Liberalisierung, Demokratisierung, Nationalisierung und sozioökonomischen Konflikten. Wie lässt sich hingegen die Klassenanalyse der vorrevolutionären deutschen Gesellschaft aus der Feder von Friedrich Engels konkretisieren?

Die publizistische und die gesellschaftlich reale Wahrnehmung des *Adels*, als privilegiertem und politisch dominierendem Stand

---

125 Hardtwig, Vormärz, S. 173f.

waren in der Zeit des Vormärz nicht unbedingt deckungsgleich. In bürgerlicher Perspektive waren die Privilegien der Aristokratie Ausdruck gesellschaftlicher Missstände und Affront gegen das postulierte Gebot staatsbürgerlicher Gleichheit, mithin beliebte publizistische Angriffspunkte. Die reale gesellschaftliche Lage der verschiedenen Adelsklassen hingegen erwies sich als differenziert und widersprüchlich.[126]

Während die Dynastien des Hochadels kaum Gegenstand der vormärzlichen Diskussion waren, stellte sich die Situation der Standesherren zwischen Fürsten und Staatsbevölkerung wesentlich problematischer dar, wurden sie doch als unmittelbare Steuer- und Dienstleistungsempfänger ihrer bäuerlichen Untertanen zur direkten Angriffsfläche des möglichen Volkszorns. Hof- und Dienstadel waren geradezu kastenmäßig abgeschlossene Eliten und Kerngruppen der *Reaktion,* wie die preußische Kamarilla um Friedrich Wilhelm IV. Die Hauptmasse des Adels stellten die Rittergutsbesitzer in denjenigen Gebieten, wo die Gutsherrschaft Geltung hatte. Sie zählten zu den absoluten Gewinnern der sogenannten *Bauernbefreiung* im Rahmen der preußischen Reformen und kompensierten politische Einbußen durch ökonomischen Gewinn. Die *Feudallasten* wurden durch die Agrarreform aber nicht abgeschafft, sondern *abgelöst* und sicherten dem Kleinadel in den Dörfern durch Zahlungen über Generationen hinweg, sowie durch gute staatliche Kreditchancen ökonomische Potenz und obrigkeitliche Geltung.[127]

Die einigermaßen adäquate schichtenspezifische Differenzierung des deutschen *Bürgertums*[128] in der vorrevolutionären Gesellschaft müsste weniger grobmaschig ausfallen als in Engels' eher

---

126 Vgl. dazu Hans Reif: Westfälischer Adel 1770–1860. Vom Herrschaftsstand zur regionalen Elite, Göttingen 1979.

127 Vgl. Heinz Reif: Der Adel, in: Dipper/Speck, 1848, S. 213–234, hier S. 234.

128 Zur Begriffsdifferenzierung vgl. Friedrich Lenger: Bürgertum, in: ebd., S. 236ff.

plakativer Darstellung.[129] Begriffe wie »Bürger, Bürgerlichkeit und bürgerliche Gesellschaft« auch und gerade im europäischen Vergleich sind Themen, die die historische Forschung seit längerem nachhaltig beschäftigen.[130] Jürgen Kockas Arbeiten haben die Feststellungen von Friedrich Engels über die relative, vor allem zahlenmäßige Schwäche des Wirtschaftsbürgertums als kommerzielle Klasse weitgehend bestätigt.[131] Dennoch war es Teilen dieser zahlenmäßig äußerst schmalen Schicht vor allem in den aufstrebenden Zonen der Frühindustrialisierung und der gewerblichen Konzentration gelungen, wirtschaftliche Potenz mit politischem Einfluss zu verbinden.

Der Textilkaufmann David Hansemann, Teilhaber an der 1837 gegründeten Rheinischen Eisenbahngesellschaft, ist dafür ebenso ein Beispiel wie die rheinisch-westfälischen Fabrikanten, Bankiers und Kaufleute Gustav von Mevissen, Gottfried Ludolff Camphausen, Friedrich Harkort, Herrmann von Beckerath oder der süddeutsche Verleger Friedrich Daniel Bassermann. Ihr politischer Bedeutungszuwachs beruhte auf Beziehungen zur Beamtenschaft der Staatsbürokratie und der konstitutionell gesinnten Adelsopposition. Hier wurden gesellschaftspolitische Leitbilder formuliert, die auf eine Freisetzung aller ökonomischen Energien zielte und die Freiheit der Gewerbe, des Handels, der Niederlassung sowie allgemeine Freizügigkeit zum politischen Programm erhob. Dieses Wirtschaftsbürgertum setzte seine Hoffnungen auf den Wandel der sich modernisierenden fürstlich-monarchischen Staaten zu Verfassungsstaaten und drängte in politische Ämter.

---

129 Am Beispiel der Revolution in Berlin besonders eindrucksvoll über das Wirtschafts- und Bildungsbürgertum und ihre Interessenlagen Rüdiger Hachtmann: Berlin 1848. Eine Politik- und Gesellschaftsgeschichte der Revolution, Bonn 1997, S. 355ff.
130 Vgl. die Einleitung von Jürgen Kocka in dem von ihm herausgegebenen Band: Bürger und Bürgerlichkeit im 19. Jahrhundert, Göttingen 1987, S. 7–20.
131 Jürgen Kocka: Unternehmer in der deutschen Industrialisierung, Göttingen 1975.

Die Reformanstöße zu Beginn des 19. Jahrhunderts hatten das bildungsbürgerliche Gewicht in den Verwaltungen etabliert und gestärkt und der Frühkonstitutionalismus in den landständischen Vertretungen ein prominentes politisches Betätigungsfeld geschaffen. Das hatte seinen Preis; denn die staatsabhängige Stellung der Beamtenschaft hatte hier dafür gesorgt, dass sich kaum eine »Avantgarde im Kampf für eine mobile Leistungsgesellschaft und politische Selbstregulierung« ausbilden konnte.[132] Das monarchisch-bürokratische System wurde selbst zunehmend Gegenstand der öffentlichen Kritik, zumeist von Seiten des südwestdeutschen oppositionellen *Kammerliberalismus*. Das beteiligte Bildungsbürgertum durchlief dabei einen formalen und inhaltlichen Lernprozess im politischen Umgang mit den Regierungen, in Sachen Kompromissbereitschaft und programmatischer Orientierung. Die ungefähr zeitgleich stattfindenden großen Versammlungen im Herbst 1847 in Heppenheim und Offenburg (s. Quellenanhang), auf denen entsprechende Aktionsprogramme verabschiedet wurden, offenbarten jedoch bereits die vorrevolutionären Spannungen eines konstitutionell-liberalen und eines demokratisch-revolutionären Weges der politischen Opposition.

Das Offenburger Programm, das im Gegensatz zu dem der Heppenheimer neben der Presse-, Vereins- und Gewissensfreiheit die gesellschaftliche Verpflichtung zum Schutze der Arbeit und ihrer *Hebung* unterstrich, war maßgeblich beeinflusst von der sogenannten freiberuflichen Intelligenz, welche stärker als das etablierte Beamten- und Wirtschaftsbürgertum »Verbindung und Aktionseinheit mit den Unterschichten, mit Kaufmannschichten, Handwerksgesellen, Bauern und Kleinbürgern« suchte.[133]

Friedrich Engels hatte in seiner Analyse vor allem die Handwerksmeister und Kleinhändler zur Kategorie des *Kleinbürgertums*

132   Hartwig Brandt: Landständische Repräsentation im deutschen Vormärz. Neuwied 1968, S. 38.
133   Siemann, Revolution, S. 29.

gezählt. Diese Zuordnung wird von der historischen Forschung weitgehend bestätigt, wenngleich die zum Teil fließenden Übergänge von sogenannten Handwerker-Arbeitern zur damaligen Arbeiterschaft betont wurden.[134] Diese Klasse erlebte vor allem die vierziger Jahre unter den Bedingungen einer umfassenden Existenzkrise als Bedrohung der ohnehin schmalen Erwerbslage. Selbständige Handwerksmeister sahen sich in die Nähe von Tagelöhnern gerückt, ihre soziale Lage nahm immer bedrückendere Züge an, je stärker der rapide Bevölkerungszuwachs in den Städten ihre Zahl vermehrte.

Die Erfahrungen einer *proletaroiden* Existenz drückten umso mehr auf die Gemüter, als das ausgeprägte Gruppenbewusstsein diese soziale Abstiegstendenz, die seit der Mitte der vierziger Jahre zu eskalieren drohte, als drastische Deklassierung begriff und damit ein beachtliches Protestpotenzial freisetzte. Die Auswirkungen der Gewerbefreiheit, die den Konkurrenzdruck hautnah erfahrbar machte, da der einstige Schutz der Zunftschranken weggefallen war, wurden für die elenden Existenzen unterhalb des gewohnten Status verantwortlich gemacht und bestimmten die politischen Grundeinstellungen eines potentiell degradierten und von Abstiegsängsten geplagten Mittelstandes, sofern sie denn geäußert wurden.[135] Der *Pauperismus* hatte das Handwerk im Vormärz erfasst und zwar komplett; denn den Meistern erging es kaum besser als den Gesellen oder selbst den städtischen Tagelöhnern.

---

134 Helmut Sedatis: Liberalismus und Handwerk in Südwestdeutschland. Wirtschafts- und Gesellschaftskonzeptionen des Liberalismus und die Krise des Handwerks im 19. Jahrhundert, Stuttgart 1979; Wolfgang Schieder: Die Rolle der deutschen Arbeiter in der Revolution von 1848/49, in: Wolfgang Klötzer u.a. (Hg.): Ideen und Strukturen der deutschen Revolution 1848, Frankfurt a.M. 1974, S. 47.
135 Vgl. die entsprechenden Kapitel in Friedrich Lenger: Sozialgeschichte der deutschen Handwerker seit 1800, Frankfurt a.M. 1988, S. 36–87, bes. S. 49ff.

Friedrich Engels hatte die Rückständigkeit und den Opportunismus des deutschen Bürgertums in der vorrevolutionären Gesellschaft gleichermaßen moniert, die den Verlauf der Revolution dann entscheidend beeinflussen sollten. Historiker beschrieben später die komplizierte Lage am Vorabend der Revolution etwa so:

»Beim Ausbruch der Revolution von 1848 befanden sich die gebildeten bürgerlichen Schichten in Deutschland in einer schwierigen, in Preußen in einer doppelt problematischen Lage. Sie blickten zurück auf einen außerordentlichen Bedeutungs- und Ansehensaufstieg; in dessen Verlauf sie ein starkes Selbstwertgefühl entwickelt hatten. Bürgerliches Berufs- und Arbeitsethos hatte sich durchgesetzt und war zum allgemeinen Standard geworden. Besitz und Bildung nahmen weitgehend die Stelle der Geburt als Qualifikationskriterium für politische Partizipation ein. Erziehung und Bildung waren zum wichtigsten Medium für sozialen Aufstieg geworden. [...] Von der zunehmenden ökonomischen Freizügigkeit, sozialen Mobilität und politischen Liberalisierung hatten das gebildete und gewerbliche Bürgertum unstreitig, wenn auch in ungleicher Verteilung, profitiert. Auf der anderen Seite die tagtägliche Erfahrung, dass seine Bewegungsfreiheit, sein sozialer Aufstieg vielfältig behindert blieben – einerseits durch die relative Verspätung der Industrialisierung, andererseits durch die auch in den konstitutionellen deutschen Staaten eng begrenzt bleibenden Möglichkeiten politischer Mitwirkung. Der Adel nützte seine behaupteten Startvorteile bei der Konkurrenz mit den Bildungsbürgern um öffentliche Ämter; das meinungsführende Bildungsbürgertum war gespalten: hier diejenigen, die durch ihren Beruf gleichsam Repräsentanten des politischen Systems waren, auch wenn sie seine tatsächlichen Zustände kritisierten und es weiterentwickeln wollten; dort die Opposition, die das System in seinen Grundlagen kritisierte. Das Vertrauen auf die Macht der Vernunft und des Rechts, auf notwendig sich einstellenden ökonomischen Fortschritt, sozialen Ausgleich, verfassungspolitischen Wandel fand sich auf harte Proben gestellt und in zunehmendem Maße enttäuscht, dazu von der Sorge vor irrationalem Massendruck und revolutionärem Umsturz bedrängt.«[136]

Man sollte anmerken, dass weniger der *Massendruck* selbst *irrational* war, als die diversen Ängste des irritierten Bürgertums vor der bloßen Existenz eines unberechenbaren *Pöbels*, der zum *Proletariat* geworden war.[137] Die politisch schwer kalkulierbaren Unterschichten, Bettler, Kranke, Arbeitsunfähige, Vaganten und ehemalige Leibeigene, dazu die im vorindustriellen Sinne *handarbeitenden Klassen* ohne landwirtschaftliche oder gewerbliche Existenzgrundlage – sie alle bildeten die große Menge der eigentlich Betroffenen der vormärzlichen Massenarmut, der Hungerkatastrophen und des *Pauperismus*. Heute würde man sie vermutlich als *Modernisierungsverlierer* bezeichnen.

In den sozialen Nöten der Gemengelage aus lohnabhängig arbeitenden Handwerksgesellen, Lohn- und Heimgewerbetreibenden, der zahlenmäßig vorerst noch geringen, qualifizierten Fabrikarbeiter, der Tagelöhner oder Gelegenheitsarbeiter, des ländlichen und städtischen Gesindes lag jener Zündstoff: der Grund für sozialen Unmut und das Protestpotenzial der vierziger Jahre des 19. Jahrhunderts. Die Sorgen der Menschen und ihr Kampf ums Überleben wurden vom Bürgertum der Städte zur *sozialen Frage* erhoben, die in eine krampfhafte Suche nach Antworten und Lösungen mündete, um einer vermeintlich drohenden *Anarchie* entgegenzuwirken.

Zählten die von Proletarisierung bedrohten Handwerksgesellen zu den am stärksten politisierten Schichten, so litten vor allem die Heimgewerbetreibenden der Textil- und Kleineisenindustrie, wie etwa im Bergischen Land, unter der schleichenden vor-

---

136 Rudolf Vierhaus: Der Aufstieg des Bürgertums vom späten 18. Jahrhundert bis 1848/49, in: Kocka, Bürger, S. 75f.

137 Vgl. den berühmten Aufsatz von Werner Conze: Vom »Pöbel« zum »Proletariat«. Sozialgeschichtliche Voraussetzungen für den Sozialismus in Deutschland, in: Vierteljahrsschrift für Sozial- und Wirtschaftsgeschichte 41 (1954), S. 332–364.

industriellen Krise des Heimgewerbes, die sich in einem für den Vormärz typischen Zusammenhang niederschlug: das rapide Bevölkerungswachstum initiierte einen Arbeitskräfteüberschuss, der die Entwertung des Arbeitsplatzes und letztlich Arbeitslosigkeit nach sich zog. Das hatte zur Konsequenz und wundert wenig, dass die sogenannten *proletaroiden* kleinen Handwerksmeister zu den wichtigsten sozialen Trägerschichten der Arbeiterbewegung in der Revolution und danach gezählt werden.[138] Die Verleger-Unternehmer vor allem forderten jetzt für dasselbe Entgelt mehr und längere, weil niedriger entlohnte Arbeit als zuvor. Mehr Hände mussten arbeiten, Kinder eingeschlossen.[139] Ähnlich war die Lage der zumeist landflüchtigen Gelegenheitsarbeiter, die sich vorwiegend in Bürger- oder Gemeindediensten sowie als Straßen- und Eisenbahnarbeiter verdingten.

Die Masse der deutschen Bevölkerung aber lebte und arbeitete in der ersten Hälfte des 19. Jahrhunderts noch auf dem Land. Dennoch ist es kaum möglich, von *den* Bauern zu sprechen: zu unterschiedlich wirkten landschaftliche und rechtliche Besonderheiten, zu kompliziert erwiesen sich die Auswirkungen der sogenannten Bauernbefreiung. Der Historiker Wolfram Siemann stellt bei der Unterscheidung von Ruhe- und Konfliktzonen im Verlauf der 48er Revolution generalisierend fest: »Je besser das Besitzrecht, je größer der Betrieb, je weiter die Grundentlastung – die Entfeudalisierung ausgebildet waren, desto weniger Konfliktpotential konnte sich ansammeln. Überall, wo neben dem Landesherren noch grund- oder standesherrliche Zwischengewalten Dienste und Abgaben einforderten, war mit Agrarrevolten zu rechnen.«[140]

---

138 Vgl. Thomas Welskopp: Das Banner der Brüderlichkeit. Die deutsche Sozialdemokratie vom Vormärz bis zum Sozialistengesetz, Bonn 2000, S. 151f.

139 Programmatisch zur Unterschichten-Forschung vor allem Hans Mommsen und Winfried Schulze (Hg.): Vom Elend der Handarbeit. Probleme historischer Unterschichtenforschung, Stuttgart 1981.

140 Siemann, Revolution, S. 32.

Kinder im Winter 1837, Ölgemälde von Johann Peter Hasenclever

Sozialen Druck übte auf dem Lande vor allem der Bevölkerungs-
überschuss aus, mit dem die landwirtschaftliche Produktivität in
vielen Gegenden nicht Schritt hielt. Wiederholte Erntekrisen
gingen zunehmend an die Substanz bäuerlicher Familien, deren Söhne und Töchter allmählich eine *industrielle Reservearmee*
(Karl Marx) stellten, für die es allerdings noch keine Industrie gab.
Die Flucht vom Land in die Stadt war ein Schritt ins Ungewisse.
Das Krisenpotential sammelte sich vorwiegend in den struktur-

schwachen Gebieten des Südwestens und in Mitteldeutschland, wo durch die *Realteilung* eine hohe Zahl von Kleinstellenbesitzern auf besonders labiler Existenzgrundlage wirtschaftete oder in solchen Gebieten, wo feudale Relikte wie Abgaben aus Zehnten und grundherrlichen Bodenrechten fortbestanden, wie in Bayern und Österreich.[141]

Diese gesellschaftliche Konfliktkonstellation fiel zwischen 1845 und 1848 zusammen mit zwei gravierenden Wirtschafskrisen, die als Krisen alten und neuen Typs bezeichnet wurden.[142] Die vorindustrielle Erntekrise 1845/46, zugleich die letzte ihrer Art, ließ die Not vom Agrar- auf den Gewerbesektor übergreifen: Lebensmittelpreise steigen und Reallöhne sinken. Diese Entwicklung wurde noch verschärft durch eine 1847 von England ausgehende zyklische Wirtschaftskrise, bereits in Form einer modernen industriewirtschaftlichen Depression, die für viele überraschend dem Aufschwung der Jahre 1845/46 gefolgt war. »In gewisser Weise handelte es sich in den Jahren 1846 bis 1848 um drei Ebenen wirtschaftlicher und sozialer Krise, die zwar deutlich voneinander unterscheidbar, jedoch vielfältig miteinander verknüpft waren und sich gegenseitig verschärften: (1.) um eine Agrarkrise, die mit der guten Ernte von 1847 überwunden war, (2.) um eine erste konjunkturelle, frühindustrielle Wirtschaftskrise, die um die Jahreswende 1847/48 einsetzte, nach der Märzrevolution an Tempo gewann und im Sommer 1848 ihren Tiefpunkt erreichte, sowie (3.) um eine strukturelle Krise, die Geburtswehen des sich herausbildenden Industriekapitalismus, die weite Teile des Handwerks in Mitleidenschaft zogen.«[143]

---

141   Vgl. besonders Christoph Dipper: Die Bauernbefreiung in Deutschland 1790–1850, Stuttgart 1980, S. 50ff.

142   Jürgen Bergmann: Ökonomische Voraussetzung der Revolution von 1848. Zur Krise von 1845 bis 1848 in Deutschland, in: Geschichte und Gesellschaft, Sonderheft 2 (1976), S. 254–287.

143   Hachtmann, Berlin 1848, S. 85.

Im Kontext dieser komplexen Krisenlage aber wurde die Hungers- und Teuerungsnot in Folge der Missernten von 1845/46 entscheidend für die Aufruhr-Bewegung im Deutschland dieser Jahre. Der Historiker Manfred Gailus hat im Zusammenhang der von ihm wesentlich mitgeprägten Protestforschung für die Hälfte des Jahres 1847 102 Protestfälle, das heißt vor allem Lebensmittelunruhen und sogenannte *Hungerkrawalle*, ermittelt. Ihre Zentren lagen in Oberschlesien, Pommern, Ost- und Westpreußen sowie in Sachsen und in Württemberg.[144] Die Ereignisse dieser Jahre wurden zutreffend als *Subsistenzkrisen* bezeichnet. Und die damit verbundenen Krisenerfahrungen, die sich in weiteren Protestbewegungen niederschlugen, hielten offensichtlich noch an, als sich im Sommer 1847 die Versorgungslage dann entspannte: die Ernte war gut, die Getreidepreise fielen. Damit war eine saisonale Erleichterung geschaffen, die eine Erholungs- und Verarbeitungsphase von neun Monaten gestattete, die aber »die anhaltend prekären Lebensverhältnisse einer gesellschaftlichen Transformationskrise« kaum verdecken konnte und gleichsam die Ruhe vor dem Sturm einer »Neuauflage massenhafter Rebellion der unter Volksschichten gegen die Versagung der elementarsten Existenzbedingungen, gegen die Gefährdung und Vernichtung ihrer traditionellen, agrarisch-ländlichen und städtisch handwerklichen Lebensformen – allerdings jetzt umfassender und politisch-gesellschaftlich tiefergehend als Bestandteil und Triebkraft einer gesamtgesellschaftlich wirkenden revolutionären Erschütterung des Ancien Regimes« bildete.[145]

Wir wissen inzwischen bestens Bescheid über den sozialen Protest im Vormärz und die regionale und lokale Tradition kollektiver Gewalt, kennen ihre Impulse, Verlaufsformen und sozia-

---

144 Manfred Gailus: Soziale Protestbewegungen in Deutschland 1847–1849, in: Volkmann/Bergmann, Sozialer Protest, S. 76ff.
145 Ebd., S. 87.

len Träger.[146] Wir wissen zu unterscheiden zwischen unterschiedlich motivierten, offen oder eher stumm geäußerten Formen der Selbstbehauptung, die man als Ausformungen eines *aufrechten Ganges* breiter Bevölkerungsschichten auf dem Weg in die *Moderne* sehen kann.[147]

Der gewaltsame, aber als legitim verstandene Protest der Unterschichten im Vormärz hatte sein bürgerliches Pendant in den Formen legaler und halblegaler Interessenvertretung und Organisation in den Ständekammern, Wahlkämpfen, Vereinsbildungen und Pressentwicklungen. Viele dieser Bestrebungen fielen anfangs noch den staatlichen Repressionssystemen (Karlsbader Beschlüsse 1819, Bundesbeschlüsse von 1832) oder der vormärzlichen Geheimpolizei zum Opfer.[148] Jedoch hatte die Repressionspolitik nicht nur lähmende Effekte, sondern wirkte zugleich auch radikalisierend auf die Opposition: indirekt trug die staatliche Geheimjustiz nämlich dazu bei, dass eher gemäßigt liberale Menschen, die der *Demagogie* bezichtigt wurden, im Exil oder Kerker zu Demokraten mutierten.

Auch das sich verstärkt ausbildende Vereinswesen im Vormärz bewegte sich häufig zwischen Duldung und Verbot, umging zum Teil geschickt das Parteienverbot und erlaubte den hier tagenden örtlichen Honoratioren praktische Schulung in Sachen Organisation durch die verschiedenen Prozeduren eines Vereinsalltags. Dies sicherte der bürgerlichen Gesellschaft einen erheblichen Erfahrungsvorsprung und prädestinierte sie geradezu für die Initiativen in den Märztagen 1848. Für die im vorigen Kapitel erzählten

---

146   Vgl. Heinrich Volkmann: Die Krise von 1830. Form, Ursache und Funktion des sozialen Protests im deutschen Vormärz, Habilitationsschrift FU Berlin 1975; Ders.: Kategorien des sozialen Protests im Vormärz, in: Geschichte und Gesellschaft 3 (1977), S. 164–189 sowie Ders.: Protestträger und Protestformen in den Unruhen 1830–1832, in: Volkmann/Bergmann, Sozialer Protest, S. 56–75.
147   Vgl. Wirtz: Widersetzlichkeiten, Excesse, Crawalle, S. 246.
148   Vgl. etwa Wolfram Siemann: »Deutschlands Ruhe, Sicherheit und Ordnung«. Die Anfänge der politischen Polizei 1806–1866, Tübingen 1985.

Elberfelder Ereignisse ist es von besonderer Bedeutung, dass die Stadt auf eine lange Tradition des Vereinslebens zurückblicken konnte, in der das örtliche Bürgertum dominierte.[149] Die historische Forschung hat die Bedeutung dieser *vor- oder kryptopolitischen Vereine*[150] für die Entwicklung jener politischen und ideologischen Superstruktur hervorgehoben, die im März 1848, angestoßen durch den Impuls der Februar-Revolution in Paris, mit einem aufgestauten Konfliktpotenzial zusammenwirkte.

Die Märzrevolution als Basisbewegung

Ausgelöst durch das Fanal der Revolution in Paris kam es in den März- und Apriltagen 1848 in Deutschland zu einer »Kette revolutionärer Ereignisse, die dann ihrerseits – unabhängig vom französischen Vorbild – eine Eigendynamik entwickelten. Das heißt, sie verliefen wie nach Plan, ohne dass es einen solchen gegeben hätte.«[151] Fünf Ebenen der Handlung lassen sich dabei unterscheiden, auf denen sich die Frühphase der Revolution vollzog, deren dichte Aufeinanderfolge von spontanen Ereignissen etliche Überraschungsmomente in sich trug und die Regierungen durch die Geschlossenheit der Aktionen und die Gleichartigkeit der Forderungen geradezu bestürzte. Es waren die Erfahrungen dieser komplexen Dynamik, welche die Obrigkeit zu frühem Nachgeben bewegten, denn die Ereignisse auf den verschiedenen Ebenen vollzogen sich in wechselseitiger Abhängigkeit und brachten Men-

---

149 Zwischen 1775 und 1848 konnten für Elberfeld rund 90 verschiedene Vereine mit unterschiedlicher Zielsetzung nachgewiesen werden. Vgl. Eberhard Illner: Bürgerliche Organisierung in Elberfeld 1775–1850, Neustadt/Aisch 1982, S. 203. Als gelungener regionaler Gesamtüberblick Sigrid Lekebusch: Das Vereinswesen im Bergischen Land im 19. Jahrhundert, in: Gorißen/Sassin/Wesoly, Geschichte des Bergischen Landes, S. 397–425.
150 Siemann, Revolution, S. 41.
151 Ebd., S. 58.

schen in Bewegung, »die sich unter alltäglichen Verhältnissen nie zu gemeinsamem politischen Handeln zusammengeschlossen hätten.« Dies alles verlief auf den Handlungsebenen der spontanen Volksbewegungen, der außerparlamentarischen politischen und publizistischen Öffentlichkeit, der *institutionalisierten Revolution* in den Landtagen der Einzelstaaten und der Nationalversammlung in Frankfurt; der neuen Märzministerien und Stadtmagistrate sowie der alten obrigkeitsstaatlichen Gewalt, der Bürokratie, des Militärs und der Diplomatie.

Im Folgenden geht es zunächst um die beiden ersten Handlungsebenen der Revolution, die man als die *Basisrevolution* in ihrer Frühphase bezeichnen könnte. Diese beiden Ebenen sollen dann im anschließenden Kapitel gleichsam durch den Revolutionsalltag weiterverfolgt werden. An dieser Stelle interessieren zunächst die Strukturen der Märzrebellion und ihre zentralen Forderungen. Wie verlief der Protest in der Frühphase der Revolution? Auf der Grundlage einer Betrachtung von ca. 480 verschiedenen *Aktionen* im Zeitraum vom 1. März 1848 bis zum 30. April lässt sich das Bild der Protestintensität ermitteln. Dabei kann man für die Zeit zwischen dem 8. und 12. März einen deutlichen Anstieg nachweisen, der auf das Konto südwestdeutscher Bauernaktionen ging, bevor die Protestkurve bis zum 18. März dann relativ verflachte, um mit den großen Straßenkämpfen in Berlin und ihrer ausstrahlenden Wirkung wieder anzusteigen.

Anfang April – die Regierungen hatten auf die Volksversammlungen, Resolutionen und spontanen Aktionen reagiert – bricht das Protestniveau spürbar ein, zumal durch Wahlvorbereitungen und Durchführungen, politische Delegierung von Kandidaten für die repräsentativen Organe, sowie durch intensive Club- und Vereinsbildungen ein großer Teil des Protestpotentials aufgesogen wurde. Die Entwicklung des Revolutionsprofils in der Frühphase lässt sich etwa so darstellen:

Protestverteilung 1847 und 1848[152]

1.3.–30.6.1847

Strukturgruppe	Zahl	Fälle in %
Blockade	11	10,8
Markttumulte	34	33,3
»Angriffe auf das Eigentum«	37	36,3
Arbeitskonflikte	6	5,9
»Politische Aktionen«	9	8,8
Verschiedene	5	4,9
insgesamt	102	100

1.3.–30.4.1848

Strukturgruppe	Zahl	Fälle in %
Bauernaktionen	85	17,4
Aktionen ländlicher Unterschichten	88	18,0
Aktionen städtischer Unterschichten	94	19,2
militanter Handwerkerantikapitalismus	6	1,2
Arbeitskonflikte	49	10,0
Politische Aktionen	150	30,7
Verschiedene	17	3,5
insgesamt	489	100

Aus dieser Übersicht geht als symptomatischer Unterschied zwischen den sozialen Protestbewegungen des Jahres 1847 und der Frühjahrsmonate des Jahres 1848 die eindeutige Politisierung der Unterschichtenaktionen des Vorjahres hervor.

Schwerpunkte der *Bauernbewegung* lagen in den ersten Märztagen in Baden, Württemberg, aber auch in Bayern und Hessen, insgesamt also in solchen Gebieten, in denen die Agrarreform ent-

---

152   Gailus, Soziale Protestbewegungen, S. 89.

weder unvollständig oder überhaupt nicht durchgeführt worden waren. Die Bauern forderten dort die endgültige Aufhebung der Feudallasten. Die Kulminationspunkte ihrer Aktionen waren die Rentämter und nächstgelegenen Herrensitze, denen sie zum Teil militant gegenübertraten, wenn ihre Forderungen nicht unmittelbar erfüllt wurden. Die dann folgende Eskalation der Gewalt konnte zur Demolierung der Symbole der Feudalherrschaft, zur Beschlagnahme von Rent- und Grundbüchern und zur direkten Gewaltaktion gegen Personen führen.

Weniger deutlich als im Südwesten verlief die Konfliktlinie im Norden und Osten Deutschlands, wo die kapitalistische Modernisierung der Agrarproduktion dazu geführt hatte, dass sich Grundbesitzer und ländliche Unterschichten mit durchweg antikapitalistischen Forderungen frontal gegenüberstanden. *Excesse gegen das Eigentum* wurden hier eher selten (wie im Südwesten) von ganzen Dorfgemeinschaften getragen, wie ein Bericht aus Schlesien zeigt:[153] *»Fast in allen Dörfern haben die Wirthe [Bauern] folgende Forderungen gestellt: Aufhebung der Grundsteuer, der Robot, der Laudemien, Abschaffung der Zinsen jeglicher Art, als; Eierzins, Hühnerzins, Wächterzins etc., ferner Revision der Prozesse, welche zwischen ihnen und den Grundherrschaften geführt sind, Restitution mehrerer Rechte, die ihnen im Laufe der Zeit entzogen sind, als: das Hütungsrecht, das Jagd- und Fischereirecht, das Recht zur Entnahme ihres Holzbedarfs aus den herrschaftlichen Waldungen u.a.m. [...] Die meisten Grundherrschaften haben durch die drohende Haltung, in der ihnen diese Forderungen vorgetragen wurden, erschreckt, den Bauerwirthen in allen Punkten nachgegeben [...] In allen den Dorfschaften, wo die Herrschaften diese von der Klugheit für den Augenblick gebotenen Zusagen gemacht hatten, beruhigte sich auch alsobald die Bauernschaft und legte dann große Thätigkeit in der Aufrechterhaltung der Ordnung und*

---

153 Breslauer Zeitung vom 31.3.1848, zit. nach: Gailus, Soziale Protestbewegungen, S. 91.

Verhütung von Excessen an den Tag [...] An allen Excessen [...] haben die Wirthe kein Anteil genommen, sie haben sie aber auch nicht verhindert.«

Den ländlichen Unterschichten ging es in ihren Aktionen um ihre Interessen auf eine unmittelbare Verbesserung der materiellen Lage. Eine weitere historische Quelle legt den Schluss nahe, dass die Bedrohung ihrer Existenz vor allem auf die Durchsetzung des bürgerlichen Eigentums und weniger auf feudale Relikte zurückgeführt wurde: »*In den früheren Jahren hatten wir armen Leute ein Recht auf Stock, Sprock und Streu sowohl in den königlichen als jetzigen Privat-Forsten. Wir konnten auf diesen Genuß eine Kuh halten und hinlänglich Düngung für ein Stück Feld zum Kartoffelanbau gewinnen. Bei einem solchen Zustande befanden wir uns wohl und konnten uns ohne weiter Hülfe gut nähren; bei angestrengtem Fleiß und Mäßigkeit selbst einen gewissen Wohlstand erzielen. Im Laufe der Zeit der Macht – und Ratlosigkeit von unserer Seite, der Habsucht und Hartherzigkeit auf Seiten der größeren Zahl der Reichen, wurden uns diese Rechte, wogegen anzukämpfen uns nicht die Mittel unserer Gegner zu Gebote standen, vor und nach gekürzt – genommen und wir in die gränzenloseste Armuth versetzt. Die reichen Waldbesitzer ließen den Wald rotten, der Wald verschwand, unser Vieh musste verhungern, unser Feuerherd verlöschen, unser Feld veröden! Von Entschädigung war nirgends die Rede.«*[154]

Allerdings fehlte es an wesentlichen Voraussetzungen, »um die öffentlichen Räume im Dorf zur Bühne politischer Massenaktionen zu machen; von der Bevölkerungsdichte über die entsprechenden Örtlichkeiten bis hin zur Präsenz von Staatsorganen.«[155] Damit traten Inszenierungen und Demonstrationen weitgehend zurück hinter die Motive der direkten Aktion und der Selbsthilfe. Biswei-

---

154 Düsseldorfer Kreisblatt vom 13.4.1848, zit. nach: ebd., S. 92.
155 Gailus, Die Straße, S. 160.

len kam es zur direkten Konfrontation mit dem jeweiligen Gegner, zum *kurzen Prozess.*

Aus ähnlichen Motiven der Existenzsicherung rebellierten auch die *Unterschichten in den Mittel- und Kleinstädten,* die alle, ohne dass besondere Schwerpunkte erkennbar wären, ihre mehr oder weniger spektakulären *Tumulte* zu verzeichnen hatten. Angriffsziele waren dabei zumeist die Läden der Versorgungsgewerbe, reiche Kaufleute oder die Leih- und Pfandhäuser. Mit den Übergriffen auf das Privateigentum der Reichen gingen zugleich durchaus politische Missfallenskundgebungen einher.

Auffällig an der oben zitierten Übersicht ist die relativ geringe Zahl der sogenannten Arbeitskonflikte, wie etwa die Solinger Ereignisse zu Anfang. Hatten gerade die kleinen *Handwerksmeister* im Vormärz über die ruinösen Auswirkungen der Gewerbefreihit in der Öffentlichkeit geklagt und breite Resonanz gefunden, so bevorzugten sie dennoch weniger die direkte Aktion als vielmehr alsbald legale Formen der politischen Artikulation.[156] Die Lohnkonflikte, welche frühen gewerkschaftlichen Tarifkämpfen gleichkamen, wurden dagegen vornehmlich von *Handwerksgesellen* getragen, die dabei durchaus an traditionelle Organisationsformen anknüpfen konnten.

Demgegenüber traten die *Fabrikarbeiter* eher vereinzelt in Aktion. Diese fanden auch in den Werkstätten und Manufakturen statt und trafen dort nicht selten auf die Konzessionsbereitschaft der Arbeitgeber, die sich deeskalierend auf kurzfristige Lohnerhöhungen und Arbeitszeitverkürzungen einließen. Fabrikzerstörungen wie in Solingen stellten in Deutschland keine Einzelfälle dar, sondern waren insbesondere in Sachsen und Preußen durchaus verbreitet. Stets war es den Aktivisten dabei gelungen eine massenhafte Beteiligung zu mobilisieren. Die historische Forschung

---

156 Heinrich Best: Interessenpolitik und nationale Integration 1848/49, Göttingen 1980, S. 125ff.

beschreibt sie als »Konflikt zwischen traditionellen und modernen Produktionsformen«.[157]

Welchen Grad der Politisierung konnten die sozialen Protestbewegungen im März und April 1848 erreichen? Kann man die Vermittlung der Subsistenzproblematik in den öffentlichen Raum, den Druck auf Repräsentanten des politischen Systems sowohl im kommunalen als auch im gesamtgesellschaftlichen Rahmen als *politisch* werten? Ob diese Begriffsbestimmung trägt und die Politisierung des Geschehens in der 1848er Bewegung als genereller Trend zu bewerten ist, oder ob es eher eine übertreibende *Verlegenheitskategorie* darstellt, wird im Folgenden noch zu erörtern sein.

Eine Form des Protestes der »einfachen Leute« war in den Märztagen zum Auftakt der Revolution die massenhafte Beteiligung an Volksversammlungen und Massendemonstrationen auf der Grundlage der verbreiteten Märzforderungen. Kennzeichnend für diese »kultivierte, modernisierte Politikform« sei es gewesen, dass »die Volksmassen weniger als autonome, unmittelbare, selbsthandelnde Subjekte« auftraten, sondern »eher die Massenbasis, den ›Schlagarm‹ des demokratisch-republikanischen Lagers bildeten.«[158]

Die Forschung über die Trägerschichten der Märzbewegung ist in den letzten Jahren durch zahlreiche, auch regional und lokale Fallstudien weiter konkretisiert worden. Dabei sind Beschreibungen der älteren Forschung häufig bestätigt und lokal differenziert ergänzt worden. Ruth Hoppe und Jürgen Kuczynski veröffentlichten schon 1964 eine solche Analyse der Sozialstruktur der Berliner Märzgefallenen.[159] Sie ermittelten die Berufsangaben von

---

157   Hermann-Josef Rupieper: Die Sozialstruktur der Trägerschichten der Revolution von 1848/49 am Beispiel Sachsen, in: Hartmut Kaelble u.a. (Hg.): Probleme der Modernisierung in Deutschland, Opladen 1978, S. 99f.
158   Gailus, Soziale Protestbewegungen, S. 97.
159   Ruth Hoppe / Jürgen Kuczynski: Eine Berufs- bzw. auch Klassen- und Schichtenanalyse der Märzgefallenen 1848 in Berlin, in: Jahrbuch für Wirtschaftsgeschichte (1964), Teil IV, S. 204.

270 bekannten Opfern der Barrikadenkämpfe und kamen danach
zu folgender Statistik:

Berufsangaben

	Zahl	in %
Arbeitsleute und Proletarier	52	19,3
Lehrlinge	13	4,8
Gesellen	115	42,8
Meister	29	10,8
sog. gebildete Stände	15	5,6
kleinbourgeoisie Berufe	34	12,6
berufslose Frauen	7	2,6
berufslose Knaben	4	1,5
insgesamt	*269*	*100*

Die beiden Historiker bestätigten damit die Feststellungen von
Veit Valentin in seiner klassischen Gesamtdarstellung der Revolution aus den 1920er Jahren vom überwiegenden Anteil der Hand-
werkerschaft an den bewaffneten Auseinandersetzungen zu Berlin,
die inzwischen durch die umfangreichen Arbeiten von Rüdiger
Hachtmann zum Thema als bestens erforscht gelten können.[160]
Danach war die Revolution »zu mindestens neunzig Prozent« Sache der unterbürgerlichen Schichten[161], für die sie kämpften und
starben. Von der sozialen Trägerschicht her war sie also gewissermaßen eine proletarische Revolution.

---

160 Grundlegend zur Revolution in der Preußischen Metropole Hachtmann,
Berlin 1848.
161 Ebd., S. 178.

Sozialstruktur der Berliner Märzkämpfer (im März gefallene, verletzte und gefangene Barrikadenkämpfer in %)[162]

	Alle Märzkämpfer	Gefallene	Verletzte	Gefangene	Sozialstruktur d.Berliner Bevölkerung 1846	Grad der Über- oder Unterrepräsentation(c)
Absolute Zahlen	872	277	58	536		
fehlende Werte	11	–	–	11		
Bürgertum	**3,3**	**3,0**	**4,0**	**3,7**	**4,1**	**70,6**
Wirtschaftsbürgertum	–	–	–	–	–	–
höhere Staats- und Kommunalbeamte	–	–	–	–	–	–
‚Bildungsbürgertum'	0,7	0,7	0,7	0,6	1,3	56,0
reiche Rentiers und Pensionäre (d)	0,2	0,4	–	0,2	0,7	28,2
Studenten u.a. in Ausbildg.f.bürg.Beruf	2,1	1,5	2,0	2,5	1,0	218,8
Journalisten, Literaten etc.	0,4	0,4	1,3	0,4	0,9	46,5
Mittelschichten	**9,4**	**5,3**	**4,0**	**11,7**	**15,1**	**64,9**
wohlhabende Handwerksmeister (e)	1,0	0,3	2,0	1,5	6,7	14,9
mittlere und untere Beamte	4,1	3,2	–	4,4	2,0	204,0
kleine Kaufleute	3,3	0,7	2,0	4,8	1,5	226,0
Verkehrsgewerbe und Gastwirte	0,8	0,7	–	0,9	1,2	66,7
übrige Rentiers und Pensionäre	0,1	0,4	–	–	2,9	3,5

---

162 Ebd., S. 179.

Landwirte						
Unterschichten	**85,5**	**86,4**	**92,0**	**84,4**	**80,8**	**105,8**
proletaroide Selbstständige	7,5	8,1	2,0	8,3	10,8	69,6
proletaroide Handwerksmeister	6,9	7,0	2,0	7,8	9,7	71,2
Victualienhändler, Hausierer usw.	0,6	1,1	-	0,5	1,1	55,6
Proletariat, qualifizierte Arbeitskräfte	**62,4**	**63,1**	**62,0**	**62,1**	**37,8**	**165,1**
qualifizierte (Fabrik-)Arbeiter	8,1	13,6	4,0	7,0	10,4	77,6
Handwerksgesellen	46,4	41,6	56,0	46,6	21,3	243,2
Lehrlinge	4,5	4,6	2,0	4,6		
Handlungsdiener u.a. lohnabhäng. Dienstl.	3,4	3,3	-	3,5	6,0	56,5
Proletariat, unqualifizierte Arbeitskräfte	**15,6**	**15,2**	**28,0**	**14,0**	**26,9**	**58,1**
unqualifizierte männliche Arbeiter	11,3	11,6	22,0	9,9	5,5	210,8
männliches Dienstpersonal	3,8	2,2	6,0	4,1 (e)	7,2	52,9
unqual. Arbeiterinnen u. weibl. Dienstpers.	0,5	1,4	-	-	14,2	3,5
Subproliatariat (f)	-	-	-	-	5,3	-
Übrige	**1,8**	**5,3**	**-**	**0,2**	**-**	**-**
Ehefrauen	0,9	2,6	-	-	-	-
zu jung, um berufstätig sein zu können	0,5	1,4	-	-	-	-
Insgesamt	**100,0**	**100,0**	**100,0**	**100,0**	**100,0**	**100,0**

(a) Kategorisierung entsprechend Tabelle 1.
(b) Einschließlich der namentlich bekannten, am 15. und 16. März 1848 gefallenen Berliner.
(c) Alle Märzkämpfer: Prozentsatz der Märzkämpfer dividiert durch Prozentsatz / Anteil Gesamtberliner Bevölkerung multipliziert mit 100. Überrepräsentiert: größer als 100,0; unterrepräsentiert: kleiner als 100,0.

(d) Inklusive Gutsbesitzer.

(e) Bei der Berufszählung wurde nicht nach Geschlecht differenziert, nach allgemeinen Angaben lag der Anteil des weiblichen Dienstpersonals etwa höher als der des männlichen (Schätzung hier: 60:40).

(f) Eine Reihe der nicht bekannten Toten dürfte dieser Schicht angehört haben.

Quelle: Adalbert Roerdansz, Gefangene Berliner auf dem Transport nach Spandau am Morgen des 19. März 1848, Berlin o.J. (1884), S. 199-227; Jürgen Kuczynski u. Ruth Hoppe; Eine Berufs- bzw. auch Klassen- und Schichtenanalyse der Märzgefallenen 1884 in Berlin, in: Jahrbuch für Geschichte 1964/IV, S.214-272, Stadtarchiv Berlin, Rep.01, Nr. 2441; Nr. 948; verstreute Zeitungsangaben.)

Zinna und Glaswald auf der Barrikade (in Berlin),
Federlithografie von Theodor Hosemann, 1849

Eine Fallstudie über den Aprilaufstand in Konstanz auf der Grundlage von Fahndungslisten und Amnestieakten ergibt für die Region ein ähnliches, wenn auch schwächer ausdifferenziertes Bild:

Verteilung der Beteiligten nach ihrer Stellung im Beruf[163]

	Zahl	in %
Beamte[a]		
Höhere	–	
mittlere	–	
untere	5	4,2
Selbständige[b]	18	15,0
Meister	27	22,5
Gesellen	26	21,7
Handwerker[c]	16	13,3
Gehilfen	3	2,5
Arbeiter und Tagelöhner	7	5,8
Auszubildende[d]	12	10,0
keine Angabe	6	5,0
insgesamt	120	100

a: höhere Beamte = Hochschullehrer, Gerichtsdirektoren, Justizräte und Assessoren; mittlere Beamte = Gymnasiallehrer, Stadträte, Pfarrer; untere Beamte = Volksschullehrer, Stadtschreiber, Postsekretäre und Ratsdiener
b: Fabrikanten, Kaufleute, Handelsmänner und freie Berufe
c: alle handwerklichen Berufe ohne den Zusatz »Meister«, »Geselle« oder »Lehrling«; in der Mehrzahl dürfte es sich jedoch um Gesellen gehandelt haben
d: Schüler, Studenten, Akademisten, Praktikanten

---

163 Reinhold Reith: Der Aprilaufstand von 1848 in Konstanz, Sigmaringen 1982, S. 24.

Die Konstanz-Studie konnte ermitteln, dass es sich bei den dortigen Aufständischen in der Mehrzahl um Handwerker (Schuhmacher, Schneider, Schreiner) aus der heimischen Umgebung handelte, während die *bürgerliche Fraktion* der freien Berufe und Kaufleute hier wesentlich schwächer vertreten war.

Damit wären die Konstanzer April-Ereignisse als eine Revolte der Schuster und Schneider gegen die handwerkliche Existenzgefährdung, gleichsam als eine Form *plebejischen Aufruhrs* interpretierbar.

Andere Historiker, andere Sichtweisen. Manche betonten, dass angesichts der realen Fortschritte, die das Leben der kleinen Leute in der ersten Hälfte des 19. Jahrhunderts erfahren hätte, die Vorstellung von einer Häufung von Missständen als Revolutionsauslöser tatsächlich aufzugeben sei. In dieser Perspektive sei die Revolution »keinesfalls eine soziale, sondern eine politische Bewegung gewesen.«[164] Unterstützung erfuhr diese Sicht der Dinge durch die Ergebnisse zur Erforschung der historischen Entwicklung von Lebensstandards, die auf der Ebene global aggregierter Daten langfristig wirkende Trends der Verbesserung herausstellten.[165] Warum sollten Menschen rebellieren, denen es materiell besser ging?

Die empirische, häufig an lokalen und regionalen Fallstudien orientierte Protestforschung hat demgegenüber den überwiegend plebejischen Charakter der März- als Basisbewegung in der Revolution weiter entfaltet, ohne dabei einseitig einen flachen Kausalzusammenhang von ökonomischem Verelendungsprozess und sozialem Protest zu konstruieren. Die widersprüchlichen Ergebnisse von Motivanalysen zielen insgesamt auf die historisch schwer zu ermittelnden Erfahrungsdimensionen der Akteure, die handlungsrelevant wurden und im Prozess der Transformation

---

164   Vgl. Stadelmann, Revolution, S. 28.
165   Karl Heinrich Kaufhold: Grundzüge des handwerklichen Lebensstandards in Deutschland im 19. Jahrhundert, in: Werner Conze / Ulrich Engelhardt (Hg.): Arbeiter im Industrialisierungsprozess, Stuttgart 1979, S. 160.

von Handwerk und Gewerbe nicht allein ökonomische Standards berührten, die als hochaggregierte Daten durchaus ihre Berechtigung haben.[166]

Solche und ähnliche Erhebungen korrigieren überzeugend die falsche Einschätzung der Märzrevolution als exklusiv bürgerliche Erfahrung, auf deren Problematik bereits Veit Valentin hingewiesen hatte.[167] Mit solchen Hinweisen trat er – zur Entstehungszeit seiner monumentalen Darstellung noch relativ isoliert – der rein ideen- und politikgeschichtlichen Interpretation der *bürgerlichen Revolution* entgegen, die durch die Geschichtsnarrative eine Uniformität der politischen Motive erhielt, die tatsächlich niemals bestand. Rüdiger Hachtmann erklärt sie auf der Grundlage seiner Forschungen zur Berliner Revolution von den sozialen Trägerschichten her kurz und bündig zur »proletarischen Revolution«.[168] »Die Revolution von 1848 war keine ›bürgerliche Revolution‹ – jedenfalls wenn man die Sozialschicht ›Bürgertum‹ als Maßstab nimmt.«[169]

Zur zweiten eingangs erwähnten Handlungsebene der Märzbewegung: die Etablierung einer publizistischen Öffentlichkeit in Form von Resolutionen und Petitionen, die durch das Pressewesen und Flugblätter als sogenannte *Märzforderungen* Verbreitung fanden. Ausgangspunkt für diese Bewegung war die Mannheimer Volksversammlung vom 27. Februar 1848, die eine Petition an die Regierung in Karlsruhe verfasste, die die Handschrift des Republikaners Gustav von Struve trug. Sie wurde zum Vorbild für die meisten Märzforderungen, die in den folgenden Wochen in ganz

---

166   Für einen umfassenden Lebensstandardbegriff plädiert u.a. Rudolf Braun: Einleitende Bemerkungen zum Problem der historischen Lebensstandardforschung, in: Conze/Engelhard, Arbeiter, S. 128–135.

167   Veit Valentin: Geschichte der deutschen Revolution von 1848–1849, Bd. 2, Berlin 1932, S. 555.

168   Hachtmann, Berlin 1848, S. 178.

169   Ebd., S. 857.

Deutschland die Runde machten. Ausgehend von Baden entfaltete sich die Bewegung in den anderen Mittel- und Kleinstaaten, dem sogenannten *Dritten Deutschland*, bis hin in die preußischen Provinzen Schlesien und Rheinland wie ein Lauffeuer. Diese breite Demonstrations-, Petitions- und Adressbewegung verlief weitgehend in gewaltlosen Formen und wandte sich in der Regel unmittelbar an Herrscher und Behörden mit der Bitte um die Gewährung politischer Rechte. In ihr dominierten die kleinbürgerlich-politischen Oberströmungen der sogenannten liberalen Volksführer, die dort den Ton angaben: Advokaten, Lehrer, Redakteure etc. Deren Parolen liefen – trotz vielfältiger Unterschiede in den nach- und nebeneinander ablaufenden lokalen Massenversammlungen – im Wesentlichen auf vier nach Mannheimer Vorbild formulierte, kleinste gemeinsame Nenner hinaus: Volksbewaffnung, Pressefreiheit, Schwurgerichte, gesamtdeutsches Parlament. Während man in Preußen insgesamt hauptsächlich im Hinblick auf die Fortentwicklung des Vereinigten Landtags petitionierte, verfolgte die Bewegung in den Metropolen wie Berlin und Köln eine durchaus sozialrevolutionäre Stoßrichtung. Wie man jedoch am Beispiel der Resolution der »*Versammlung von Volksfreuden*« in Hamm (Quellenanhang) und anderswo feststellen kann, blieb diese Variante längst nicht auf die urbanen Zentren beschränkt, sondern reichte bis weit in die Kleinstädte der Provinz.

Und so könnte eine knappe ereignisgeschichtliche Zwischenbilanz der Frühphase der deutschen Revolution von 1848 aussehen:

1. Die zahlreichen, gemäßigten Varianten der Märzforderungen, vorgetragen auf lokalen und regionalen Massenveranstaltungen forcierten im Zusammenspiel mit gewaltsamen Formen des Protestes zunächst einen Systemwandel, der über alle Formen konstitutioneller Praxis bis dato hinausging.
2. Die revolutionäre Landkarte hatte allerdings ihre weißen Flecken, das heißt Regionen, deren Bevölkerung nicht für die Revo-

lution zu begeistern waren, in denen es weitgehend ruhig blieb, die deshalb aber politische Bedeutung erhielten, weil sie zu Ruhezonen der alten Mächte wurden, die hier einen kontinuierlichen Rückhalt erfahren konnten.

3. *»Die Revolution machte vor den Thronen halt.«* Dieses beinahe schon geflügelte Wort der Geschichtserzählungen beklagt die mangelnde Radikalität, vor allem der Bauernbewegung, die die Herrschaft der Fürsten unangetastet gelassen habe. Gern wird in diesem Zusammenhang das Beispiel der Nassauer Bauern zitiert, die mit der Bahn nach Wiesbaden angereist waren, sich vor dem herzoglichen Schloss versammelten, ihre zum Teil weitreichenden Forderungen übergaben und von einem unbeeindruckten Landesvater mit den Worten heimgeschickt wurden: *»Alles bewillige ich euch, geht jetzt auseinander und habt dasselbe Zutrauen zu mir, wie ich zu Euch habe.«*[170] Weil sich die Bauern auf das Fürstenwort verließen, schmolz die soziale Basis der Märzrevolution durch das schnelle Ende der Agrarrevolten.

4. Bereits in der Anfangsphase der Revolution öffnete sich die Kluft zwischen einem konstitutionellen und einem demokratisch-republikanischen Bürgertum (vor allem durch die Erfahrungen in den revolutionären Zentren Berlin und Wien, sowie im *Hecker-Struve-Putschversuch* in Baden).

5. Die politische Antwort der Fürsten auf die Märzbewegung folgte schnell und durchschlagend: Sie genehmigten die Umbildung der Kabinette, die Einrichtung der sogenannten Märzministerien. Dies war zugleich ein kalkulierter Schritt zur Verrechtlichung der Revolution, deren Forderungen nun eine legale Basis gewinnen konnten, ebenso wie es den erstrebten und lang

---

170   Vgl. dazu den Reprint von Wilhelm Heinrich Riehl: Nassauische Chronik des Jahres 1848, Idstein 1979. Das Buch, das über einen umfangreichen, faksimilierten Dokumentenanhang verfügt, wurde im Selbstverlag herausgegeben von Guntram Müller-Schellenberg, der damit eine fast vergessene Fortsetzungsschrift des bekannten Kulturhistorikers und Journalisten Riehl aus der von ihm redigierten Nassauischen Allgemeinen Zeitung von 1849 neu publizierte.

erhofften politischen Durchbruch des Bürgertums markierte. Teile der Revolutionsfraktion konnten damit durchaus zufrieden einen Schlussstrich unter das Kapitel der Erhebung ziehen.

6. Gerade der Ausgang der Berliner Märzereignisse legte zwei für den weiteren Verlauf entscheidende Missverständnisse über das zu erwartende Verhalten der preußischen Krone nahe, die die Diskussion über Ziele und Strategien nachhaltig beeinflussten:[171] die Vorstellung, der König habe durch den befohlenen Abzug des Militärs sich über die reaktionären Kräfte bei Hof und in der Militärspitze hinweggesetzt sowie die vagen Hoffnungen, die Friedrich Wilhelm IV. durch sein Lippenbekenntnis zu Verfassung und deutscher Einheit nährte.

Tatsächlich jedoch und »drapiert mit nationalem Pathos, handelte er nicht anders als die meisten übrigen Fürsten der deutschen Teilstaaten. Er machte kalkulierte Konzessionen an das öffentliche Vokabular, gab politisch nach und gewann damit Zeit. Und nicht zuletzt wurde durch solches Kalkül weiteres Blutvergießen in einer Aufstandsbewegung vermieden, deren Folgen den Monarchen erschreckten und deren Ausgang ungewiss erschienen.«[172] Preußen war jetzt auch konstitutionell und erhielt seine Märzminister, während Bürokratie, Militär und Diplomatie jedoch auch weiterhin der monarchischen Verfügungsgewalt unterstanden und sich bei Hofe eine ultraroyalistische Gruppe unter Führung Leopold von Gerlachs bereits als Schattenkabinett formierte, die auf eine zügige Gegenrevolution hinwirkte.

---

171 Siemann, Revolution, S. 68ff.
172 Ebd., S. 71.

Märzministerien – Vorparlament – Fünfzigerausschuss

Die Parlamentarisierung des politischen Systems führte schon früh zur Institutionalisierung der Revolution in Form von Regierungswechseln, Verfassungsänderungen sowie der gesamtnationalen Vertretung in Frankfurt. Hier sind weitere Handlungsebenen der Revolution von 1848/49 markiert. Wenn man diese untersucht, tritt ein komplexer Problemzusammenhang zutage, der sowohl revolutionsfördernde als auch -spaltende Konflikte in sich trug, aber nicht allein aus der Perspektive des *Scheiterns* angemessen zu beurteilen ist.

Das Nachgeben der monarchischen Gewalten hatte in fast allen deutschen Einzelstaaten zur mehr oder weniger konsequenten Umbildung der Kabinette geführt, in die jetzt Minister berufen wurden, die fast durchweg der damals liberal-konstitutionellen Landtagsopposition angehörten. Damit waren die neuen Märzministerien zwar irgendwie revolutionäre Errungenschaften, die jedoch durch Vereinbarung mit den Fürsten, gleichsam per Handschlag zustande gekommen waren. Eine Revolution auf dem Verhandlungsweg. Bei Geschäftsantritt standen die neu ernannten Politiker allerdings vor Aufgaben, die ein mehrfaches Dilemma anzeigten. So galt es durch zügige Erarbeitung von neuen Wahlgesetzen und Verfassungsreformen, die politische Umwälzung rechtlich abzusichern und gleichzeitig soziale Reformen auf Gesetzesgrundlage durchzusetzen. Dazu hätte es einer nachhaltigen Stärkung ihrer parlamentarischen Basis, der Kompetenz der Kammern bedurft, wozu es vor allem in den Mittelstaaten aber nicht gekommen ist.

Die notwendigen Reformen fielen vor allem denjenigen Ministern schwer, die als ehemalige Mitglieder der alten Landtage dort die eigentlich legitime Volksvertretung erblickten. Dieses Dilemma setzte sich fort in der Ausübung der exekutiven Gewalt, auf die sich die neuen Regierungen konzentrierten. *Ruhe und Ordnung* herzustellen gegenüber den Kräften, die die Revolution weiterzuführen gedachten, erschien als ein Gebot der Verrechtlichung dieser Revolution von oben. Diese Stoßrichtung gegen die revolutionäre Dynamik, der die Minister ja eigentlich ihre Ämter verdankten, erfüllte die ihnen durch die Fürstenkonzession zugedachte Funktion. Das sah in der exekutiven Praxis der Einzelstaaten unterschiedlich aus: Mit Strafrechtsveränderungen, Verboten demokratischer Vereine, Notstandsgesetzen, Pressezensur, Hochverratsverfahren bis hin zur Anordnung von Militär- und Polizeieinsätzen griff man tief ins gegenrevolutionäre Handlungsrepertoire.[173]

Den entgegengesetzten Weg zur *Revolution von oben* der Märzministerien beschritten die südwestdeutschen Kammerabgeordneten, die sich nach dem Übergreifen der französischen Februarrevolution auf Deutschland und den Unruhen in den südwestdeutschen Bundesstaaten am 5. März in Heidelberg versammelt hatten. Mehr als fünfzig prominente oppositionelle Politiker, in ihrer Mehrzahl gemäßigte Liberale, handelten hier ohne staatliche Legitimation als scheinbar geschlossene Aktionseinheit, um über den Weg zu einem deutschen Nationalparlament zu beraten.

Grundlegend für die Erforschung des parlamentarischen Komplexes auf national- wie einzelstaatlicher Ebene und damit auch für die Entstehungsgeschichte der Frankfurter Nationalversammlung sind die Arbeiten von Manfred Botzenhardt, der deutlich vom antirevolutionären Kurs der Liberalen[174] und der für den Verlauf der Revolution geradezu konstitutiven Spaltung des Bürgertums in Demokraten und Liberale spricht, die sich in einem »Zweifrontenkrieg gegen Monarchie und Demokratie«[175] zerrieben.

Diese Spaltung, programmatisch im Vormärz angelegt, wurde bereits im Vorparlament deutlich. Die Liberalen suchten mit Hilfe

---

173 Zur Praxis des Märzministeriums in Preußen vgl. Jürgen Hofmann: Das Ministerium Camphausen-Hansemann. Zur Politik der preußischen Burgeoisie in der Revolution 1848/49, Berlin 1981.
174 Botzenhardt, Parlamentarismus, S. 90.
175 Ebd., S. 791.

eines Parlaments die radikalen Ziele der Aufstandsbewegung abzuschwächen und die Revolution durch ein zentrales Gremium zu kontrollieren und zu kanalisieren. Es schien allen selbstverständlich, dass das nationale Parlament aus Wahlen hervorgehen musste, doch sollte nach dem Willen der Heidelberger schon vorher eine Versammlung von Männern (!) des öffentlichen Vertrauens in Frankfurt zusammenkommen, um die Modalitäten auf breiterer Ebene zu beraten. Diese Versammlung bildete das *Vorparlament*. Seine 574 Abgeordneten repräsentierten die deutschen Staaten allerdings kaum. Die Entsandten waren in ihrer Mehrzahl bereits in den früheren Ständeversammlungen vertreten. Die meisten von ihnen kamen aus Preußen (141 Mandate), während Österreich etwa nur mit zwei Abgeordneten vertreten war.

Die insgesamt vier Verhandlungstage vom 31. März bis 3. April drehten sich um die zentralen Problembereiche: Stellung der Revolution, programmatische Bindung und Orientierung der künftigen Nationalversammlung, Fragen der Konstituierung durch Wahlen und die Haltung der Bewegung gegenüber dem Bundestag. Das ging nicht ohne Kontroversen über die Bühne. Der Streit, der sich um diese Probleme entwickelte, war einer zwischen den Grundpositionen: solchen, die sich zur republikanischen Staatsform bekannten und denjenigen, die in der Beibehaltung der – wenn auch in ihren Rechten eingeschränkten – Monarchie die beste Gewähr für eine freiheitliche Umgestaltung Deutschlands sehen wollten. Alle diese Probleme verdichteten sich in einem Antrag des Demokraten Gustav Struve, der in seinem Forderungskatalog von 15 Punkten eine Permanenz-Erklärung formulierte. Dies wäre einer faktischen Anerkennung der Revolution gleichgekommen. Die Versammlung hätte sich praktisch zum revolutionären Zentrum aufgeschwungen, Legislativ- und Exekutivgewalt für sich beansprucht. Der Antrag des Demokraten blieb letztlich chancenlos und wurde beeinflusst durch eine Rede Heinrich von Gagerns mit überwältigender Mehrheit (356:142 Stimmen) abgelehnt. Damit waren qua Abstimmung nicht nur die politischen Fronten geklärt, sondern zugleich auch die Kräfteverhältnisse.

Bei den folgenden Beratungen, die im Wesentlichen um die Frage der Berufung einer konstituierenden Versammlung, also der späteren gewählten Nationalversammlung, geführt wurden, fielen ausschließlich Entscheidungen im Sinne der liberalen Mehrheit. Die Serie der Abstimmungsniederlagen führte vorhersehbar innerhalb des demokratischen Flügels des Vorparlaments zum Streit um die künftig wirkungsvollste und angemessene Strategie. Der größere Teil der Demokraten – für diese Gruppierung stand als bekanntester und profiliertester Vertreter Robert Blum – beharrte trotz der wiederholten politischen Niederlagen auf dem parlamentarischen Weg.

Eine Minderheit, der linke Flügel um Friedrich Hecker und Gustav Struve, versuchte das Vorparlament zu sprengen, weil sie darin nicht mehr die geeignete Institution zur Realisierung demokratischer Ziele sehen konnten. Der Auszug von 48 Mitgliedern aus der Versammlung aber war keine faktische Absage der Demokraten an die Institutionalisierung der Revolution. Die rein symbolische Geste verfehlte vielmehr die erhoffte Breitenwirkung und endete als kapitaler Fehlschlag: Die Ausgezogenen kehrten schließlich ins Parlament zurück. Diese Episode zeigte vielmehr, dass die Demokraten keine homogene Alternative zu den Liberalen darstellten. Wenige Tage später folgte im Badischen ein *Putschversuch* unter Führung Heckers und Struves und die erneute Erfahrung einer eklatanten Niederlage: Die direkte Aktion scheiterte am mangelnden revolutionären Engagement der Bevölkerung.

Im Vorparlament hatte die liberale Mehrheit den Grundsatz durchgesetzt, die Entscheidung über die künftige Staatsform, die Verfassung Deutschlands, sei einzig und allein der vom Volk zu wählenden konstituierenden Nationalversammlung zu überlassen. Bis zu deren Zusammentreten sollte ein permanenter Ausschuss von fünfzig Mitgliedern zentrale Kontrollfunktionen übernehmen. Auch dieser Ausschuss hatte eine gesicherte liberale Mehrheit.

Aufgabe des *Fünfzigerausschusses* war es, dem *Bundestag* in Frankfurt als permanenter Gesandtenkongress von 38 deutschen Staaten bei der Vorbereitung und Durchführung der Wahlen zur Nationalversammlung beratend zur Seite zu stehen. Dieses Gremium, das unter preußischer und österreichischer Vorherrschaft noch in den vierziger Jahren konsequent repressive Innenpolitik betrieben hatte, zeigte sich jetzt überraschend anpassungsfähig. Nachdem es zuvor – noch in vormärzlicher Zusammensetzung tagend – die Knebelbeschlüsse der Jahre seit dem Wiener Kongress aufgehoben und die Erfüllung der wichtigsten Märzforderungen durch Bundesgesetze gewährleistet hatte, vertrat es künftig die neuen Märzministerien und damit eine erkennbare Politik, die Revolution in die Bahnen der Rechtskontinuität zu lenken.

Dieser Trend wurde unterstrichen, als der Bundestag am 7. April die Wahlrechtsbeschlüsse des Vorparlaments übernahm. Dennoch: »Man wird diese Bereitwilligkeit des Bundestages und die damit einhergehende umstürzende Reform des Bundesechtes nicht überschätzen dürfen. So leicht, wie hier im März/April 1848 das Bundesrecht angepasst wurde, so zügig ließ es sich 1851 wieder zurücknehmen.«[176]

Im Zentrum der Revolution? Die Nationalversammlung

Mit dem Fragezeichen in der Überschrift wird weniger die zentrale Rolle und Bedeutung der Nationalversammlung für die Revolution in Frage gestellt, als eine Kontroverse angedeutet, die so alt ist wie die Revolution selbst und in der historischen Nachbetrachtung den Stoff für eine Vielzahl von Legenden lieferte. Die Skepsis gegenüber dem ersten deutschen Gesamtparlament ist aus der Perspektive des *Scheiterns* der Revolution entstanden und beruht weitgehend auf der Kritik an den ausgedehnten Grundrechtsdebatten

---

176   Siemann, Revolution, S. 83.

in einer Zeit, da es eigentlich um eine rasche Lösung politischer und sozialer Grundsatzfragen hätte gehen müssen. Dies förderte die Entstehung »einer Legende vom unbeholfenen Parlament der frei diskutierenden Honoratioren, die angeblich zu keinen funktionsfähigen parlamentarischen Arbeitsformen fanden.«[177] Die Paulskirche als Professorenparlament der wenig realisierungspragmatischen Theoretiker, diese Einschätzung findet sich in zahlreichen Revolutionsgeschichten, die den Abgeordneten vorwirft, sie seien in ihrer »äußeren Arbeit umständlich schwerfällig und kindlich redselig« geblieben.[178]

Solche Kritik an der Struktur, Zusammensetzung und der politischen Praxis in der Nationalversammlung betrifft die Frage nach deren grundsätzlichem Stellenwert für die Revolution. Der Sozialist Franz Mehring gewährte in seiner »*Geschichte der deutschen Sozialdemokratie*« zwar der Schilderung der Revolution breiten Raum, aber die Paulskirche fand kaum Erwähnung und wurde mit einigen lapidaren Bemerkungen am Rande abgetan.[179] Andere Beiträge zur Geschichte der 1848er Revolution konzentrierten sich nahezu ausschließlich auf das Geschehen in der Nationalversammlung als »Deutschlands große Hoffnung«.[180] Solche Extreme illustrieren deutlich das unentschieden schwankende Urteil der Geschichtsschreibung nicht nur über die tatsächliche Leistung, sondern auch über die grundsätzliche Rolle der Paulskirche in der Deutschen Revolution.

Inzwischen hat die historische Forschung auf der Grundlage ausgedehnter Quellenarbeit ein differenzierteres Bild über die Zusammensetzung, parlamentarische Praxis, Fraktionsbildung und

---

177 Dieter Langewiesche: Die Anfänge der deutschen Parteien, in: Geschichte und Gesellschaft 4 (1978), S. 330.

178 So auch bei Stadelmann, Soziale und politische Geschichte, S. 119.

179 Franz Mehring: Geschichte der deutschen Sozialdemokratie, in: Gesammelte Schriften, Bd. 1, Berlin 1960.

180 Frank Eyck: Deutschlands große Hoffnung – Die Frankfurter Nationalversammlung 1848/49, München 1973.

kontroversen Debatten gezeichnet und dabei mit mancher Legende, die sich im Streit um das *politische Erbe* ausgebildet hatte, aufgeräumt.

Manfred Botzenhardt etwa hat darauf hingewiesen, dass 1848 *mindestens* 80% der volljährigen *Männer* an den Wahlen zur Frankfurter Nationalversammlung hatten teilnehmen können.[181] Das hieß andererseits, dass *Frauen* als vollberechtigte Staatsbürger komplett ausgeschlossen blieben. Ob Frauenemanzipation 1848 ein zentrales Thema war, ist bisher nur unzureichend geklärt, dass sie in der Revolution eine gewisse Rolle spielten, wurde aber überzeugend nachgewiesen.[182] Das Parlament aber war und blieb *Männersache*.

Diese Wahlen zur Nationalversammlung gaben der Politik zur Verrechtlichung der Revolution aber die Dimension einer Massenbewegung, welche den Prozess der Politisierung des öffentlichen Lebens weiter vorantrieb. Und tatsächlich: sowohl Anhänger als auch Gegner der Revolution blickten zunächst vor allem auf den Tagungsort der Nationalversammlung, auf die sich auch die zeitgenössische Kritik konzentrierte und diese keineswegs ignorierte. In Frankfurt fielen zwar nicht immer die maßgeblichen Entscheidungen, aber viele Ereignisse anderorts werden erst verständlich, wenn sie mit dem, was hier geschah oder geschehen sollte, in Beziehung gesetzt werden.

Besonders in den Monaten Mai und Juni stand das Parlament der Paulskirche im Zentrum des Interesses der Öffentlichkeit. Dies lag zum einen daran, dass es seine Hauptaufgabe, Deutschland zu einigen, glaubwürdig, das heißt auch physisch abbildete. Die Zusammensetzung der Paulskirche repräsentierte personell

---

181 Botzenhardt, Parlamentarismus, S. 157.
182 Vgl. Carola Lipp: Schimpfende Weiber und patriotische Jungfrauen. Frauen im Vormärz und in der Revolution 1848/49, Bühl-Moos 1986 sowie Ute Gerhard: Über die Anfänge der deutschen Frauenbewegung um 1848, Frauenpresse, Frauenpolitik und Frauenvereine, in: Karin Hausen (Hg.). Frauen suchen ihre Geschichte, München 1983, S. 196–220.

die gesamte komplizierte Gemengelage des Einigungswerkes: ein buntes Bild unterschiedlicher landsmannschaftlicher Temperamente und Mentalitäten, sozialer Kontraste, aller Glaubensbekenntnisse, ein Stelldichein berühmter Literaten und Wissenschaftler, ehemals Verfolgter und deren Verfolger aus der Zeit des Vormärz, unterschiedliches Sozialprestige, einander fremder Dialekte und anderer Kontraste. Mit anderen Worten: eine heterogene Versammlung funktionaler Eliten unter Ausschluss von Frauen. Diese Gegensätze wurden jedoch überbrückt durch gemeinsame Merkmale wie etwa die berufliche Stellung. Danach war die Nationalversammlung ein *Beamtenparlament*, nach der Ausbildung ein *Akademikerparlament* (mehr als 600 Abgeordnete hatten eine Universitätsausbildung erhalten), nach der vorherrschenden Ausbildung ein *Juristenparlament*: 491 Abgeordnete oder 60% hatten eine akademische rechtswissenschaftliche Ausbildung absolviert, Mit anderen Worten, die Mitglieder dieser gern als Professorenparlament verspotteten Versammlung »verdankten ihre Grundbegriffe und Wertungen über den Staat ihrerseits dem Staat.«[183]

Berufliche Zusammensetzung der Frankfurter Nationalversammlung[184]

Berufe	Anzahl
Höhere Beamte, Landräte	115
Mittlere Beamte	37
Bürgermeister, Kommunalbeamte	21
Richter, Staatsanwälte	110
Offiziere	18
Diplomaten	11
Hochschullehrer	(49)

183   Siemann, Revolution, S. 126.
184   Botzenhardt, Parlamentarismus, S. 161.

Gymnasiallehrer	94
sonstige Lehrer	30
Staatsdiener insgesamt	*436*
Geistliche	39
Rechtsanwälte, Advokaten	106
Ärzte	23
Schriftsteller, Journalisten	20
freiberufliche Intelligenz insgesamt	149
Wirtschaftsbürgertum insgesamt	149
Landwirte[a]	46
Handwerker insgesamt	4
Promovierte ohne Berufsangabe	35
sonstige Berufe	3
nicht ermittelte	44
insgesamt	812

a: 43 Großgrundbesitzer und 3 Bauern

Diese Berufsstruktur der NV, in der trotz weitgefassten Wahlrechts unterbürgerliche Schichten praktisch nicht vertreten waren, lässt sich teilweise erklären durch die Tatsache, dass in den weitgehend agrarisch geprägten deutschen Ländern traditionelle soziale Rangordnungen stärker wogen als theoretische Wahlberechtigung. Dazu wirkte das Prinzip der indirekten Wahl durch Ausschüsse, Vereine und Komitees, die die Nominierung übernahmen, wie ein soziales Sieb, das die Zulassung von Arbeitern, Gesellen, Tagelöhnern und Kleinbürgern verhinderte, wenn diese überhaupt mit den lokalen Honoratioren konkurrieren konnten.[185] Wolfram Siemann hat ermitteln können, dass die Juristendominanz in der politischen Praxis zugleich Vorherrschaft reformkonservativer Juristen hieß, in dem er ihre akademische Herkunft nachzeichnete. 85% der Juris-

---

185 Ebd., S. 163.

ten hatten seit 1815 an Universitäten studiert, deren Lehre sich in sieben *politischen Prädispositionen* zusammenfassen lässt[186]: Traditionalismus, monarchisches Prinzip, Legalität, restaurative Konstruktion, antiliberale politische Alternative, Konservatismus und Rechtsreform sowie nationalpolitischer Ansatz.

Von besonderer Bedeutung für die Zusammensetzung der Nationalversammlung erwies sich das zentrale Merkmal des Beamtendaseins: es bedeutete gleichermaßen Abkömmlichkeit wie Abhängigkeit zu. Die permanente Wahrnehmung eines Abgeordnetenmandates war ganz offensichtlich ein Privileg der Staatsdiener, die aber zugleich auch einem starken Loyalitätsdruck ausgesetzt waren, etwa wenn Disziplinarstrafen und gar Amtsenthebungen drohten. Beamte konnten – wie im April/Mail 1849 geschehen – von den Regierungen relativ leicht aus dem Parlament abberufen werden oder aber hatten persönliche Konsequenzen zu tragen.

Die Struktur der Frankfurter Nationalversammlung wies also gleichzeitig Merkmale von Homogenität und Heterogenität auf. Dies schlug sich natürlich auch in der parlamentarischen Arbeit nieder, die als ein *pragmatisch gehandhabter, improvisierter Parlamentarismus*[187] gewürdigt wurde. Und tatsächlich gab es nicht *die* Politik *der* Nationalversammlung, ebenso wenig ein gradlinig dualistisches Prinzip des Gegeneinanders von *den* Liberalen und *den* Demokraten. Die Realität der parlamentarischen Praxis war ausgesprochen vielschichtig, hoch kompliziert und bisweilen widersprüchlich.

Die Geschäftsordnung der Nationalversammlung kannte keine Fraktionen. Zur Strukturierung des Parlaments wurde lediglich durch Losverfahren eine schematische Aufgliederung in die sogenannten Abteilungen unternommen, um etwa die Besetzung

---

186   Wolfram Siemann: Die Frankfurter Nationalversammlung 1848/49 zwischen demokratischem Liberalismus und konservativer Reform, Frankfurt a.M./Bern 1976, S. 87ff.
187   Botzenhardt, Parlamentarismus, S. 790.

von Ausschüssen zu erleichtern. Damit entsprach die Geschäftsordnung dem gängigen Politikverständnis der Zeit des Vormärz, das wohl die Konfrontation von Regierung und Volksvertretung kannte, billigte und forderte, das aber Parteiungen innerhalb der Volksvertretung als gefährliche Fraktionierung verurteilte, die zudem die postulierte *freie* politische Selbstverantwortung des Volksvertreters entscheidend in Frage stellte.

Doch gegen dieses politische Ideal hatten sich schon im Vormärz in der Praxis der Kammern *Parteien* und in der politischen Theorie der Zeit die Überzeugung von der Notwendigkeit des Parteikampfes durchgesetzt.[188] Es handelte sich hierbei im Wesentlichen allerdings um lockere Gesinnungsgemeinschaften, die noch nicht über ein organisatorisches Gerüst verfügten und die in den politischen Körperschaften lediglich als lose Fraktionen in Erscheinung traten. Die Fraktionen der Paulskirche, die sich bis zum Sommer des Jahres 1848 herauskristallisierten, trugen deshalb bezeichnenderweise die Namen ihrer Versammlungslokale. Ende Juni 1848 lassen sich vier große Gruppierungen unterscheiden:

Die *Linke* gliedert sich zwar in zwei Fraktionen, den *Donnersberg* als die extreme Variante und gemäßigteren den *Deutschen Hof*, die aber auch im Parlament meist zusammengehen und oft gemeinsame Fraktionssitzungen abhalten.

Der *Württemberger Hof*, das *linke Zentrum* als eine der beiden großen Gruppen, zerfällt in die liberale Mitte der Versammlung. Als Verfassungsideal des linken Zentrums lässt sich wohl am ehesten der Typus der parlamentarischen Monarchie fixieren, das heißt der Staat basiert auf einer starken Volksvertretung, von deren Vertrauen das Reichsministerium abhängen soll. So sympathisiert man hier mit manchen Zielen und Forderungen der Linken und ist für deklaratorische Bekenntnisse zum Prinzip der Volkssouveränität regelmäßig leicht zu gewinnen.

Das *rechte Zentrum*, das *Casino*, sieht im Unterschied zu den

---

188   Vgl. dazu Langewiesche, Parteien, S. 326f.

linken Gruppierungen die Revolution bereits als beendet an; künftig gilt es rasch, auf dem Wege der Vereinbarung mit den Regierungen der deutschen Staaten eine Verfassung für eine gesamtdeutsche föderalistische konstitutionelle Monarchie zu errichten mit einer ihrem Aufgabenbereich auf Legislative und Steuerbewilligung eingeschränkten Volksvertretung. Der Feind für diese Liberalen steht links. Mehr als die Reaktion fürchtet man die *rote Revolution.*

Hatte das rechte Zentrum die Revolution bestenfalls als Anstoß für notwendige friedliche Reformen akzeptiert, so will die äußere *Rechte* der Versammlung (*Steinernes Haus*, dann *Café Milani*) diese Revolution nach Möglichkeit ignorieren oder ungeschehen machen. Hier ist das Prinzip des Föderalismus am stärksten vertreten. Die Rechte und Interessen der Einzelstaaten finden hier ihre lautesten Anwälte. Entsprechend will man den Funktionsbereich der Nationalversammlung auf die Beratung einer föderativen konstitutionellen Verfassung beschränken, die dann von den Regierungen der deutschen Staaten zu verabschieden wäre.

Die Fraktionen der Frankfurter Nationalversammlung[189]

Linke	linkes Zentrum	rechtes Zentrum	Rechte
Westendhall	*Augsburger Hof*	*Casino*	*Café Milano*
demokratisch	parlamentarisch	konstitutionell-liberal	konservativ
7%	7%	21%	6%
Deutscher Hof	*Württemberger Hof*	*Landsberg*	*Donnersberg*
demokratisch	liberal	konstitutionell-liberal	
8%	6%	6%	7%
ohne Fraktion			
32%			

---

189 Siemann, Frankfurter Nationalversammlung, S. 27.

Etwa 150 Abgeordnete gehörten keiner dieser Fraktionen an. Die unterschiedlichen politischen Orientierungen eines sozial differenzierten Bürgertums verloren sich zur Mitte hin, ohne dass es sie in reiner Form gegeben hätte. So dominierte in zahlreichen Fragen und Debatten das Prinzip wechselnder Mehrheiten, das als moderne Politikform hier entdeckt wurde; denn die Mehrheitsbeschaffer lagen letztlich in der *Mitte*.

Aus diesen Hinweisen auf die komplizierte, vielschichtige und auch labile Konstruktion des Parteiensystems lassen sich einige grundsätzliche Einsichten in die Möglichkeiten und Grenzen dieses Parlaments zu gewinnen:

Die Paulskirche als homogenen politischen Faktor gibt es nicht, es gibt immer nur Mehrheiten der Versammlung für oder gegen etwas. Es existieren auch keine festen Mehrheiten, sei es aus Vertretern einer Partei oder Abgeordneten eines Staates, sondern nur Koalitionsmehrheiten. Mit den wechselnden politischen Aufgaben und Problemen wechseln auch die Koalitionen und mitunter sogar die Mehrheiten selbst. Komplizierte und oft langwierige parlamentarische Auseinandersetzungen sind die Konsequenz dieser eigentümlichen Konstellationen. Die ausführliche, gründliche und nicht selten umständliche Debatte ist nicht das Resultat einer selbstgefälligen, aber letztlich sinnlosen Rhetorik, sondern besitzt durchaus ihre politische Funktion. In der Paulskirche werden, besonders in den ersten Monaten ihres Bestehens, Entscheidungen nicht hinter den Kulissen sondern oft erst vor Ort in den Parlamentsdebatten gefällt.

In ihrer parlamentarischen Praxis ging die Nationalversammlung weit über ihre eigentliche Bestimmung, eine Reichsverfassung zu entwerfen, hinaus. Neben der zentralen Frage nach Selbstverständnis und Rolle in der Revolution als Frage nach der Stellung einer zunächst provisorischen Zentralgewalt ging es in den Debatten um die Lösung des Nationalitätenproblems, um die Formulierung der Grundrechte und die Problematik der äußeren Konturen eines staatlichen Einigungswerkes. Mit Blick auf die Frage nach der Rolle der Nationalversammlung kann man neben den großen Themen auch die weniger breit diskutierten und dennoch bedeutsamen betrachten. Über 200 Mitglieder der NV hatten sich zur Debatte über die provisorische Zentralgewalt zu Wort gemeldet. Diese gewaltige Rednerliste brachte zum Ausdruck, welch zentrale Problematik damit auf der Tagesordnung stand. Eine eigene nationale Regierung zu etablieren, musste das Selbstverständnis der Abgeordneten nachhaltig beeinflussen, basierte dieser Vorgang doch auf dem praktizierten Prinzip der Volkssouveränität.

In der Debatte vom 17. bis 24. Juni 1848 wurden denn auch zahlreiche Modelle durchgespielt. Zum Hintergrund nur so viel: Nachdem seit dem Zusammentritt der NV bereits zahlreiche Anträge auf Errichtung einer provisorischen Zentralgewalt gestellt worden waren, beschloss das Parlament dann am 3. Juni die Einrichtung eines Ausschusses zur Prüfung dieser Anträge. Am 19. Juni lag der Bericht dieses Ausschusses dem Plenum vor, das heißt genauer, der Bericht der Ausschuss-Mehrheit mit entsprechendem Antrag sowie Alternativanträge von Ausschuss-Minderheiten sowie weiterer Fraktionen und Abgeordneter.

Insgesamt lagen dem Präsidium schließlich 40 Anträge in dieser Sache vor. Welche Bedeutung dieser Diskussion allgemein beigemessen wurde, zeigt der Umstand, dass sich insgesamt 232 Redner für eine Debatte eingeschrieben hatten, die auf insgesamt 8 Tage angesetzt war. Offenbar war den Abgeordneten klar, dass mit dieser Diskussion eine wegweisende Entscheidung fallen würde; »*Wir schlagen dieser Tage die Entscheidungsschlacht*«, schrieb reichlich martialisch am 18. Juni Robert Blum, der Chef des *Deutschen Hofes*, an seine Frau.

Diese *Entscheidungsschlacht* endete mit dem ersten großen parlamentarischen Kompromiss der Versammlung, der auf die berühmt gewordene Rede des Parlamentspräsidenten Heinrich von Gagern zurückging, in der er einen *kühnen Griff* vorschlug: die provisorische Zentralgewalt sollte zwar vom Parlament selbst geschaffen werden, an ihrer Spitze aber sollte mit dem Erzherzog Johann als Reichsverweser ein Fürst stehen. Das trickreiche Konzept ging auf der rhetorischen Ebene im taktischen Spiel mit Konjunktionen auf: nicht *weil*, sondern *obgleich* er ein Fürst sei. Dynastisches Prinzip und souveräne Parlamentshoheit gingen in diesem Kompromiss eine Verbindung ein, die in hohem Maße mehrheitsfähig war. Die Schlussabstimmung brachte ein eindeutiges Ergebnis (450:100) für die Annahme des Vorschlags und sicherte der Zentralgewalt eine breite parlamentarische Basis.

Veit Valentin hat dies nachdrücklich hervorgehoben. »Gagern wollte, wir wissen es, mit Dahlmann und den anderen die neue Bundesverfassung auf Preußen gründen, nicht auf Österreich; er wollte von Preußen viel verlangen, um ihm viel zu geben. Und jetzt entschloss er sich, der Stimmung des Augenblicks nachzugeben und dem österreichischen Erzherzog die Reichsverweserschaft zu sichern? Er hat nicht gesehen, daß er damit sich und seinen Freunden das größte Hindernis vor den Weg baute, das es geben konnte; ein Direktorium, auch ein fürstliches oder teilweise fürstliches, war immer leicht zu beherrschen, lahmzulegen, teilweise und damit ganz zur Auflösung zu bringen; aber ein Erzherzog aus dem Hause Habsburg-Lothringen, der volkstümlichste Sohn des letzten deutschen Kaisers, den dieses selbe Frankfurt gekrönt hatte? Heinrich v. Gagern kannte als der Präsident seine Nationalversammlung: die Linke wollte den einen Mann als Träger der Exekutive, die Rechte wollte mehrere Fürsten, die Linke wollte die Abstimmung durch die Versammlung selbst, die Rechte wollte die Ernennung durch die Regierungen. Es gab nur noch eine Möglichkeit: das Parlament wählte einen fürstlichen Mann, dessen Person so stark war, dass die Regierungen einverstanden sein mussten, ehe man sie fragte. Aus dieser Lage heraus kam Heinrich v. Gagern zu seinem denkwürdigen ›kühnen Griffe‹. Der Ausdruck war von Mathy geprägt. Gagerns Auftreten am 24. Juni in der Nationalversammlung war ein Ereignis, das bedeutendste ihrer und seiner Laufbahn. Sein Ernst, seine Autorität, seine langsame, um den Ausdruck ringende

Sprechweise haben nie so gefesselt wie in dieser Stunde; er wirkte als der treueste, aufrichtigste, maßgebendste Sachverwalter der Nation. Er trat ein für das ›Zweckmäßige‹, für die beste Lösung, und so sagte er zwei Dinge, die sich auch in der Form den Zeitgenossen eingeprägt haben: ›Ich tue einen kühnen Griff, und ich sage Ihnen: wir müssen die provisorische Zentralgewalt selbst schaffen.‹ Damit entfernte sich Gagern von dem Antrage der Majorität des Ausschusses, auch vom Schoderschen Antrage, und stellt sich auf den Standpunkt der Linken. Der Jubelsturm, der nach diesen Worten die Paulskirche erfüllte, zeigte, wie gerne das Parlament da mitging.

Hier sein Präsident, der Aristokrat, der Minister, einer der vornehmsten Führer der Bewegung, sprach als Tribun für das Recht des Volksorgans, die Exekutive von sich aus zu schaffen. Nicht als Prinzip hatte Gagern die Ausschaltung der Regierungen verlangt; um praktisch vorwärtszukommen, sah er keinen anderen Weg. Die Volkssouveränität sollte also ihr Recht haben – aber für einen Fürsten? Gagern zeigte, daß die Mehrheit den einen Mann wollte, daß kein Privatmann unter solchen Umständen dies Amt übernehmen könne, daß auch ein hochstehender Mann gefunden sei, der der höchsten Stelle wert wäre. ›Nicht weil, sondern obgleich es ein Fürst ist.‹. Dies war das andere maßgebende Wort – der Beifall kam von allen Seiten.«[190]

Am 28. Juni 1848 wurde das *Reichsgesetz über die Einführung einer provisorischen Zentralgewalt für Deutschland* verabschiedet, die künftig Aufgaben exekutiver Gewalt nach innen und nach außen übernehmen sollte. Was dies in der Praxis bedeutete, zeigte sich in der aktuellen Tagespolitik des weiteren Verlaufs der Revolution.

Zunächst aber galt es, gegenüber dem Ausland die völkerrechtliche Anerkennung zu gewinnen, was buchstäblich misslang:

---

190   Veit Valentin: Geschichte der deutschen Revolution von 1848–1849, Bd. 1, Berlin 1931, S. 37f.

Außer einigen kleinere Staaten folgten lediglich die Vereinigten Staaten von Amerika. Daran musste die Revolution nicht scheitern.[191] Schwerer wogen hingegen die Hypotheken der Gewaltwahrnehmung nach innen. »Die Nationalversammlung und die deutsche Zentralgewalt waren nur so lange ernsthafte Verhandlungspartner für Preußen und Österreich, als mit der Fortsetzung der Revolution gedroht werden konnte, da das Zentralparlament keine nationale Armee aufgebaut hatte – dies gelang nur der ungarischen Revolution – und die geplante Vereidigung der einzelstaatlichen Armeen auf den Reichsverweser an der Ablehnung Preußens und Österreichs scheiterte.«[192] Dennoch verfügte die Reichspolitik durchaus über eigene Truppenkontingente, die ehemaligen Bundestruppen, und diese wurden im weiteren Verlauf der Revolution schon ab Juli gegen die Aufstandsbewegung in Wiesbaden, Frankfurt, im Oktober schließlich verstärkt gegen die Arbeiteraufstände in Sachsen eingesetzt. Darüber hinaus stand die Organisation einer zentralen politischen Staatspolizei auf der Tagesordnung. Diese sammelte bereits ab Winter 1848/49 umfangreiche Daten für die Überwachung des politischen Vereinswesens, die schließlich der folgenden Reaktion die Materialgrundlage zur gezielten Unterdrückung lieferte.[193] Die angebliche und oftmals unterstellte Ohnmacht der Nationalversammlung, die im deutsch-dänischen Konflikt um Schleswig und Holstein so schonungslos enthüllt wurde, kontrastierte mit dieser durchaus vorhandenen Effektivität in Sachen Gewaltpolitik nach innen. Damit rückte die Zentralgewalt im öffentlichen Ansehen in die Nähe des alten Polizeistaates, ein Widerspruch, der entscheidend ist für

191   Hans Georg Kraume: Außenpolitik 1848. Die holländische Provinz Limburg in der deutschen Revolution, Düsseldorf 1979, S. 223.
192   Dieter Langewiesche: Die deutsche Revolution von 1848/49 und die vorrevolutionäre Gesellschaft. Forschungsstand und Forschungsperspektiven, in: Archiv für Sozialgeschichte 21 (1981), S. 463.
193   Vgl. Wolfram Siemann: »Deutschlands Ruhe, Sicherheit und Ordnung«. Die Anfänge der politischen Polizei 1806–1866, Tübingen 1985, S. 223ff.

eine differenzierte Wahrnehmung der zentralen Rolle des ersten deutschen Parlaments und seiner Organe in der Revolution. Widersprüchlichkeiten traten in den Debatten der Pauluskirche vor allem aber bei der Frage hervor, was denn nun explizit die deutsche Nation sei, die da geeinigt werden sollte. Dabei ging es um nicht weniger als den Streit »um die Grenzen des künftigen deutschen Nationalstaats, die Problematik der ethnischen Minderheiten in den nationalen Gemengelagen und die Abgrenzung der territorialen Ansprüche der konkurrierenden nationalen Bewegungen im Gebiet des Deutschen Bundes.«[194]

Die deutsche Nationalbewegung hatte im Vormärz in Opposition zu den bestehenden Territorialstaaten und zum Deutschen Bund den Weg vom Eliten-Nationalismus zur breiteren Volksbewegung beschritten. Die nationale Begeisterung, die sich in Mittel- und kleinbürgerlichen Schichten auch in einer eigenen Fest- und Vereinskultur niederschlug, aber erwies sich im Laufe des Jahres 1848 als ebenso problematisch wie widersprüchlich. Die Debatten in der Paulskirche offenbarten dabei konkurrierende Positionen, die sich ideologisch auf zwei Grundanschauungen reduzieren lassen: »Die nationaldemokratische Variante fußte auf dem Prinzip des nationalen – meist ethnisch gedachten – Selbstbestimmungsrechts. Ihre Anhänger dachten parlamentarisch, republikanisch und international, d.h. sie setzten ihren Nationalismus ein als Befreiungs- und Unabhängigkeitsdoktrin gegen die Macht der ›Reaktion‹. Sie solidarisierten sich mit den Griechen der zwanziger Jahre (als ›Philhellenen‹) und mit den Polen nach deren Aufstand von 1830. In der Paulskirche hatten sie ihre Wortführer in den demokratischen Fraktionen. Die zweite Variante war die nationalantagonistische; sie bildete sich 1813 zwar auch als Befreiungsbewegung, doch war sie geprägt durch Berufung auf die deutsche Geschichte und die in dieser tatsächlich oder vermeintlich begründeten Rechte. Sie stand für kämpferische Selbstbehauptung

---

194 Langewiesche, Revolution, S. 461.

deutscher Machtinteressen für nationales Prestige, Anspruch auf deutsche Überlegenheit.«[195]

Die Problematik und Schwierigkeit der Nationsbildung 1848 ergab sich aus der Gemengelage deutscher und nichtdeutscher Gebiete, das heißt durch den Umstand, dass hier Selbstbestimmungsrechte aufeinanderprallten. Die ins Auge gefassten Bundesgrenzen für den kommenden Nationalstaat garantierten keine nationale Homogenität, in den Grenzzonen vermischten sich vielmehr Deutsche mit Dänen, Polen, Tschechen, Slowaken, Ungarn, Slowenen, Kroaten, Italienern und Niederländern. Von einem *Völkerfrühling* aber, der sich an einen freiheitlichen deutschen Nationalstaat knüpfte, konnte in den Debatten der Paulskirche jedenfalls keine Rede sein. Das wurde besonders an der Polen-Debatte ersichtlich, die von einer geradezu chauvinistisch geprägten Tendenz zu machtpolitischen Konzeptionen geprägt war, die auf einem häufig betonten *germanischen* Überlegenheitsgefühl beruhten und bis zu »Gedanken an eine Ausrottung oder Vernichtung von Volksteilen oder Völkern« führte.[196]

Was war der Hintergrund dieser in ihren chauvinistischen O-Tönen in Teilen nur schwer erträglichen Debatte?

Die preußische Provinz Posen hatte zu dieser Zeit etwa 800.000 polnischsprachige, 420.000 deutschsprachige Einwohner davon 80.000 Menschen jüdischen Glaubens.[197] Die Wiederherstellung eines selbstständigen Polen zählte zum freiheitlichen Programm der liberalen und demokratischen Öffentlichkeit des Vormärz. Diese Perspektive war dann auch noch im Vorparlament mehrheitsfähig, in der Paulskirche aber prallten nationaldemokratische und national-antagonistische Haltungen in der Polenfrage hart aufeinander: geradezu idealtypisch abgebildet im Rededuell

---

195 Siemann, Revolution, S. 147.
196 Günter Wollstein: Das »Großdeutschland« der Paulskirche. Nationale Ziele in der bürgerlichen Revolution 1848/49, Düsseldorf 1977, S. 313.
197 Ebd., S. 106.

von Wilhelm Jordan (gemäßigte Linke, *Deutscher Hof*) und Arnold Ruge.

Der Hegelianer Ruge hatte als Wortführer der Linken am 24. Juli 1848 den Antrag gestellt, die zwölf Posener Abgeordneten aus der Nationalversammlung auszuschließen und die Zugehörigkeit der Provinz zum Deutschen Bund zu verneinen. Der Antrag wurde schließlich mit überwältigender Mehrheit (342:31 Stimmen) abgelehnt. Weniger diese deutliche Abstimmungsniederlage der Linken als die berüchtigte Rede des Abgeordneten Jordan ist in der Erinnerung haften geblieben, denn in ihr kam exemplarisch ein sich entschieden aggressiv gebender Nationalismus zum Ausdruck, der ebenso Teil dieser deutschen Revolution war. Jordans Verbalinjurien (»*schwachsinnige Sentimentalität*« und »*gesunder Volksegoismus*«, »*das Recht des Stärkeren, das Recht der Eroberung*«) waren keine einmaligen Sentenzen eines verirrten Chauvinisten, der sich lediglich in der Wortwahl vergriffen hätte. Zu den außen- und nationalpolitischen Ansichten, wie sie im Parlament vertreten wurden, zählten auch die Illusion einer nationalen Überlegenheit und die ambitiösen Hoffnungen auf eine europäische Hegemonie. Jedoch: »Die Deutsche Nationalversammlung schwelgte in den Debatten zwar in imperialen Träumen von erschreckenden Dimensionen, doch ihre Beschlüsse blieben realitätsbezogen und gemäßigt.«[198]

Tatsächlich folgte die Nationalversammlung in der Polenfrage gegen die chauvinistischen Obertöne dem Nationalitätsprinzip, wonach Deutsche und Polen in der Provinz getrennt werden sollten, indem sie der preußischen Demarkationslinie vom Juni 1848 folgte. Dies wurde in weiten Kreisen als offener Pakt mit der Gegenrevolution interpretiert, denn preußische Truppen hatten im Mai einen polnischen Aufstand in der Provinz Posen niedergeschlagen, die Provinz im Verhältnis 2:1 geteilt, zwei Drittel als Provinz *Deutsch-Posen* abgetrennt und damit die Wiederher-

---

198 Langewiesche, Revolution, S. 464.

stellung Polens im Vorgriff unmöglich gemacht. Dieser erneute Teilungsvorgang wurde von der Nationalversammlung praktisch sanktioniert. Die Polenbegeisterung aus dem Vormärz, selbst die polenfreundlichen Beschlüsse des Vorparlaments waren verflogen und zerbrachen in der parlamentarischen Praxis der Paulskirche.

Soviel aber war inzwischen deutlich geworden: Mit den Wahlen zur Nationalversammlung hatte die deutsche Revolution zwar kein Gravitationszentrum gewonnen, aber ein parlamentarisches Instrument, das auch insofern im Mittelpunkt des Interesses stand, als hier ein handlungsfähiger Parlamentarismus entlang großer Konfliktlinien geprobt wurde. Die Legenden vom unbeweglichen Professorenparlament dürften inzwischen widerlegt sein, denn zu den unbestrittenen aber mühsam erworbenen Fähigkeiten der Paulskirche zählte deren praktizierte parlamentarische Regierungsweise trotz widersprüchlicher Ergebnisse, die pluralistische Tendenz zur Fraktionsbildung trotz damit verbundener Handlungsblockierungen, die Fähigkeit zum parlamentarischen Kompromiss um der politischen Macht willen, die Politik mit wechselnden Mehrheiten, also Techniken und Strategien eines modernen realisierungspragmatischen Parlamentarismus, für den es nur wenig Vorbilder gab. Und sie konnte durchaus Ergebnisse vorweisen, von denen die Verabschiedung der Grundrechte, die zwar die sozialreformerischen oder sozialrevolutionären Debatten und Forderungen der Zeit, die vielfältigen Sorgen der unterbürgerlichen Schichten oder den virulenten Gegensatz von Kapital und Arbeit völlig unberücksichtigt ließen, mit der man sich aber an die westeuropäische Verfassungsentwicklung anschloss und die qualitativ aus der Reichsverfassung herausragten. In Frankfurt tagten nun einmal die Repräsentanten des liberalen deutschen Bürgertums, dessen widersprüchlichen politischen und gesellschaftlichen Optionen sie in der Breite abbildeten.

In den Einzelstaaten

Wie stellte sich die Lage in den deutschen Territorialstaaten dar? Mit Blick auf die Vertretungskörperschaften der Mittel- und Kleinstaaten, sowie der Stadtrepubliken wird rasch erkennbar, dass die Märzrevolution nicht nur vor den Thronen, sondern auch »vor den Bänken der Ständekammern stehengeblieben« war.[199] Gemeint ist die Tatsache, dass hier – anders als in Frankfurt, wo eine verfassungsgebende Nationalversammlung auf der Grundlage eines neuen Wahlrechts konstituiert worden war – die Kammern von den Fürsten selbst nach den Gepflogenheiten des Vormärz (ungleiches Wahlrecht, Zensus, Sondervertretungen, erbliche Mitgliedschaft) berufen wurden. Auf dieser parlamentarischen Grundlage *von oben* sollten die Landtage und Bürgerschaften die *Märzerrungenschaften* in neue Gesetze überführen.

Dies änderte sich zwar zum Ende des Jahres 1848 hin, als neue Wahlgesetze zur Umbildung der Kammern führten, schuf aber auch neue Konflikte zwischen Repräsentanten und Regierung, so dass die gewählten Vertretungskörperschaften Zug um Zug aufgelöst und die Mehrzahl der neuen Gesetze betreffend das Presse- und Vereinswesen sowie die Agrar- und Gewerbeverhältnisse wieder kassiert wurden. Dennoch wäre es verfehlt, aus dieser verkürzten Beschreibung des Trends den Schluss zu ziehen, das parlamentarische Leben in den deutschen Einzelstaaten sei lediglich die Fortsetzung des *Scheinkonstitutionalismus* der Volksvertretungen des Vormärz[200] gewesen, Märzministerien und Parlamente nichts als Spielbälle in den Händen der Obrigkeit, die unter dem Eindruck der revolutionären Volksbewegung nur beabsichtigt hätten, eine vorübergehende Schwächeperiode zu überbrücken. Die

---

199   Botzenhardt, Parlamentarismus, S. 193.
200   Peter Michael Ehrle: Volksvertretungen im Vormärz, Wahl und Funktion der deutschen Landtage im Spannungsfeld zwischen monarchischem Prinzip und ständischer Repräsentation, Frankfurt a.M./Bern/Cirencester 1979, S. 826.

Verfassungspolitik der Berliner Nationalversammlung für Preußen etwa ist geeignet, ein solches Urteil zu relativieren. Zugleich ist diese erste, aus Wahlen hervorgegangene preußische Volksvertretung ein exemplarisches Abbild der Widersprüche dieser Revolution oder Anreiz für widersprüchliche Deutungen.

Die Verfassungsfrage zählte insgesamt zu den Kernthemen der politischen Entwicklung im preußischen Vormärz. Anders als in den frühkonstitutionellen Einzelstaaten des *dritten Deutschlands* bildete hier die Verfassungswirklichkeit in den letzten Jahrzehnten der Regierung Wilhelms III die Kluft zwischen beschleunigten Modernisierungsprozessen und überkommender Herrschaftsstruktur in besonders krasser Form ab. Die bestehenden acht Provinziallandtage erwiesen sich weitgehend als exklusive Interessenvertretungen der Grundbesitzer. Mit deren gesetzlicher Einführung waren 1823 die zunächst angestrebten gesamtstaatlichen Reichsstände gescheitert. In diese starren politischen Verhältnisse brachte der preußische Herrscherwechsel 1840 schließlich Bewegung, als sich neue Hoffnungen auf die Erfüllung der Verfassungsversprechen seines Vorgängers an den angebliche liberal gesinnten Thronfolger Friedrich Wilhelm IV knüpften. Gegen den Widerstand einer starr konservativen Opposition bei Hofe (von Wittgenstein, Prinz Wilhelm u.a.) als entschiedene Sachverwalter des konservativ-monarchischen Prinzips wurden 1842 die *Vereinigten Ausschüsse* einberufen, die als Repräsentation der Provinziallandtage aber keine Volks- sondern eine Ständevertretung bildeten. Seit 1844 existierte ein Verfassungsplan, der einen *Vereinigten Landtag* als Zusammenfassung sämtlicher provinzialständischer Abgeordneter vorsah.[201] Die Kompetenz dieser Repräsentation sollte allerdings auf die Beratung und Beschlussfassung über neue Steuern und Anleihen (vor allem die Notwendigkeit der staatlichen Finanzierung des Baus einer Eisenbahnlinie von Berlin nach

---

201   Vgl. Siegfried Bahne: Die Verfassungspläne König Friedrich Wilhelm IV. von Preußen und die Prinzenopposition im Vormärz, Bochum 1970.

Königsberg) begrenzt bleiben. Am 11. April 1847 war es soweit: Der Vereinigte Landtag trat mit 307 Abgeordneten des Adels und 306 des bürgerlichen Standes aus den Stadt- und Landgemeinden zusammen. Als Repräsentation auf besitzständischer Basis kamen den beiden Kammern ausschließlich Beratungsfunktionen zu. Diese Beschränkungen auf einen Beirat in Gesetzgebungsfragen und in Sachen Steuerbewilligung als eng begrenzte Mitwirkungsmöglichkeiten wurden von der bürgerlichen Opposition umgehend als bloße Scheinlegitimation monarchischer Regierungsform attackiert. Trotz der zahlenmäßigen Überlegenheit der adeligen Vertreter in der Versammlung machte die Mehrheit des Vereinigten Landtages die Bewilligung finanzieller Mittel von der *Periodizität*, der regelmäßigen Einberufung des Gremiums, abhängig. Der Monarch weigerte sich auf diese Forderung einzugehen, was zur Folge hatte, dass das Gesetz über den Bau einer Ostbahn durch eine Zweidrittelmehrheit abgelehnt wurde.

Mit der Märzrevolution bahnte sich dann auch in Preußen die Umsetzung der Forderungen aus den letzten vorrevolutionären Jahren nach einer gewählten Volksvertretung an, die dazu berufen war, eine Verfassung mit dem Monarchen zu *vereinbaren*. Im Anschluss an die Berliner Märzereignisse kam es zur zweiten Einberufung des Vereinigten Landtags. Die Versammlung tagte in der ersten Aprilwoche 1848 und bekannte sich nahezu einstimmig zum Versprechen des Königs, das Land künftig konstitutionell regieren zu wollen. Die Tätigkeit des zweiten Vereinigten Landtages brachte wichtige Ergebnisse wie die Verabschiedung der Wahlgesetze für das deutsche Parlament in Frankfurt und die *Versammlung zur Vereinbarung der preußischen Staatsverfassung*. Außerdem verabschiedete der Landtag die Einführung einer Reihe von Freiheitsrechten (Presse-, Vereins- und Versammlungsfreiheit sowie Gleichberechtigung der Konfessionen). Als am 22. Mai 1848 die Berliner Nationalversammlung zum ersten Mal zusammentrat, hatte das bis dato *antikonstitutionelle* Preußen nicht nur Anschluss an die konstitutionelle Bewegung gewonnen: Kein anderer großer

Flächenstaat Deutschlands hatte eine ähnlich breite Wahlgrundlage. Einen Vergleich zum Frankfurter Parlament musste die Berliner Versammlung nicht scheuen, erwies sie sich in vieler Hinsicht doch als *wesentlich radikaler.*[202] Auffällig war zunächst ihre gegenüber der Paulskirche deutlich unterschiedliche soziale Struktur. Ein Blick auf das Spektrum der dort repräsentierten Berufszugehörigkeiten macht das deutlich.

Berufliche Zusammensetzung der Berliner Nationalversammlung[203]

Verwaltungsbeamte	73
Justizbeamte	87
Lehrberufe (5 Hochschullehrer)	26
Staatsdiener insgesamt	186
Geistliche	51
Rechtsanwälte, Advokaten	5
Ärzte	12
Freiberufliche Intelligenz insgesamt	17
Wirtschaftsbürgertum	39
Landwirte[a]	73
Handwerker	18
Promovierte ohne Berufsangabe	2
Sonstige und nicht Ermittelte	9
insgesamt	395

a: 27 Großgrundbesitzer und 46 Bauern

---

202 Huber, Verfassungsgeschichte, Bd. 2, Stuttgart 1975, S. 585.
203 Botzenhardt, Parlamentarismus, S. 517.

Ähnlich wie in der Paulskirche bildeten die verschiedenen Gruppierungen des höheren Staatsdienstes (Justiz-, Verwaltungsbeamte, Lehrer) den Kern des Berliner Parlaments. Demgegenüber waren in der preußischen Metropole verschiedene bildungsbürgerliche Berufe nur gering (Professoren, Anwälte) oder gar nicht (Journalisten, Schriftsteller) vertreten. Handwerker, Geistliche und Richter fanden sich dort prozentual stärker repräsentiert als in Frankfurt, während die auffällig hohe Zahl der Landwirte, darunter in der Mehrheit Bauern, die nicht zum Großgrundbesitz zählten, und sogar Häusler und Landarbeiter im Tagelohn auffällig den eigentlichen sozialen Gegensatz zur Paulskirche markierten: das Spektrum der Berufe in Berlin war deutlich verschoben hin zum unteren bürgerlichen Mittelstand und hatte erkennbare Anteile anderer Schichten.

Natürlich sagt die soziale Struktur eines Parlaments wenig über die Qualität der dort vertretenen politischen Optionen und deren vermeintliche Radikalität. Ähnlich auch wie in der Paulskirche gliederte sich die Berliner Nationalversammlung schon bald nach Fraktionen. Im Herbst 1848, als eine erste orientierende Anlaufphase vorüber war, ließen sich die politische Gruppierungen, die zum Teil nach ihren Wortführern benannt waren und ihre ungefähre personelle Stärke identifizieren:

Die Fraktion der Berliner Nationalversammlung[204]

Rechte	ca. 120
Fraktion Harkort	ca. 30
rechtes Zentrum, Fraktion Duncker-Kosch-Unruh	ca. 40
linkes Zentrum, Fraktion Rodbertus	ca. 90
Linke	ca. 120

---

204 Ebd., S. 441–453, zusammengestellt von Siemann, Revolution, S. 141.

Solche eher groben Zuordnungen werden dadurch erschwert, dass in konkreten Abstimmungszusammenhängen die Fraktionsgrenzen oft fließend waren. Dies machte das politische Profil der Versammlung im Ergebnis wesentlich unschärfer, als es in dieser Übersicht erscheinen mag. Dennoch lässt sich feststellen, dass vergleichbar zum Paulskirchen-Parlament eine mehrfach aufgespaltene politische Mitte dominierte. Insbesondere das linke Zentrum trat als eine vielschichtige Partei an, deren äußerer Flügel häufig Koalitionen mit der politischen Linken einging, in der aber wiederum auch Männer saßen, die sich nicht explizit als Demokraten verstanden. Die Liberalen des rechten Zentrums votierten zwar in der Regel mit der Regierung, die Partei versammelte aber ebenso Abgeordnete, die in Einzelfällen mit auch der Opposition der Linksfraktionen stimmten. Die politische Rechte schließlich bildeten die großbürgerlichen Abgeordneten der ehemaligen Opposition im Vereinigten Landtag (Camphausen, Hansemann u.a.), die sogenannten Altliberalen, Vertreter des politischen Katholizismus und des ostpreußischen Adels. Zum rechten Flügel des Parlaments zählte ebenso die abgespaltene Fraktion des westfälischen Industriellen Harkort. In diesem politischen Spektrum vereinigten sich also altliberale und monarchisch konservative Tendenzen. Die Linke war ebenfalls aufgespalten in einen eher parlamentarisch orientierten und einen republikanisch-aktionistischen Flügel.

Solche Zuordnungen fallen deshalb schwer, als die Kenntnisse über viele Abgeordnete noch immer relativ gering sind. Von manchen sind noch nicht einmal die Vornamen, geschweige denn ihr politisches Profil bekannt. Gegenüber der älteren historischen Forschung, die im Wesentlichen auf die Auswertungen von Zeitungen, Memoiren, Briefen etc. angewiesen war, sind inzwischen längst quantifizierende Verfahren erprobt worden, wie sie auch bei der Analyse parlamentarischer Abstimmungsverfahren angewendet werden.[205] Mit Hilfe von Skalierungsmethoden ist man dabei zu durchaus spektakulären Erkenntnissen gelangt wie der überraschenden These, dass [...] »paradoxerweise die (regionalen) Stützpunkte der Linken ländlich und agrarisch, die der Rechten städtisch waren.«[206]

Aus diesem erstaunlichen Schluss, dass nicht die städtischen sondern ländliche Wähler die Mehrheit der radikalen Parlamentsmitglieder nach Berlin schickten, lässt sich die provozierende Frage ableiten, ob Stadtluft wirklich auch radikal machte, also demokratische Optionen exklusiv aus der politischen Kultur der Städte erwuchsen. Jedenfalls sind solche Ergebnisse geeignet, die Annahme zu korrigieren, dass die agrarische Bewegung »in der demokratischen Massenpolitik von 1848« nicht sonderlich stark zum Ausdruck käme.[207]

Wie *radikal* also war das Berliner Parlament etwa in der Verfassungspolitik denn nun tatsächlich? Diese Frage zielt auf das Selbstverständnis der preußischen Nationalversammlung und ihre Stellung in der Revolution insgesamt. Bereits zu Beginn ihrer Arbeit kreisten dort die Kontoversen um das Problem, ob die künftige preußische Verfassung mit dem Monarchen zu *vereinbaren* oder durch einseitigen Beschluss der Volksvertretung anzunehmen sei. Zur Debatte standen damit also zwei Prinzipien, die die zentrale Machtfrage stellten: Vereinbarung, dies hatte die Anerkennung des monarchischen Prinzips als entscheidende politische Gewalt zu Folge; eine Demonstration parlamentarischer Autonomie durch einseitigen Verfassungsbeschluss hätte hingegen das Prinzip

---

205   Donald J. Mattheisen: Die Fraktionen der preußischen Nationalversammlung von 1848, in: Konrad Jarausch (Hg.): Quantifizierung in der Geschichtswissenschaft, Düsseldorf 1976, S. 149–167.

206   Ebd., S. 157.

207   Vgl. dazu auch Rainer Koch: Die Agrarrevolution in Deutschland 1848 in: Langewiesche, Die deutsche Revolution, S. 362–394. Koch erklärt, dass etwa der schlesische Hauptrustikalverein als Kristallisationspunkt der demokratischen Agrarbewegung mit ca. 200.000 Mitgliedern die größte Massenbewegung der 48er Revolution bildete (S. 390).

der Volkssouveränität zur Geltung gebracht. Ein entsprechender Antrag scheiterte am 16. Oktober mit 110 Stimmen der linken Fraktionen gegenüber 226 Stimmen des Mitte/Rechts-Spektrum. Das war deutlich. Die Radikalitätsthese wird auch dadurch relativiert, als die Frankfurter Nationalversammlung in der vergleichbaren Frage über die Provisorische Zentralgewalt das Vereinbarungsprinzip mit überwältigender Mehrheit ablehnte.

»Die Berliner Nationalversammlung wies es allerdings zurück, mit dem vom König eigenhändig redigierten Verfassungsentwurf zu arbeiten, den ihr die Regierung am 22. Mai vorgelegt hatte. Stattdessen setzte sie einen eigenen Verfassungsausschuss ein. Dieser legte einen Entwurf vor (26. Juli), der nach dem Ausschussvorsitzenden Benedikt Waldeck den Namen ›Charte Waldeck‹ erhalten hat. Wesentliche Abweichungen vom Regierungsentwurf betrafen durchweg die Machtfrage. Die ›Charte Waldeck‹ wollte allgemeines Waffenrecht, neben stehendem Heer und Reserve (Landwehr) eine Volkswehr, die dem Parlament zugeordnet sein sollte, Mitsprache bei auswärtigen Vertragsbeschlüssen, nur suspensives Vetorecht des Monarchen, tief eingreifend antifeudale Bestimmungen, ausgedehntes Kontrollrecht des Parlaments gegenüber der Regierung durch Untersuchungsausschüsse.«[208]

Es war unter anderem dieser Entwurf und eine Reihe von weiteren Parlamentsbeschlüssen (die Abschaffung des *Gottesgnadentums* im königlichen Titel, die Verbote adeliger Titel und anderer Symbole überkommener aristokratischer und militärisch-bürokratischer Herrschaft), die den radikalen Ruf der Berliner Nationalversammlung begründeten, der in Anlehnung an den NS-belasteten Verfassungshistoriker Ernst Rudolf Huber zu dem seltsamen Vorwurf verarbeitet wurde, dieses radikalisierte Parlament sei für das *Scheitern* der Revolution und den schließlichen Erfolg der Reaktion in Preußen selbst verantwortlich gewesen. Royalisten hätten darin den bevorstehenden Umsturz schlechthin gesehen, und

---

208 Siemann, Revolution, S. 143.

ein anfangs durchaus konstitutionell gesinnter Monarch hätte sich schließlich, als er mit dieser radikalen Versammlung nichts mehr vereinbaren wollte, aus Verbitterung in den Entschluss zur Gegenrevolution hinein gesteigert. Eine tragbare Verfassung zu garantieren sei somit nur dadurch möglich gewesen, dass Friedrich Wilhelm IV. die Volksvertretung erst vertagte, dann mit Gewalt verjagte und am 5. Dezember 1848 schließlich selbst eine im Wesentlichen konservative Verfassung oktroyierte.

Betrachtet man demgegenüber allerdings das konkrete Abstimmungsverhalten der Parlamentsmitglieder,[209] so ergibt sich ein deutlich differenzierteres Gesamtbild. Seit dem Sommer hat eine spürbare, zunehmend reaktionäre Politik bei Hof und Heer, die verstärkte Agitation von Royalisten und konservativen Vereinen gegen die Parlamentsarbeit zu taktischen Koalitionen von Gemäßigten und Radikalen geführt, ohne dass dadurch grundsätzlich gemeinsam mit den Linken eine demokratische Regierungsform angestrebt worden sind. Vielmehr sind die konstitutionellen Ziele bis zum Ende verbindlich und damit die Vorherrschaft der Linken im Parlament reine Illusion gewesen. Darüber hinaus hat sich die Zahl radikaler Abgeordneter offensichtlich weder vermehrt, noch hat die Linke in den entscheidenden Kommissionen einflussreiche Stellungen besetzen können. Und schließlich waren die angeblich radikalen Herbstbeschlüsse, vor allem die Abschaffung des Adels als besonderer Stand und die Streichung der absolutistischen Formel *von Gottes Gnaden*, auch im Grundrechtskatalog und in der Reichsverfassung der Frankfurter Nationalversammlung verankert. Die Paulskirche aber sah sich kaum jemals dem Vorwurf ausgesetzt, ein besonders radikaldemokratisches Organ gewesen zu sein.

---

209 Mattheisen, Fraktionen, S. 159f.

Zwischenbilanz

Der Historiker Dieter Langewiesche hat einmal festgestellt, eine Revolution könne »nicht nur gedeutet werden als Unglücksfall der Geschichte, in dem ein politisches System seine Steuerungsfähigkeit verliert – Revolution kann auch als ein Sonderfall von Modernisierung betrachtet werden.«[210] Er übertrug damit die Kriterien eines historischen Modernisierungskonzeptes auf den Problemzusammenhang der deutschen Revolution 1848/49, die er als dreifache Modernisierungskrise beschreibt: als Krise der Integration, der Legitimation und der Partizipation. Die Integrationskrise habe die Bemühungen um einen deutschen Nationalstaat, die Krise der Legitimation die Versuche betroffen, neue Formen politischer Herrschaft zu begründen, »dadurch die Möglichkeit zur Teilhabe an der politischen Herrschaft generell zu erweitern und zugleich Bevölkerungsschichten in diese erweiterte Partizipation einzubeziehen, die zuvor als minderberechtigt unterhalb der ständischen Geltung lebten. Der Kampf um die Formen und um das Ausmaß dieses politischen Modernisierungsversuchs wurde in den Revolutionsjahren unter den Kampfparolen Republik oder Konstitutionelle Monarchie ausgetragen. In diesen konträren Konzeptionen überlappten sich Legitimations- und Partizipationskrise, und es deutete sich in ihnen als Vorwegnahme der Zukunft bereits eine Umverteilungskrise an – das also, was die Zeitgenossen der Revolution als Befürchtungen oder Hoffnungen mit dem Begriff ›soziale Frage‹ verbanden.«[211]

Dieser Gedankengang wird deshalb hier so ausführlich zitiert, weil seine Interpretation der Revolution als Ergebnis einer umfassenden Modernisierungskrise auf den ersten Blick den

---

210 Dieter Langewiesche: Republik, konstitutionelle Monarchie und »soziale Frage«. Grundprobleme der deutschen Revolution von 1848/49; in: Ders., Die deutsche Revolution, S. 341.
211 Ebd., S. 342.

Vorteil bietet, die bisher beobachteten komplexen und zum Teil widersprüchlichen Ursachenzusammenhänge, Verlaufsformen und die Problemfülle des revolutionären Prozesses auf den verschiedenen Handlungsebenen als Ausdruck ein und desselben Wandlungsprozesses zu begreifen. Der Beginn der Revolution wurde in dieser Sicht wesentlich geprägt durch die agrarische, kleingewerblich-handwerkliche, jedenfalls vorindustrielle Struktur Deutschlands, das seit 1845 von Krisen alten und neuen Typs erschüttert wurde. Die Krisenerfahrung mündete auf allen gesellschaftlichen und politischen Ebenen in die Grunderfahrung eines bevorstehenden, tiefgreifenden Umbruchs aller überkommener Ordnung, die gleichzeitig Hoffnungen auf fortschrittlichen Wandel und elementare Bedrohungsängste auslöste.

Bereits im Vormärz hatten sich die Konturen eines vielschichtigen Potentials sozialen und politischen Protestes abgezeichnet. Trotz widersprüchlicher Motivationen bildete diese Bewegung in den Märztagen eine revolutionäre Konstellation, deren kleinster gemeinsamer Nenner in der Annahme lag, dass die alten, fürstlich-aristokratisch geprägten Regierungsformen nicht in der Lage sein würden, die Krisen der neuzeitlichen Entwicklung zu meistern.

Die Anfangsphase der Revolution war dann geprägt durch die Erfahrung vermeintlicher und tatsächlicher Erfolge der revolutionären Bewegung, durch weitreichende Missverständnisse im Hinblick auf die Strategie und Taktik der nur scheinbar geschlagenen alten Gewalt sowie durch den endgültigen Vollzug der Spaltung von Liberalen und Demokraten. Die einen erblickten in der Revolution den Ausnahmezustand und strebten das System einer konstitutionellen Monarchie auf dem Wege einer Allianz mit den Thronen an, die anderen traten für eine republikanische Staatsform ein. Zwischen diesen beiden Formen der Krisenstrategien wurden jedoch etliche Kompromissformeln entwickelt. Weder die demokratische noch die liberale Position, so sehr sie sich programmatisch schieden, erwiesen sich dabei als homogen.

Als eine Art Zwischenbilanz der ersten Revolutionswelle von 1848 lässt sich also der Umstand beschreiben, dass es weder sozial einheitliche Revolutionsträger noch allgemein verbindliche Zielvorstellungen gab. Auf politischer Ebene lag die verbindende Klammer der sozial disparaten Gruppierungen des Bürgertums in der Absicht, die Revolution zur Institution werden zu lassen, sie zu verrechtlichen. Die aus der Revolution hervorgegangenen Parlamente wurden damit zu Kristallisationspunkten politischer Veränderung, an denen zugleich aber auch, neben den innerbürgerlichen Grundsatzkontroversen, die gesamte Problemfülle dieser Revolution deutlich wurde.

Die Geschichte der – auf parlamentarischer Ebene – institutionalisierten Revolution zählt zu den insgesamt am besten erforschten Themenkomplexen. Mit Manfred Botzenhardt kennzeichnete ein ausgewiesener Kenner dieser durch den revolutionären Druck der Basis ermöglichten Parlamentarisierung des Systems die zentrale Rolle des Bürgertums so: »Das deutsche Bürgertum hat die Revolution von 1848 bei allem Enthusiasmus für die Forderungen deutscher Einheit und Freiheit von Anfang an im Gefühl stärkster Bedrohung durch die Massen und soziale Unruhe erlebt. Führende Liberale, wie überhaupt die Mehrheit des Vorparlaments, sind daher eigentlich revolutionären Bewegungen sofort bewusst und entschieden entgegengetreten, und aus einem durch die Septemberunruhen erneut genährten Gefühl der Unsicherheit und der Schwäche heraus suchte ein Teil der Liberalen den Schutz eines starken Königtums (gegen wen anders als die Unterschichten hätte sich die ›rettende Tat‹ auch richten sollen?). [...] Mit einer paradox klingenden Formel lässt sich diese Haltung so kennzeichnen, dass man den Parlamentarismus (im Sinne einer unbedingten Herrschaft der Volksvertretung) ablehnte, die parlamentarische Regierungsweise (im Sinne einer von der Mehrheit der Volksvertretung getragenen und gegen ihren Willen nicht durchzuführenden Politik) jedoch forderte und auf dem Hintergrund gemeinsamer antirevolutionärer Interessen in der parlamentarischen Monarchie einen Bund von bürgerlich-liberaler Bewegung und Königtum zustande zu bringen suchte.«[212]

Mit anderen Worten beinhaltete die Institutionalisierung der Revolution eine Vorentscheidung über deren weiteren Verlauf: Die Notwendigkeit, »*die traditionellen Eliten und das Volk gegeneinander auszubalancieren*«[213] verschaffte dem Bürgertum ein fast unlösbares Dilemma: Das angestrebte Konzept einer Politik der *Vereinbarung* mit den alten Gewalten war abhängig vom *good will* der monarchischen Staatsapparate und der feudalen Partei, deren Kooperationsbereitschaft aber durch den Druck der Revolution überhaupt erst erzwungen war. Der Konsens zwischen bürgerlichen und feudalen Eliten hing an einem seidenen Faden. Seine Reißfestigkeit wurde weitgehend durch die Frage bestimmt, in welcher Weise die Fraktionen des Bürgertums die Dynamik der Volksbewegung zu steuern gedachten. Die Parlamente wurden damals zu Orten, wo über solche Probleme erstmals öffentlich gestritten werden konnte, wo aber auch Antworten auf schwierige Fragen erwartet wurden, die die Situation zusätzlich komplizierten: das Problem der Zersplitterung Deutschlands, die Konfrontation mit den verschiedenen Nationalbewegungen, die Frage nach den Grenzen eines künftigen Gesamtstaates, das Verhältnis zu den Hegemonialmächten Preußen und Österreich. Die knappen Beispiele der Paulskirchen-Debatte haben versucht deutlich machen, dass angesichts politischer und ideologisch-konzeptioneller Differenzen der disparaten Gruppierungen des Bürgertums solche Antworten, die durch einen pragmatisch gehandhabten Parlamentarismus zustande kamen, häufig nur Ausdruck von Überforderung sein konnten.

Gleichwohl ergäbe sich aus der exklusiven Perspektive der freigesetzten Modernisierungskrisen und der damit einhergehenden

---

212   Manfred Botzenhardt: Parlamentarismusmodelle der deutschen Parteien 1848/49, in: Langewiesche, Die deutsche Revolution, S. 320.
213   Peter Brandt: Liberalismus, in: Lutz Niethammer u.a. (Hg.): Bürgerliche Gesellschaft in Deutschland, Frankfurt a.M. 1990, S. 161.

Überforderung der politischen Hauptakteure ein einseitiges Bild der Revolution in ihrer ersten Phase. Die Institutionalisierung des revolutionären Geschehens wirkte zugleich in bis dahin unbekannter Weise mobilisierend auf die gesamte Öffentlichkeit. Man könnte sagen, dass Politik zum ersten Mal die Klassenschranken durchdrang und in größerem Stil auch die nichtbürgerlichen Schichten erreichte.

Neben den Parlamenten, dem politischen Vereinswesen und der Presse entwickelte sich ein breites Spektrum politisierter *Volkskultur* nicht nur in den städtischen Zentren, sondern auch in der Provinz. Dieser seit den Märzereignissen beschleunigte Prozess einer *Fundamentalpolitisierung* erhielt durch die Wahlen zu den Parlamenten auch auf lokaler Ebene weitere Impulse. Wo gewählt werden durfte, stand der Kampf auf den Barrikaden zunächst nicht mehr auf der Tagesordnung. Diese Bewegung war also einerseits geeignet, die Revolutionsdynamik zu kanalisieren und zu dämpfen. Neben den Parlamenten aber bildeten sich politische Aktionszentren und Kommunikationsstrukturen, die die soziale Dynamik der Revolution ausgesprochen wachhielten und das selbständige Agieren der Volksbewegung in dem Augenblick nahelegten, als der angestrebte Klassenkompromiss von großbürgerlichen und feudalen Eliten diese auszuschalten drohte. Bereits in der Frühphase der institutionalisierten Revolution zeigten sich also Ansätze zu einer *zweiten*, sozialen und radikal-demokratischen Revolution. Die *Fundamentalpolitisierung* seit den Märztagen lieferte ihr dazu die Begriffe, wie immer sie auch ausgelegt werden mochten.

5

Revolution und Konterrevolution in Aktion: Soziale Revolution und reaktionäre Wende

Eine abschließende Bilanz im Frühsommer 1848 hätte sich alles in allem wie eine Chronik von Erfolgen gelesen, wie dies auch der Historiker Walter Schmidt feststellte: »Ausgehend von dem an der französischen Grenze gelegenen Baden, hatte sich die revolutionäre Welle in den letzten Februar- und ersten Märztagen des Jahres 1848 rasch über alle deutschen Klein- und Mittelstaaten ausgebreitet und Mitte März schließlich auch die beiden Zentren der deutschen Reaktion: Österreich und Preußen erfasst. In Berlin war am 18. März der entscheidende Schlag geführt worden. Revolutionäre Handwerksgesellen, Kleinbürger und Studenten hatten die preußische Soldateska so gehörig aufs Haupt geschlagen, dass sie zum Rückzug gezwungen war. Binnen weniger Wochen war die Revolution von Erfolg zu Erfolg geeilt, hatte sie die Reaktion überrascht, überrollt und zum Nachgeben gezwungen. Überall wurden liberale Märzregierungen installiert, die die Großbourgeoisie anstelle der alten Vertreter des Feudalabsolutismus an führende Machtpositionen brachten; Wahlen zu parlamentarischen Vertretungskörperschaften in den einzelnen Ländern und zu einer Nationalversammlung wurden zugestanden; wichtige demokratische Rechte wie Assoziationsrecht, Pressefreiheit und teilweise sogar Volksbewaffnung waren vom Volke erobert worden: Die Reaktion war zunächst geschlagen, die Revolution des März 1848 war siegreich.«[214]

Tatsächlich, die Revolution schien gesiegt zu haben. So konnten es jedenfalls die Akteure in diesem Frühsommer 1848 wahrge-

---

214 Walter Schmidt: Zur historischen Stellung der deutschen Revolution von 1848/49, in: Langewiesche, Die deutsche Revolution, S. 135f.

nommen haben. Doch wer waren diese Akteure? Wer war die Revolution? Auf den Barrikaden von Berlin haben Handwerker und Arbeiter gekämpft. Die Abgeordneten in der Paulskirche waren überwiegend *Honoratioren*. Ein Parlament der Akademiker und Intellektuellen. Das war einer der seltsamen Widersprüche dieses Revolutionsjahres in Deutschland. Und das Jahr war noch nicht zu Ende.

Es hat sich bisher gezeigt, wie wenig bereits in dieser (zunächst erfolgreichen) ersten Welle der Revolution in Deutschland von sozial homogenen Trägerschichten, geschweige denn »einheitlichen, allgemein akzeptierten Zielperspektiven«[215] der Revolutionäre die Rede sein konnte. Dieser Umstand wurde für die weitere Entwicklung der Revolution insgesamt folgenreich. Und: »Es zeigte sich sehr bald, dass die Reaktion zwar zurückgeschlagen, aber nicht vernichtet war. Die entscheidenden politischen wie ökonomischen Machtpositionen der Junker und Adligen im Staatsapparat, in der Armee und auf den riesigen Landgütern waren unangetastet geblieben. Sie zu zerbrechen, unternahm das revolutionäre Volk immer wieder Anlauf, im April, im Juni, im September, im Oktober und November 1848 und schließlich in der Reichsverfassungskampagne von Mai bis Juli 1849. Doch neigte sich die Waage des Erfolgs in diesem erbitterten Ringen zwischen Revolution und Konterrevolution recht frühzeitig zuungunsten der revolutionären und progressiven Kräfte.«[216]

Den elementaren Konfliktstoff für die revolutionäre Dynamik der Jahre 1848/49 lieferte die sogenannte *soziale Frage* und das, was die Zeitgenossen an Ängsten und Hoffnungen mit diesem Begriff verbanden.[217] Die sozialen Spannungen der großen Umvertei-

215 Langewiesche, Republik, konstitutionelle Monarchie, »Soziale Frage«, S. 347.
216 Schmidt, Zur historischen Stellung, S. 136f.
217 Vgl. Eckardt Pankoke: Sociale Bewegung – sociale Frage – sociale Politik. Grundlagen der deutschen »Socialwissenschaft« im 19. Jahrhundert, Stuttgart 1970.

lungskrise, vor allem aber die unbefriedigenden Antworten, die die Politik der Märzministerien und der neunen Parlamente auf die drängenden Probleme fanden, hielten die revolutionären Träger-schichten aus Arbeitern, Handwerkern, Bauern, Kleinbürgertum und freiberuflicher Intelligenz in Bewegung. Dabei hatten sich vor allem die Krisenstrategien des Besitz- und Bildungsbürgertums, das durch die erste revolutionäre Welle in politische Machtpositi-onen getragen worden war, als Mischung aus Interessenpolitik und Sozialängsten erwiesen, die sich immer stärker von der Bewegung der breiteren Volksschichten ablösten. Die Wahrnehmung dieser Entwicklung verdichtete sich in Deutschland zur revolutionären Spannung, die sich im September 1848 in einer breiten Aufstands-bewegung entlud. Sie wurde begleitet durch den Ruf nach einer *sozialen Republik*.

In dieser sogenannten *Septemberbewegung* kulminierten zent-rale Erfahrungen des revolutionären Geschehens in den europä-ischen Zentren (Pariser Junischlacht, Prager Aufstand, Wiener August-Aufstand) als Ausdruck sozialer Enttäuschung und Angst vor dem Erstarken der *Reaktion*. Die Bewegung formierte sich au-ßerhalb der Parlamente und profitierte von einem tiefgreifenden Prozess der *Fundamentalpolitisierung* durch die Organisation in Volks- und Arbeitervereinen, die soziales Bewusstsein zu formie-ren und politische Aktionen zu koordinieren suchten.[218]

Ihren nationalpolitischen Impuls erhielt die Septemberbewe-gung durch die antipreußischen Ressentiments weiter Bevölke-rungskreise im Anschluss an den Waffenstillstand von Malmö, den Preußen während der Schleswig-Holstein-Krise mit Dänemark abgeschlossen hatte. Doch bereits im Vorfeld dieses *revolutionie-renden Signals*[219] war es zu einem deutlichen Anstieg der Protestin-

---

218 Siemann, Revolution, S. 161.
219 Ebd., S. 16.

tensität gegenüber den relativ ruhigen Vormonaten gekommen.[220] Ähnlich der *Märzbewegung* handelte es sich um die Abfolge einzelner Aktionen, die sich flächendeckend, aber mit erkennbaren Schwerpunkten auf bestimmte Regionen und Städte verteilten. In den ländlichen Gegenden Schlesiens, Sachsens, Bayerns, im Odenwald und in Mecklenburg wurden sie von Bauern und Landarbeitern getragen, welche die nur schleppende Aufhebung feudaler Lasten zu forcieren gedachten. Diese Tatsache widerspricht dem pauschalen Befund, die agrarrevolutionäre Welle sei bereits im März 1848 verebbt und die Landbevölkerung – anders als z.B. in Frankreich – aus der revolutionären Bewegung ausgestiegen, nachdem sie sich zu den Revolutionsgewinnern habe zählen dürfen.[221]

Zu aufsehenerregenden Massenveranstaltungen war es in den ersten Septembertagen auch in den rheinischen Großstädten Düsseldorf und Köln, sowie in Mannheim gekommen. Diese politische Aktionsform, in der die *einfachen Leute* die Massenbasis stellten, behielt ihren dominierenden Stellenwert im weiteren Fortgang der Revolution und wurde forciert durch spektakuläre Zentralereignisse, aufgrund derer sich die politische Erregung gleichsam strahlenförmig über das ganze Land ausbreitete. Seit September wurde die Begegnung sozialer Bedürfnisse und politischer Ideen im Rahmen vielfältiger und offenbar lokal verhafteter Aktionen immer greifbarer.

Im Zentrum der Septemberbewegung als Ausdruck einer sozialen Revolution, die aus politischen Konflikten ihre Dynamik gewann, standen die Ereignisse in Frankfurt vom 16. und 18. des Monats. Wiederum war es eine Großdemonstration von mehr als 1.000 Teilnehmern, die aus Protest gegen die vorhergehende An-

---

220 Manfred Gailus: Soziale Protestbewegungen in Deutschland 1847–1849, in: Volkmann/Bergmann, Sozialer Protest, S. 97.
221 Vgl. dazu Barrington Moore: Soziale Ursprünge von Diktatur und Demokratie. Die Rolle der Grundbesitzer und Bauern bei der Entstehung der modernen Welt, Frankfurt a.M. 1969.

nahme des Waffenstillstands von Malmö seitens der Nationalversammlung vom demokratischen und Arbeiterverein organisiert, ein revolutionäres Manifest formulierte, das am 18. September in der Paulskirche verlesen wurde. Die 258 Abgeordneten, die den Waffenstillstand hingenommen hatten, sollten zu »*Verrätern des deutschen Volkes, der deutschen Freiheit und Ehre erklärt*« werden. Als daraufhin Reichstruppen aus der Bundesfestung in Mainz nach Frankfurt beordert wurden, eskalierten die Ereignisse: Die Anwesenheit des Militärs heizte die Stimmung der Volksmenge deutlich auf. Es kam zu versuchten Übergriffen auf das Parlament und schließlich zu blutigen Barrikadenkämpfen. Der erfolglose Aufstand, an dem sich neben Handwerksgesellen und Arbeitern die Turnerschaft, Mitglieder der Bürgerwehr und der Arbeiterverein beteiligt hatten, forderte über 80 Todesopfer. Von den über 1000 Barrikadenkämpfern standen später etwa 600 Beteiligte vor Gericht und wurden abgeurteilt.[222]

Weniger die Barrikadenkämpfe selbst als ein Ereignis am Rande des Schauplatzes sollte den Auftakt für die fallende Handlung der Revolution bilden: der Mord an den beiden liberal-konservativen Paulskirchen-Abgeordneten Felix Fürst Lichnowsky und Hans Adolf Erdmann von Auerswald forcierte die revolutionäre Wende. Politisch konnte der Abgeordnetenmord auf offener Straße als Legitimation für militärische Übergriffe instrumentalisiert werden, wie sie im Oktober in Wien und im November in Berlin stattfanden. Psychologisch schürten sie die Radikalenphobie der bürgerlichen Schichten, die die Revolution ohnehin als Ausnahmezustand begriffen und damit ihre Anlehnungsbereitschaft an die Ordnungsmächte.

In Frankfurt selbst wurde die Zentralgewalt zum Sachwalter der Reaktion: Belagerungszustand, Auflösung aller Vereine und politische Verfolgung wurden vom Reichsverweser auf die Tagesordnung gesetzt. Bereits am 19. September veranlasste ein Zirku-

---

222 Siemann, Revolution, S. 162f.

larerlass die Konzentration der 12.000 Mann starken, verfügbaren Reichstruppen in sogenannten Beobachtungslagern, die strategisch platziert, die revolutionären Folgewirkungen der Ereignisse eindämmen sollten. Ähnlich handelten die konstitutionellen Regierungen der Einzelstaaten, die der Aufstandsbewegung mit einer Verlängerung des Belagerungszustandes begegneten, so am 25. September in Köln und im badischen Lörrach, wo Struve in der fatal falschen Annahme, der Frankfurter Aufstand sei erfolgreich gewesen, wenige Tage zuvor die deutsche Republik proklamiert hatte. Reguläre badische Truppen des Märzministeriums Hoffmann trieben die Aufständischen brutal auseinander und praktizierten in den folgenden Tagen das Standrecht.

In den Monaten danach erreichte die gegenrevolutionäre Wende auch die revolutionären Zentren Wien und Berlin. Noch bis im September konnte gerade die österreichische Hauptstadt als die eigentliche Bastion der Märzerrungenschaften gelten, schien doch hier die Macht bestens organisiert und militärisch gefestigt. Ähnlich wie in Paris fristete das Wiener *Proletariat* seinen Lebensunterhalt aus öffentlich finanzierten Arbeitsmaßnahmen. Eine Statistik der insgesamt 18.561 Beschäftigten weist dabei einen Anteil von 52,6% ungelernten und 46,7% qualifizierten Arbeitskräften auf, die ursprünglich 41 verschiedenen Berufen, vor allem den Krisengewerben des Revolutionsjahres nachgegangen waren.[223]

Eine Großdemonstration Wiener Erdarbeiter gegen die anstehenden Lohnsenkungen vom 23. August hatte zur Polarisierung der revolutionären Fraktionen im Sicherheitsausschuss und schließlich zu dessen Auflösung geführt. *Demokratischer Klub* und Studenten der *akademischen Legion* standen auf Seiten der aufständischen Arbeiter, während der größere Teil der Bürgerwehr die Regierung unterstützte.

---

223 Wolfgang Häusler: Von der Massenarmut zur Arbeiterbewegung. Demokratie und soziale Frage in der Wiener Revolution von 1848, Wien 1979, S. 250f.

Die Balance der Macht verschob sich am 6. Oktober zugunsten der Revolution, als sich die Wiener Einheiten des Kriegsministers weigerten, gegen die ungarischen Freischaren eingesetzt zu werden. Sie vergrößerten die Stärke der bewaffneten revolutionären Schutztruppen der Stadt auf etwa 100.000 Mann und neutralisierten damit Regierungstruppen und Nationalgarde. Der militärische Gegenschlag der Reaktion erfolgte von außen. Am 26. Oktober führte der Oberbefehlshaber der vereinigten österreichischen Truppen Alfred Fürst von Windischgrätz den Angriff gegen die Stadt, die am 31. Oktober eingenommen wurde. Zeitgenössischen Schätzungen zu Folge lag die Zahl der Zivilopfer bei den blutigen Kämpfen über 2000, in ihrer Mehrzahl Tagelöhner, Gesellen und kleine Handwerker, die bei der Verteidigung Wiens gefallen waren.[224]

Die Eroberung Wiens markierte den Wendepunkt und machte den Weg frei für eine Restauration der Habsburger Monarchie, die im November durch die Ernennung von Felix Fürst zu Schwarzenberg zum Ministerpräsidenten und Außenminister weitere Schubkraft erhielt. Ihren sinnfälligen Ausdruck erfuhr die wiedergewonnene Stärke der Reaktion durch die Hinrichtung des Paulskirchen-Abgeordneten Robert Blum, der sich an den Wiener Kämpfen beteiligt hatte. Damit trat die ganze Ohnmacht des deutschen Parlaments offen zu Tage: seine Gesetze und Repräsentanten wurden nicht respektiert.

Die *Wiener Oktoberrevolution* stand in engem Zusammenhang mit den Ereignissen in der preußischen Metropole. Auch in Berlin hatten sich neben der Bürgerwehr selbstorganisierte revolutionäre Wehrverbände der Arbeiter, Handwerkergesellen, Studenten und

---

224   Ebd., S. 395f.

Künstler gebildet.[225] Am 16. Oktober kam es im Anschluss an einen Aufstand von Kanalarbeitern zu Barrikadenkämpfen, während Nachrichten und Gerüchte aus Wien die Nationalversammlung veranlassten, beim Staatsministerium die direkte Unterstützung der dortigen Revolutionäre zu beantragen. Inzwischen hatte der Monarch aber längst entscheidende Schritte zum erfolgreichen Staatsstreich einleiten können. Am 1. November schließlich wurde das *Reaktionskabinett* Brandenburg berufen, eine Woche später die Nationalversammlung vertagt und in die Provinz verlegt. Als diese den Schritt für ungesetzlich erklärte und die Beratungen unbeirrt fortsetzte, kam es zum Truppeneinsatz. Die Einnahme Berlins durch von Wrangels Truppen verlief zwar unblutig, löste aber den bereits bekannten Mechanismus von Reiz und Reaktion aus: Belagerungszustand, Kriegsrecht, Auflösung der Bürgerwehr, Vereinsverbot, Einschränkung von Presse- und Versammlungsrechten. Wenige Tage noch, vom 27. November bis zum 5. Dezember, durfte die Nationalversammlung in Brandenburg an der Havel ihre parlamentarische Arbeit fortsetzten, bevor der König sie schließlich im Handumdrehen auflöste und eine Verfassung oktroyierte, die zwar von der hart umkämpften *Charte Waldeck* noch das allgemeine und gleiche Wahlrecht übernahm, sie aber umfangreich revidierte. »In der Öffentlichkeit mischten sich Empörung über den Rechtsbruch mit Überraschung wegen des fortschrittlichen liberalen Charakters der Verfassung [...] Es war der evolutionäre Weg in die Reaktion, wobei nicht so sehr die Verfassung, sondern Belagerungszustand, Kriegsrecht und Oktroi als solcher die tatsächliche Wende anzeigten.«[226]

---

225 Die Revolution in Berlin ist inzwischen bestens erforscht durch die Arbeiten von Rüdiger Hachtmann. Für die Anfangsphase stellt auch noch immer Adolf Wolffs »Berliner Revolutions-Chronik« von 1851/52 eine bedeutsame Quelle dar, die als Reprint vorliegt: Adolf Wolff, Berliner Revolutions-Chronik. Darstellung der Berliner Bewegung im Jahre 1848 nach politischen, sozialen und literarischen Beziehungen, Leipzig 1979.
226 Siemann, Revolution, S. 174.

Mit Wien und Berlin waren zwei Entscheidungszentren der Revolution in Deutschland, ja in Mitteleuropa, zu Kristallisationspunkten einer umfassenden Revolutionswende geworden, die in Berlin praktisch ihren Abschluss fand, lange bevor etwa das Frankfurter Verfassungswerk schließlich zur Disposition stand. Mit Blick auf den Wiener Revolutionsverlauf bis zum Einmarsch der Truppen von Windischgrätz im Oktober 1848 lassen sich zwei Beobachtungen festmachen, die man für die städtischen Revolutionen in dieser Phase verallgemeinern kann:

den Zerfall der revolutionären Bewegung entlang der Klassenlinie von Bürgertum, Kleinbürgertum und Arbeiterschaft sowie den wechselseitigen Lernprozess, den die Träger der politischen und sozialen Bewegung durchliefen.

Zu den interessantesten Erkenntnissen der Untersuchung von Wolfgang Häusler zählt die Identifikation zweier klar voneinander geschiedener Revolutionsbedingungen: die *bürgerliche* der Wiener Innenstadt und die *proletarische* der Vororte.[227] Danach rekrutierte sich die innerstädtische Revolution vor allem aus Fraktionen des liberalen Bürgertums, das seine Antriebskraft von unterbürgerlichen Schichten und aus studentischen Kreisen erhielt. Hier formierte sich die Nationalgarde, eine sogenannte *akademische Legion*, wurden die bekannten Märzforderungen formuliert und vorschnell mit dem Verfassungsversprechen vom 15. März als eingelöst betrachtet. Danach habe sich die Politik des Wiener Bürgertums lediglich auf Bestandswahrung und Sicherung von Ruhe und Ordnung konzentriert, während die Unruhen in den Vorstädten die Sozialängste weiter schürten und das Bürgertum zum Einschwenken in eine Allianz mit den Ordnungsmächten bewogen.

Diese Unruhen der Vorstädte standen zwar einerseits in der Tradition älterer Volksaufstände, verliefen aber keineswegs ziellos, sondern auf der Grundlage eines ausgreifenden Organisations- und Reflexionsprozesses. Teile der organisierten Wiener Arbei-

---

227 Häusler, Wiener Revolution, S. 139ff.

terschaft entwickelten dabei politische Zielvorstellungen, die weit über die bürgerlichen Programme aller Fraktionen hinausgingen und den Kampf für die politische Demokratie als Durchgangsphase zum Ziel einer sozialen Demokratie betrachteten.

Der wechselseitige Lernprozess, den die unterschiedlichen Gruppierungen der revolutionären Bewegung in diesem *Kampf zwischen den Untertanen*[228] durchliefen, war allerdings – auch innerhalb der Fraktionen – höchst widersprüchlich: die liberalen Teile des Bürgertums *lernten* durch die vermeintliche Bedrohung von Seiten der Arbeiterschaft Bündnisstrategien mit den alten Gewalten zu schließen; die bürgerlichen Demokraten *lernten* – wenn auch in ihrer Minderheit – die Öffnung für ein Programm sozialer Demokratie, vertraten aber mehrheitlich unklare Positionen; Teile der Arbeiterschaft schließlich *lernten* vor allem die Notwendigkeit der Interessenorganisation als Voraussetzung kollektiven, solidarischen und zielbewussten Handelns kennen, aber auch die Probleme, die daraus erwachsen konnten.

Auch die Wiener Studie erzählt vom *Scheitern* der Revolution, für das sie als Hauptursachen die Zersplitterung der revolutionären Bewegung bereits in ihrer Anfangsphase und die Kompromissbereitschaft des liberalen Bürgertums identifiziert.

Für ein besseres Verständnis dieser Strukturen und Abläufe gilt es, den Blick auf die verschiedenen Handlungsebenen von Revolution und Gegenrevolution auch jenseits der sogenannten Entscheidungszentren zu richten, um damit ein klareres Bild der revolutionären Gesellschaft zu gewinnen, die in den wenigen Monaten der Revolution einen Prozess fundamentaler Politisierung durchlief, der bis in den Alltag der sozialen Klassen hineinreichte.

---

228 Ebd., S. 14.

6

Handlungsebenen der Revolution

Außerparlamentarische Bewegungen: Vereine, Parteien und Kongresse

Die 48er Revolution in Deutschland begann mit einer Kette glatter Rechtsbrüche gegenüber den einschlägigen Verboten des Vormärz, sich in politischer Absicht zu organisieren und zu versammeln. Die vielfältigen außerparlamentarischen Gruppierungen, die sich in den Folgemonaten herausbildeten, nannten sich Vereine oder *Assoziationen*, nicht aber *Parteien*. Das hatte seinen Grund, war doch zumindest im liberal-konstitutionellen Lager der Parteibegriff eher negativ besetzt, da er dem idealtypischen Anspruch der vormärzlichen Staatslehre widersprach, wonach ein Abgeordneter stets das allgemeine Wohl des gesamten Volkes, nicht aber einer einzelnen Gruppierung zu vertreten habe.

»Beginnend im späten 18. Jahrhundert, dann ständig anschwellend in der ersten Hälfte des 19. Jahrhunderts, entstand ein breites bürgerliches Vereinswesen. Diese Entfaltung des Vereinswesens korrespondierte mit dem Verfall ständischer Ordnung. Den Abbau alter korporativer Bindungen versuchte man mit neuen gesellschaftlichen Strukturen aufzufangen, welche die Befreiung aus der ständischen Zügelung fördern, gleichzeitig aber die dekorporierte Gesellschaft durch Organisationsformen neu ordnen sollten, die der entstehenden arbeitsteiligen Welt angemessen waren.«[229]

Assoziation verdrängt Korporation. Hier kommt zum Ausdruck, dass im Auflösungsprozess der ständischen Gesellschaft

---

229 Dieter Langewiesche: Die Anfänge der deutschen Parteien. Partei, Fraktion und Verein in der Revolution von 1848/49, in: Geschichte und Gesellschaft 4 (1978), S. 327.

solch interessegeleitete Zweckverbände ebenso frei gegründet wie später wieder auflösbar waren. Sie stellten ihre Tätigkeit zur freien Disposition der Mitglieder, anders als zuvor die geschlossenen berufsständischen Körperschaften der ständischen Gesellschaft. Dieses Vereinswesen erreichte bereits im Jahrzehnt vor der Revolution in Deutschland einen Höhepunkt: die »Vereinsbereitschaft der Bürger« wuchs sich geradezu zur »Vereinsleidenschaft« aus.[230] »Diese Vereine können durchaus als Vorstufen zu organisierten Parteien verstanden werden, denn sie dienten nicht nur zur Einübung in die Praxis freier Organisationen: Sie schufen auch eine zwar verbandsinterne, private Öffentlichkeit, die aber auf die Politik zurückwirkte und den Politisierungsprozess vorantrieb, der in den 1840er Jahren unverkennbar zunahm.«[231]

Erfahrungen, die im vormärzlichen Vereinswesen gereift waren, konnten sich während der Revolution, in dem Augenblick auswirken, als landesweit Vereins- und Versammlungsfreiheit herrschten. Dieser Modernisierungsschub führte schließlich »von der Honoratioren- zur Massenpartei, von lediglich parlamentarisch wirksamem Parteiklub zum gesellschaftlichen tätigen politischen Willensverband, mag man ihn als ›Partei‹ ansehen wollen oder nicht.«[232]

Als Grundstruktur des sich in der Revolution herausbildenden politischen Vereinswesens lässt sich ein Vierparteiensystem identifizieren aus Arbeiterbewegung, demokratisch republikanischem Bürgertum, konstitutionellen Liberalen und politischem Katholizismus, das die Reaktionsjahre überdauert hat. Ohne zu übertreiben lässt sich damit die Revolution von 1848/49 als *Geburtsstunde des modernen deutschen Parteiwesens* ausweisen.[233]

---

230 Thomas Nipperdey: Verein als soziale Struktur im späten 18. Jahrhundert, in: Geschichtswissenschaft und Vereinswesen im 19. Jahrhundert, Göttingen 1972, S. 3.
231 Langewiesche, Parteien, S. 328.
232 Siemann, Revolution, S. 91.
233 Langewiesche, Parteien, S. 361 und 359f.

Arbeiter und Handwerker

Die historische Rolle und das Verhalten der Arbeiterschaft in der Revolution von 1848 ist schon länger ein Thema der Forschung.[234] Kein Zweifel herrscht seitdem an der Erkenntnis, dass von *dem* Arbeiter in der Revolution nicht die Rede sein kann, zu unterschiedlich und widersprüchlich gestalteten sich die jeweilige Lage, die Interessen und Artikulationsformen der lohnabhängigen Klassen bis zur Mitte des 19. Jahrhunderts. Und nicht weniger umstritten dürfte die Frage sein, ob das *Proletariat* von 1848 in Deutschland – bereits die Zeitgenossen benutzten den Begriff – eher dem Bereich des existenzbedrohten kleinen Handwerks als etwa der Fabriken entstammte.

Mit der Durchsetzung des freien Versammlungsrechtes war aber jetzt gewährleistet, dass künftig auch von den Vertretern der Handwerker und Arbeiter selbst deren soziale Probleme diskutiert und entsprechende Forderungen artikuliert werden konnten. Eine wahre Gründungswelle entsprechender Vereinigungen auf lokaler Ebene erfasste in den Nach-Märzmonaten die Einzelstaaten. Dabei lieferten anfangs noch die überkommenen Zünfte den organisatorischen Rahmen, als die einzelnen Gewerbe zunächst ihre besonderen sozialen Forderungen formulierten. Die Grenzen des zünftigen Handwerks wurden aber alsbald von Arbeitern überschritten, die sich in entsprechenden Zusammenschlüssen organisierten. Die Entwicklung der Arbeiterschaft zwischen März 1848 und September 1849 lässt sich zugleich als ein Prozess des schematischen Lernens und der Bewusstseinsklärung verstehen.[235] Ein widersprüchlicher Prozess, dessen Vielschichtigkeit im Hinblick auf das Selbstverständnis der Arbeiterschaft in dieser Zeit Be-

---

234 Vgl. etwa Wolfgang Schieder: Die Rolle der deutschen Arbeiter in der Revolution von 1848/49, in: Wolfgang Klötzer u.a. (Hg.): Ideen und Strukturen der deutschen Revolution 1848, Frankfurt a.M. 1974, S. 44–56.
235 Walter Schmidt: Zur Rolle des Proletariats in der deutschen Revolution von 1848/49, in: Zeitschrift für Geschichtswissenschaft 17 (1969), S. 270-288

Arbeiter vor dem Düsseldorfer Magistrat,
Ölgemälde von Johann Peter Hasenclever

achtung verdient. »*Neben den* ökonomisch-sozialen Faktoren und
Handlungsmotiven wurde die Arbeiterschaft 1848 ganz eindeu-
tig auch durch gemein gesellschaftlich-politische Interessen und
Zielsetzungen bestimmt, deren Ausmaß vom Grad der politischen
Bewusstheit der einzelnen Arbeitergruppen oder ihrer Homoge-
nität und den dadurch bedingten Selbstklärungs- und Lernpro-
zessen abhing, sowie auch von dem Umfang, in dem neben dem
Zwang zur materiellen Existenzsicherung noch Spielräume für die
Verfolgung derartiger außerökonomischer Interessen und Zielset-
zungen verblieben.«[236]

Die Gründe ihrer Organisation, die je konkreten Handlungs-
antriebe und Orientierungen konnten regional höchst unter-

---

236   Jürgen Bergmann: Arbeiter in der Revolution von 1848, in: Volkmann/
Bergmann, Sozialer Protest, S. 303.

schiedlich ausdifferenziert sein und damit schwer rekonstruierbar. Das fällt leichter im Hinblick auf die Frage nach der Organisationsdichte der Arbeiterschaft und ihrer tatsächlichen Kämpfe zur Verbesserung der materiellen Situation. Besonders die Berliner Drucker unter der Führung des jungen Stephan Born, der bis zum Ausbruch der Revolution eng mit Karl Marx und Friedrich Engels in Brüssel und Paris zusammengearbeitet hatte, erregten durch ihren diszipliniert geführten Streik Aufsehen über die Grenzen der Stadt hinaus. Diese Art von Erfahrungen und ersten Erfolgen beschleunigten die Bestrebungen, die Organisationen dem Berliner Beispiel folgend überregional auszubauen, als man im April 1848 den Zusammenschluss aller Gewerbe einer Stadt anstrebte. Dies gelang zuerst den Handwerksmeistern, die vom 2. bis 4. Juni 1848 in Hamburg einen Kongress der Abgeordneten zahlreicher norddeutscher Handwerksvereinigungen veranstalteten. Wesentliches Ergebnis war die Einberufung eines *allgemeinen Handwerker- und Gewerbekongresses* nach Frankfurt, der Mitte Juli im Römer eröffnet wurde. Am Schluss waren es mehr als hundert Delegierte, die zunächst in einer Petition ihre allgemeinen Forderungen formulierten, wobei dieser zahlreiche Petitionen lokaler Vereinigungen zugrunde lagen. Schließlich legte der Kongress dann am 15. August der Nationalversammlung seine Grundzüge einer allgemeinen Handwerker- und Gewerbeordnung für ganz Deutschland vor.

Dem waren jedoch heftige innere Auseinandersetzungen vorangegangen, die deutlich machten, dass innerhalb des Handwerks unterschiedliche Interessen gegeneinanderstanden: die der unabhängigen Meister gegen die der Gesellen. Schließlich eröffneten die von der Mitbestimmung ausgeschlossenen Gesellen am 20. Juli ihren eigenen Kongress, der bald darauf beschloss, alle Stände der Arbeiter heranzuziehen und sich dementsprechend nun als *Allgemeiner Arbeiterkongress* bezeichnete. Unter dem Einfluss des Kasseler Gewerbelehrers Karl Georg Winkelblech, der sich selbst *Marlo* nannte, formulierten sie schließlich ihre Zielsetzungen, bevor der Kongress Mitte September zu Ende ging.

Wenig später fand in Berlin ein Arbeiterkongress statt, an dem Vertreter von 400 Arbeitervereinen aus ganz Deutschland teilnahmen, allerdings ohne die Frankfurter Gesellen, welche die Teilnahme abgelehnt hatten und lediglich einen Vertreter entsandten. Initiator dieser Versammlung war das am 11. April 1848 in Berlin begründete *Zentralkomitee für Arbeiter*, an dessen Spitze Stephan Born stand, der zugleich die Zeitung *Das Volk* als Publikationsorgan dieser Organisation redigierte. Hier hatte er am 10. Juni auch das Programm des Zentralkomitees veröffentlicht. Auch dieser Kongress verabschiedete dann im Anschluss an dieses Programm seine Beschlüsse, stellte denen ein Manifest voran, das an die Frankfurter Nationalversammlung adressiert wurde.

Ein weiteres Ergebnis dieses Kongresses gewann in der Folgezeit an Bedeutung: Die erfolgreiche Gründung einer überregionalen Organisation, der sogenannten *Arbeiterverbrüderung* als Verband von zahlreichen Arbeitervereinen aus ganz Deutschland. Dafür brauchte es eine Organisationsstruktur. Aus den einzelnen Lokal-Komitees gingen Bezirks-Komitees als regionale Verbände hervor, insgesamt 26 an der Zahl, die jeweils für sich eigene Kongresse organisierten und Vertreter zu der alljährlichen Generalversammlung entsandten, die ihrerseits dann das Zentralkomitee der *Arbeiterverbrüderung* wählte. Eine Erfolgsgeschichte; denn bald bestand diese Organisation unter der Führung Borns aus mehr als 150 Ortsvereinen, denen im Frühjahr 1849 schätzungsweise 12.000 bis 15.000 Mitglieder angehörten. Damit war die Verbrüderung die mit Abstand größte Arbeiterorganisation während der Revolution.

Deren praktische Arbeit setzte auf das Prinzip der *Solidarität*, indem man vor allem soziale *Selbsthilfeorganisationen* wie Produktions- und Konsumgenossenschaften, Krankenkassen und Stellen für Arbeitsvermittlung aufbaute. Daneben legte man vor allem Wert auf Programme für die *Bildung und Fortbildung der Arbeiter*.

Im Vergleich dazu spielte der von Marx und Engels begründete *Bund der Kommunisten* eine weniger bedeutsame Rolle, wo

Anspruch und Realität noch relativ weit auseinanderklafften. Der Bund hatte in dieser Zeit rund 500 Mitglieder, die in der Mehrzahl aus politisch Verfolgten, emigrierten oder ausgewiesenen Handwerksgesellen bestanden. Im April wurde die Zentrale des Bundes, der zuvor nur aus dem Ausland heraus agieren konnte, von Paris nach Köln verlegt, wo auch ein mitgliederstarker Arbeiterverein um den Armenarzt Andreas Gottschalk und den Redakteur der Neuen Rheinischen Zeitung, Fritz Anneke, aktiv war.[237]

Im März 1848 veröffentlichten die beiden von Paris aus die bereits erwähnten siebzehn »*Forderungen der Kommunistischen Partei in Deutschland, gerichtet an das Interesse des deutschen Proletariats, des kleinen Bürger- und Bauernstandes*« (s. Quellenanhang). Gefordert wurde dort aber keineswegs die umfassende Verstaatlichung allen Privateigentums, sondern von Banken, Transportmitteln und Post sowie der feudalen Landgüter und schließlich die Aufhebung aller feudalen Lasten. Neben der Zentrale in Mainz wirkten größere Vereine in Köln und Berlin und kleineren Sektionen in ganz Deutschland. Der Versuch, Anfang April von Mainz die entstehenden Arbeitervereine zusammenzufassen, ist dann gescheitert. Dennoch gewann der vorrevolutionäre Bund auf Umwegen Einfluss auf deren Entwicklung, als einzelne Kader eigene Initiativen ergriffen. Stefan Born war selbst zeitweise Mitglied im Bund der Kommunisten gewesen. Aus der Marxschen Revolutionstheorie hat er offenbar insofern gelernt, als die politische Revolutionierung als Voraussetzung für die gesellschaftliche Emanzipation der Arbeiterschaft erkannt wurde. Die Kontroverse und das produktive Missverständnis zu Marx und Engels lag in der Überzeugung, »dass sich die Arbeiter 1848 nur politisch organisieren ließen, wenn man ihnen die Beseitigung ihrer konkreten sozialen Nöte und Leiden nicht erst für die ferne zweite Phase der Revolution, sondern sofort in Aussicht stellte. Da der normale Typus des Arbeiters 1848 noch nicht der Proletarier war, für den

---

237 Jürgen Herres: Köln in preußischer Zeit 1815–1871, Köln 2012, S. 239ff.

und in dessen Interesse Marx die soziale Revolution forderte, ist es nicht erstaunlich, daß Born, aber auch Schapper und Moll, die alten Parteigänger von Marx aus Londoner Tagen, sich schließlich für die Abhilfe der konkreten sozialen Not der Arbeiter einsetzten und mit der Planung sozialer Reformen begnügten.«[238]

Die unterschiedlichen Interessen im Bereich des Vierten Standes fanden somit ihren Ausdruck in verschiedenen außerparlamentarischen Organisationen und Veranstaltungen, die sich nicht zwingend gegenseitig ergänzen mussten. Die einen stürmten Maschinen und gaben sich industriefeindlich, die anderen setzten auf Sozialpolitik und kollektive Selbst- und Soforthilfe. Wieder andere verschrieben sich dem stufenweisen revolutionären Wandel des Systems, so dass sich grob als Strukturmerkmal der Arbeiterbewegung in der Revolution eher sozialkonservative von sozialreformerischen (mit dem Ziel einer Integration der Arbeiter in die politische Demokratie) und sozialrevolutionären Typen (mit dem weitergehenden Ziel der Etablierung einer klassenlosen Gesellschaft) unterscheiden lassen. Kompliziert wurde die Lage durch mancherlei personale Schnittstellen und Kontinuitäten in den unterschiedlichen lokalen Organisationen.

Die hier formulierten Positionen der aus dem Frankfurter Parlament weitgehend Ausgeschlossenen waren jedoch nicht zwingend gegen eben diese Nationalversammlung gerichtet. Wie man auf den Barrikaden nicht zuletzt auch für ein deutsches Parlament gekämpft hatte, so versuchte man nun, mit Petitionen und Adressen auf die Arbeit dieses Parlaments einzuwirken. Man verstand sich also nicht als Gegenparlament, sondern als – allerdings notwendige – Ergänzung der Nationalversammlung, deren Entscheidungen man sozusagen als *pressure groups* beeinflussen wollte. Diese Bemühungen blieben jedoch weitgehend ohne Folgen. Die von der Nationalversammlung verabschiedeten Grundrechte verankerten stattdessen die vielgeschmähte Gewerbefreiheit, während

---

238 Schieder, Arbeiter, S. 54f.

eine neue Gewerbeordnung zunächst einmal durch den volkswirt-schaftlichen Ausschuss der Versammlung erarbeitet werden sollte. Als diese dann endlich im Februar 1849 vorlag, konnte sich das Parlament nicht mehr damit befassen, weil seine Zeit bereits abge-laufen war. Damit hatte die Revolution den materiellen Volksinte-ressen nicht entsprochen; weder die Handwerker noch die Arbei-ter sahen die von Ihnen erhoffte Erwerbs- und Existenzsicherung durch den Staat garantiert.

So verlor für die Masse der Handwerker und kleinen Ge-werbetreibenden die Revolution zunehmend ihren Sinn. Vor al-lem enttäuschte Handwerker waren bald durch Hilfsmaßnahmen und Versprechen für die konservativen Regierungen zu gewinnen. Auch die Arbeiter distanzierten sich mehr und mehr von einer Revolution, die ihre zentrale Forderung nach sozialer Demokratie nicht verwirklichen wollte oder konnte. Am 27. Juli 1849 schrieb die *Verbrüderung*, das Proletariat sei es endlich müde, für »*die Ty-rannei der Geldsäcke gegen die Tyrannei der Bajonette zu kämpfen und mit seinem Blut die Macht der Bourgeoisie zu fördern.*«[239]

Was zählte, aber war die längerfristige Perspektive: »Wenn auch 1848er Arbeiter scheiterten, ihre Organisationen verfolgt und ver-boten wurden und ein Jahrzehnt scharfer politischer Restriktionen folgte – sie hatten die Fähigkeit zur Selbstorganisierung und eigen-ständigen Vertretung ihrer Interessen unter Beweis gestellt.«[240]

Republikaner und Demokraten

Aber nicht nur soziale Gruppierungen formierten sich in außer-parlamentarischen Organisationen, um die verfassunggebenden

---

239   Paul H. Noyes: Organization and Revolution. Working Class Associations in the German Revolutions of 1848/49, Princeton 1966, S. 345.
240   Helga Grebing: Arbeiterbewegung. Sozialer Protest und kollektive Interes-senvertretung bis 1914, München 2. Aufl. 1987, S. 46.

Versammlungen mit deutlichen Forderungen zu konfrontieren, die verstärkte Eingriffe in Ökonomie und Gesellschaft vorsahen. Daneben waren besonders die Aktivitäten der in der Paulskirche nur durch eine starke Minderheit vertretenen politischen Gruppierungen der Republikaner und Demokraten von Bedeutung.

Seit den Märztagen existierte eine ausgedehnte demokratische Vereinsbewegung sowohl in den Städten als auch auf dem Lande. Sie litt allerdings unter starker regionaler und lokaler Zersplitterung; es fehlte der übergreifende organisatorische Verbund, den man jenseits des Parlaments der revolutionsbefriedenden Politik der Paulskirchen-Mehrheit hätte entgegensetzen können.

Mitte Juni 1848 kam es dann zum ersten *Demokratenkongress* in Frankfurt mit 234 Delegierten aus 89 Vereinen und 66 Herkunftsstädten[241], unter ihnen so renommierte Mitglieder wie Ludwig Feuerbach, Ferdinand Freiligrath, Julius Fröbel, Ludwig Bamberger oder die Kölner Kommunisten Andreas Gottschalk und Fritz Anneke. Dieser Kongress wählte einen gemeinsamen Zentralausschuss in Berlin und damit die erste nationale Parteizentrale in der Metropole eines Landes in dem eine lebhafte Parteibildung vonstattenging: Für Preußen wird die Zahl der politischen Vereine im Oktober 1848 auf etwa 700 geschätzt, davon 250 demokratische Zusammenschlüsse.[242]

Im Vergleich zu den Petitionen und Proklamationen der Handwerker und Arbeiter fällt auf, dass der Demokratenkongress eher den Anspruch erhob, ein Gegenparlament zu sein, das im Gegensatz zur Paulskirche die wahren Zielsetzungen des Volkes vertrete, *die demokratische Republik*. Dieser Gegensatz zur Paulskirche erreichte seinen Höhepunkt dann im September 1848, als die *Malmö-Krise* die Nationalversammlung schlagartig ins Zwielicht

---

241 Gerhard Becker: Das Protokoll des ersten Demokratenkongresses vom Juni 1848, in: Jahrbuch für Geschichte 8 (1973), S. 379–405.
242 Joachim Paschen: Demokratische Vereine und preußischer Staat, München 1977, S. 90.

rückte, weil sie keine antipreußische Richtung eingeschlagen und damit eine *zweite Revolution* hatte folgen lassen. Er kulminierte schließlich im erwähnten Frankfurter Aufstand und in dem Versuch, durch direkte, antiparlamentarische Aktionen radikale politische Zielsetzungen zu realisieren. Damit war aber gleichzeitig auch die Offensivkraft der Revolution gebrochen. Von nun an befand sie sich in der Defensive und war zudem durch wachsende Spaltungstendenzen innerhalb der eigenen Reihen gekennzeichnet. Dies wurde im Spätherbst 1848 offenkundig, als die Linke auf drei verschiedenen Ebenen noch einmal im außerparlamentarischen Bereich aktiv wurde.

Zunächst organisierte der Zentralausschuss der Demokraten einen *zweiten Demokratenkongress*, der vom 26.–30. Oktober 1848 in Berlin stattfand. Dort erschienen zwar insgesamt 226 Delegierte, vornehmlich aus Nord- und Ostdeutschland, doch politisch wirksame Ergebnisse konnte dieser Kongress nicht vorzeigen. Vielmehr dominierten heftige und langwierige Fraktionskämpfe in der hitzigen Diskussion um die soziale Frage. Ein Anschluss an die Proklamation des Berliner Arbeiterkongresses gelang dabei ebenso wenig wie der Versuch, eine erneute Sammlungsbewegung zur Abwehr der Gegenrevolution in Gang zu setzen.

Fast gleichzeitig fanden zwei weitere Organisationsversuche statt, beide mit der Zielsetzung, die Revolution zu verteidigen: das sogenannte *Gegenparlament* vom 27. Oktober 1848, sowie die Gründung des *Centralmärzvereins* im November des gleichen Jahres. Im Gegenparlament sollte sich die linke Opposition aus den verschiedenen parlamentarischen Körperschaften Deutschlands zu einer Demonstration gegen die Frankfurter Nationalversammlung vereinigen. Die Beteiligung aber war schwach, das gesamte Unternehmen erwies sich als völliger Fehlschlag. Im Gegensatz zu den antiparlamentarischen Veranstaltungen der Radikalen war für ihre Politik außerhalb des Parlaments keine breitere Basis zu gewinnen. Das lag nicht zuletzt an der veränderten politischen Situation im Spätherbst 1848, als die militärische Gegenrevolution in Wien und Berlin ihre Erfolge feierte. Da nun die Arbeit der deutschen Nationalversammlung ernsthaft bedroht war, gründeten die linken Gruppierungen *Donnersberg* und *Deutscher Hof* auf einer gemeinsamen Fraktionssitzung zusammen mit einem Teil der eher gemäßigten Fraktion *Westendhall* den *Centralmärzverein*. Dessen Organisationsaufbau machte deutlich, in welchem Ausmaß es sich hierbei um den Versuch handelte, eine parlamentarische Fraktion auf eine breitere außerparlamentarische Basis zu stellen. Über den zahlreiche Lokalvereinen standen nämlich Provinzial- und Länderorganisationen und darüber schließlich der *Centralmärzverein*, der ausschließlich aus den dieser Organisation beigetretenen Abgeordneten der Nationalversammlung bestand. Sein Vorstand wurde exklusiv aus diesem Kreis gewählt, das heißt die einzelnen Vereine besaßen keinerlei Einfluss auf dessen Zusammensetzung. Dies entsprach der politischen Zielsetzung, durch eine umfassende außerparlamentarische Organisation dem parlamentarischen Wirken der Frankfurter Linken endlich stärkeres Gewicht zu verleihen.

Der *Centralmärzverein* in Frankfurt vereinigte am Ende mehr als 950 Ortsvereine mit rund einer halben Million Mitglieder.[243] Woher kamen diese Mitglieder? Die sozialen Schichten etwa lassen sich exemplarisch an konkreten lokalen Bespielen ermitteln, wie etwa dem insgesamt 430 Personen umfassenden *demokratischen Volksverein* in Nördlingen.

---

243 Botzenhardt, Parlamentarismus, S. 402f.

Die Mitglieder des demokratischen Volksvereins in Nördlingen[244]

Handwerk und Gewerbe	65,1 %
Kaufleute	6,7 %
Brauer und Wirte	6,7 %
einfache Angestellte	3,7 %
Elementarlehrer	2,1 %
Ärzte	0,9 %
untere Beamte	0,9 %
Bauern	0,9 %
übrige bürgerliche Berufe	4,8 %
keine Berufsangabe	8,2 %

Die Führungsgruppe bestand aus vier Lehrern, zwei Wirten und zwei Ärzten sowie je einem Kaufmann, Buchhändler, Redakteur und Lithograph.

In dieser Vereinsstruktur spiegelte sich einerseits die tendenzielle Nähe zu den unterbürgerlichen Schichten wieder – das Gros der Mitglieder stellten Angehörige des kleinen Handwerks –, andererseits aber die Dominanz der freiberuflichen Intelligenz in den Führungspositionen. Der Zusammenschluss der Lokalvereine auf zentraler Ebene bot insgesamt ein signifikantes Abbild der verschiedenen Strömungen im Bereich der Linken der Paulskirche, gleichsam als deren eher lockere Dachorganisation zum Zweck gegenseitiger Information und Koordination. Vor allem zur Verbreitung der Grundrechte trug diese Vereinigung schließlich wesentlich bei. Doch als nach dem finalen Scheitern der Nationalversammlung in der sogenannten *Reichsverfassungskampagne* ab Ende März 1849 ein letzter Versuch zur Wahrung der März-Errungenschaften und zur Durchsetzung der Verfassung unternom-

---

244 Ebd., S. 376.

men wurde, zeigte es sich, dass der *Centralmärzverein* tatsächlich kein eigenes politisches Gewicht besaß.

Konstitutionelle

Die Organisationsversuche der *Konstitutionellen* waren eine Reaktion auf solche demokratischen Aktivitäten. Die große Zahl ihrer Ortsvereine, die in manchen Städten der Mitgliederstärke der Demokraten kaum nachstanden, unterschieden sich zwar in der Namensgebung (*Vaterländischer, Deutscher* oder *Bürgerverein* etc.) weniger aber in der grundsätzlichen programmatischen Orientierung. *Konstitutionell,* das bedeutete die Ambition, monarchisches Prinzip und Verfassungsstaat zusammenzudenken und miteinander zu verbinden. Historiker sprechen gelegentlich von einer »erzwungenen Parteilichkeit« der Liberalen, die ihre »Parteiunwilligkeit nur so lange überdeckte, als die Aktivität der demokratischen Vereine die Liberalen zur Gegenwehr in Form von außerparlamentarischen Organisationen nötigte. Es war eine ihnen aufgedrängte Bereitschaft zur Vereinsbildung aus der Defensive heraus, gepaart mit schlechtem Gewissen über das eigene Tun.«[245] Die ersten Bemühungen um eine organisatorische Zusammenfassung erwiesen sich allerdings als Fehlschlag. Der Berliner Gegenkongress zu den Demokraten im Juni 1848 versammelte zwar Delegierte aus rund 90 Vereinen, in der großen Mehrzahl Akademiker, Beamte und Kaufleute, verlief aber nach dreitägiger Sitzung völlig im Sande.[246] Ein dauerhafter Zusammenschluss gelang erst mit der Gründung des *Nationalen Vereins* in Kassel am 7. September 1848, wo allerdings die preußischen Konstitutionellen fehlten. Im Frühjahr 1849 umfasste diese Dachorganisation etwa 160 Vereine als »*Willensausdruck der gemäßigten und vielfach konservativen, aber ehrlichen*

---

245 Langewiesche, Parteien, S. 353.
246 Siemann, Revolution, S. 105.

und freiheitsliebenden Partei des deutschen Volkes«[247] und deshalb in ausdrücklicher Distanz zum *Centralmärzverein,* mit dem es auch in der *Reichsverfassungskampagne* nicht zum Bündnis kam. Der Liberalismus von 1848/49, wie ihn die lokalen Vereinigungen der Konstitutionellen vertraten, war noch weitgehend vorindustriellen Leitbildern verpflichtet, entstanden »in einer in wirtschaftlicher, sozialer und damit zugleich politischer Hinsicht vorrevolutionären Umwelt. Das aus diesem Kontext entwickelte Zukunftsbild einer klassenlosen Bürgergesellschaft mittlerer Existenzen, einer, rückblickend formuliert, vorindustriellen, berufsständisch organisierten Mittelstandsgesellschaft auf patriarchalischer Grundlage«[248] nahm die Ausgrenzung von Unselbständigen bewusst in Kauf. Dies spiegelt sich in der sozialen Zusammensetzung dieser Vereine, in der unterbürgerliche Schichten zwar nicht grundsätzlich fehlten, aber zahlenmäßig unterrepräsentiert oder aufgrund vereinsinterner Regelungen einflusslos blieben.[249]

Politischer Katholizismus

Kaum vergleichbar mit den politischen Vereinen waren die außerparlamentarischen Organisationen des politischen *Katholizismus,* insbesondere die *Piusvereine.* Diese vertraten weniger umfassende politische Zielsetzungen, sondern konzentrierten sich auf eine Neuordnung des Verhältnisses von Staat und Kirche. Die Politisierung des Katholizismus rührte noch aus dem Vormärz, als in Preußen ein Kulturkampf zwischen Staat und Kirche um den Mischehen-Konflikt drohte. Die ersten Piusvereine gründeten sich schon

---

247 Resolution des »Nationalen Vereins« vom 16.5.1849 an die Paulskirche, zit. nach: Siemann, Revolution, S. 106.
248 Lothar Gall: Liberalismus und »bürgerliche Gesellschaft«, in: Ders. (Hg.): Liberalismus, Köln 1976, S. 176.
249 Vgl. vor allem Hartwig Gebhardt: Revolution und nationale Bewegung, Bremen 1974, S. 165.

in den Märztagen der Revolution. Ihnen folgte in den nächsten Monaten eine wahre Gründungswelle im Rheinland, in Schlesien, in Süddeutschland und mit deutlichem Schwerpunkt in Baden. In der Diskussion um die Neuordnung des Verhältnisses von Staat und Kirche »gelang ihnen die Steuerung kollektiver Meinungsbildung jedoch wie keiner anderen politischen Gruppierung.«[250] Die Piusvereine bedienten sich vorwiegend des Petitionswesens und dies ausgesprochen intensiv. So sind etwa bei den rund 2000 noch erhaltenen Petitionen aus der Rheinprovinz (sie umfassten etwa ¾ aller eingesandten Petitionen) rund 163.000 Unterschriften für kirchenpolitische Eingaben verzeichnet, etwa 54.000 für wirtschaftspolitische und zirka 20.000 für allgemeinpolitische.[251]

Zahlen wie diese, die sich auch für andere deutsche Provinzen und Staaten nachweisen lassen, unterstreichen den Charakter einer klerikalen Massenbewegung mit beträchtlicher außerparlamentarischer Wirksamkeit. Die *Piusvereine* profitierten dabei von der katholischen Glaubenslehre als verbindende Klammer und vom Klerus als deren organisatorische Stütze. Die politische Ausrichtung des organisierten Katholizismus war jedoch nur gegenüber den Demokraten eindeutig ablehnend, weil die den gesellschaftlichen Einfluss der Kirche zu reduzieren suchten, indem sie u.a. für die Verstaatlichung des Schulwesens eintraten. Solche Positionen, die auch demokratische Eingriffe in die innere Kirchenverfassung (Pfarrwahl) vorsahen, wurden von den Piusvereinen scharf bekämpft. Diese standen andererseits Teilen der Märzbewegung durchaus nahe, wenngleich enge, auch personelle Berührungspunkte zu den Konservativen bestanden.

So strebten auch die Piusvereine den nationalen Zusammenschluss in Form eines Dachverbandes an. Im Oktober 1848 fand zu diesem Zweck der erste deutsche Katholikentag statt, der in

---

250   Langewiesche, Parteien, S. 347.
251   Ebd., S. 348; vgl. auch Karl Egon Lönne: Politischer Katholizismus im 19. und 20. Jahrhundert, Frankfurt a.M. 1986, S. 106ff.

seiner Kritik massiven Einfluss auf die Grundrechtsdebatte zu nehmen versuchte, was vor allem im Hinblick auf das Problem des kirchlichen Aufsichtsrechts über den Religionsunterricht und das geplante Verbot des Jesuitenordens auch gelang. Insgesamt demonstrierte der gemeinsame Verband der *Piusvereine* besonders deutlich, in welchem Maße Erscheinungsformen des modernen Parlamentarismus während der Revolution von 1848/49 zum Tragen kamen: die Fähigkeit zur Mobilisierung des Öffentlichkeitsdruckes durch außerparlamentarische Agitation und die Rückkoppelung an die Parlamentarier selbst.

Neue Öffentlichkeit: Presse, Petition und Festkultur

»*Wenn von der politischen Bildung des deutschen Volkes die Rede ist, so versteht es sich leider beinahe noch von selbst, dass nur an die Bewohner größerer Städte zu denken ist. Sie sind vor der Masse des Landvolkes in jeder Weise im Vorzug.*«[252] Dieser Blick auf das Stadt-Land-Bildungsgefälle war weniger despektierlich als für die Zeit realistisch: 1848 lag die Zahl der Analphabeten in Deutschland bei rund 20%, in der Donaumonarchie zwischen 40 und 50%.[253] Damit fielen vor allem die unterbürgerlichen Schichten, besonders aber weite Teile der Landbevölkerung als Lesepublikum beinahe vollständig aus, so dass der Agitation durch Gedrucktes enge Grenzen gesteckt waren. In den Städten lag die Analphabeten-Quote tatsächlich wesentlich niedriger.

Mit der Freigabe der Presse durch den Bundestag am 3. März 1848 fiel eine der wichtigsten Schranken für den Prozess der Politisierung und Organisierung der Bevölkerung zumindest in den

---

252 Demokratische Flugblätter, Trier, 5. Oktober 1848, zit. nach: Langewiesche, Parteien, S. 343.
253 Rudolf Engelsing: Analphabetentum und Lektüre. Zur Sozialgeschichte des Lesens in Deutschland zwischen feudaler und industrieller Welt, Stuttgart 1973, S. 97.

größeren Städten. Dabei erwies sich die Presse künftig als ein unersetzliches Instrument der Agitation und zwar für Agitationsmittel für alle politischen Gruppierungen: Ohne Presse, die einen echten Gründungsboom erlebte. »Ihre Bedeutung für die Ausbreitung politischer Organisationen ist kaum zu überschätzen: ohne Presse keine Vereine von Dauer und Ausstrahlungskraft.«[254]

Vereine publizierten in solchen Presseorganen, die ihnen politisch nahestanden oder gründeten einfach neue, zunächst auf lokaler, dann regionaler und später nationaler Ebene. Damit festigte sich das ansonsten lockere Organisationsgefüge und schuf neue kommunikative Strukturen. Mit der Aufhebung der Zensur, die jedoch schon in den letzten vorrevolutionären Jahren als nicht mehr sonderlich wirksam angesehen werden konnte, und der Freigabe der Presse, worunter man Druckerzeugnisse aller Art (Bücher, Flugblätter, Maueranschläge, Broschüren, Karikaturen und vor allem Tageszeitungen) verstand, setzte ein wahrer Vertriebsboom ein, von dem vor allem die Zeitungsverleger, weniger aber die Buchhändler profitierten: *Man* las Zeitungen, wenn man lesen konnte. »*Die Zeitungspresse nahm alles in Anspruch, es hatte niemand Zeit, etwas anderes zu lesen.*«[255]

Neue Zeitungen wurden gleichsam über Nacht gegründet, Auflagen schnellten in die Höhe und befriedigten den Lesehunger des Publikums, so dass es kaum übertrieben ist, für das Jahr 1848 eine *Leseexplosion* zu verzeichnen, deren Auswirkungen auch in den Folgemonaten anhielt. Auf 1.700 schätzt man 1849 die Anzahl der Zeitungen, Intelligenz- und Volksblätter in ganz Deutschland, wobei vor allem die Zahl der ausgesprochen politischen Blätter beträchtlich zunahm.

Auch in qualitativer Hinsicht veränderte sich jetzt einiges: die

---

254 Langewiesche, Parteien, S. 344f.
255 August Prinz: Der Buchhandel 1843–1853, Hamburg 1855; zit. nach: Reinhard Wittmann: Buchmarkt und Lektüre, Beiträge zum literarischen Leben 1750–1880, Tübingen 1982, S. 118.

Presse wurde parteiisch, verfolgte politische Tendenzen und zielte damit insgesamt auf neue Lesebedürfnisse jenseits von Belehrung und Unterhaltung. Dies gilt auch für die Lokalzeitungen in der Provinz, welche die große und kleine Tagespolitik aktuell in die Gemeinden brachten, Reden, Stellungnahmen, Aufrufe und Petitionen druckten. Diese Entwicklung betraf nicht nur die traditionellen Presselandschaften in Süddeutschland, sie wirkte sich in allen deutschen Regionen aus.[256] Damit war Politik, auch wie sie auf Stadtverordnetensitzungen betrieben wurde, nicht mehr eine hermetische Angelegenheit exklusiver Honoratiorenkreise, sie wurde vielmehr öffentlich und lag damit in Reichweite direkter Kritik und Einflussnahme: ein entscheidender Impuls für die Politikbildung von unten. Und das Lesepublikum lechzte geradezu nach Information.

Dieser Prozess mündete schließlich in eine breite *Petitionsbewegung*, die zu einer der zentralen Handlungsebenen der Revolution wurde. Petitionen richteten sich zunächst an Landtage und Regierung, dann vor allem an die Parlamente: etwa 17.000 gingen insgesamt bei der Frankfurter Nationalversammlung, 13.451 beim Berliner Parlament ein. Das waren gewaltige Zahlen. Die eingesandten Petitionen unterschieden sich nach Problembereichen und Verfassern. Die nach Frankfurt adressierten hatten ihren Schwerpunkt bei sozialen und wirtschaftlichen Fragen (ca. 30%), befassten sich aber auch mit handelspolitischen Belangen (Schutzzoll oder Freihandel), ca. 28% mit dem Verhältnis von Staat und Kirche andere mit den Grundrechten (ca. 18%).[257]

Petitionen konnten von Einzelpersonen eingereicht werden, erlangten in der Regel aber einen besonders hohen Organisationsgrad als Sammelpetitionen, die für ganze Kooperationen, Städte

256 Überblick über die lokal wirksame Presse dieser Zeit bei Heinz Dietrich Fischer: Handbuch der politischen Presse in Deutschland 1480–1980, Düsseldorf 1981, S. 186–204.
257 Siemann, Revolution, S. 182.

oder Landstriche sprachen. Der hochorganisierten Willensbildung der Handwerkerbewegung etwa, die sich in etwa 1.200 Schriften an die Paulskirche äußerten, gingen Vorbereitungen in lokalen und regionalen Verbänden und auf den einschlägigen Kongressen voraus. 40% der in Frankfurt eingegangenen Handwerkerpetitionen waren im September 1848 eine direkte Reaktion auf den Entwurf einer allgemeinen Gewerbeordnung durch den besagten Frankfurter Handwerkerkongress, der kurz zuvor stattgefunden hatte. Diese Petitionen versammelten insgesamt allein 60.000 Unterschriften.[258] Solche Zahlen verweisen darauf, wie sehr diese Bewegung in die Breite wirkte. Sie übte dabei eine regelrechte »Sogwirkung auf die Unentschlossenen, weniger Engagierten« aus und mobilisierte Handwerker selbst in den kleinsten und entlegensten Orten, wenn sie von der Agitation auswärtiger Vereinigungen erreicht wurden.[259]

Die Frankfurter Petitionen waren vor allem aus den Krisengebieten des Handwerks eingegangen, in denen die Überbesetzung der Gewerbe besonders krass hervortrat: aus den süddeutschen Staaten wie Baden, Württemberg und Bayern, aus der preußischen Provinz Sachsen und aus dem Rhein-Main-Gebiet, allesamt spätere Schwerpunkte der *Reichsverfassungskampagne*. Und diese Petitionen zählten nicht zu den spontanen Manifestationen, sie waren bestens organisiert und sorgfältig erarbeitet. Dass diese Bewegung so auffällig in die Breite wirken konnte, lag nicht zuletzt daran, dass sie nur geringer Qualifikationen und Risikobereitschaft bedurfte[260] und damit eine Form politischen Handelns darstellte, in der die unterschiedlichen Positionen der revolutionären Bewegung

---

258   Friedrich Lenger: Sozialgeschichte der deutschen Handwerker seit 1800, Frankfurt a.M. 1988, S. 77.

259   Wolfram Siemann: Handwerk in Krise und Umbruch. Wirtschaftspolitische Forderungen und sozialpolitische Vorstellungen der Handwerksmeister im Revolutionsjahr 1848/49, Köln 1983, S. 121.

260   Heinrich Best: Interessenpolitik und nationale Integration 1848/49, Göttingen 1980, S. 126.

zum Ausdruck kommen konnten und damit nicht nur ein Medium organisierter politischer Willensbildung waren, sondern auch pluralistische Interessenartikulation ermöglichten.

Wesentlich flexibler noch als durch Presse und Petition konnten die kurzfristigen Belange und Verlautbarungen gerade der Tagespolitik durch die Medien der Straße – Flugschriften oder Maueranschläge – erfasst werden. Sie waren *volkstümlich* in der Weise, als sie zumindest in den größeren Städten schnell ein breites Publikum erreichten und politische Parteinahme damit populär machten. Durch solche Formen der Verteilung wurden auch solche Bevölkerungskreise erreicht, die nicht oder nur marginal in die Organisationsnetze der Revolution eingebunden waren. In Berlin aufgefundene Flugschriften[261] zeigen, dass die sogenannte *Straßenöffentlichkeit* als Handlungsebene der Revolution ihre Themen nicht losgelöst von den politischen Vereinen wählte. Damit war die Flugschriften-Literatur eine Art »Bindegliede zwischen dieser und nicht-organisierten, politisch aber dennoch aktiven Bevölkerungsschichten«.[262]

Solche Formen von Öffentlichkeit und Gegenöffentlichkeit waren 1848 vermutlich nicht vollständig neu, in ihrer massiven Publizität aber originell und hatten einen großen Vorteil: Sie ließen sich zudem kommerzialisieren. Dies gilt besonders für die wahre Bilderflut dieser Zeit. Karikaturen und Bilderbögen transportierten eine revolutionäre Semantik, die jetzt auch die Masse der Leseunkundigen in das politische Geschehen miteinbezog. Bilderbögen etwa waren in zum Teil hoher Auflage produzierte Einblattdrucke, die das Tagesgeschehen attraktiv illustrierten und zum öffentlichen Kommentar auf Straßen und Plätzen herausforderten. Die Straße als Raum der Revolution gewann an Bedeutung. Sie fand die dazu passenden Medien. Auf Märkten und Jahrmärkten verband

---

261 Sigrid Weigel: Flugschriftenliteratur 1848 in Berlin. Geschichte und Öffentlichkeit einer volkstümlichen Gattung, Stuttgart 1979.
262 Langewiesche, Revolution, S. 484.

sich dieser Medienboom häufig mit politischem oder revolutionärem Liedgut und gewann damit auch ländlich-kleinbürgerliche Lebenswelten als Teil der Revolutionskultur. Solche Formen der Straßenöffentlichkeit gehörten alsbald zum alltäglichen Revolutionserlebnis, ermöglichten und forcierten Kommunikation über Sprach- und Bildungsbarrieren hinweg und machten damit den Politisierungsprozess populär: Ein *tolles Jahr*, wie es hieß.

»Die Schuld der Afterbildung«

Als seit dem Beginn der vierziger Jahre der Fortschrittsoptimismus des beginnenden 19. Jahrhunderts deutlich brüchiger wurde, waren es besonders die Lehrer, welche die als zunehmend bedrohlich erfahrenen gesellschaftlichen und ökonomischen Wandlungsprozesse thematisierten. Die Schule wurde für sie zum kollektiven Erfahrungsraum, in dem sich die Nöte der Gesellschaft geradezu exemplarisch abbilden. Die Lehrer erkannten den eigenen gesellschaftlichen Bedeutungszuwachs und wurden zu wichtigen Akteuren des Berliner *Centralvereins für das Wohl der arbeitenden Classen* unter der Führung des Reformpädagogen Adolph Diesterweg, der im Verlauf der 1848er Revolution die *geistige Hebung* der arbeitenden Bevölkerung zur Voraussetzung für deren materiellen Aufstieg machte (nicht aber umgekehrt). Und diese Aufbruchsstimmung der Lehrerschaft am Vorabend der Revolution von 1848/49 kann als Ergebnis der Einsicht einer selbst bedrängten Berufsgruppe in die Reformbedürftigkeit der ständestaatlich überformten gesellschaftlichen Verhältnisse und der eigenen als trostlos empfundenen materiellen Lage interpretiert werden.[263]

Aber wurden sie damit zwangsläufig zu Protagonisten einer

---

263 Jürgen Reulecke: »Hebung der unteren Volksklassen« und »Hebung der Lehrerschaft« – Adolph Diesterweg und das soziale Vereinswesen im Vormärz, in: Ders.: Bergische Miniaturen: Geschichten und Erfahrungen. Essen 2010, S. 37.

bürgerlichen Revolution? Das wollte nicht so recht passen zu den Bekenntnissen ihres liberalen *Lehrmeisters* Diesterweg, der 1830 noch formuliert hatte: »[...] *Wie erzieht man daher ein Volk zu revolutionären Gesinnungen? Wodurch anders als dadurch, daß man sie in Gesetzlosigkeit und in Widerspenstigkeit gegen ihre ersten Vorgesetzten, die ihre Lehrer sind, aufwachsen läßt [...] Dagegen aber ist es gewiß: Zucht und Gehorsam der Jugend in den Schulen begründen den Gehorsam der Bürger gegen die Gesetz.*«[264] Diesterweg hat dann später aber vor allem die Trennung von Kirche und Schule gefordert und ist schließlich 1847 wegen der sich daraus ergebenden Auseinandersetzungen aus seinem Amt entlassen worden.

Ob Lehrer tatsächlich hinter den vereinzelten Unruhen der Märztage gestanden haben mögen, lässt sich nur schwer ermitteln. Auffällig ist allerdings, dass unter den angeklagten 242 *Revolutionären* von Elberfeld 1849 mit dem gerade 19-jährigen Sprachlehrer Karl Jansens und dem ehemaligen Zeichenlehrer Hermann Joseph Alois Körner lediglich zwei Mitglieder dieser Berufsgruppe aktenkundig geworden sind. Immerhin war Körner aber Präsident des revolutionären Elberfelder *Sicherheitsausschusses* gewesen und hatte sich einer Verurteilung nur durch Flucht nach Amerika entzogen.[265] Gleichwohl trug die Berufsgruppe der Lehrer auch dazu bei, dass 1848 eine Leserevolution stattfand, in der das gesamte Bildungswesen auch des Bergischen Landes eine ebenso aktive wie passive Rolle spielen konnte.[266] Die Selbstbildungsbestrebungen der Bürger organisierten sich bereits seit der Jahrhundertwende in so genannten *Lesegesellschaften*, aber auch in Muse-

---

264   Zit. nach: Klaus Goebel: Schule im Schatten. Die Volksschule in den Industriestädten des Wuppertals und seiner niederbergischen Umgebung um 1850, Wuppertal 1978, S. 99.

265   Michael Knieriem: Der Prozeß gegen die Mai-Angeklagten in Elberfeld, in: Ders.: Michels Erwachen. Emanzipation durch Aufstand? Neustadt/Aisch 1998, S. 60f.

266   Zur Entwicklung des Bildungs- und Schulwesens im Bergischen Land des 19. Jahrhundert vgl. Detlef Vonde: Schule und Bildung im Bergischen Land, in: Gorißen/Sassin/Wesoly, Geschichte des Bergischen Landes, S. 498ff.

ums-, Kunst,- oder wissenschaftlichen Vereinen und erreichten dabei doch lediglich eine dünne Oberschicht. Lesegesellschaften sprachen nach einer Schätzung von Röhrig in deutschen Städten um die Jahrhundertwende gerade einmal 2% der Bürger an. Sie breiteten sich aber dann verstärkt seit den 1830er Jahren selbst auf dem platten Lande aus, so dass es um 1848 keinen Ort mehr ohne Lese- und Geselligkeitsverein gegeben haben soll.[267] Die 1775 in Elberfeld gegründete (1818 dann wieder aufgelöste) *Erste Lesegesellschaft* etwa versammelte einen exklusiven Kreis von Kaufleuten und Intellektuellen zum Zweck der Popularisierung der Ideen der Aufklärung, welcher das Angenehme mit dem Nützlichen zu verbinden suchte: Bildung und Geselligkeit.[268] Diese elitäre Gesellschaft konnte sich nicht zuletzt aufgrund hoher Mitgliedsbeiträge u.a. eine umfangreiche Bibliothek leisten, die den Vortragsabenden den besonderen Rahmen gab. Gelesen wurde praktisch alles, was das geistige Leben der Zeit hergab: Literatur, Zeitungen und Darstellungen zu Themenfeldern wie Politik, Wissenschaft, Kultur.[269] Diesterweg sah die neue Leselust eher nüchtern und klagte 1844 geradezu »über die Flut von Bücher, die uns, wie man sagt, zu ersäufen droht.« Den Lehrern aber, so stellte er fest, fehle in der Regel das Geld, um überhaupt die Literatur kaufen zu können, die sie benötigten.[270] Nach der erfolglosen Revolution von 1848 richtete sich das politische Misstrauen der Obrigkeit aber gerade gegen diese vermeintlich liberalistisch so stark beeinflusste Lehrerschaft.

»All das Elend, das im verflossenen Jahre über Preußen hereingebrochen ist, ist einzig Ihre Schuld, die Schuld der Afterbildung, der irreligiösen Massenweisheit, die Sie als echte Weisheit verbreiten, mit der Sie den

267 Paul Röhrig: Volksbildung, in: Jeismann/Lundgreen, Handbuch der deutschen Bildungsgeschichte, S. 338.
268 Illner, Vereine, S. 45.
269 Adolph von Carnap: Die geschlossene Lesegesellschaft in Elberfeld, in: Zeitschrift des Bergischen Geschichtsvereins 1 (1863), S. 54ff.
270 Georg Jäger/Heinz-Elmar Tenorth: Pädagogisches Denken, in: Jeismann/ Lundgreen, Handbuch der deutschen Bildungsgeschichte, S. 91.

Das Lesekabinett, Ölgemälde von Johann Peter Hasenclever

Glauben und die Treue in dem Gemüte meiner Untertanen ausgerotte- tund deren Herzen von mir abgewandt haben.« So sprach Friedrich Wilhelm IV im Januar 1849 Klartext bei einer Konferenz von ein- geschüchterten Seminardirektoren in Berlin.[271]

---

271   Kurt Düwell: Das Schul- und Hochschulwesen der Rheinlande, in: Franz Petri / Georg Droege (Hg.): Rheinische Geschichte, Bd. 3, Düsseldorf 1979, S. 477.

Soziale Dynamik

Nach und nach erreichte eine fundamentale Politisierung den Alltag in der Revolution: »Alles gewann eine politische Note.«[272] Soziale Gruppen gerieten in Bewegung und in Aktion, entwickelten dabei eine in Teile auch widersprüchliche soziale Dynamik. Vorstellungen von der Homogenität *der* Volksbewegung haben sich längst als Illusion erwiesen und mussten einem klareren Blick für die Binnendifferenzierung sozialer Gruppen, innerer Widersprüche und bisweilen skurriler Missverständnisse weichen. In der historischen Forschung zum sozialen Protest gewannen die Ungleichheiten und Unterschiede *der* Bewegung interessierte Aufmerksamkeit, wurden auch Gründe für *Nicht-Bewegung*, Ruhezonen, schweigende Mehrheiten und Widerstände identifiziert und neben dem Zusammenhang revolutionärer Aktionen auch deren partielle Isolierung thematisiert. So vermerkte der liberal-konservative Historiker Thomas Nipperdey: »Alle Sozialanalysen, marxistische wie nichtmarxistische, zeigen die Inhomogenität der kleinen Leute, der Unterschichten: des Kleinbürgertums, der Gesellen, des entstehenden Proletariats, der radikalen Intelligenz.«[273]

Agrarrevolten

Kennzeichnend für die ländliche Revolutionsbewegung war ihre lokale Begrenzung. »Alle Kollektivität endete an den Gemeindegrenzen.«[274] Gemeint ist damit weniger die vermeintlich fehlende Bereitschaft einer tendenziell konservativen Landbevölkerung, sich sozialrevolutionär zu engagieren als vielmehr die eigentüm-

---

272   Siemann, Revolution, S. 176.
273   Thomas Nipperdey: »Kritik der Objektivität?« Zur Beurteilung der Revolution von 1848, in: Wolfgang Klötzer u.a. (Hg.): Ideen und Strukturen der deutschen Revolution 1848, Frankfurt a.M. 1974, S. 156.
274   Hainer Plaul: Landarbeiterleben im 19. Jahrhundert, Berlin 1979, S. 316.

liche Unfähigkeit, den aus der konkreten dörflichen Lebenswelt abgeleiteten Protest mit einer politischen Perspektive oder organisierten Formen des Widerstands zu verbinden.

Dabei war die vermeintlich »traditionelle Ausrichtung des bäuerlichen Horizonts auf die Dorfgemeinschaft« keineswegs einheitlich.[275] Diese Dorfgemeinschaften waren häufig gespalten in besitzende Bauern und landlose Gruppen und damit in unterschiedliche Haltungen gegenüber der grundherrlichen Gewalt: Forderten die einen die zügige Befreiung von allen feudalen Überresten, betonten die anderen überkommene Schutzfunktionen und gegenseitige Verpflichtungen gemäß älterem und vertrautem Recht.

Die Begrenzung des bäuerlichen Horizonts aber kam vor allem in der Zielrichtung ihrer Unmutsaktionen und Drohgesten zum Ausdruck. Sie konzentrierten sich auf die unpopulären Grundherren als Übeltäter und feierten die Landesherren als wohlgesonnene Schutzpatrone. Eigentümlich für die ländlichen Aktionsformen und deren Zielsetzungen, die den romantisierenden Blick auf die Vergangenheit mit materiell sozialrevolutionären Forderungen verbanden, waren die mit der zeitgenössischen Vokabel *Begriffsverwirrung* beschreibbaren Missverständnisse bürgerlicher Revolutionsbegriffe.

Das vielzitierte Beispiel dafür ist der Begriff der *Pressfreiheit*. Die bäuerliche Übersetzung dafür entsprang einer simplen Vorstellung aus der unmittelbaren Erfahrungswelt: Die Freiheit nämlich, endlich alle diejenigen *pressen* und drücken zu können, von denen man bisher selbst gepresst worden war. Und das hieß im bäuerlichen Leben nichts anderes als die Verweigerung von Diensten und Abgaben an die jeweiligen Herrn und die Vertreibung von deren Beamten. Auf höchst eigentümliche Weise trafen hier die politische Kultur des Bürgertums der Städte mit einer

---

275 Christoph Dipper: Die Bauernbefreiung in Deutschland 1790–1850, Stuttgart u.a. 1980, S. 164.

plebeian culture des Landes zusammen, ohne jedoch mehr als nur Aktionseinheiten für den Augenblick auszubilden.

Berichtet wird in diesem Zusammenhang vom Zug der Sinsheimer Bauern nach Heidelberg, um die dortigen Demokraten auf ihre Weise zu unterstützen. Der Dorfapotheker hatte für politische Stimmung im Dorf gesorgt, indem er auf täglichen Versammlungen den Leuten über Freiheit, Gleichheit, Republik und Amerika vorlas, um schließlich zur Unterstützung des Hecker-Zuges, dem Aufstandsversuch badischer Freischärler am 24. April 1848, aufzurufen. Dem waren die Bauern gefolgt, bis an die Zähne bewaffnet mit landwirtschaftlichem Gerät. Sozusagen mit ihren Mitteln.

»Am späten Vormittag traf der Zug in Heidelberg ein, die Wache am Karlstor hatte ihn nicht aufgehalten. Die Heidelberger Bürgerwehr kam durch diesen Zug zu ihrer vermutlich größten Stunde. Durch umlaufende Gerüchte und die Verhaftung zweier im Nachbarort Ziegelhausen agitierenden Studenten vorgewarnt, erwarteten sie die Sinsheimer am Rathausplatz, um sie zu entwaffnen. Die Vereinigung mit den Heidelberger Republikanern fand nicht statt. Es gab keine ernsthaften Auseinandersetzungen, nur ein paar Raufereien. Die meisten Teilnehmer des Zuges zogen wieder ab, sie durften auch ihre Waffen wieder mitnehmen. Einige ertränkten ihren revolutionären Katzenjammer in Heidelbergs Gasthäusern.«[276]

Was hatten die 20 Sinsheimer getan? Sie hatten auf dem Rathausplatz erst die Republik hochleben lassen, um sich dann die Freiheit zu nehmen, ihre mitgebrachten Säcke zu füllen, »um darin die Stadtbewohner ihres überflüssigen und daher der Gleichheit der Bürger schädlichen Wohlstands zu entledigen.«[277] Dass es so mit der Freiheit aber gar nicht gemeint war, über dieses *Missverständnis* wurden die Sinsheimer umgehend von der örtlichen Bür-

---

276 Wirtz: Widersetzlichkeiten, Excesse, Crawalle, S. 190.
277 Friederich Lautenschlager: Volksstaat und Einherrschaft. Dokumente zur badischen Revolution 1848/49, Konstanz 1920, S. 77ff.

gerwehr aufgeklärt. Die Episode hatte ein drakonisches Nachspiel: Die Behörden stilisierten den Sinsheimer Zug zur *republikanischen Schilderhebung* und bestraften die vermeintlichen Rädelsführer auf das Härteste.

Solche und ähnliche Missverständnisse zählten ebenso zu den Merkmalen der Agrarrevolution wie die nur kurz aufflackernde Revolutionsbegeisterung der Bauern im Frühjahr 1848. Danach stiegen sie – allerdings abgesehen von einigen regionalen Schwerpunkten – aus der Revolution aus, wie die abfallende Kurve zur Protestbeteiligung der Agrarbevölkerung ab Mai deutlich zeigt.

Protestverteilung Mai 1848 bis Juni 1848 [278]

Strukturgruppe	Zahl	Fälle in %
Bauernaktionen	11	2,3
Agrarische Unterschichten	24	5,1
Städtische Unterschichten	34	7,2
Handwerkeraktionen	8	1,7
Arbeitskonflikte	47	9,9
Politische Aktionen	335	70,6
Verschiedene	15	3,2
insgesamt	474	100

Dafür gab es Gründe. In der allmählichen Aufhebung und Ablösung der Feudalleistungen wird eines der Hauptmotive für diese Entwicklung gesehen. Es dürften jedoch auch die besonderen Manifestationsbedingungen des flachen Landes eine wichtige Rolle gespielt haben, wo sich die sozialen Probleme nicht einfach über Nacht lösten: Die verbreitete Einbindung von Gesinde und bäu-

---

278   Tabelle nach Gailus, Protestbewegungen, S. 98.

erlichen Unterschichten in patriarchalische Familienstrukturen sowie der teilweise noch vorhandene gemeinschaftliche Besitz. Solche Strukturen dämpften den revolutionären Eifer. »Zudem setzten Dorf- oder gar Streusiedlungen der spontanen Mobilisierung von Demonstranten natürliche Grenzen, die zu überwinden es eines erheblichen kommunikativen und organisatorischen Aufwandes bedurft hätte.«[279]

Angesichts solcher Bedingungen bedienten sich die unterbäuerliche Schichten regelmäßig individueller Protestformen sowie offener oder verdeckter Formen von Delinquenz, wie Forst- und Waldfrevel oder Diebstahl, oder sie fanden sich resignativ mit der gegebenen sozialen Lage ab. In solchen Delikten manifestierte sich wiederum der oftmals krasse Gegensatz zwischen besitzenden Bauern, eigentumslosen Kleinbauern und Landarbeitern. Hatten die einen von der Durchsetzung modernen Eigentumsverständnisses noch profitiert und waren sie als Gewinner aus der Gemeinheitsteilung hervorgegangen, hielten die anderen an den überkommenen Rechten (etwa kollektive Holz- und Weiderechte) fest. So wandten sich etwa Oldenburger Landarbeiter in einer Petition an ihren Landesherren, grenzten sich bewusst von der bürgerlichen Revolutionsbewegung ab und schworen *»für unseren Landes Herren und Vater den letzten Tropfen Blut zu geben und Treu zu seyn bis in den Tod«*, damit *»die liebe alte Zeit womöglich wieder hergestellt werde.«* [280]

Diese Landarbeiter unterstellten seltsam naiv eine Interessenidentität mit dem Fürsten, den sie von den Landständen ebenso beraubt wähnten wie sich selbst. Hatte er seine absolute Entschei-

---

279   Hans-Gerhard Husung: Zu einigen Problemen der historischen Protestforschung am Beispiel gemeinschaftlichen Protests in Norddeutschland 1815–1847, in: Volkmann/Bergmann, Sozialer Protest, S. 34.
280   Zit. nach: Bernd Parisius: »Daß die liebe alte Vorzeit wo möglich wiederhergestellt werde«. Politische und soziokulturelle Reaktionen von oldenburgischen Landarbeitern auf ihren sozialen Abstieg 1800–1848, in: Volkmann/ Bergmann, Sozialer Protest, S. 201.

dungsgewalt verloren, büßten sie ihr Land und später ihren Arbeitsplatz ein. Das machte beide gleichermaßen zu Opfern.

Dieses Unrechtsbewusstsein war das Motiv für konservative Utopien, die 1848 für die Erhebungen der ländlichen Unterschichten konstitutiv und für bürgerliche Beobachter ein weiteres Indiz für vermeintliche *Begriffsverwirrungen* waren, welche man für die *Excesse* gegen das Eigentum verantwortlich machte. Diese Erzählung vom konservativ ruhigen ländlichen Raum wird inzwischen längst differenzierter gesehen. Eine Studie über die Rheinprovinz in der Revolution etwa entwirft ein regional differenziertes Bild von den tatsächlich *unruhigen Zeiten* 1848/49 und von einer ländlichen Gesellschaft in Bewegung. Dort konnte der *Pöbel* allerdings tatsächlich zum konservativen Protagonisten im Dienste der Obrigkeit mutieren und konterrevolutionär agieren.[281]

Proteste und Revolten in der Stadt

Kennzeichnend für die soziale Dynamik der Revolution, den Protest und die Aufstände der nichtbürgerlichen Schichten in den Städten war einerseits die Verankerung in lokalen Lebenswelten, andererseits die allmählichen, unterschiedlich intensiven und zum Teil widersprüchlichen, auch gegenrevolutionären Politisierungsprozesse, die sich mit ihnen verbanden.

---

281 Walter Rummel: Gegen Bürokratie, Steuerlast und Bevormundung durch den Staat. Anliegen und Aktionen in ländlichen Gebieten der Rheinprovinz während der Revolution 1848/49, in: Lennartz/Mölich, Revolution im Rheinland, S. 109–162; vgl. auch Manfred Gailus: Straße und Brot. Sozialer Protest in den deutschen Staaten unter besonderer Berücksichtigung Preußens 1847–1849, Göttingen 1990, S. 431–494.

Politische Aktionen ab Sommer 1848 [282]

Strukturgruppe	Zahl	Fälle in %
Katzenmusiken / Strafaktionen	70	20,8
Volksversammlungen / Massendemonstrationen / Aufstandsversuche	95	28,4
Zusammenstöße mit Ordnungskräften	146	43,6
gegenrevolutionäre Aktionen der unteren Volksschichten	24	7,2
insgesamt	335	100

Katzenmusiken bildeten dabei eine traditionelle Form der Strafaktionen gegen missliebige Personen am Ort, die immer dann gezielt eingesetzt wurden, wenn es darum ging, politisch und sozial motivierte Rügen zu erteilen. Sie waren damit zugleich auch eine Form des politischen Kommentars der Straße, wie sie traditionell auch in England (*rough music*), in Frankreich (*charivari*) oder in Italien (*scampanate*) gepflegt wurde. *Katzenmusik* war das traditionelle Artikulationsmittel der gesellschaftlichen Underdogs[283] und das Aggressionsmittel *proletaroider Existenzen*,[284] die ihrem Unterdrückungsgefühl vor den Häusern der Inkriminierten durch

---

282   Gailus, Protestbewegungen, S. 99.
283   Edward P. Thompson: »Rough music« oder englische Katzenmusik, in: Ders., Plebejische Kultur und moralische Ökonomie, Frankfurt a.M. 1980, S. 131–168; vgl. auch zur Beteiligung von Frauen an dieser Protestform, Carola Lipp: Katzenmusiken, Krawalle und »Weiberrevolution«. Frauen im politischen Protest der Revolutionsjahre, in: Dies. (Hg.): Schimpfende Weiber und patriotische Jungfrauen, Bühl-Moos 1986, S. 112ff.
284   Vgl. Welskopp, Banner, S. 151f. Hier werden die sogenannten proletaroiden kleinen Handwerksmeister zu den wichtigsten sozialen Trägerschichten der Arbeiterbewegung in der Revolution gezählt.

Charivari, Lithographie von Grandville, i.e. Jean Ignace Isidore Gérard
(1803–1847), in: »La Caricature«, Paris, 1.9.1831

Lärm, Beschimpfungen, Obszönitäten, Glasbruch, schrägen Gesang, eben Katzenmusik, Luft machten. Solche Antipathie-Kund-
gebungen von der Straße aus trafen in den Revolutionsmonaten
zunehmend politische Repräsentanten und Parlamentsabgeord-
nete als Kritik falschen Verhaltens bei wichtigen Entscheidungen
oder als volkstümliche Kommentare von missliebiger Tagespolitik
und von Großereignissen. Als etwa der Tübinger Johannes Falla-
ti als einziger württembergischer Abgeordneter für den Malmöer
Waffenstillstand gestimmt hatte, erwartete ihn daheim der geballte Zorn der Bevölkerung und zwar mit Pauken und Trompeten.
In Iserlohn kam es am 30. März 1849 anlässlich der Ablehnung
der Kaiserkrone durch den preußischen König zu regelrechten Tumulten vor den Häusern der örtlichen Honoratioren und vor dem
Rathaus, indem der zunächst noch harmlos akustische Protest in

einen Steinhagel mündete.[285] Die Straße war nicht zimperlich. Bei solch gezielten Aktionen, die auf politische Weichenstellungen reagierten, verbanden sich sinnliche Nähe und überschießende Gruppenaffekte. »Ob Parlamentsdebatten, Wahl des Reichsverwesers, Septemberkrise oder Berliner Staatsstreich im November 1848: Alle diese Ereignisse wurden einer handfesten Kritik des unmittelbaren Missfallens – oder auch der Sympathiekundgebung – unterzogen.«[286]

Fast immer, wenn die plebejische Gegenöffentlichkeit mobil machte, wurde die Revolution auch zum Fest. Massenerlebnis und Festgefühl lagen oftmals dicht beieinander, zumal der Auftakt der Revolution in den Märztagen erfolgreich und zumeist ohne Blutvergießen vonstattengegangen war. Aus Volksversammlungen wurden rauschende Volksfeste, getragen von der Euphorie des Augenblicks über wirkliche oder eingebildete Erfolge der Bewegung. Sie bezeugten die massiven Bedürfnisse, das Erlebnis einer *verkehrten Welt* vereint mit anderen zu feiern. Das irgendwie *tolle Jahr* schien mentale Ketten zu sprengen, lange gehegte Sehnsüchte und Wünsche einzulösen.

Anlässe zum öffentlichen Feiern gab es dabei genug, wenn man sie nur optimistisch genug ausdeutete. Einem Breslauer Augenzeugenbericht zufolge hatten sich im August 1848, am Tage der Vereidigung der Truppen auf den Reichsverweser, mehr als 50.000 Menschen zu einem Volksfest versammelt, während dessen die Glocken geläutet, Umzüge und Polonaisen veranstaltet wurden sowie die traditionellen Mittel der Volksbelustigung (*Caroussel*, Seiltänzer, Jongleure etc.) für Stimmung sorgten.[287]

Die Straße wurde zum politischen Raum. Was sich dort ab-

---

285 Arno Herzig: Vom sozialen Protest zur Arbeiterbewegung. Das Beispiel des märkisch-westfälischen Industriegebiets (1780–1865), in: Volkmann/Bergmann, Sozialer Protest, S. 275.
286 Gailus, Protestbewegung, S. 100.
287 Zit. nach: Langewiesche, Forschungsberichte, S. 496.

spielte wurde zuletzt auf den Begriff der Straßenpolitik gebracht. Hier wurde das Private öffentlich: Notstände und Ungerechtigkeiten wurden angeprangert. »Ohne Straßenpolitik war eine Revolution nicht zu haben. Wollten sich untere und weite Teile der mittleren Volksschichten selbsttätig und wirksam Gehör verschaffen, so konnten sie dies zumeist nur in der geschilderten kollektiven, direkten, expressiven Weise tun – das war der ihnen sozial und mental angemessene politische Handlungsmodus.«[288]

Und die Akteure auf der revolutionären Bühne waren jung. Rüdiger Hachtmann spricht am Berliner Beispiel, aber auch mit Bezug auf die Akteure in anderen Metropolen wie Paris oder Wien geradezu von einer *antiautoritäten Jugendrevolte.*[289] Die 1848er Revolution war aber nicht nur jung, sie war vor allem männlich: Männer saßen in den revolutionären Gremien, in den Parlamenten, in der Paulskirche, besetzten die Straßen und kämpften auf den Barrikaden. Obwohl dort auch Frauen aus den Unterschichten lokal vereinzelt vorkamen: In der Revolution spielten sie eher die Rolle der Statistinnen. Darüber kann auch nicht das häufig in der historischen Forschung beschworene Bild von einzelnen, erfolgreich *emancipierten* Frauen hinwegtäuschen. Der Frauenalltag des 19. Jahrhunderts mit seiner klaren Trennung von Privatheit und Öffentlichkeit, aus der Frauen in der Regel ausgeklammert blieben, wurde von der Revolution nur wenig berührt. Frauen betraten die Revolutionsbühne auch eher als Dienstleisterinnen denn als wortführende Aktivistinnen. Die Revolution war 1848/49 in der Regel *Männersache.*[290]

---

288   Gailus, Die Straße, S. 168.

289   Rüdiger Hachtmann: Die Revolution von 1848/49 als Jugendrevolte, in: Helmut Bleiber/Wolfgang Küttler (Hg.): Revolution und Reform in Deutschland im 19. und 20. Jahrhundert, Bd. 1: Ereignisse und Prozesse, Berlin 2005, S. 77–96; Ders./Kitschun/Herwig, 1848, S. 25.

290   Vgl. dagegen Sabine Kienitz: Frauen, in: Dipper/Speck, 1848, S. 272–285. Grundlegend: Carola Lipp (Hg.): Schimpfende Weiber und patriotische Jungfrauen. Frauen im Vormärz und in der Revolution 1848/49, Bühl-Moss 1986.

Und deren Feste als Teil der Revolutionskultur in den Städten waren zugleich auch Ausdruck der Arglosigkeit und teils naiven Hoffnung, mit der die Volksbewegung das revolutionäre Geschehen begleitete. Die Städte waren Räume, in denen weitere Missverständnisse über den zu erwartenden Ausgang entstanden, wo sich andererseits vitale Bedürfnisse im ganzen Spektrum der Revolutionsfraktionen hautnahe begegneten und damit zugleich der Widerspruch von beständiger Loyalität und Vertrauen zu den alten Gewalten sowie radikale Skepsis und Kritik gegenüber dem Erreichten hart aufeinanderprallten. Aus der revolutionären Festkultur lassen sich Einblicke in psychische Befindlichkeiten der städtischen Bewegungen gewinnen, die mit ihren Manifestationen nicht selten besonders auf Gerüchte aller Art reagierten. In Hanau etwa sollte angeblich ein Schuhmacher, der sich in *abfälliger Weise* über den Landesherren geäußert hatte, nach seiner Verhaftung gewaltsam befreit werden. So jedenfalls wurde es in Wirtshäusern berichtet. Die Polizei entließ daraufhin schleunigst den Delinquenten. Als dieser sich nunmehr in Freiheit der Öffentlichkeit auf der Straße präsentierte, war das ausreichend Anlass für ein spontan rauschendes Volksfest.[291]

Solche *Fake News* gehörten damals zum Revolutionsalltag und sorgten für weitaus heiklere Situationen oder bewaffnete Aufmärsche, wenn sie nur spektakulär waren und glaubwürdig genug in Umlauf gebracht wurden. Fiktive Nachrichten über brennende und mordende Banden, die angeblich im Badischen durch Stadt und Land zögen, erreichten schnell die Bevölkerung, entfachten Hektik und schlugen schließlich in Enttäuschung um, die sich in wüsten Wirtshausgelagen und heftigen Schlägereien Luft machte. Solche Gerüchte entfalteten in ihrer Rolle für das revolutionäre

---

291 Alfred Trapp: Hanau im Vormärz und in der Revolution von 1848–1849, Hanau 1976, S. 255ff.

Geschehen eine vielfach unberechenbare Dynamik.[292] Derartige Fake News verdichteten sich in dem Maße, wie die Gegenrevolution dann erfolgreich vorrückte und führten zu immer häufigeren Zusammenstößen mit den Ordnungskräften. Spannungen und Reibereien zwischen Zivilbevölkerung und Militär als massenhafte Erscheinungen gingen als sogenannte *Militär- und Soldatenexzesse* allerdings auf sehr reale Repressions-Maßnahmen wie Verhaftungen, Versammlungsverbote und Provokationen zurück, wurden aber häufig erst durch Falschmeldungen explosiv aufgeladen und zur Eskalation gebracht. Übergriffe auf die demokratische Bewegung gingen aber nicht nur von den Soldaten, sondern auch häufig von den städtischen Unterschichten selbst aus, die bisweilen *die Wühlerei der Demokraten* für ihre oftmals elende materielle Lage direkt verantwortlich machten. In Berlin, Danzig und Königsberg etwa ereigneten sich spektakuläre Übergriffe auf demokratische Vereine, der heftigste vielleicht in Danzig am 16. Oktober. Dort *»fanden sich zahlreiche Arbeiter im Sitzungslokale ein, die von fein gekleideten Herren mit viel Spirituosen freundlich bedient wurden, und stürzten sich plötzlich unter dem Rufe, es lebe der König mit Fäusten, Knütteln und Messern über die Demokraten her, misshandelten viele schwer durch Hiebe und Stiche, verwundeten einen tödlich, demolierten das Local und nahmen auch beiläufig die Casse mit.«*[293]

Auch wenn die Bestrebungen der Arbeitervereine und der Arbeiterverbrüderung als Ursprung eines fortschreitenden Lernprozesses zu solidarischem Klassenbewusstsein interpretiert werden können, so verlief dieser jedoch keineswegs gradlinig. Offensichtlich provozierte die Revolution auch Abwehrhaltungen bei der Arbeiterbevölkerung. In den städtischen und ländlichen Unterschichten fanden sich immer wieder auch selbsternannte Streiter

---

292 Vgl. dazu Martin Scharfe: Revolution als Kommunikationsprozess: 1848/49, in: Herrmann Bausinger / Elfriede Moser-Rath (Hg.): Direkte Kommunikation und Massenkommunikation, Tübingen 1976, S. 62f.
293 Trier'sche Zeitung Nr. 296 vom 1.11.1848; zit. nach: Gailus, Protestbewegung, S. 102.

für König und Vaterland, die offen zu gegenrevolutionären Aktionen übergingen. Und im durchaus verbreiteten Maschinensturm waren beide Elemente verschmolzen: Der Rückkehrwunsch zum Alten und Vertrauten sowie der Impuls zu aufgeklärt organisiertem Handeln. Militante Selbsthilfeaktionen der Arbeiter konnten realitätsblinden Widersinn produzieren oder durchaus weitsichtig und zielorientiert angelegt sein. In Berlin zerstörten Kanalarbeiter im Oktober die Dampfmaschinen auf dem Köpenicker Feld, in der Annahme, durch diese brotlos zu werden. Die plötzlich fehlenden Maschinen führten tatsächlich aber zu den Massenentlassungen, die dann schließlich im blutigen Arbeiteraufstand vom 16. Oktober gipfelten.

Solch konservative oder bisweilen explizit gegenrevolutionäre Orientierung in den Arbeiteraktionen drückten zumeist »den Ärger über die der Revolution zugeschriebenen Störungen von Arbeit und Verdienst« aus.[294] Darüber hinaus beeinflussten traditionelle Bindungen, Verhaltensweisen und Milieus aber auch die Undurchschaubarkeit des revolutionären Prozesses, der gesellschaftlichen Zusammenhänge und Vorgänge insgesamt den jeweiligen Grad politischer Bewusstheit der Arbeiterklasse in dieser Zeit. So belegen auch die Strukturmerkmale der städtischen Bewegungen die engen Berührungspunkte von Revolution und Gegenrevolution »in dieser an gewollten und unbeabsichtigten ›Missverständnissen‹ so reichen Zeit.«[295]

---

294 Ebd.
295 Jürgen Bergmann: Arbeiter in der Revolution von 1848, in: Volkmann/Bergmann, Sozialer Protest, S. 295; vgl. auch Ders.: Wirtschaftskrise und Revolution – Handwerker und Arbeiter 1848/49, Stuttgart 1986.

7

Handlungsebenen der Gegenrevolution

Monarchen

Die Märzrevolution hatte in Deutschland vor den Thronen halt-
gemacht, was im europäischen Vergleich allerdings nichts Beson-
deres darstellte. Die partikularen Staatsgewalten blieben mit ihren
bürokratischen und militärischen Apparaten erhalten. Revolutionäre Bewegung und weiterbestehende Fürstenmacht begegneten
sich auf dem Weg der Vereinbarung, ein Umstand, der auch das
Handeln der Parlamente bestimmte. Bedrängt durch die radikale
Opposition »fühlte die konstitutionelle Mehrheit sich veranlasst,
die bestehende Ordnung zu achten und zu berücksichtigen, ja, sich
an die staatlichen Gewalten geradezu anzulehnen. Dabei gelang
den partikularen Fürstengewalten mit ihrem polizei- und mili-
tärstaatlichen Apparat und dem auf sie gestützten konservativen
Adel eine allmähliche Erholung und Wiedererstarkung, die ihnen
schließlich ein Übergewicht gegen und den reaktionären Gegenschlag gegen die bürgerliche Revolution in allen ihren Richtungen
ermöglichen sollte.«[296]

Diese Wahrnehmung der Resistenz der monarchischen Gewalt
lässt sich besonders deutlich an der Person des preußischen Königs
Friedrich Wilhelm IV nachvollziehen. Strategie und Taktik der
Obrigkeit werden in seinem Verhalten gegenüber der Revolution
konkret greifbar. Im Anschluss an die Berliner Märzereignisse hatte der Monarch noch die bekannten Zugeständnisse gemacht, den
Einsatz von Militär verhindert und damit weitreichende Missverständnisse im Bürgertum heraufbeschworen: seine vermeintliche

---

296   Griewank, Ursachen, in: Langewiesche, Revolution, S. 66.

Nähe zum Volk (»Ich bin niemals freier und sicherer gewesen als unter dem Schutze meiner Bürger.«) und ein vermutetes Bekenntnis zu Verfassung und deutscher Einheit (»An mein Volk und an die deutsche Nation«). »Drapiert mit nationalem Pathos handelte er nicht anders als die meisten übrigen Fürsten. Er machte Konzessionen an das öffentliche Vokabular, er gab politisch nach, er gewann Zeit und – er vermied weiteres Blutvergießen, dessen Folgen ihm erschreckend und ungewiss schienen.«[297]

Nach außen erschien dies vor allem wie die monarchische Absegnung des konstitutionellen Kurses, die von weiten Kreisen des künftig beruhigten liberalen Bürgertums freudig konstatiert werden konnte. Die erhoffte Parlamentarisierung des Systems war gleichsam *per Handschlag* in die Wege geleitet worden. Zwei neue Ministerien hatte der Monarch im März gestattet, diese aber bis zum endgültigen Staatsstreich im November insgesamt sechsmal wieder ausgewechselt. Der Weg in die Reaktion verlief schrittweise aber zielstrebig. War dieser Monarch als reales Oberhaupt eines künftigen deutschen Nationalstaates auf der Grundlage einer geschriebenen Verfassung überhaupt zu gewinnen? Wer zuversichtlich dachte, musste sich an die nationalen Beteuerungen und Ankündigungen erinnern, Preußen gehe in Deutschland auf. Skeptiker mahnten dagegen, dass Friedrich Wilhelm bereits im April 1847 bei der Eröffnung des Vereinigten Landtages ein konstitutionelles Verhältnis zwischen Fürst und Volk kategorisch abgelehnt hatte. Die Haltung dieses schwankenden Monarchen, seine wechselnden Positionen zu den Grundfragen der Revolution – für die Zeitgenossen eher undurchsichtig – sind heute bestens belegt.
»Die Anzeichen von Wankelmut in seinem Charakter ließen Schwäche im entscheidenden Augenblick erwarten. Seine langfristige Zielstrebigkeit, um das monarchische Herrschaftsmonopol wiederzugewinnen, der Einsatz militärischer Macht wurden ver-

---

297 Siemann, Revolution, S. 71.

„Soll ich? – Soll ich nich? – soll ich?! Knöppe ihr wollt! Nu jerade nich!"
Friedrich Wilhelm IV, Karikatur von Isidor Popper, 1849

kannt, verdrängt oder gebilligt. Abgeordnete der demokratischen Fraktionen gaben frühzeitig den Fall zu bedenken, daß der preußische König unter Umständen die Krone gar nicht wolle. Aber dessen Persönlichkeit bot sich den Zeitgenossen bald undurchschaubar, bald vielsagend, bald patriotisch, bald pathetisch, bald schwächlich, bald militant, so daß es auch Gründe zur Hoffnung zu geben schien, zumal wenn sich die Leidenschaften untermischten."[298]

Solch trügerische Hoffnungen wurden dann endgültig im April 1849 in die Realität zurückgeholt. Friedrich Wilhelm lehnte

---

298   Ebd., S. 202.

die ihm von der Frankfurter Nationalversammlung angetragene Kaiserwürde (290 Ja-Stimmen, 248 Enthaltungen) und die verabschiedete Reichsverfassung definitiv ab, obwohl sich immerhin 28 Regierungen in einer Kollektivnote vom 14. April dafür ausgesprochen hatten. Dieser Monarch verkörperte geradezu ein System, das durch gesellschaftliche Bewegung und Veränderung kurzfristig zwar dazu gezwungen werden konnte, Teile der Macht preiszugeben, ohne aber auf den grundsätzlichen Machtanspruch verzichten zu wollen. Die Stellung des Monarchen im Herrschaftssystem stand nicht zur Disposition, so dass sich der preußische König zum Stellvertreter des monarchischen Prinzips aller deutschen Dynastien aufschwang, das die konstituierende Gewalt der Nationalversammlung nicht anerkannte.[299] Die Ablehnung der Kaiserkrone („Hundehalsband") und der Reichsverfassung durch den preußischen König hatte seine reale politische Substanz in der Bewahrung des preußischen *Krypto-Absolutismus*. Damit stand Friedrich Wilhelm IV an der Spitze der Reaktion.

Konservative

»Nach einem englischen Sprichwort ist jeder Liberale in Gefahr, ein Narr, jeder Konservative in Gefahr, ein Dummkopf zu werden.« Die deutsche Gegenrevolution war in einem Punkt der Revolution überlegen: »Sie organisierte die Nichtintelligenz besser, als diese die Klugheit organisiert hatte. Vor 1848 hat es sehr viele konservierende Elemente in Staat und Gesellschaft gegeben; erst nach 1848 gab es eine konservative Partei.«[300] So hat es später der Revolutionshistoriker Veit Valentin formuliert. Zur Zeit der Revolution jedoch erschien der Konservativismus unzeitgemäß. Parlamentarisch waren die Konservativen in der Tat schwach vertreten,

---

299 Botzenhardt, Parlamentarismus, S. 695.
300 Valentin, Geschichte, Bd. 2, S. 559.

speziell die Vertreter des Großgrundbesitzes bei den Wahlen im Mai 1848 hoffnungslos unterlegen. In der preußischen Nationalversammlung gehörte kein einziger Abgeordneter den führenden Erzkonservativen an. Doch auch die Sachverwalter von Tradition und Beharrung lernten es sich zu organisieren und gründeten entsprechende Vereine. Die lokalen Schwerpunkte lagen – soweit erkennbar – in Preußen und Bayern.[301] Solche Vereinsgründungen implizierten dabei weniger die Anerkennung des konstitutionellen Systems, sie erfolgten eher aus simpler Verlegenheit oder taktischem Kalkül. Die Ziele der Konservativen, soweit sie sich im politischen Dunstkreis der preußischen Kamarilla bei Hofe bewegten, liefen insgesamt darauf hinaus, die neuen, durch die Revolution im März geschaffenen Rechtstatsachen wieder rückgängig zu machen, und das hieß Schluss mit der Nationalversammlung, Wiedereinsetzung ständischer Privilegien, Wahrung der Interessen des Großgrundbesitzes auf der Grundlage von Monarchie und starkem Staat.

Um dem gegenrevolutionären Katalog Geltung zu verschaffen, gründete im Juli 1848 der preußische Großgrundbesitzer Ernst Gottfried von Bülow-Cummerow den *Verein zum Schutze des Eigentums und zur Förderung des Wohlstands aller Klassen des Volkes*, der am 18. und 19. August in Berlin eine erste Kundgebung veranstaltete. Hier war vor allem der preußische Großgrundbesitz vertreten, feudale Aristokraten, darunter Otto von Bismarck und ehemalige Vertreter des Vereinigten Landtages, die sich gegen die drohende Entfeudalisierung zu wehren gedachten.[302] So war es nur konsequent, wenn sich das sogenannte *Junkerparlament* nun umbenannte in *Verein zur Wahrung der Interessen des Grundbesitzes und zur Förderung des Wohlstandes aller Volksklassen*. Dieses Junkerpar-

---

301 Wolfgang Schwentker: Konservative Vereine und Revolution in Preußen 1848/49, Diss. Düsseldorf 1986.
302 Francis L. Carsten: Geschichte der preußischen Junker, Frankfurt a.M. 1988, S. 105ff.

lament, das sich durchaus bürgerlicher Politikmethoden bediente, unterhielt enge, auch persönliche Kontakte zur Kamarilla bei Hof und verband damit großagrarische Interessen mit royalistischer Politik.[303] Dieser Modernisierungsschub, den sich der Konservatismus in Preußen selbst auferlegte, zielte nicht nur auf Organisation, sondern auch auf Breitenwirkung. Dazu bedurfte es entsprechender Medien, etwa Leopold von Gerlachs *Neue Preußische Zeitung*, besser bekannt als *Kreuzzeitung*, dem ersten publizistischen Organ der Konservativen, das in der Kopfzeile die programmatische Losung führte: *Mit Gott für König und Vaterland*. Der preußische General Gerlach initiierte ebenso die Gründung des Vereins *Für König und Vaterland*, der als erste zentrale Parteiorganisation der preußischen Konservativen bezeichnet wird, welche die über das Land verteilten patriotischen *Preußen- und Vaterlandsvereine* zusammenschloss.

In solchen Vereinen versammelten sich die selbsternannten *Revolutionsgeschädigten* und alle, die sich tendenziell dafür hielten. Diese konservative Sammlungsbewegung erhielt durch den Staatsstreich vom November schließlich die Impulse, die sie zur Massenbewegung benötigte. Der im Frühling 1849 gegründete *Treubund* für König und Vaterland verfügte laut Polizeibericht allein in Berlin über beachtliche 10.000 Mitglieder, die sich royalistischen Zielen verschrieben hatten. Der *Treubund*, der erhebliche finanzielle Mittel aus der Kasse des preußischen Innenministeriums erhielt, verfolgte diese Ziele als wünschenswertes »Bündnis zwischen Thron und Altar, Militär und gewerblichem bürgerlichen Mittelstand«.[304] Die Entwicklung ging einher mit einem seit Sommer 1848 deutlich festzustellenden Stimmungsumschwung vor allem in Kreisen des konstitutionellen Bürgertums und in Teilen der Bevölkerung, von dem die konservative Bewegung profitierte. Offen gegenrevo-

---

303 Vgl. auch Gerhard Becker: Die Beschlüsse des preußischen Junkerparlaments von 1848, in: Zeitschrift für Geschichtswissenschaft 24 (1976), S. 889ff.
304 Siemann, Revolution, S. 112.

lutionäre Töne in der Presse waren keine Seltenheiten mehr, und sogar liberale Vereine, wie etwa der in Elberfeld, ermunterten den preußischen König in Adressen unverhohlen zum Staatsstreich.

Militär, Polizei und bürgerliche Miliz

Aus Berlin ist diese wortgewaltige Episode überliefert: »Am 24. Mai hielt Generalmajor der Landwehr von Webern im Landwehrkasino folgende Rede: ›Kameraden, wem haben wir denn eigentlich die Revolution zu verdanken? Doch niemand anderem als den französischen und polnischen Emissären und den verdorbenen Literaten, die wert wären, daß sie alle aufgehängt würden; ich weiß wahrlich nicht, wie ich diese Schurken passend bezeichnen soll. (Nach einer Pause der Besinnung.) Mit einem Worte: Es sind Scheißkerls. Dieses Wort wiederholte der Redner zweimal und erntete donnernden Beifallssturm.«[305]

Die Haltung des Militärs, Heer und Reserve, war die entscheidende Frage für den Verlauf der Revolution. Bekam die Demokratie das Heer in die Hand, dann hatte die Reaktion verspielt. Die ungebrochene Loyalität des preußischen Militärs gegenüber der Monarchie machte es schließlich zum wichtigen Schlagarm der Gegenrevolution. Eine im Juli anonym erschienene Flugschrift, deren Verfasser der Oberstleutnant im Kriegsministerium Gustav von Griesheim war, fand in der Bevölkerung besondere Beachtung. Auflagenstark verbreitete der als Sprachrohr des Generalstabskreises bekannte hohe Militär unter der Überschrift: »*Die deutsche Zentralgewalt und die preußische Armee*« partikularistisches Gedankengut und machte gegen die Eingliederung des Militärs in die Frankfurter *Reichsarmee* Stimmung. Griesheim zielte damit öffentlich gegen die *Mediatisierung* der preußischen Armee durch den Reichsverweser und die Regierung mobilisierte die Trup-

---

305 Valentin, Geschichte, Bd. 2, S. 231f.

Loßse Se mech öm Goddeswelle noh Huus riede, Herr Rittmeister, ech
ßunn kapott, ech kann et en der enße Kamifs-Botz nit miehr ushalde!...

Der Düsseldorfer Landwehrmann auf dem Manöver

pen: Ende Juli standen insgesamt 263.000 Mann unter Waffen,
als es in Schlesien zu einem blutigen Konflikt zwischen Militär
und Zivilpersonen kam. Ohne Anlass hatten die Soldaten bei einer Demonstration in die Menge geschossen und dabei vierzehn
Menschen getötet. Dieses Verhalten des Militärs wurde als symp-
tomatisch gewertet und führte zur Zerreißprobe im Berliner Parlament. Hier wollte man die Loyalität per Beschluss durchsetzen
und damit das Militär in das konstitutionelle System eingliedern.
Damit war der Nerv der Machtfrage getroffen. Die angestrebte
Demokratisierung der militärischen Zwangsgewalt scheiterte
schließlich formell und praktisch an der althergebrachten Loyalität gegenüber der Monarchie. Hatte das Parlament es doch versucht, die Eigenrechte des Militärs im Staate anzutasten und die

Existenz stehender Heere zu kritisieren, Titel und Orden abzuschaffen und den Treueid auf die Verfassung einzulösen versucht. Zusätzlich wurden bürgerliche Wehrverbände installiert, um damit der Forderung nach *allgemeiner Volksbewaffnung* nachzukommen. Dies wurde nicht nur von führenden Militärs als Verletzung ihres Ehrenkodex und vitaler Eigeninteressen angesehen. Der über Generationen erworbene preußische Militärgeist konnte von parlamentarischer Seite nicht einfach untergraben werden. Vielmehr blieb das Militär gleichermaßen Garantiemacht wie Machtmittel des (monarchischen) Staates nach innen.[306] In der sogenannten *Reichsverfassungskampagne* entschied seine Haltung über Erfolg und Misserfolg der Bewegung in den Einzelstaaten. Einerseits waren die Truppen vom revolutionären Geschehen insgesamt durchaus nicht unbeeinflusst geblieben, andererseits rekrutierten sich gerade die preußischen Verbände zu 80% aus königstreuen Bauern.[307] Diese soziale Struktur wirkte gegen revolutionäre Unterwanderung geradezu immunisierend. Das Militär wurde zur geeigneten Eingreiftruppe für instabile Einzelstaaten. Mit Hilfe der stehenden preußischen Heere wurde die Gegenrevolution sukzessive an alle Krisenherde exportiert.

Zu den eher paradoxen Ergebnissen der Revolution in Preußen zählt auch die Tatsache, dass die Geburtsstunde einer zivil organisierten, straffen Polizeiexekutive mit der *Todesstunde der bürgerlichen Revolution* zusammenfiel. Paradox deshalb, weil doch gerade das Bürgertum diese exekutive Polizei gefordert hatte.[308] Bereits

---

306   Vgl. insgesamt Dieter Langewiesche: Die Rolle des Militärs in den europäischen Revolutionen von 1848/49, in: Wolfgang Bachofer / Holger Fischer (Hg.): Ungarn – Deutschland, München 1983, S. 273–288.
307   Christoph Kleßmann: Zur Sozialgeschichte der Reichsverfassungskampagne von 1849, in: Historische Zeitschrift 218 (1974), S. 334.
308   Albrecht Funk: Polizei und Rechtsstaat. Die Entwicklung des staatlichen Gewaltmonopols in Preußen 1848–1914, Frankfurt a.M./New York 1986, S. 61f.

nach den ersten Barrikadenkämpfen hatte der Monarch in eine grundlegende Reform des Berliner Polizeiwesens eingewilligt. Die gesamte vollziehende Gewalt ging auf die neugegründete Bürgerwehr über und damit auf eine Ordnungsmacht *von unten*. Das Militär selbst war nur noch für sogenannte Notfälle vorgesehen, um Provokationen der Zivilbevölkerung zu vermeiden. Genau drei Monate konnte die Bürgerwehr diese ihr zugedachte Funktion bewahren, dann wurde sie durch königliche, militärisch organisierte Schutzmannschaften verdrängt.

Diese agierten gleichsam als vorgeschobener Posten des preußischen Staates und als Ersatz für die eigentliche Macht – das Militär. Zunächst ähnlich den englischen Konstablern noch weitgehend zivil gekleidet, wurden die Schutzmannschaften nach der endgültigen Auflösung der dezimierten Bürgerwehren zunehmend militarisiert und das äußere Ansehen der Schutzmänner militärischen Standards angepasst. Damit kam die funktionale Angleichung von Militär und Polizei via Dresscode zum Ausdruck und zugleich die Vorstellung der Reaktion, dass die Repräsentation staatlicher Autorität exklusiv in militärischen Formen denkbar war. Die Berliner Truppe mit einer Stärke von 1.800 Mann und straff militärischer Befehlsstruktur wurde zum Vorbild für die Reorganisation des Polizeiwesens in anderen preußischen Städten und später auch in denjenigen Einzelstaaten, wo die Revolution nichts an den traditionellen Polizeiverhältnissen geändert hatte.[309]

Vorarbeiten für eine zentrale politische Staatspolizei leistete noch während der Revolution die Reichszentralgewalt, indem Reichsjustiz- und Reichsinnenministerium in einem Zirkularerlass vom 3. Oktober 1848 die konsequente Überwachung des politischen Vereinslebens anordneten und damit in den Einzelstaaten Datenmaterial ansammeln ließen, das der Reaktion schließlich

---

309   Zur Polizeipraxis während der Revolution vgl. Hartmut Kaelble: Die Polizei und die Fahndungen anlässlich der deutschen Revolution von 1848/49, in: Vierteljahresschrift für Sozial- und Wirtschaftsgeschichte 64 (1977), S. 328–355.

zugutekam. Der gegenrevolutionäre Kurs, den die Zentralgewalt mit ihrer Politik spätestens seit September steuerte, entfernte sich nicht nur von breiten Kreisen der Öffentlichkeit, sie legte vielmehr den Grundstein dafür, durch militärische und polizeiliche Interventionsmaßnahmen die Revolution endgültig zu unterdrücken und die spätere Überwachung und Verfolgung der politischen Opposition zentral koordiniert vorzubereiten.

Die Gegenrevolution in den Einzelstaaten kam jedoch nicht nur durch preußische und Reichstruppen und durch die zentrale politische Polizei von außen, sie bemächtigte sich auch der *Basisrevolution* selbst, in Gestalt einer ihrer Errungenschaften zu Beginn: Der *Bürgerwehren* als ehemalige Zugeständnisse der Regierungen an die liberale Bewegung.

In Preußen hatte zunächst die Regierung Camphausen die Aufgaben der Bürgerwehren per Verordnung geregelt, im Oktober wurden sie auf gesetzliche Grundlagen gestellt. Sie erhielten das Recht, künftig als Garanten öffentlicher Sicherheit, Ruhe und Ordnung aufzutreten. Lokale Bürgerwehren waren milizartige Wehrorganisationen, denen Bürger ab dem 24. Lebensjahr beitreten konnten, sofern sie ihrer Militärverpflichtung nachgekommen waren. Die Bewaffnung dieser paramilitärischen Einheiten regelten die Gemeinden, die auch im Einzelnen unterschiedliche Aufnahmebedingungen festschrieben, so dass die Struktur und politische Haltung der Miliz bereits bei ihrer Gründung vorherbestimmt waren. In Berlin etwa hatte sich die Bürgerwehr im Oktober 1848 gegen aufständische Arbeiter einsetzen lassen und damit zu einem Kampfmittel der Behörden gegen die Volksbewegung entwickelt. Auch in größeren Städten, wie Hannover, Augsburg, München, Barmen und Elberfeld standen die Bürgerwehren von Beginn an auf der Seite von Militär und Polizei. Provinzielle Industriestädte wie etwa das märkische Iserlohn konstituierten erst auf Initiative von Landrat, Magistrat und Fabrikanten ihre Bürgergarden, um der allgemeinen Instabilität angesichts der öffentlichen Tumulte und Protestaktionen eine halbwegs verlässliche Ordnungsmacht entgegenzusetzen. In Hamburg nahmen konservative Bürger das Heft selbst in die Hand und organisierten militärische Selbsthilfegruppen, die als *Knüppelgarden* gegen angeblich drohende Übergriffe auf das Privateigentum vorgingen. Insgesamt wiederholte sich innerhalb des oft widersprüchlichen Erscheinungsbildes der Bürgermilizen die Spaltung des Bürgertums in einen Ordnungs- und einen Bewegungsflügel. In diesem Spannungsfeld zeigte sich die Brisanz einer wirklichen, das heißt *demokratischen* Volksbewaffnung innerhalb der bürgerlichen Gesellschaft. Das uneinheitliche und bisweilen widersprüchliche Bild solcher Wehrformationen wird komplett durch die Tatsache, dass insbesondere in der *Reichsverfassungskampagne* ganze Stadtverbände, einerseits die Revolutionäre unterstützen konnten (so in Breslau, Heilbronn, Düsseldorf, Karlsruhe, Mainz, Solingen und Hanau[310]), während andernorts der revolutionsdämpfende Charakter dieser Institution bereits seit ihrer Gründung feststand, so dass schließlich die Bereitschaft zu offen gegenrevolutionärer Gewalt keine Überraschung war.

---

310 In Hanau kam als Freikorps eine »Turnerwehr« in den Kämpfen um die Reichsverfassung ab April 1849 zum Einsatz. Vgl. dazu Harald Rohlinger: Das Sozialprofil der Hanauer Turnerwehr 1849, in: Volkmann/Bergmann, Sozialer Protest, S. 107–127. Vgl. auch Ralf Pröve: Bürgergewalt und Staatsgewalt. Bewaffnete Bürger und vorkonstitutionelle Herrschaft im frühen 19. Jahrhundert, in: Alf Lüdtke /Herbert Reinke/Michael Sturm (Hg.): Polizei, Gewalt, Staat im 20. Jahrhundert, Wiesbaden 2011, S. 61–80.

8

Der Kampf um die Reichsverfassung

Die Auseinandersetzungen in der Paulskirche

Das Begriffspaar *großdeutsch-kleindeutsch* kennzeichnet eines der schwierigsten staatspolitischen Probleme, die in den Jahren 1848/49 gelöst werden sollten. Zum einen spiegelt es den nun offen ausgesprochenen Gegensatz der beiden deutschen Großstaaten Österreich und Preußen wider, zum anderen lässt es deutlich werden, welche Bedrohung der Nationalgedanke für das Weiterbestehen des bisher intakt gebliebenen Staatengefüges in Deutschland bedeutete. Am 21. März 1848 hatte Friedrich Wilhelm IV in seiner Proklamation *An mein Volk und an die deutsche Nation* das Versprechen gegeben, Preußen gehe fortan in Deutschland auf. Die Tatsache, dass er anschließend nicht die geringsten Anstalten traf, seine Zusicherung tatsächlich einzulösen, erhellt faktisch den Antagonismus *Einzelstaat versus Gesamtstaat*.

Deutschland als Nation zu gründen, war gleichermaßen Ziel der Liberalen und der Demokraten im Vormärz gewesen, der Nationalgedanke Triebkraft und auch Grundlage der von Gemäßigten und Radikalen angestrebten deutschen Einheit. Stark vereinfachend kann sicherlich von mehr föderalistischen Tendenzen der Rechten und von unitarischen Zielen der Linken gesprochen werden. Die umwälzende Änderung, also die *Revolution*, wäre zweifellos der Einheitsstaat gewesen. Die Frage des dauerhaften Bestandes der deutschen Partikularstaaten oder deren Aufhebung stellte also einen Streitfall dar, welchen schließlich die liberale Mehrheit der Paulskirche zugunsten eines Bundesstaates entschied.

Preußen und Österreich selbst, die innerhalb ihres jeweiligen Staatsgebietes neben der deutschen auch andere Nationalitäten vereinten, waren durch den Nationalgedanken zusätzlich von innen gefährdet: Das Aufkommen und Erstarken des deutschen Nationalismus führte zu einer entsprechenden Kräftigung auch des polnischen, kroatischen oder ungarischen Nationalismus.

Noch größere Spannungen als die Auseinandersetzung um die Rechtsstellung der Polen in Preußen rief allerdings das erwachende Nationalbewusstsein im Vielvölkerstaat Österreich hervor: Für die Donaumonarchie hätte sein Sieg den Zusammenbruch bedeutet. Insofern war schon die Arbeit der verfassungsgebenden Versammlung in Frankfurt mit dem Ziel, einen deutschen Nationalstaates zu errichten, eine unmittelbare Gefährdung des Habsburgerreiches: Der Beitritt des deutschen Teils, also Österreichs im engeren Sinne, musste auf Dauer den Zerfall der Donaumonarchie, im günstigsten Fall ihren Fortbestand als reine Personalunion durch einen gemeinsamen Monarchen zur Folge haben. In den Verfassungsdiskussionen der Jahre 1848/49 galten diejenigen Politiker als *Großdeutsche*, die einen solchen Beitritt Deutsch-Österreichs bei Hinnahme der zu erwartenden Folgen für die Donaumonarchie befürworteten, zumal sie darin die einzige Möglichkeit sahen, dem preußischen Einfluss auf Deutschland engere Grenzen zu setzen. Als *Kleindeutsche* galten demgegenüber all diejenigen, welche Österreich zugunsten Preußens aus dem künftigen Deutschland ausschließen wollten.

Einen nur scheinbaren Ausweg aus diesem Dilemma, die deutschen Nationalinteressen mit den Partikularinteressen Österreichs und Preußens zu vereinbaren, lieferte das in diesen Monaten häufig diskutierte Modell eines *Bundes im Bunde*: ein deutscher Bundesstaat ohne Österreich sollte gemeinsam mit der österreichischen Gesamtmonarchie einen Staatenbund bilden. Aber auch dieser Plan hätte eine Minderung des österreichischen Einflusses zur Folge gehabt, denn in dem engeren Bunde wäre Preußen zur unangefochtenen Hegemonialmacht Deutschlands aufgestiegen, die Einwirkungsmöglichkeiten Österreichs im Rahmen des weiteren Bundes hätten sich dagegen auf ein Minimum reduziert. Die Idee eines Doppelbundes wurde daher nicht nur von den großdeutschgesinnten Abgeordneten der Nationalversammlung, sondern auch von der österreichischen Regierung verworfen.

Nicht nur in Österreich, sondern auch in Preußen hatten seit dem Herbst 1848 die konservativ-reaktionären Kräfte die dominierende Stellung im Staate zurückgewonnen: König Friedrich Wilhelm konnte im Dezember 1848 die verfassungsgebende Versammlung auflösen und eine Verfassung oktroyieren. Das seit November amtierende Ministerium des Grafen Brandenburg vertrat von Anfang an offen eine gegenrevolutionäre Politik. In Österreich setzten nach der Unterdrückung der *Oktoberrevolution* Alfred Ferdinand Fürst zu Windisch-Graetz und Felix zu Schwarzenberg unangefochten ihren reaktionären Kurs durch. Schwarzenberg unterband als Ministerpräsident und Außenminister nicht nur jegliche von Frankfurt (Nationalversammlung und Reichszentralgewalt) ausgehende Einflussnahme auf die innenpolitische Entwicklung Österreichs, sondern vertrat ohne Zögern und offensiv die Konzeption einer den deutschen Nationalstaat ausschließenden österreichischen Hegemonialpolitik. Die realen Machtverhältnisse in Deutschland waren also im Frühjahr 1849 gekennzeichnet durch den Sieg der Gegenrevolution in den beiden Großstaaten und durch die immer deutlichere Rivalität dieser Staaten um die Vormachtstellung.

Schlechte Aussichten für die Durchsetzung einer deutschen Verfassung, zumal das Frankfurter Reichsministerium ohne eigene Machtmittel auf den guten Willen der beiden Großstaaten angewiesen war. Auch das Selbstverständnis und das Handeln der Mitglieder der Nationalversammlung konnten nicht unbeeinflusst bleiben von der Entwicklung in Österreich und Preußen: Bei der liberalen Mitte und bei einem Teil der Linken wuchs zusehends die Bereitschaft, zugunsten einer raschen zweiten Lesung und einer endgültigen Verabschiedung der Verfassung einander entgegenzukommen und bisher unverzichtbare Positionen aufzugeben.

Einige Berühmtheit gewann der Antrag des Kieler Rechtswissenschaftlers und Herausgebers des einflussreichen Staats-Lexikons, Carl Theodor Welcker, vom 12. März 1849 als die wohl am meisten Aufsehen erregende politische Wendung eines prominenten Abgeordneten der Paulskirche. Dieser Antrag war die unmittelbare Reaktion auf die von Schwarzenberg veranlasste Oktroyierung einer zentralistischen Verfassung für den österreichischen Gesamtstaat vom 4. März, die den Anschluss Deutsch-Österreichs an einen deutschen Nationalstaat und damit die großdeutsche Lösung außer Sichtweite rückte. Die jahrzehntelang erhobene Forderung einer Umwandlung Preußens und Österreichs in Verfassungsstaaten war zwar nun formal endlich erfüllt, doch absolut nicht im Sinne der Erfinder: von oben dekretiert, entsprachen beide Verfassungen inhaltlich nur teilweise den liberalen oder gar den demokratischen Vorstellungen. Hinzu kam, dass diese Verfassungen die Eigenstaatlichkeit Preußens und Österreichs geradezu zementierten, also die Partikularinteressen der beiden deutschen Großmächte legitimierten und verstärkten. Schon die preußische Verfassung war als eine Gefährdung der Arbeit der Paulskirche angesehen worden. Die österreichische Variante drohte sie völlig zunichte zu machen, als Schwarzenberg wenige Tage später die österreichischen Ansprüche einer Hegemonie über Deutschland unverblümt zum Ausdruck brachte.

Welckers Antrag, sein überraschender Übertritt auf die kleindeutsche Seite, hatte während der folgenden Tage erregte Debatten in der Paulskirche zur Folge.[311] In engem Zusammenhang mit der Frage groß- oder kleindeutsch standen dabei andere zentrale Streitpunkte, wie die des künftigen Wahlrechts oder die Entscheidung für oder gegen die nun auch von Welcker geforderte Übertragung der erblichen Kaiserwürde auf das preußische Königshaus. Trotz der reaktionären Entwicklung in Preußen und Österreich, die dem Verfassungswerk ein drohendes Ende heraufbeschworen, lehnten es vor allem die Redner der Linken ab, mit einer Billigung

---

311 Franz Wigard (Hg.): Stenografischer Bericht der deutschen constituierenden Nationalversammlung zu Frankfurt am Main, 1848, Bd. 8, S. 5793ff.

der Verfassung *in Bausch und Bogen* der eigenen politischen Überzeugung Gewalt anzutun. Der Antrag wurde am 21. März mit 283 gegen 252 Stimmen abgelehnt. Überwiegend die Linke, aber auch Teile der Rechten und österreichische Abgeordnete hatten die Zustimmung komplett verweigert.

Unmittelbar betroffen von dieser nicht erwarteten Abstimmungsniederlage waren Reichsministerpräsident Heinrich von Gagern und das von ihm geleitete kleindeutsch-erbkaiserlich orientierte Ministerium. Von Gagern erklärte schon am nächsten Tag seinen Rücktritt, blieb dann aber auf Wunsch des Reichsverwesers noch einige Wochen interimistisch im Amt.

Wie war es zu diesem *Scheitern* gekommen? Zentrale Streitfragen, die für die Ablehnung des *Antrags Welcker* relevant wurden, waren neben der Frage des Reichsoberhaupts und des Umfanges des künftigen Reiches vor allem das Vetorecht und das Wahlrecht für das geplante Volkshaus. Die Erkundungen und Verhandlungen, die in diesen Tagen stattfanden, sind im Detail rekonstruiert worden.[312] Deutlich wird dabei, dass trotz der im Plenum der Konstituante geführten hitzigen Debatten die eigentlichen Entscheidungen im Hinterzimmer und in Einzelverhandlungen der meinungsbildenden Persönlichkeiten der Fraktionen fielen. Bei den knappen, je nach Gegenstand wechselnden Mehrheiten kam es dabei auf buchstäblich jede Stimme an.

Der entscheidende Kompromiss wurde ausgehandelt zwischen dem *Weidenbusch*, wie sich die propreußisch-erbkaiserliche liberale Mitte inzwischen nannte, und dem *Braunfels*, einer zwar sehr kleinen, aber bei den engen Mehrheitsverhältnissen entscheidend einflussreichen Fraktion linker Abgeordneter. Der *Pakt Simon/ Gagern*, wie er nach den prominentesten Verhandlungsführern genannt wurde, ist durch eine am 31. März 1849 von Heinrich Simon, Mitglied der Fraktion *Westendhall*, gemeinsam mit seinem Vetter Max Simon im *Frankfurter Journal* veröffentlichte Erklä-

---

312   Vgl. etwa Botzenhardt, Parlamentarismus, S. 687 ff.

rung überliefert. Wie knapp die Mehrheit der *Weidenbusch/Braunfels*-Koalition in der Nationalversammlung war, zeigte sich bei verschiedenen Abstimmungen.

Am 27. März fiel die Entscheidung in der Frage nach dem Oberhaupt. Die Übertragung der Würde des Reichsoberhauptes an einen regierenden deutschen Fürsten wurde mit 279 gegen 255[313], die Erblichkeit der Kaiserwürde mit nur 267 gegen 263 Stimmen[314] beschlossen. Für das Wahlgesetz, *wie solches aus erster Lesung hervorgegangen ist,* – und das hieß, für die allgemeine, gleiche, direkte und geheime Wahl, – erklärte sich jedoch, wie aus dem Protokoll hervorgeht, die *große Mehrzahl*[315], denn dieser Teil des *Weidenbusch/Braunfels-Abkommens* entsprach den Vorstellungen der gesamten Linken. Das aktive und passive Wahlrecht wurde allen über 25-jährigen männlichen Deutschen zugestanden. Die Frauen blieben (nicht nur in Deutschland) noch während des gesamten 19. Jahrhunderts vom Wahlrecht komplett ausgeschlossen. Eine volle staatsbürgerliche Gleichberechtigung erhielten sie in den meisten europäischen und überseeischen Staaten erst nach dem Ersten Weltkrieg. Die Reichsverfassung als Ganzes wurde nicht noch einmal zur Abstimmung gebracht.

Am 28. März 1849 beschloss die Konstituante mit großer Mehrheit, selbstständig und zwar sofort die Wahl des Kaisers vorzunehmen und solange versammelt zu bleiben *bis der nächste Reichstag nach den Bestimmungen der Reichsverfassung berufen und zusammengetreten sein wird.*[316] Anschließend wählte die Versammlung mit 290 Stimmen bei 248 Enthaltungen[317] den preußischen König Friedrich Wilhelm IV zum künftigen Kaiser der Deutschen.

Der Streit zwischen den Fraktionen, ob die großdeutsche oder die kleindeutsch-erbkaiserliche Lösung verwirklicht werden sollte,

---

313   Sten. Bericht, Bd.8, S.6060
314   Ebd., S. 6064.
315   Ebd., S. 6070.
316   Ebd., S. 6083 (keine namentlichen Abstimmungen).
317   Ebd., S. 6093.

ließ zwar im Negativen übereinstimmende Mehrheiten, nicht aber auf Dauer haltbare Koalitionen entstehen. Auf diese Weise aber kam es zu dem Kompromiss, den die verabschiedete Reichsverfassung am Ende darstellte.

Für die Auseinandersetzungen zwischen *links* und *rechts* hoben sich tatsächlich die Teilerfolge *und* Niederlagen irgendwie gegeneinander auf: der Sieg des monarchisch-konstitutionellen Systems für Deutschland in der Form des Erbkaisertums wurde entscheidend reduziert durch das demokratische Wahlrecht und die (wenn auch nicht sehr wahrscheinliche) Möglichkeit der beiden Häuser des künftigen Reichstages, gegen den Willen des Kaisers Gesetze, ja sogar Verfassungsänderungen durchzusetzen. In der Frage *groß- oder kleindeutsch* hingegen konnte es nach der Oktroyierung der zentralistischen österreichischen Verfassung keinen Kompromiss mehr geben, zumindest nicht auf der Grundlage irgendeines Nationalgedankens. Hier setzten sich zwar knapp, aber in der Sache uneingeschränkt derjenigen durch, die ein Kleindeutschland unter preußischer Hegemonie wollten. Die ersten drei Paragraphen der Verfassung nämlich machten den Beitritt Österreichs ohne dessen Auseinanderbrechen unmöglich.

Nach der Verabschiedung der Reichsverfassung war die weitere Entwicklung jetzt abhängig von der Haltung, welche die preußische Regierung, vor allem aber der Monarch selbst einnehmen würden. Im Auftrag der Nationalversammlung reiste schon am 30. März eine vielköpfige Deputation mit Parlamentspräsident Eduard Simson an ihrer Spitze nach Berlin, um den zum Kaiser gewählten Friedrich Wilhelm zu bewegen, *die auf ihn gefallene Wahl auf Grundlage der Reichsverfassung* anzunehmen. Der Fehlschlag der Mission ist bekannt.

Die Kampagne

Immerhin war die am 28. März 1849 beschlossene und veröffentlichte Verfassung nach dem Verständnis der Nationalversammlung jetzt geltendes Recht. Über die Frage, wie die Anerkennung der Paulskirchen-Verfassung durch die widerstrebenden Regierungen tatsächlich zu erreichen sei, kam es zum endgültigen Bruch des Parlaments. Eine knappe Mehrheit (190 gegenüber 188 Stimmen) hatte am 4. Mai einen Anerkennungsbeschluss gefasst und konstituierende Wahlen zum Volkshaus für Mitte Juli 1849 angesetzt. Damit handelte die Nationalversammlung über die Köpfe der Regierungen und das bis dahin geltende Vereinbarungsprinzip hinweg. Von April bis Juni beriefen daraufhin nacheinander Österreich, Preußen, Sachsen, Hannover und Baden ihre Abgeordneten aus Frankfurt ab. Dies war eine Kette von Reaktionen, die sukzessive die Entrechtlichung des Parlaments betrieben, während der verbleibende Rest die tiefe Spaltung des Bürgertums in dieser Revolution demonstrierte.

Nur eine Minderheit konnte sich noch dazu durchringen, ein Reichsheer zu bilden das man den Bürgerwehren und Freischaren an die Seite stellen konnte, um die Verfassung verteidigen. Ein sogenanntes *Rumpfparlament* beschloss am 30. Mai, seinen Sitz von Frankfurt nach Stuttgart zu verlegen, während der Reichsverweser mit seinem Kabinett aus Abgeordneten der Rechten in der Mainmetropole blieb. Ohne parlamentarischen Rückhalt arbeitete die weiterbestehende Zentralgewalt jetzt der Reaktion in die Hände. Ab sofort kamen Reichstruppen gegen die Aufstandsbewegung in den Staaten zum Einsatz, die die Annahme der Reichsverfassung verweigert hatten oder wie Baden trotz Anerkennung einen Schwerpunkt der Bewegung bildeten. Diese dritte Revolutionswelle nach dem Frühjahr und Herbst 1848 ist unter der Bezeichnung *Reichsverfassungskampagne*[318] in die Geschichtsschreibung eingegangen und in der Regel als bloßes Nachspiel einer missglückten Revolution verkannt worden.

Eine spannend erzählte Chronologie der Ereignisse dieser letzten Welle der Revolution in Deutschland bietet die detaillierte Darstellung von Veit Valentin.[319] Wir fragen abschließend einerseits nach den Strukturmerkmalen der *Reichsverfassungskampagne*, die den Unterschied machten gegenüber den Bewegungen zu Beginn und im Verlauf der Revolution. Andererseits geht es am regionalen Beispiel um die Trägergeschichten der Kampagne.

Das Schlusskapitel der Revolution offenbarte noch einmal die Tragweite einer *Fundamentalpolitisierung*, die sich in der revolutionären Bewegung mit sozialer Dynamik verbunden hatte und damit gesellschaftliche Emanzipationsbestrebungen auf die Tagesordnung setzte, denen die alten Gewalten mit der systematischen Anwendung der Zwangsmittel des modernen Staates entgegentraten, so die Überlegenheit des monarchischen Verwaltungsstaates gewaltsam demonstrierten und die Antagonismen der Bewegung zur Systemstabilisierung nutzten.

Zu den entscheidenden Strukturmerkmalen der *Reichsverfassungskampagne* mit ihren Schwerpunkten in Baden, in der bayerischen Pfalz, Württemberg, Sachsen und in der preußischen Rheinprovinz, die sie von der Märzbewegung unterschieden, zählten zum einen die mobilisierenden und koordinierenden Impulse durch die fortgeschrittene Organisationsstruktur der demokratischen Bewegung; zum anderen die Radikalität, die den politischen Umsturz zum Programm erhob; und schließlich die ausschlaggebende Rolle des Militärs.

---

318   Vgl. Friedrich Engels: Die deutsche Reichsverfassungskampagne, in: Karl Marx/Friedrich Engels: Werke (MEW), Bd. 7, Berlin 1960, S. 109–197.
319   Valentin, Geschichte, Bd. 2, S. 448–544. Vgl. auch: Christoph Kleßmann: Zur Sozialgeschichte der Reichsverfassungskampagne von 1849, in: Historische Zeitschrift 218 (1972), S. 283–337.

Die Aufstandsbewegung zur Anerkennung der Reichsverfassung profitierte auf lokaler Ebene von der Entfaltung des politischen Vereinswesens. Arbeiter- und Volksvereine schlossen sich darüber hinaus in regionalen Landesausschüssen zusammen, die wiederum Kontakte zum *Centralmärzverein* als überregional steuernde Schaltzentrale unterhielten, die das revolutionäre Geschehen in den Einzelstaaten koordinieren sollte. In Württemberg etwa betrieb ein Landesausschuss sämtlicher Volksvereine die Aufrüstung der Bürgerwehren. In Sachsen initiierten über 200 Volksvereine eine spektakuläre Versammlung in Dresden am 22. April. Auch in Bayern hatten solche Manifestationen massenhaften Zulauf von bis zu 10.000 Teilnehmern. Die Bewegung reichte dabei von den großen Städten bis weit in die Provinz. In der linksrheinischen Pfalz konstituierte sich ein zehnköpfiger *Landesverteidigungsausschuss*, der am 2. Mai aus einer großen Volksversammlung in Kaiserslautern hervorgegangen war. Ein ähnliches Koordinationsorgan verschaffte sich die demokratische Bewegung in Baden, wo die Agitation der Volksvereine mit lokalen Honoratioren aus Gemeindebürokratie und Bildungsbürgertum als Wortführer am 13. Mai zu einer spektakulären Landesversammlung in Offenburg mobilisiert hatte, an der über 40.000 Menschen teilnahmen. Die Bewegung gewann schnell an Breite, ging auf die Straße und schlug radikalere Töne an. Denn im Unterschied zur Märzbewegung zeichnete sich die *Kampagne* zur Verteidigung der Reichsverfassung durch ihre Tendenz zum republikanischen Umsturz aus. Diese Radikalität, die nicht mehr vor den Thronen haltmachte, begründete eine neue Qualität der Revolution in dieser späten Phase. Sie veranlasste wie in Württemberg Monarchen zur Anerkennung der Verfassung oder wie in Baden, Sachsen und Württemberg gar zur Flucht aus den Residenzen. Als dreißigster Staat stellte sich schließlich Sachsen auf den Boden der Reichsverfassung, als die provisorische Regierung in der Residenzstadt um die Anwälte Samuel Erdmann *Tzschirner* und Otto Leonhard *Heubner*, sowie um den Bürgermeister Karl Gotthelf Todt den

Schwung der Aufstandsbewegung und die Schwäche des örtlichen Militärs zu einer entsprechenden Erklärung nutzte.

Revolutionäre Regierungen hatten sich darüber hinaus auch in der Pfalz und in Baden gebildet. Mitte Mai erklärte die Pfalz ihre Selbständigkeit gegenüber Bayern, und zwar auf republikanischer Grundlage. Wenige Tage zuvor hatte sich in Baden eine *Exekutivkommission* gegründet, die unter Führung des Mannheimer Oberbürgermeisters Lorenz Peter Carl *Brentanos* die Geschäfte einer Übergangsregierung aufnahm, Baden zum ersten deutschen republikanischen Staat erklärte und Wahlen für eine konstituierende Landesversammlung beschloss.

Die *südwestdeutsche Erhebung* schien vor allem im nunmehr republikanischen Baden zunächst ausgesprochen erfolgreich. Sie profitierte vom Rückhalt, den sie in der Bevölkerung genoss und im Zentrum des staatlichen Machtapparates gewann. Entscheidend wurde gerade hier die Haltung des Militärs. Am 12. Mai hatte ein Soldatenaufstand in der Festung Rastatt dazu geführt, dass Teile des stehenden Heeres auf die Seite der Revolution überliefen und deren bewaffnete Basis aus Volks- und Bürgerwehren erweiterten. Die provisorische Regierung verstand es, diese strategisch günstige Ausganslage durch Beschlüsse zu konsolidieren, die vor allem durch Solderhöhung und Offizierswahlen ihren Rückhalt durch Loyalität zu stärken suchte.

Und diese Tendenz, dass die revolutionäre Bewegung bis in die Truppen hineinwirkte, blieb kein badischer Einzelfall. In der Pfalz gingen Garnisonstruppen einschließlich der Verstärkung aus Frankfurt zu den Revolutionären über oder kehrten Soldaten trotz massiver Einschüchterungsversuche durch den Regierungspräsidenten nicht aus dem Urlaub zurück. In der preußischen Rheinprovinz schließlich kam es zu Revolten und Desertationen der inzwischen mobilisierten Landwehr-Jahrgänge. Eigentlich sollte diese Reservearmee ein paralleles Eingreifen der preußischen Truppen an den Revolutions-Schauplätzen ermöglichen: Ein Effekt, der sich in sein Gegenteil verkehren sollte. Landwehreinheiten wurden zu Trägern des Widerstandes durch *Meuterei*.

Zu den Merkmalen der *Reichsverfassungskampagne* zählte im Unterschied zu den Märzereignissen aber auch die Konsequenz der Gegenrevolution, die mit Hilfe preußischer und Reichstruppen überaus rücksichtslos, geradezu drakonisch und blutig die endgültige Liquidierung der demokratisch-republikanischen Erhebung betrieb. Die Intervention preußischer Truppen aufgrund entsprechender *Hilfeersuchen* der bedrängten Monarchen oder aus eigener Machtvollkommenheit entschied die revolutionären Kämpfe: am verlustreichsten und blutigsten in der *Dresdener Mairevolution* mit 250 gefallenen und 400 verwundeten Revolutionäre, sowie 31 gefallenen und 97 verwundeten Soldaten, im westfälischen Iserlohn (über 100 Tote) und in Baden, wo die Niederlage der vereinigten Revolutionstruppen gegen das preußische Militär am Waghäusel (15. Juni) und die Kapitulation der Soldaten in der Festung Rastatt (23. Juli) die Revolution im Südwesten besiegte. Die Preußen hatten blutig Ernst gemacht mit von Griesheims Losung *gegen Demokraten helfen nur Soldaten*. Aufgrund der zahlenmäßigen und waffentechnischen Überlegenheit der Linientruppen stand der Sieg der militärischen Gewalt über die teilweise bunt zusammengewürfelten Freischärler eigentlich nie in Frage. Die Revolutionäre hatten nur kurzfristig von der Dezentralisierung der Heere profitiert. In Baden wurde nach einer kurzen Schwächeperiode die systematische Anwendung militärischer Gewalt nach innen durch die Hegemonialmacht betrieben und zwar in letzter Konsequenz. Preußische Standgerichte übten blutige Justiz, spätere Kriegs- oder ordentliche Gerichte besorgten den Rest. »Wenn die preußische Politik geglaubt hat, durch eine Anzahl ausgewählter standrechtlicher Hinrichtungen, mit einem gewissermaßen gut preußisch sparsamen Terror ihre gegenrevolutionäre Arbeit in Baden schnell und günstig durchführen zu können, so hat sie sich entschieden geirrt: in der Pfalz und in Sachsen, ebenso in Württemberg vollzieht sich die Beruhigung viel schneller als in Baden. Der durch die Hinrichtungen aufgeregten und eingeschüchterten badischen Bevölkerung erscheint es vielfach als das Beste, das Land zeitweise oder ganz zu verlassen. [...] Beinahe tausend Verurteilungen finden statt, 80.000 Badener gehen für immer fort von der Heimat. Es gibt, wie gesagt, kaum eine Familie, die nicht irgendwie betroffen ist.«[320] Diese breite Betroffenheit der badischen Bevölkerung begründete antipreußische Ressentiments noch über Generationen hinweg.[321]

Zu den entscheidenden Merkmalen dieser letzten Phase der Revolution zählte indessen auch der Umstand, dass sie nicht mehr auf den ungeteilten Rückhalt im Bürgertum setzen konnte. Das badische Landesparlament unterstreicht in seiner Zusammensetzung den kleinbürgerlichen Charakter der demokratisch-republikanischen Bewegung, wie er auch den *Eliten* in den Volksvereinen entsprach: Neben einigen selbständigen Gewerbetreibenden und unteren Beamten waren vor allem Angehörige der freiberuflichen Intelligenz (Juristen, Ärzte, Redakteure, Pfarrer), jedoch keine Arbeiter und Gesellen vertreten.[322] Der konstitutionell gesinnte Mittelstand blieb dieser Bewegung ebenso fern wie auf der anderen Seite weitgehend die bäuerliche Bevölkerung, die eher der Gegenrevolution zuneigte.

Auf der Grundlage einer Auswertung von Zuchthausakten lässt sich die Sozialstruktur der revolutionären Bewegung in Sachsen, dem am stärksten industrialisierten deutschen Einzelstaat dieser Zeit, abbilden. Die Gerichte klagten demnach über 6.000 Personen an, zumeist wegen politischer Delikte (Hochverrat, Majestätsbeleidigung, politische Agitation, Mitgliedschaft in verbotenen Vereinen etc.), aber auch aufgrund von Angriffen auf privates oder staatliches Eigentum. Von den insgesamt 727 Verurteilten (die meisten hatten sich durch Flucht ins Ausland einem Prozess

---

320 Valentin, Geschichte, Bd. 2, S. 540.
321 Vgl. Paul Nolte: Baden, in: Dipper/Speck, 1848, S. 53–68, hier S. 68.
322 Botzenhardt, Parlamentarismus, S. 713.

entzogen), die eine Zuchthausstrafe abzusitzen hatten, kam das Gros aus den verschiedenen Zweigen des Handwerks:

**Verteilung der Verurteilten in Sachsen
nach ihrer Stellung im Beruf[323]**

	Zahl	in %
Beamte[a]		
höhere	11	1,5
mittlere	29	4,0
untere	9	1,2
Selbständige[b]	72	9,9
Meister	139	19,1
Gesellen	192	26,4
Lehrlinge	1	0,1
Handwerker[c]	90	12,4
Meister	22	3,0
Gesellen	89	12,2
Lehrlinge	52	7,2
Auszubildende[d]	13	7,2
keine Angaben	8	1,1
insgesamt	727	100

a: Die Aufteilung nach höheren, mittleren und niederen Beamten ist äußerst problematisch und kann nur Näherungswerte liefern. Zu den höheren Beamten gehören: Hochschullehrer, Gerichtsdirektoren, Justizräte, Assessoren; mittlere Beamte sind Gymnasiallehrer, Stadträte, Pfarrer; zu den unteren Beamten wurden Volksschullehrer, Stadtschreiber, Postsekretäre und Ratsdiener gerechnet, auch wenn sie nicht den Beamtenstatus besaßen.
b: Fabrikaten, Kaufleute, Rentiers, Handelsmänner, Gutsbesitzer, freie Berufe.

---

323 Hermann-Josef Rupieper: Die Sozialstruktur der Trägerschichten der Revolution 1848/49 in Sachsen, in: Hartmut Kaelble u.a. (Hg.): Probleme der Modernisierung in Deutschland, Opladen 1978, S. 93.

c: Diese Gruppe umfasste alle handwerklichen Berufe ohne den Zusatz »Meister«, »Geselle« oder »Lehrling«. Es ist nicht möglich, eine genaue Zuordnung durchzuführen. Die Bezeichnung »Meister« bedeutet nicht, dass diese Personen unbedingt in Handwerksbetrieben beschäftigt waren. Sie können auch in Fabriken gearbeitet haben.
d: Schüler, Studenten, Akademisten, Praktikanten.

Danach gehörten 58% der Verurteilten zu den Meistern, Gesellen und Lehrlingen aus verschiedenen Handwerksbranchen. Rupieper schätzt, dass über zwei Drittel davon in einem abhängigen Beschäftigungsverhältnis standen. Den besonders hohen Anteil der Nagelschmiede unter den Verurteilten lässt sich auf die ökonomische Krise dieses Handwerks in Sachsen zurückführen. Die bestraften Selbsthilfeaktionen der Nagelschmiede (Maschinenstürmer) folgten den gleichen Mustern und Motiven wie die Solinger Ereignisse, die eingangs dargestellt worden sind und wurden als *Landfriedensbruch* oder als *Aufruhr* bestraft. Die Zahl dieser Delikte (363 bestrafte Personen) hielt sich mit den *politischen Vergehen* (364) in etwa die Waage. Die sächsische Justiz bestrafte die politischen Delikte weitaus härter als die Aufruhr-Delikte, zu denen ein hoher Anteil von *Vergehen gegen das Eigentum* gezählt wurde. 32% der Urteile in dieser Sache sahen Zuchthausstrafen von 10 Jahren bis lebenslänglich, 9% sogar die Todesstrafe vor. Rupiepers Ergebnisse belegen auch für die sächsischen Maiaufstände im Zusammenhang mit der Reichsverfassungskampagne den hohen Mobilisierungsgrad von Handwerkern, Gehilfen und Arbeitern und damit die enge Verbindung von sozioökonomischer Strukturkrise und politischem Engagement in der Revolution.[324]

So bildete die Kampagne für die Reichsverfassung noch einmal die Problemfülle des gesamten Revolutionsjahres ab. Darüber

---

324 Vgl. Ders.: Sachsen, in: Dipper/Speck, 1848, S. 69–81, hier S. 80f. Das galt auch für kleinere Erhebungen, etwa den Aufstand im märkischen Iserlohn. 18 Angeklagte hatten sich dort für den Sturm des Zeughauses vom 10. Mai gerichtlich zu verantworten: 14 von ihnen waren Fabrikarbeiter und 4 Handwerker. Vgl. Herzig, Sozialdemokratie, S. 119.

hinaus stellt sie den Versuch dar, in einem *demokratischen Volkskrieg* das zu erzwingen, was politisch in Frankfurt vergeblich versucht worden war. Dieser *demokratische Volkskrieg* aber beschränkte sich auf einige wenige Schauplätze, und ihm fehlte die Massenbasis: die Mehrzahl der Bauern war längst aus der Revolution ausgeschert und für einen Kampf um die Demokratie auf den Barrikaden kaum noch zu gewinnen. Die demokratische Strategie der Konfrontation, die nunmehr an die Stelle des gescheiterten Vereinbarungsprinzips der Liberalen getreten war, wurde von radikalen Kritikern wie Friedrich Engels später als *blutige Posse* belächelt.

9

Bilanz: Erfolg, Misserfolg oder beides?

Blutige Posse? Tatsächlich wirkt manches, was aus dem Umfeld um Hecker, Struve und die Helden der badischen Revolution berichtet wird, bisweilen wirklich skurril und gelegentlich auch komisch. Aber löste sich diese Revolution am Ende tatsächlich, wie ein enttäuschter Friedrich Engels nachträglich feststellte, in *eine wahre Komödie* auf? Zur gelingenden Variante einer Komödie gehört ja in der Regel eine Prise Unbeholfenheit der Hauptdarsteller. Explizit warf Engels den Demokraten um Brentano und andere Protagonisten Inkonsequenz, Feigheit und Dilettantismus vor und damit letztlich ein *Versagen*, das ihrem kleinbürgerlichen Wankelmut perfekt entspräche. Karl Marx räumte später ein, dass die demokratische Revolution zwar *Offiziere, aber keine Soldaten* gehabt hätte. Friedrich Engels hat die Revolution in der Rückschau 1852 dann auch in Bausch und Bogen verrissen. Schließlich galt es doch die Frage zu klären, warum sich – und zwar überall in Europa – die Arbeiterschaft nicht erfolgreich zu Subjekten und Triebkräften der Revolution aufschwingen konnte. Und warum die Bourgeoisie die ihr unterstellte, historische Aufgabe, die Durchsetzung bürgerlicher Herrschaft durch die Etablierung eines demokratischen Parlamentarismus und den erfolgreichen Griff nach der Macht, nicht erfüllen konnte oder erfüllen wollte. Die später dann erfolgreichen Konzepte des Bonapartismus in Frankreich und dessen Variante in der Ära der Reaktion in Preußen/Deutschland ließen sich am ehesten noch durch das *Versagen* des Bürgertums in vermeintlich aussichtsreicher Lage erklären.

Diese streckenweise noch optimistische Beurteilung der Lage korrespondiert mit den entsprechenden Passagen im Manifest der Kommunistischen Partei, das nur wenige Wochen vor Beginn der Revolution 1848 erschienen war. Alle Geschichte wurde darin zur Geschichte von Klassenkämpfen erklärt. Marx und Engels gingen dabei soweit, dass sie prophezeiten, die Entmachtung der Bourgeoisie durch das Proletariat stünde bald bevor. Ob die Revolution von 1848/49 bereits die Probe auf Exempel dafür sein konnte, darüber waren sich die Verfasser aber offenbar selbst nicht ganz sicher. Am Ende herrschten erst Zweifel, später blanke Enttäuschung. Friedrich Engels hatte sein persönliches Erlebnis in einer – nur vermeintlich revolutionären – Woche in Elberfeld, die ziemlich bescheiden endete, als ihn die Revolutionäre schnell wieder wegschickten, weil seine *Anwesenheit zu Missverständnissen über den Charakter der Bewegung* hätte Anlass geben können. War die Zeit also noch längst nicht reif für eine politische *und* soziale Revolution? Immerhin konnte man die Geschichte dahin uminterpretieren: Zum Vorspiel einer noch kommenden, *tausendmal ernsthafteren Bewegung*, wenn nämlich die Arbeiter endlich ihre *eigensten Interessen* durchsetzen würden. Wie so häufig im Werk von Friedrich Engels hatte seine theoretische Aufarbeitung der Erscheinungsformen bürgerlicher Gesellschaft und Revolutionen oder seine Innenansichten proletarischer Lebenswelten eine höchst persönliche Erfahrungsdimension. Das gilt für frühe Schriften wie die *Briefe aus dem Wuppertal* ebenso wie für sein Opus Magnum *Die Lage der arbeitenden Klasse in England* oder schließlich die Artikelserie zur *Reichsverfassungskampagne* und *Revolution und Konterrevolution in Deutschland*, die hier den Grundstoff für das lange erfolgreiche Narrativ vom *Scheitern* der Revolution lieferte. Dazu zählten schließlich auch seine Erfahrungen auf den Barrikaden von Elberfeld.

Ob die Theorie tatsächlich von der Praxis würde eingeholt werden, darüber herrschte zunehmend Unklarheit. Die Erfahrungen der *gescheiterten* Revolution dienten schon bald als Stoff für die theoretische Weiterentwicklung. Karl Marx entwickelte mit Blick auf die Revolution in Frankreich zwischen 1850 und 1852 sein Konzept des *Bonapartismus* als eine autoritäre Herrschaftsform, die sich gleichermaßen gegen Bourgeoisie und Proletariat richtete, von der sowohl Staatsgewalt und Bourgeoisie gleichermaßen profitierten: *Der 18. Brumaire des Louis Bonaparte*. Engels wiederum zeichnete in *Revolution und Konterrevolution in Deutschland* das Bild einer sich kapitalistisch ausprägenden Gesellschaft, in der das Bürgertum auf seinen Machtanspruch verzichtete, was sich nur als Nachwirkung einer deutsche Sonderkonstellation seit den Bauernkriegen im 16. Jahrhundert verstehen ließe.[325]

Die Annahme vom *Scheitern* der Revolution 1848/49 hatte in der deutschen Geschichtsschreibung eine lange Konjunktur mit weitgehenden Folgen. Vor allem sah man in diesem Scheitern oder in der Annahme des völligen Fehlens einer bürgerlichen Revolution insgesamt die Ursachen für die politische Entwicklung Deutschlands im 19. und 20. Jahrhundert. Die gelegentlichen früheren Versuche wiederum, die Revolution von 1848/49 als eine Art *Erfolgsgeschichte* zu konstruieren, haben ebenso mit dem oft beklagten *Mangel an demokratischer Tradition* in der deutschen Geschichte zu tun. Solche Gründe für die Konstruktion einer Erfolgsgeschichte der Revolution gibt es in der deutschen Geschichte reichlich, wie gerade wieder im Rahmen des *Gedenkens* auch an die Revolution von 1918/19 gut erkennbar. Was lag da also näher, als im politikgeschichtlich engeren Zugriff insbesondere auf den Parlamentarismus der Paulskirche oder die Liberalisierungen im Zuge der Märzbewegung, diese bei den *1848ern* aufspürbaren Demokratieansätze gleichsam im Nachgang als demokratischen Aufbruch zu reklamieren und entsprechende Traditionslinien zu konstruieren, unabhängig davon, dass der rasche Sieg der Reaktion diesen kurzen Kapiteln der Emanzipation bisweilen etwas eigenartig Episodisches oder Folkloristisches verlieh und die Umdeutung der Revolution in einen (Teil)Erfolg wenig glaubwürdig erscheinen ließ.

Demgegenüber hielt sich die Erzählung vom *deutschen Sonderweg* erstaunlich zäh, bis die Historiker David Blackbourn und Geoff

---

325   Georg Fülberth: Friedrich Engels, Köln 2018, S. 39f.

Eley in den 80er Jahren mit einer glänzenden Polemik versuchten, mit den *Mythen deutscher Geschichte* aufzuräumen. Sie knüpften dabei durchaus an Marx und Engels an, als sie die Vorstellung von einer erfolgreichen bürgerlichen Revolution, in der die Bourgeoisie im Klassenkampf die liberale Demokratie errichten und an die Macht gelangen müsse, als schlichten *Mythos* bezeichneten.[326] Vielmehr habe es in Deutschland sehr wohl und tatsächlich eine bürgerliche Revolution gegeben. Und: Wer sei das überhaupt, die *Bourgeoisie?* Ein gleichsam monolithischer Block oder eine nach Richtungen differenziert zu betrachtende gesellschaftliche Formation? Ihrer Meinung nach schließlich dürfe auch der Widerspruch zwischen ökonomischer und politischer Entwicklung nicht überbewertet werden, denn die Grundannahme einer logischen Verbindung zwischen einer kapitalistischen Gesellschaft und liberal demokratischen Ordnung sei insgesamt wenig überzeugend. *Die Mythen deutscher Geschichte* forderten die Historikerzunft erkennbar heraus, brachten den beiden Engländern viel Kritik aber auch reichlich Zustimmung, was nicht zuletzt wiederum die historische Forschung über die 48er Revolution inspirierte.

Gleichwohl wirkte die Sonderwegthese geradezu unverwüstlich weiter. Noch der schottische Historiker Mike Rapport sah vor kurzem in der gescheiterten Revolution von 1848 geradezu den Anfang eine deutschen Sonderweges, der in ein von oben erzwungenes autoritäres Reich und letztlich in den Nationalsozialismus geführt habe. Die besondere Tragödie dabei sei die Rolle der Liberalen gewesen, die das Prinzip der politischen Freiheit dem der Macht untergeordnet hätten.[327]

Andersherum stellte sich alsbald die Frage, ob ein revolutionärer Bruch, den es in der deutschen Geschichte anders als beim französischen Nachbarn niemals gegeben hat, in diesen wenigen

---

326 David Blackbourn / Geoff Eley: Mythen deutscher Geschichtsschreibung. Die gescheiterte bürgerliche Revolution von 1848, Berlin 1980.
327 Mike Rapport: 1848. Revolution in Europa, Stuttgart 2011.

Monaten des *Aufstandes* überhaupt denkbar, geschweige denn möglich war? »Unter den Historikern herrscht heute international die Ansicht vor, dass es 1848/49 keine ›verpassten Chancen‹ gab. Die Niederlage der Revolution war unvermeidlich, nicht nur in Deutschland. Das heißt freilich nicht, dass Sie vergeblich gewesen wäre. In allen von ihr erfassten Ländern wurde sie vielmehr zum entscheidenden historischen Wendepunkt. Nach 1849 herrschten gründlich veränderte politische Bedingungen, die eine neue historische Epoche einleiteten.«[328] So formulierte es der Historiker Christoph Dipper. Die Revolution sei insofern gescheitert, als 1848/49 der angestrebte Systemwechsel nicht nur ausblieb, sondern dass die Reaktion, der Obrigkeitsstaat, gestärkt aus der Revolution herausging und in der Folgezeit eine neue Machtfülle gewann.

Und das liberale Großbürgertum? Der Historiker Dieter Hein zitiert den Kölner Unternehmer Gustav Mevissen, einen Abgeordneten der Paulskirche in seiner konsequenten Abneigung gegenüber dem gewaltsamen Kampf für die Republik so, dass dieser alle Besitzenden an die Seite der Regierung treiben (werde).[329] Dabei spielte es in dieser Sichtweise auch keine Rolle, welche realen Chancen eine rote Republik tatsächlich gehabt hätte. Entscheidend war die Furcht vor einer gewaltsam erkämpften neuen Ordnung, von der aus liberaler Sicht nichts Gutes zu erwarten war. »Diese Überzeugung und Interessenlage führte das mittlere und gehobene Bürgertum im Mai 1849 in die Kapitulation gegenüber der Reaktion – und in die politische Resignation.«[330] Grundsätzlich, so Hein werde die *Bilanz des Scheiterns* oder *Nichtscheiterns* der Revolution in der Regel aus einer spezifischen Perspektive des Konzepts der *Moderne* gezogen, in dessen Zentrum u.a. die An-

---

328 Christoph Dipper: Zerfall und Scheitern. Das Ende der Revolution, in: Dipper/Speck, 1848, 1848, S. 419.
329 Dieter Hein: Die Revolution von 1848/49, München 5. Aufl. 2015, S. 132.
330 Ebd., S. 133.

nahme eines allgemeinen *Fortschritts* der Gesellschaft in Richtung individuelle Freiheit, staatsbürgerliche Gleichheit und marktwirtschaftliche Grundorientierung stehen. »Dieses Konzept entspricht selbst der bürgerlichen Epoche und überformt das jeweilige Narrativ von Erfolg oder Misserfolg der Revolution.«[331]

In der neueren historischen Forschung werden Revolutionen in dieser Perspektive gern auch als *Epochenschwellen* bezeichnet. Rüdiger Hachtmann etwa verwendet den Begriff für das komplette Jahr 1848, wenn er darin eine Schwelle zur Moderne erkennt, in dem Sinne, dass sie den »Übergang von der frühen zur entfalteten Bürger- oder Zivilgesellschaft« markiert.[332] Diese Schwellenzeit und die in seinen Augen prinzipiell gescheiterte Revolution kannte Gewinner und Verlierer. Die Profiteure standen im Lager des Wirtschaftsbürgertums und des Adels gleichermaßen, während sich kleinere Bauern, städtische Unterschichten, Arbeiterbewegung und demokratische Aktivisten auf der Seite der Verlierer fanden, drangsaliert von der siegreichen Reaktion, die durch verschärfte Repression und Verfolgung nicht wenige zur Flucht ins Ausland oder nach Übersee zwang. Auch Marx und Engels wurden ins Exil nach England getrieben. Die alten konservativen Mächte saßen am Ende des *tollen Jahres* wieder fest im Sattel, selbst gewillt aus der Revolution zu lernen, und das hieß konsequente Ausschaltung jedweder Opposition. Hachtmann spricht in diesem Zusammenhang von den »langen Schatten des Scheiterns der Revolution«[333] und von ihren langfristigen Wirkungen. Die Gründe für das Scheitern sieht er in der »Heterogenität der sozialen Träger der Revolution und Vielzahl der politischen Strömungen und Konfliktlinien«.[334]

---

331 Ebd., S. 135.
332 Rüdiger Hachtmann: Epochenschwelle zur Moderne. Einführung in die Revolution von 1848/49, Tübingen 2002, S. 16.
333 Ebd., S. 188.
334 Ders., Berlin 1848, S. 874.

Vor allem aber zeigte sich, dass eine gescheiterte *politische* Revolution einer erfolgreichen *industriellen* nicht im Wege stehen musste. Hans Ulrich Wehler plädiert in seiner monumentalen *Gesellschaftsgeschichte* dafür, sorgfältig zwischen den *Grenzen und Schwächen* sowie den Bezugskriterien der Revolution und der Stärke der Gegenrevolution zu differenzieren. Wehler sieht im Begriff des »Scheiterns nur eine Teilwahrheit«, weil ihre Interpretation als *Debakel* den Blick auf deren Wirklichkeit verstelle, hinter der sich »ein eigentümliches Mischungsverhältnis von offensichtlichen Misserfolgen und oft übersehenen, direkt und indirekt bewirkten Erfolgen« verberge. Nur gemessen an den *Maximalzielen* der Revolution falle also ihre Bilanz deprimierend aus. Der Liberalismus konnte sich politisch nicht behaupten, die Demokraten erlebten geradezu ein Fiasko. »Nichts blieb von ihren mühsam erkämpften Errungenschaften in der Reichsverfassung und der Charte Waldeck.«[335] Gar nicht davon zu reden, welche Menschenmengen die Konterrevolution buchstäblich in die Flucht (zumeist in die Vereinigten Staaten) zwang. Diese Revolution habe vielen einen hohen Preis abverlangt. Der Absturz von den Anfangserfolgen in die blutig erfahrene Erfolglosigkeit im Sommer 1849 ist aber nur ein Teil der Gesamtbilanz. Unter dem Strich bleiben zugleich die Erfolge: Agrarreformen wurden nicht mehr angetastet und blieben bestehen. Staatliche Sozialpolitik wurde nach der Revolution zum wichtigsten Thema der Ära vor Bismarck, wenngleich mit offener Repression und einem Trend zur Disziplinierung gekoppelt. Bis auf Österreich waren künftig alle Staaten konstitutionell, das heißt, sie hatten geschriebene Verfassungen und behielten diese auch. Und besonders wichtig: Die Revolution verhalf der Bourgeoisie endgültig zum ökonomischen Durchbruch und brachte die kapitalistische Industrialisierung und die Entfaltung von Aktiengesellschaften und Bankwesen auf den Weg. Das politisch abgedrängte Bürgertum fand in der ökonomischen Modernisie-

---

335   Wehler, Gesellschaftsgeschichte, Bd. 2, S. 776–778, hier S. 774.

rung sein probates Betätigungsfeld. So wurde das Scheitern des politischen Liberalismus durch ökonomischen Erfolg profitabel kompensiert: Auch dies ein Ergebnis der Revolution von 1848/49. »Vergegenwärtigt man sich diese direkten und indirekten Nachwirkungen der Revolution, tritt die krasse Einseitigkeit der allzu glatten Formel von ihrem Scheitern klar zutage. Besiegt worden ist die Revolution ohne Frage, ihre Maximalziele hat sie nicht erreicht. Trotzdem hat sie unmittelbar imponierende Erfolge erzielt, Welche Politik und Gesellschaft nach 1850 umgestaltet, ja manchmal von Grund auf verändert haben.«[336]

Zu den längerfristigen Ergebnissen der *Doppelrevolution* in Deutschland zählt danach zweierlei: Erstens der Umstand, dass innenpolitische Unterdrückung wirtschaftlichen Aufschwung nicht ausschloss, wie der industrielle *Take off* der 50er Jahre nachhaltig demonstrierte, als erfolgreiches Wirtschaftsbürgertum mit unpolitischem Untertanengeist bestens vereinbar wurde. Zweitens die Einsicht, dass 1848/49 vielleicht zum letzten Male in vergleichbarer Breite, grundsätzlich auch gegen reale oder eingebildete Kosten der Modernisierung, wie sie mit der Auflösung der Ständegesellschaft und der kapitalistischen Industrialisierung verbunden waren, gekämpft wurde, gegen einen vom Einzelnen nicht mehr durch- und überschaubaren Fortschritt, der – und genau das war erfahrbar – die vertrauten Arbeitsbedingungen zu beseitigen drohte und damit kollektive Ängste weckte. Auch in dieser Hinsicht ließe sich mit Berechtigung von einer *Doppelrevolution* sprechen, nämlich in dem Sinne, dass etwa die badischen Handwerker und Bauern oder die Solinger Arbeiter-Handwerker sowohl gegen eine feudal beschränkte als auch kapitalistisch schrankenlos erfahrene Ausbeutung kämpften und der wahrgenommenen Fremdbestimmung ein Politikverständnis und Widerstandspotential entgegensetzten, das in der Mitte des 19. Jahrhunderts zum letzten Mal durchschlug,

---

336 Ebd., S. 777.

bevor auf dem Weg in die *Moderne* andere Formen der Konfliktregelung an ihre Stelle traten. Die allmählich in Schwung kommenden erfolgreichen Formen der Selbstorganisation der Arbeiter und Handwerker in den 50er Jahren des 19. Jahrhunderts sind nur *eine* Facette eben dieses Modernisierungsprozesses.

So wird deutlich, dass sich ein Narrativ wohl eindeutig überlebt hat, die strikte *Perspektive des Scheiterns* vielmehr den Blick verstellt für die in der Revolution angelegten krisenhaften Konflikte der Modernisierung *und* die in kürzester Zeit erprobten Strategien und mehr oder weniger angestrengten Versuche ihrer Bewältigung. Und wenn man diese Perspektive dann doch weiter verfolgen möchte, dann lässt sich immerhin dies einräumen: »Wenn die Niederlage der revolutionären Bewegung wesentlich strukturell bedingt und mithin kaum zu vermeiden war, dann heißt dies allerdings nicht, dass die Revolution genauso auslaufen musste, wie sie im November 1848, bzw. nimmt man den ›Nachmärz‹ hinzu, im Sommer 1850 dann tatsächlich endete.«[337]

Die Revolution war tatsächlich ein Ereignis von kurzer Dauer und damit eher ungeeignet, aus ehemals trägen Untertanen auf Anhieb engagierte und selbstbewusste Bürger zu machen. Dafür war die Zeit schlichtweg zu knapp. Noch wissen wir allerdings zu wenig, über den Alltag der Menschen im *Nachmärz* und in der Ära der Reaktion in den fünfziger und sechziger Jahren, außer dass die Repression der Staatsgewalten erfolgreich gegen die Opposition vorging und eine der größten Auswanderungswellen von politisch Verfolgten in der deutschen Geschichte die Folge war. Wer das nicht wollte oder konnte, passte sich an. Die erzwungene Ruhe nach dem Sturm. Die Nachwirkungen der Revolution sind bisher aber eher schwächer erforscht.

Wie auch immer die Frage nach den Wirkungen und damit über Erfolg oder Misserfolg beantwortet wird, im Begriff der

---

337 Hachtmann, Berlin 1848, S. 876.

Fundamentalpolitisierung der Gesellschaft ist ein grundlegender Prozess treffend eingefangen, da sich in der Revolution zum Teil völlig neue Erfahrungswelten auftaten, die demokratische Mitbestimmungsformen und Möglichkeiten der Beteiligung für sich entdecken konnten, die Veränderbarkeit der herrschenden Verhältnisse bis in den Alltag hinein überhaupt erst als erfolgversprechende Szenarien erfahrbar machten, Streitkulturen entwickeln, Konfliktfähigkeit erproben, politischen Konsens und emotionale Beteiligung als sinnstiftende Werte erleben durften. Diese sehr konkreten Erfahrungsdimensionen der Politisierung waren auch in der Ära der Reaktion kaum noch umkehrbar, auch wenn die ihrerseits erfolgreich modernisierten Repressionsapparate im *Nachmärz* den Stillstand und eine Wiederbelebung biedermeierlicher Gemütlichkeit vorerst auf die Tagesordnung setzten. »Allen Niederlagen und der schließlich gewaltsamen Auflösung ihrer Organisationen zum Trotz zog die Arbeiterbewegung langfristig starke Lebenssäfte aus der Revolution.«[338] So Rüdiger Hachtmann über die *Streikhochburg* Berlin.

Gleichwohl ist bisher noch immer unklar, was es denn für die weitere historische Entwicklung bedeutet haben mag, dass – anders als bei den westlichen europäischen Nachbarn – in Deutschland die Erfahrungswerte einer erfolgreichen revolutionären Zäsur zu keiner Zeit gewonnen werden konnten. Gleichwohl blieb dieses »tolle Jahr« auch in den folgenden Jahrzehnten in der kollektiven Erinnerung hängen, auch wenn es nicht reichte, daraus offizielle Gedenkanlässe zu konstruieren. Am meisten war daran noch den Liberalen und den Sozialdemokraten gelegen, also den Repräsentanten von bürgerlichen und den proletarischen Erinnerungssträngen: Die einen gedachten vorrangig der Verfassung der Nationalversammlung und blendeten die vorbereitende revolutionäre Gewalt aus. Die anderen rückten die Barrikadenkämpfe selbst in

---

338 Ebd., S. 881.

den Mittelpunkt des Erinnerns und sahen darin *das* Symbol für 1848.[339]

Erfolgreich oder gescheitert? Oder beides? Immerhin lässt sich wohl kaum noch von einer reinen Misserfolgsgeschichte sprechen, sondern eher von einer nicht abgeschlossenen Revolution, die den Aufbruch in eine neue Zeit markierte.[340] Wenn wir das komplette Spektrum revolutionären und auch staatlichen Handelns darüber hinaus in ganz Europa berücksichtigen und die 1848er Revolution als ein prinzipiell europäisches Ereignis verstehen, dann erkennen wir, dass diese Revolution keineswegs gescheitert ist, sondern in mancher Hinsicht nachhaltig wirken konnte.

339   Vgl. Manfred Hettling: Nachmärz und Kaiserreich, in: Dipper/Speck, 1848, S. 11–24, hier S. 12.
340   Vgl. Wolfram Siemann: 1848/49 in Deutschland und Europa. Ereignis – Bewältigung – Erinnerung, Paderborn 2006, S. 313; Manfred Botzenhart, 1848/49. Europa im Umbruch, Paderborn u.a. 1998, S. 252.

10

Zum Schluss

Noch einmal zurück zu Friedrich Engels und zu dem hier erzählten, etwas eigenartigen Aspekt einer lokalen Variante der *Dialektik des Scheiterns*. Im November 2020 wird mit ihm einer der *Erfinder* des Narrativs vom Scheitern der bürgerlichen Revolution von 1848/49 mit einer Reihe von Feierlichkeiten geehrt werden. Wenn man so will, steht das Festkomitee seiner Heimatstadt dann in gewisser Weise in der Nachfolge jener rebellischen Bürger von 1849, die den ihnen damals reichlich suspekten Sohn aus der Stadt hinaus komplimentierten, bevor er danach als steckbrieflich Gesuchter vollends zur *persona non grata* mutierte. Engels hat bis zu seinem Tode die Heimatstadt nur noch sporadisch besucht. In dieser Boomtown des 19. Jahrhunderts als Kulisse für Fortschritt und Beharrung wurde er sozialisiert, nicht zuletzt durch Mentalitäten religiöser Enge, durch unternehmerischen Erfolg, die Beobachtung sozialer Verwerfungen und der gesellschaftlichen Dynamik einer Schwellenzeit in einem der frühindustriellen Agglomerationsräume. Aus dieser Doppelstadt an der Wupper nahm er wichtige Impulse mit in ein lebenslanges Exil: Impulse für seine spätere Karriere als Sozialanalytiker, Theoretiker und Begründer des Wissenschaftlichen Sozialismus, Naturwissenschaftler, Militärtheoretiker, Journalist, Impulsgeber der Arbeiterbewegung und kongenialer Inspirator seines berühmten Partners Karl Marx.

200 Jahre später wird also der inzwischen *große Sohn der Stadt*, an den bisher ein nach ihm benannter Abschnitt der örtlichen Hauptverkehrsader und zwei hintereinander aufgereihte Denkmäler im Barmer *Engelsgarten* erinnern, gleichsam *wieder eingebürgert*, auch wenn diese schöne und medienwirksame Metapher die historische Wirklichkeit nicht richtig trifft. Abgesehen davon gefällt das na-

türlich nicht allen in der Stadtgesellschaft gleichermaßen. Haben schon die beiden aufgereihten Skulpturen (eine vom österreichischen Bildhauer Alfred Hrdlicka, die andere vom chinesischen Künstler Chenggang Zeng) jeweils eine umstrittene, auch skandalisierte Vorgeschichte, so bedarf es nur wenig Phantasie zu vermuten, dass das Unbehagen, wenn nicht gar Heulen und Zähneknirschen einiger Zeitgenoss*innen (auch ohne antisozialistischen Beißreflex) schon weit im Vorfeld des Geburtstages vernehmbar sein wird. Immerhin schaffte Marx zwar aktuell noch die Mutation vom *kommunistischen Monstrum* zum scharfsinnig nüchternen Analytiker des modernen Kapitalismus. Aber in dem Maße, wie die Aktie von Marx stieg (*Er ist zurück.* New York Times 2008), fiel diejenige von Friedrich Engels. Der Historiker Edward Palmer Thompson sah Engels geradezu *als Prügelknaben für jede beliebige Sünde der nachfolgenden Marxismen.* Es bleibt also zu hoffen, dass der einst Verstoßene, der beinahe 200 Jahre für das kollektive Bewusstsein der Stadt so gut wie keine Rolle gespielt hat, nicht nur auf den Sockel gestellt werden soll, um ihn en passant, selbstredend *kritisch betrachtend* von eben diesem wieder herunter zu stoßen. Friedrich Engels und sein Partner Karl Marx hätten diesen simultanen Pas de deux aus Konstruktion und Dekonstruktion dialektisch und damit am Ende nüchtern kühl betrachtet.

Friedrich Engels, Porträt von G. W. Feistkorn, 1840,
in Gustav Mayers erstem Band der Biographie

Quellen-Klassiker

Friedrich Engels: Briefe aus dem Wupperthale, 1839

Bekanntlich begreift man unter diesem bei den Freunden des Lichtes sehr verrufenen Namen die beiden Städte Elberfeld und Barmen, die das Tal in einer Länge von fast drei Stunden einnehmen. Der schmale Fluß ergießt bald rasch, bald stockend seine purpurnen Wogen zwischen rauchigen Fabrikgebäuden und garnbedeckten Bleichen hindurch; aber seine hochrote Farbe rührt nicht von einer blutigen Schlacht her, denn hier streiten nur theologische Federn und wortreiche alte Weiber gewöhnlich um des Kaisers Bart; auch nicht von Scham über das Treiben der Menschen, obwohl dazu wahrlich Grund genug vorhanden ist, sondern einzig und allein von den vielen Türkischrot-Färbereien. Kommt man von Düsseldorf her, so tritt man bei Sonnborn in das heilige Gebiet; die Wupper kriecht träg und verschlammt vorbei und spannt durch ihre jämmerliche Erscheinung, dem eben verlassenen Rheine gegenüber, die Erwartungen bedeutend herab. Die Gegend ist ziemlich anmutig; die nicht sehr hohen, bald sanft steigenden, bald schroffen Berge, über und über waldig, treten keck in die grünen Wiesen hinein, und bei schönem Wetter läßt der blaue, in der Wupper sich spiegelnde Himmel ihre rote Farbe ganz verschwinden. Nach einer Biegung um einen Abhang sieht man die verschrobenen Türme Elberfelds (die demütigen Häuser verstecken sich hinter den Gärten) dicht vor sich, und in wenigen Minuten ist das Zion der Obskuranten erreicht. Fast noch außerhalb der Stadt stößt man auf die katholische Kirche; sie steht da, als wäre sie verbannt aus den heiligen Mauern. Sie ist im byzantinischen Stil nach einem sehr guten Plan von einem sehr unerfahrenen Baumeister sehr schlecht ausgeführt; die alte katholische Kirche ist abgebrochen, um dem linken noch nicht gebauten Flügel des Rathauses Platz zu machen; nur der Turm ist stehengeblieben und dient dem allgemeinen Wohl auf seine Art, nämlich als Gefängnis. Gleich darauf kömmt man an ein großes Gebäude – auf Säulen ruht sein Dach, aber diese Säulen sind von ganz merkwürdiger Beschaffenheit; ihrer Dicke nach sind sie unten ägyptisch, in der Mitte dorisch und oben ionisch, und außerdem verachten sie alles überflüssige Beiwerk, als Piedestal und Kapitäl, aus sehr triftigen Gründen. Dieses Gebäude hieß früher das Museum: die Musen aber blieben weg und eine große Schuldenlast blieb da, so daß vor einiger Zeit das Gebäude verauktioniert wurde und den Namen Kasino annahm, der auch, um alle Erinnerungen an den ehemaligen poetischen Namen zu entfernen, auf das leere Frontispice gesetzt wurde. Übrigens ist das Gebäude so plump in allen Dimensionen, daß man es abends für ein Kamel hält. Von nun an beginnen die langweiligen, charakterlosen Straßen; das schöne neue Rathaus, erst halb vollendet, ist aus Mangel an Raum so verkehrt gesetzt, daß die Fronte nach einer engen, häßlichen Gasse geht. Endlich gelangt man wieder an die Wupper, und eine schöne Brücke zeigt, daß man nach Barmen kommt, wo wenigstens auf architektonische Schönheit mehr gegeben wird. Sowie die Brücke passiert ist, nimmt alles einen freundlicheren Charakter an; große, massive Häuser in geschmackvoller, moderner Bauart vertreten die Stelle jener mittelmäßigen Elberfelder Gebäude, die weder altmodisch noch modern, weder schön noch karikiert sind; überall entstehen neue, steinerne Häuser, das Pflaster hört auf, und ein grader chaussierter Weg, an beiden Seiten bebaut, setzt die Straße fort. Zwischen den Häusern sieht man auf die grünen Bleichen; die hier noch klare Wupper, und die sich dicht herandrängenden Berge, welche durch leicht geschwungene Umrisse und durch mannigfaltige Abwechselung von Wäldern, Wiesen und Gärten, aus denen überall rote Dächer hervorschauen, die Gegend immer anmutiger machen, je weiter man kommt. Halbweg der Allee sieht man gegen die Fronte der etwas zurückliegenden Unterbarmer Kirche; sie ist das schönste Gebäude des Tals, im edelsten byzantinischen Stil sehr gut ausgeführt. Bald aber tritt das Pflaster wieder ein, die grauen Schieferhäuser drängen sich eins an das andre; doch herrscht hier weit mehr Abwechselung als in Elberfeld, indem bald eine frische Bleiche, bald ein modernes Haus, bald ein Stückchen vom Fluß, bald eine Reihe Gärten dicht an der Straße das ewige Einerlei unterbrechen. Dadurch bleibt man im Zweifel, ob man Barmen für eine Stadt oder für ein bloßes Konglomerat von allerlei Gebäuden halten soll; auch ist es nur eine Vereinigung vieler Ortschaften, die durch das Band städtischer Institutionen zusammengehalten werden. Die bedeutendsten dieser Ortschaften sind: Gemarke, von jeher der Mittelpunkt reformierter Konfession; Unterbarmen, nach Elberfeld zu, unweit Wupperfeld, oberhalb Gemarke, und noch weiter Rittershausen, welches links Wichlinghausen, und rechts Hekinghausen mit dem wunderschönen Rauhental neben sich hat; alle lutherisch in zwei Kirchen; die Katholiken, zwei- bis dreitausend höchstens, sind im ganzen Tal zerstreut. Nachdem der Durchreisende nun Rittershausen passiert hat, verläßt er am Ende der Welt das Bergische und tritt durch den Schlagbaum in das altpreußische, westfälische Gebiet ein.

Das ist die äußere Erscheinung des Tals, die im Allgemeinen, mit Ausnahme der trübseligen Straßen Elberfelds, einen sehr freundlichen Eindruck macht; daß dieser aber für die Bewohner verlorengegangen ist, zeigt die Erfahrung. Ein frisches, tüchtiges Volksleben, wie es fast überall in Deutschland existiert, ist hier gar nicht zu spüren; auf den ersten Anblick scheint es freilich anders, denn man hört jeden Abend die lustigen Gesellen durch die Straßen ziehen und ihre Lieder singen, aber es sind die gemeinsten Zotenlieder, die je über branntweinentflammte Lippen gekommen sind; nie hört man eins jener Volkslieder, die sonst in ganz Deutschland bekannt sind und auf die wir wohl stolz sein dürfen. Alle Kneipen sind, besonders Sonnabend und Sonntag, überfüllt, und abends um elf Uhr, wenn sie geschlossen werden, entströmen ihnen die Betrunkenen und schlafen ihren Rausch meistens im Chausseegraben aus. Die gemeinsten unter diesen sind die sogenannten Karrenbinder, ein gänzlich demoralisiertes

Volk, ohne Obdach und sichern Erwerb, die mit Tagesanbruch aus ihren Schlupfwinkeln, Heuböden, Ställen etc. hervorkriechen, wenn sie nicht auf Düngerhaufen oder den Treppen der Häuser die Nacht überstanden hatten. Durch Beschränkung ihrer früher unbestimmten Zahl ist diesem Wesen von der Obrigkeit jetzt einigermaßen ein Ziel gesetzt worden.

Die Gründe dieses Treibens liegen auf der Hand. Zuvörderst trägt das Fabrikarbeiten sehr viel dazu bei. Das Arbeiten in den niedrigen Räumen, wo die Leute mehr Kohlendampf und Staub einatmen als Sauerstoff, und das meistens schon von ihrem sechsten Jahre an, ist grade dazu gemacht, ihnen alle Kraft und Lebenslust zu rauben. Die Weber, die einzelne Stühle in ihren Häusern haben, sitzen vom Morgen bis in die Nacht gebückt dabei und lassen sich vom heißen Ofen das Rückenmark ausdörren. Was von diesen Leuten dem Mystizismus nicht in die Hände gerät, verfällt ins Branntweintrinken. Dieser Mystizismus muß in der frechen und widerwärtigen Gestalt, wie er dort herrscht, notwendig das entgegengesetzte Extrem hervorrufen, und daher kommt es hauptsächlich, daß das Volk dort nur aus »Feinen« (so heißen die Mystiker) und liederlichem Gesindel besteht. Schon diese Spaltung in zwei feindselige Parteien wäre, abgesehn von der Beschaffenheit derselben, allein imstande, die Entwicklung alles Volksgeistes zu zerstören, und was ist da zu hoffen, wo auch das Verschwinden der einen Partei nichts helfen würde, weil beide gleich schwindsüchtig sind? Die wenigen kräftigen Gestalten, die man dort sieht, sind fast nur Schreiner oder andre Handwerker, die alle aus fremden Gegenden her sind; unter den eingebornen Gerbern sieht man auch kräftige Leute, aber drei Jahre ihres Lebens reichen hin, sie körperlich und geistig zu vernichten; von fünf Menschen sterben drei an der Schwindsucht, und alles das kommt vom Branntweintrinken. Dies aber hätte wahrlich nicht auf eine so furchtbare Weise überhandgenommen, wenn nicht der Betrieb der Fabriken auf eine so unsinnige Weise von den Inhabern gehandhabt würde, und wenn der Mystizismus nicht in der Art bestände, wie er besteht, und wie er immer mehr um sich zu greifen droht. Aber es herrscht ein schreckliches Elend unter den niedern Klassen, besonders den Fabrikarbeitern im Wuppertal; syphilitische und Brustkrankheiten herrschen in einer Ausdehnung, die kaum zu glauben ist; in Elberfeld allein werden von 2500 schulpflichtigen Kindern 1200 dem Unterricht entzogen und wachsen in den Fabriken auf, bloß damit der Fabrikherr nicht einem Erwachsenen, dessen Stelle sie vertreten, das Doppelte des Lohnes zu geben nötig hat, das er einem Kinde gibt. Die reichen Fabrikanten aber haben ein weites Gewissen, und ein Kind mehr oder weniger verkommen zu lassen, bringt keine Pietistenseele in die Hölle, besonders wenn sie alle Sonntage zweimal in die Kirche geht. Denn das ist ausgemacht, daß unter den Fabrikanten die Pietisten am schlechtesten mit ihren Arbeitern umgehen, ihnen den Lohn auf alle mögliche Weise verringern, unter dem Vorwande, ihnen Gelegenheit zum Trinken zu nehmen, ja bei Predigerwahlen immer die ersten sind, die ihre Leute bestechen.

In den niedern Ständen herrscht der Mystizismus am meisten unter den Handwerkern (zu denen ich die Fabrikanten nicht rechne). Es ist ein trauriger Anblick, wenn man solch einen Menschen, gebückten Ganges, in einem langen, langen Rock, das Haar auf Pietistenart gescheitelt, über die Straßen gehen sieht. Aber wer dies Geschlecht wahrhaft kennen will, der muß in eine pietistische Schmiede- oder Schusterwerkstatt eintreten. Da sitzt der Meister, rechts neben ihm die Bibel, links, wenigstens sehr häufig – der Branntwein. Von Arbeiten ist da nicht viel zu sehen; der Meister liest fast immer in der Bibel, trinkt mitunter eins und stimmt zuweilen mit dem Chore der Gesellen ein geistlich Lied an; aber die Hauptsache ist immer das Verdammen des lieben Nächsten. Man sieht, diese Richtung ist hier dieselbe wie überall. Ihre Bekehrungswut bleibt auch nicht ohne Früchte. Besonders werden viele gottlose Säufer etc. bekehrt, meist auf wunderbare Weise. Aber das hat sich wohl; diese Proselyten sind alle entnervte, geistlose Menschen, die zu überzeugen eine Kleinigkeit ist; diese bekehren sich, lassen sich jede Woche mehrere Male zu Tränen rühren, und treiben ihr ehemaliges Leben im geheimen fort. Vor mehreren Jahren kam diese Wirtschaft einmal ans Tageslicht, zum Schrecken aller Mucker. Es fand sich nämlich ein amerikanischer Spekulant unter dem Namen Pastor Jürgens ein; er predigte mehrere Male und hatte sehr viel Zulauf, weil die meisten Leute glaubten, er müsse als Amerikaner notwendig braun oder gar schwarz sein. Aber wie erstaunten sie, als er nicht nur ein Weißer war, sondern auch dergestalt predigte, daß die ganze Kirche in Tränen zerfloß; das hatte übrigens seinen Grund darin, daß er selbst, wenn alle Mittel der Rührung fehlschlugen, zu wimmern anfing. Nun war eine Stimme des Staunens unter den Gläubigen; zwar opponierten einige Vernünftige, aber da wurden sie recht als Gottlose verschrieen; bald hielt Jürgens Konventikel, bekam reiche Geschenke von seinen angesehnen Freunden und lebte herrlich und in Freuden. Seine Predigten wurden so stark besucht wie keine andern; seine Konventikel waren überfüllt, jedes seiner Worte ließ Männer und Weiber weinen. Jetzt glaubten alle, er sei zum wenigsten ein halber Prophet und werde das neue Jerusalem bauen, aber auf einmal war der Spaß vorbei. Es wird plötzlich offenbar, was für Dinge in seinen Konventikeln getrieben werden; Herr Jürgens wird festgesetzt und hat ein paar Jahre in Hamm auf dem Inquisitoriat Buße getan für seine Frömmigkeit. Nachher ist er mit dem Versprechen der Besserung entlassen und wieder nach Amerika spediert worden. Auch erfuhr man, daß er seine Künste schon in Amerika angewandt, deshalb von da weitergeschickt, in Westfalen schon, um nicht aus der Übung zu kommen, eine Repetition angestellt, wo er aus Gnade oder vielmehr Schwachheit der Behörden ohne weitere Nachforschungen entlassen, und sodann in Elberfeld seinem liederlichen Leben durch nochmalige Wiederholung die Krone aufgesetzt. Als nun offenbar wurde, was da war geschehen in den Versammlungen dieses Edlen, siehe, da erhob sich wider ihn alles Volk, und war keiner, der etwas von ihm wissen wollte; sie sind alle von ihm abgefallen, vom Libanon bis an das Salzmeer, das heißt vom Rittershauser Berg bis an das Wehr zu Sonnborn in der Wupper. [...]«

Friedrich Engels, Briefe aus dem Wupperthale, in: MEGA (Marx/Engels Gesamtausgabe) I/3, S. 736–756

David Hansemann an den Minister
Ernst von Bodelschwingh am 1. März 1848

Wenn das Vaterland in Gefahr ist, so müssen die, welche es lieben, wie abweichend auch ihre politischen Ansichten bisher gewesen sein mögen, sich nähern. Hierbei ist die unumwundenste Offenheit die erste Pflicht. Mit diesem kurzen Vorworte wende ich mich an E. E., um in gedrängter Kürze meine Ansicht über Preußens und Deutschlands Lage und über die Mittel, drohenden Gefahren zu begegnen, auszusprechen.

Seit dreißig Jahren haben die Kontinentalregierungen mit Gewalt, mit Klugheit und mit Konsequenz das System der Unfreiheit der Völker verfolgt. In einem Lande ist es mit ungeschminkter Schaustellung der unbeschränktesten Fürstengewalt geschehen; in anderen hat man das Prinzip des Absolutismus festgehalten, es aber in etwas angenehme Formen zu hüllen gesucht; wieder in anderen Ländern hat die Regierung eine freisinnige Landesverfassung eigenmächtig verändert, oder man hat sie durch Einfluß auf die Wahl der Stände und auf deren Zusammensetzung, oder durch Ausschließung mißliebiger Ständemitglieder so gedreht und gewendet, daß man sich die Majoritäten schuf, wie man sie gern haben wollte, soweit dies irgend anging. Und wenn selbst solche Stände mit großen Majoritäten ihre Ansicht aussprachen, so hat man sie nicht als Wünsche des Volkes betrachten wollen. Man hat vielfältig, und namentlich in deutschen und italienischen Ländern, seitens der Regierungen Grundsätze aufgestellt, deren Sinn war, daß die Dynastien eine höhere Bedeutung als die Völker haben.

Die Minister, die solche Politik verfolgten, haben es, so setze ich voraus, in der ehrlichen Überzeugung getan, einen guten und vernünftigen Weg zu wandeln; aber jetzt ist es höchste Zeit, einzusehen, daß man in großem Irrtum war; es ist dringend Zeit, umzukehren und einen ganz anderen Weg einzuschlagen. Denn welche Resultate hat diese Politik erzeugt? In Spanien und Portugal eine Änderung in der Ordnung der Thronfolge. In Frankreich eine Vertreibung der legitimen Dynastie, und jetzt auch, wenigstens einstweilen, die Vertreibung einer neuen Dynastie, Nebenzweig der früheren, und ein Zustand, dessen künftige Gestaltung der menschlichen Voraussicht sich entzieht. In der Schweiz eine stärkere Ausbildung des demokratischen Prinzips in den dortigen Republiken. In Italien in allen nicht ganz von Österreich abhängigen Ländern für jetzt konstitutionelle Verfassungen, von welchen nach den Vorgängen in Frankreich nicht einmal gewiß ist, ob es mit dieser Art der Ausbildung zur Freiheit sein Bewenden haben werde, und dazu der lebhafteste Geist der Nationalität, verbunden mit dem stärksten Haß gegen die Deutschen, die man als Unterdrücker der italienischen Freiheit betrachtet.

In Deutschland Mangel jeglichen Vertrauens zur Bundesbehörde, von welcher keine Ausbildung freiheitlicher Institutionen, nicht einmal Schutz landesverfassungsmäßiger Rechte, keine Gewähr deutscher Unabhängigkeit nach außen erwartet wird. Die größte Macht des Bundes, Österreich, geschwächt durch die unverhohlene Neigung der italienischen Untertanen zur Unabhängigkeit, durch die unsichere Treue der polnischen Untertanen und durch die auch in anderen Gebietsteilen herrschende Unzufriedenheit. In den meisten mittleren und kleineren Staaten Deutschlands teils Unzufriedenheit, teils kein rechtes Vertrauen zu den Regierungen. Preußen, nach Österreich der größte der Bundesstaaten, in Verfassungswehen und einstweilen im Besitze einer Verfassung, an welcher nur soviel klar ist, daß ihr oberstes Prinzip die Unbeschränktheit der Macht des Monarchen sein soll; ein großer Teil der protestantischen Bevölkerung in den religiösen Überzeugungen verletzt, so daß tausende zwischen ihrem Gewissen und weltlichen Interessen ins Gedränge geraten; die konstitutionell-monarchische Partei, zu welcher in verschiedenen Nuancen die große Mehrzahl der unabhängigen und urteilsfähigen Bevölkerung gehört, mißliebig, wenn sie aus ihrer Ansicht kein Hehl hat; ein nicht unbedeutender Teil der handarbeitenden Volksklasse in der Rheinprovinz der Regierung nicht sonderlich geneigt; die polnischen Untertanen — wie die Polen in Rußland und Österreich — mit Sehnsucht den günstigen Augenblick zur Wiederherstellung Polens erwartend. Die sämtlichen deutschen Staaten ohne ein festes, einheitliches Band, ohne irgendeine Institution, bei welcher die deutsche Nation vertreten wäre, und wo sie zur Behauptung der Unabhängigkeit den Impuls und die Leitung erwarten könnte.

Rußland, jede politische Verwirrung in Europa erspähend und mit Beharrlichkeit seine weitaussehenden, auch für Preußens und Deutschlands Abhängigkeit und Macht höchst gefährlichen Pläne verfolgend. In den meisten Ländern, auch in den deutschen, während einer mehr als dreißigjährigen Friedenszeit die Unterhaltung großer, kostspieliger Armeen, und eine verhältnismäßig sehr kostspielige Verwaltung; als Folge hiervon hohe Steuern, die besonders die handarbeitenden Volksklassen drücken und nicht wenig dazu beitragen, daß sich unter ihnen mitunter Ansichten über soziale Zustände verbreiten, die völlig unausführbar und für das Bestehen jeder staatlichen Gesellschaft gefährlich sind.

So die Verhältnisse, wie sie sich, der konsequenten Politik der Unfreiheit ungeachtet, ausgebildet haben. Wenn je die Erfahrung Lehren an die Hand geben kann, so hat sie deutlich gesprochen, daß jene Politik den Völkern wie ihren Fürsten verderblich ist, und daß das Fortwandeln auf diesem Wege das gefährlichste Experiment wäre, was je gemacht werden kann. Ja doppelt gefährlich jetzt, wo in einem so mächtigen Lande wie Frankreich, bei einer so kriegerischen Nation die republikanische Partei einstweilen die Oberhand gewonnen hat. Wem schwebt jetzt nicht die Gefahr vor, daß die Kriege früherer Zeiten sich erneuern und unglücklich für Preußen, für Deutschland ausfallen könnten; wer begreift es nicht, wie schwach Österreich in seiner jetzigen Lage ist, so schwach, daß es vollauf zu tun hat mit Dämpfung der ihm feindlichen Elemente in Italien, selbst wenn sie von außerhalb keine Unterstützung haben! Groß und allgemein sind jetzt die Besorgnisse; sie sind es vorzüglich deshalb, weil sich Deutschland infolge der reaktionären

Politik, an deren Spitze der Fürst Metternich steht, und infolge des Anlehnens an Rußland in einer so bedenklichen Lage befindet; auch weil man fürchtet, Deutschlands Fürsten möchten, anstatt durch die Freiheit die Kräfte ihrer Völker zu wecken, noch immer jene Politik nicht verlassen und vorzugsweise auf Rußlands Schutz vertrauen. Die Gefahr der Lage Preußens und Deutschlands wird dadurch noch erhöht, daß infolge des Prinzips der Unfreiheit und der Bevormundung der praktische politische Verstand des Volkes nicht hinreichend ausgebildet ist, so daß für die Dauer unausführbare und gefährliche Doktrinen manchen zu täuschen imstande sind und es schwer ist, das praktisch Ausführbare zur Geltung zu bringen. Es ist eine Ratlosigkeit des Volkes umso mehr vorhanden, weil es seine Führer, die Regierungen, nicht befähigt erachtet, einer Krise zu begegnen, die jene durch irrige Auffassung der Verhältnisse gewissermaßen heraufbeschworen haben.

[…] Wo meine schwachen Kräfte dem Könige und dem Vaterlande in einer mit meinen Überzeugungen vereinbarenden Weise nützen können, bin ich in gefahrvoller Zeit wie der jetzigen zu E.E. Verfügung.

Ehrfurchtsvoll verharre ich E.E. ganz gehorsamster Hansemann«

Rheinische Briefe und Akten zur Geschichte der politischen Bewegung 1830–1850, hg. v. Joseph Hansen, Bd. II.1, Januar 1846–April 1848, Bonn 1942, S. 477–80.

Das Heppenheimer Programm der südwestdeutschen Liberalen vom 10. Oktober 1847

Was nun zunächst die Förderung der Nationalanliegen durch gemeinsame Leitung und Vertretung betrifft, so war man darüber einig, daß von der Bundesversammlung, wie sie gegenwärtig besteht, nichts Ersprießliches zu erwarten sei. Dieselbe hat ihre in der Bundesakte vorgezeichnete Aufgabe, soweit sie die Herstellung landständischer Verfassungen, freien Handels und Verkehrs, der Flußschiffahrt, des freien Gebrauchs der Presse, usw. betrifft, nicht gelöst; die Bundesmilitärverfassung hat weder eine allgemeine Volksbewaffnung, noch ein gleichmäßig organisiertes Bundesheer geliefert. Dagegen ist die Presse unter Zensurzwang gestellt, sind die Verhandlungen der Bundesversammlung in Dunkel gehüllt, aus welchem von Zeit zu Zeit Beschlüsse zutag kommen, welche jeder freien Entwicklung Hindernisse in den Weg legen. Das einzige Band gemeinsam deutscher Interessen, der Zollverein, wurde nicht vom Bunde, sondern außerhalb desselben, durch Verträge zwischen den einzelnen Staaten geschaffen; auch die Verhandlungen über ein deutsches Wechselrecht und einen Postverein werden nicht vom Bunde, sondern von Bevollmächtigten der Einzelregierungen gepflogen. An diese und ähnliche Betrachtungen knüpfte sich die Frage: ob eine Vertretung der Nation bei der Bundesversammlung Besserung bewirken und daher als Strebeziel der Vaterlandsfreunde aufzustellen sei? Für die Bejahung sprach die Empfänglichkeit der Gemüter für den erhebenden Gedanken, die Erwägung, daß nur bei dem gegebenen Organ der Bundesregierungen eine Vertretung aller Bundesstaaten zu begründen möglich sei, und die Erwartung, daß die erstarkende öffentliche Meinung auch die Verwirklichung erzielen und damit die Bahn zu einer deutschen Politik und einer kräftigen Entwicklung aller geistigen und materiellen Hilfsquellen der Nation eröffnet werde. Dem entgegen wurde ausgeführt, daß, bei aller Erhabenheit des Gedankens, doch eine Aussicht auf Verwirklichung nicht vorhanden sei. Der

Bund enthalte Glieder, die als zugleich auswärtige Mächte, wie Dänemark und Niederland, sich mit einer deutschen Politik und der Stärkung deutscher Macht niemals befreunden würden; andere, die wenigstens nicht ausschließlich deutsche Mächte sind, und wieder Gebietsteile enthalten, die zwar, wie Ostpreußen, deutsch sind, aber nicht zum Bunde gehören. Ferner bedinge eine Nationalvertretung auch eine Nationalregierung, ausgerüstet mit den Befugnissen der obersten Staatsgewalt, die bei dem völkerrechtlichen Bunde nicht vorhanden ist. Das Ziel der Einigung Deutschlands zu einer deutschen Politik und gemeinsamer Leitung und Pflege nationaler Interessen werde wohl eher erreicht, wenn man die öffentliche Meinung für die Ausbildung des Zollvereins zu einem deutschen Vereine gewinne. Hier habe man schon eine, wenn auch mangelhafte, Verwaltung, welche die Verbesserungen, deren sie dringend bedarf, und eine Vertretung von Notabeln, die von den Kammern und andern Körperschaften der Vereinsstaaten zu wählen seien, zur Seite erhalten könnte. Jetzt schon habe der Zollverein die Leitung einer Reihe wichtiger gemeinschaftlicher Interessen in Händen und stehe auch in Vertragsverhältnissen zu auswärtigen Staaten. Hier liege sonach der Keim einer Vereinspolitik, durch keine fremden Glieder gestört, und den Zoll- und Handelsverhältnissen würden sich andere verwandte Interessen anreihen, z. B. das Transportsystem von Land- und Wasserstraßen, gleiche Besteuerung, besonders für Verbrauchssteuern, Gewerbeverfassung, Marine, Konsulate, Handelsgesetz u. dgl. Durch solche Ausbildung zur Macht geworden, werde der deutsche Verein eine unwiderstehliche Anziehungskraft für den Beitritt der übrigen deutschen Länder üben, endlich auch den Anschluß der österreichischen Bundesländer herbeiführen und somit eine wahre deutsche Macht begründen. Dieser Gedankengang, den wir natürlich hier nur andeuten können, der aber bis ins einzelne besprochen und erörtert wurde, vereinigte endlich alle Meinungen, doch mit der Erweiterung, daß zwar vorzugsweise auf die Ausbildung des Zollvereins und eine Vertretung seiner Bevölkerung im Zollkongreß durch Notable hinzuwirken, aber auch keine andere Gelegenheit, welche Zeit und Ereignisse bringen mögen, unbenutzt zu lassen sei, um die Idee der deutschen Einigung zu stärken. Unbestritten blieb, daß die Mitwirkung des Volkes durch gewählte Vertreter hierbei unerläßlich, und unbezweifelt, daß bei dem Entwicklungsgang des Jahrhunderts und Deutschlands die Einigung durch Gewaltherrschaft unmöglich, nur durch die Freiheit und mit derselben zu erringen sei. So wie nach dieser Verständigung jeder Anwesende in sich die Verpflichtung fühlte, in diesem Sinne sowohl persönlich in seiner öffentlichen Stellung als bei Freunden nach Kräften und bei jedem Anlaß zu wirken, ebenso ergab sich eine erfreuliche Übereinstimmung der Gesinnungen bezüglich auf die Anträge, welche in allen deutschen Kammern möglichst gleichlautend, doch mit Rücksicht auf die eigentümlichen Verhältnisse der einzelnen Staaten, zu stellen seien. Die Entfesselung der Presse, damit die Deutschen der ungehemmten Wirksamkeit dieses mächtigsten Bildungsmittels teilhaftig und von der Schmach befreit werden, die ihnen das Ausland so häufig ins Gesicht wirft, weil sie eines der höchsten Güter freier Völker, das ihnen längst verheißen ist, noch nicht errungen haben; öffentliches und mündliches Gerichtsverfahren mit Schwurgerichten, Trennung der Verwaltung von der Rechtspflege, Übertragung aller Zweige der Rechtspflege, der Administrativjustiz und der Polizeistrafgewalt an die Gerichte und Abfassung zweckmäßiger Polizeistrafgesetze, Befreiung des Bodens und seiner Bearbeiter von mittelalterlichen Lasten, Selbständigkeit der Gemeinden in der Verwaltung ihrer Angelegenheiten, Minderung des Aufwandes für das stehende Heer und Einführung einer Volkswehr u. a. kamen zu ausführlicher Besprechung; ebenso die verfassungsmäßigen Mittel, welche geeignet sind, den gerechten Ansprüchen des Volkes Nachdruck zu geben. Vorzugsweise aber nahmen auch die Mittel gegen Verarmung und Not, sowie das damit im Zusammenhang stehende Steuerwesen Zeit und Aufmerksamkeit der Versammlung in Anspruch. Da jedoch so wichtige und umfassende Gegenstände nicht in wenigen Stunden zur Vereinigung über bestimmte Vorschläge, wie sie über Leitung des Armen- und Unterrichtswesens, über Einkommensteuer usw. vielfach gemacht wurden, geführt werden konnten, so wurde aus Abgeordneten verschiedener Länder eine Kommission ernannt, um im nächsten Jahre über das Steuerwesen und die Zustände der ärmeren Klassen im Zusammenhang zu berichten und Anträge zu bringen, wobei besonders die gerechte Verteilung der öffentlichen Lasten zur Erleichterung des kleineren Mittelstandes und der Arbeiter zu berücksichtigen ist.

Ernst Rudolf Huber (Hg.): Deutsche Verfassungsdokumente 1803–1850, Bd. 1: Dokumente zur deutschen Verfassungsgeschichte, dritte neubearbeitete und vermehrte Auflage. Stuttgart 1978, S. 324–26.

Die Offenburger Forderungen vom 10. September 1847

Art. 1.

Wir verlangen, dass sich unsere Staatsregierung lossage von den Karlsbader Beschlüssen vom Jahr 1819, von den Frankfurter Beschlüssen von 1831 und 1832 und von den Wiener Beschlüssen von 1834. Diese Beschlüsse verletzen gleichmäßig unsere unveräußerlichen Menschenrechte wie die deutsche Bundesakte und unsere Landesverfassung.

Art. 2.

Wir verlangen Preßfreiheit; das unveräußerliche Recht des menschlichen Geistes, seine Gedanken unverstümmelt mitzuteilen, darf uns nicht länger vorenthalten werden.

Art. 3.

Wir verlangen Gewissens- und Lehrfreiheit. Die Beziehungen des Menschen zu seinem Gotte gehören seinem innersten Wesen an, und keine äußere Gewalt darf sich anmaßen, sie nach ihrem Gutdünken zu bestimmen. Jedes Glaubensbekenntnis hat daher Anspruch auf gleiche Berechtigung im Staate. Keine Gewalt dränge sich mehr zwischen Lehrer und Lernende. Den Unterricht scheide keine Confession.

Art. 4.

Wir verlangen Beeidigung des Militärs auf die Verfassung. Der Bürger, welchem der Staat die Waffen in die Hand gibt, bekräftige gleich den übrigen Bürgern durch einen Eid seine Verfassungstreue.

Art. 5.

Wir verlangen persönliche Freiheit. Die Polizei höre auf, den Bürger zu bevormunden und zu quälen. Das Vereinsrecht, ein frisches Gemeindeleben, das Recht des Volkes sich zu versammeln und zu reden, das Recht des Einzelnen sich zu ernähren, sich zu bewegen und auf dem Boden des deutschen Vaterlandes frei zu verkehren – seien hinfüro ungestört.

Art. 6.

Wir verlangen Vertretung des Volks beim deutschen Bunde. Dem Deutschen werde ein Vaterland und eine Stimme in dessen Angelegenheiten. Gerechtigkeit und Freiheit im Innern, eine feste Stellung dem Auslande gegenüber gebühren uns als Nation.

Art. 7.

Wir verlangen eine volksthümliche Wehrverfassung. Der waffengeübte und bewaffnete Bürger kann allein den Staat schützen. Man gebe dem Volke Waffen und nehme von ihm die unerschwingliche Last, welche die stehenden Heere ihm auferlegen.

Art. 8.

Wir verlangen eine gerechte Besteuerung. Jeder trage zu den Lasten des Staates nach Kräften bei. An die Stelle der bisherigen Besteuerung trete eine progressive Einkommensteuer.

Art. 9.

Wir verlangen, daß die Bildung durch Unterricht allen gleich zugänglich werde. Die Mittel dazu hat die Gesammtheit in gerechter Vertheilung aufzubringen.

Art. 10.

Wir verlangen Ausgleichung des Mißverhältnisses zwischen Arbeit und Capital. Die Gesellschaft ist schuldig die Arbeit zu heben und zu schützen.

Art. 11.

Wir verlangen Gesetze, welche freier Bürger würdig sind und deren Anwendung durch Geschworenengerichte. Der Bürger werde

von dem Bürger gerichtet. Die Gerechtigkeitspflege sei Sache des
Volkes.

Art. 12.

Wir verlangen eine volksthümliche Staatsverwaltung. Das frische
Leben eines Volkes bedarf freier Organe. Nicht aus der Schreib-
stube lassen sich seine Kräfte regeln und bestimmen. An die Stelle
der Vielregierung der Beamten trete die Selbstregierung des Volkes.

Art. 13.

Wir verlangen Abschaffung aller Vorrechte. Jedem sei die Achtung freier Mitbürger einziger Vorzug und Lohn.

Augsburger Allgemeine Zeitung, 19. September 1847.
Walter Schmidt (Hg.): Illustrierte Geschichte der deutschen Revolution 1848/49
Berlin 1973, S. 46

Forderungen der Kommunistischen Partei in Deutschland, März/September 1848

Geschrieben zwischen dem 21. und 29. März 1848. Gedruckt als Flugblatt um den 30. März 1848 in Paris und vor dem 10. September 1848 in Köln.

1. Ganz Deutschland wird zu einer einigen, unteilbaren Republik erklärt.

2. Jeder Deutsche, der 21 Jahre alt, ist Wähler und wählbar, vorausgesetzt, daß er keine Kriminalstrafe erlitten hat.

3. Die Volksvertreter werden besoldet, damit auch der Arbeiter im Parlament des deutschen Volkes sitzen könne.

4. Allgemeine Volksbewaffnung. Die Armeen sind in Zukunft zugleich Arbeiterarmeen, so daß das Heer nicht bloß, wie früher, verzehrt, sondern noch mehr produziert, als seine Unterhaltungskosten betragen. Dies ist außerdem ein Mittel zur Organisation der Arbeit.

5. Die Gerechtigkeitspflege ist unentgeltlich.

6. Alle Feudallasten, alle Abgaben, Fronden, Zehnten etc., die bisher auf dem Landvolke lasteten, werden ohne irgendeine Entschädigung abgeschafft.

7. Die fürstlichen und andern feudalen Landgüter, alle Bergwerke, Gruben usw. werden in Staatseigentum umgewandelt. Auf diesen Landgütern wird der Ackerbau im großen und mit den modernsten Hilfsmitteln der Wissenschaft zum Vorteil der Gesamtheit betrieben.

8. Die Hypotheken auf den Bauerngütern werden für Staatseigentum erklärt. Die Interessen für jene Hypotheken werden von den Bauern an den Staat gezahlt.

9. In den Gegenden, wo das Pachtwesen entwickelt ist, wird die Grundrente oder der Pachtschilling als Steuer an den Staat gezahlt.

Alle diese unter 6, 7, 8 und 9 angegebenen Maßregeln werden gefaßt, um öffentliche und andere Lasten der Bauern und kleinen Pächter zu vermindern, ohne die zur Bestreitung der Staatskosten nötigen Mittel zu schmälern und ohne die Produktion selbst zu gefährden. Der eigentliche Grundeigentümer, der weder Bauer noch Pächter ist, hat an der Produktion gar keinen Anteil. Seine Konsumtion ist daher ein bloßer Mißbrauch.

10.   An die Stelle aller Privatbanken tritt eine Staatsbank, deren Papier gesetzlichen Kurs hat.

Diese Maßregel macht es möglich, das Kreditwesen im Interesse des ganzen Volkes zu regeln und untergräbt damit die Herrschaft der großen Geldmänner. Indem sie nach und nach Papiergeld an die Stelle von Gold und Silber setzt, verwohlfeilert sie das unentbehrliche Instrument des bürgerlichen Verkehrs, das allgemeine Tauschmittel, und erlaubt, das Gold und Silber nach außen hin wirken zu lassen. Diese Maßregel ist schließlich notwendig, um die Interessen der konservativen Bourgeois an die Revolution zu knüpfen.

11.   Alle Transportmittel: Eisenbahnen, Kanäle, Dampfschiffe, Wege, Posten etc. nimmt der Staat in seine Hand. Sie werden in Staatseigentum umgewandelt und der unbemittelten Klasse zur unentgeltlichen Verfügung gestellt.

12.   In der Besoldung sämtlicher Staatsbeamten findet kein anderer Unterschied statt als der, daß diejenigen mit Familie, also mit mehr Bedürfnissen, auch ein höheres Gehalt beziehen als die übrigen.

13.   Völlige Trennung der Kirche vom Staate. Die Geistlichen aller Konfessionen werden lediglich von ihrer freiwilligen Gemeinde besoldet.

14.   Beschränkung des Erbrechts.

15.   Einführung von starken Progressivsteuern und Abschaffung der Konsumtionssteuern.

16.   Errichtung von Nationalwerkstätten. Der Staat garantiert allen Arbeitern ihre Existenz und versorgt die zur Arbeit Unfähigen.

17.   Allgemeine, unentgeltliche Volkserziehung.

Es liegt im Interesse des deutschen Proletariats, des kleinen Bürger- und Bauernstandes, mit aller Energie an der Durchsetzung obiger Maßregeln zu arbeiten. Denn nur durch Verwirklichung derselben können die Millionen, <5> die bisher in Deutschland von einer kleinen Zahl ausgebeutet wurden und die man weiter in der Unterdrückung zu erhalten suchen wird, zu ihrem Recht und zu derjenigen Macht gelangen, die ihnen, als den Hervorbringern alles Reichtums, gebührt.

Das Komitee:
Karl Marx – Karl Schapper – H. Bauer – F. Engels – J. Moll – W. Wolff

MEGA 7/I, S. 25f.

Versammlung von Volksfreunden in Hamm
am 2. April 1848

An das Volk.

Wir haben uns vereinigt, um dem Volke zu sagen, welche Maßregeln wir für sein Wohl für nötig halten. Wir hoffen, daß das Volk uns beistimmen wird.

Die Grundlage der Zustände unseres Staates war bisher der Unterschied, das Interesse der einzelnen Klassen unter dem Volke. Die Revolution in Berlin, welche nur der Widerhall ist der Revolution in der ganzen Welt, hat diese Grundlagen vernichtet; jeder Kartätschenschuß hat ein Loch darin gemacht. Die Grundlage der künftigen Zustände unseres Staates ist die Herrschaft des Volkes, die volle Teilnahme jedes, wenigstens 21 Jahre alten Staatsbürgers, sei er Arbeiter, Bürger oder Landmann, an den Angelegenheiten des Staates. Die Herrschaft des Volkes, welche auf den Barrikaden von Berlin erfochten ist, kann nur erhalten und gesichert werden durch das allgemeine Wahlrecht. Dieses verlangt, daß jeder wenigstens 21jährige Staatsbürger, sei er Arbeiter, Bürger oder Landmann, das Recht habe, seine Stimme bei der Ernennung der Abgeordneten zu der allgemeinen Volksvertretung abzugeben. Diese Volksvertretung wird die Zustände des Staats ordnen, bei ihr hat das Volk seine Wünsche anzubringen; sie ist die gesetzgebende Behörde, von der das Volk die Abhilfe all seiner Not, aller herrschenden Übelstände verlangen muß. Es wird also ganz von den gewählten Abgeordneten des Volkes abhängen, ob es seine gerechten Forderungen durchsetzt oder nicht. Das allgemeine Wahlrecht ist das einzige Wahlgesetz, welches dem Interesse des Volkes genügt. Das Volk wird sich weder vom vereinigten Landtage, noch vom Ministerium ein anderes beschränkendes Wahlgesetz aufdringen lassen. Das Recht zu wählen und gewählt zu werden, darf nicht vom Steuersatze abhängen. Die allgemeine Volksvertretung muß sobald als möglich zusammenberufen werden.

Damit wir sicher sind, durch dies allgemeine Wahlrecht eine wirkliche Vertretung des Volkes zu erreichen, wollen wir, daß uns sofort das freie Versammlungs- und Vereinigungs-Recht ohne polizeiliche Vorsichtsmaßregeln, die unbeschränkte Redefreiheit, die volle Preßfreiheit zugestanden werde.

Wir wollen ferner die Aufhebung aller Vorrechte, welchen Namen sie auch tragen mögen, namentlich der gutsherrlichen Gefälle, die auf den Landleuten noch schwer lasten. Wir wollen die Errichtung eines Ministeriums für die Arbeiter, damit endlich einmal unter Zuziehung der Arbeiter selbst eine gründliche Verbesserung der Lage der arbeitenden Klassen vorgenommen werden kann. Wir wollen eine völlige Umgestaltung der gegenwärtigen Kreis- und Kommunalordnungen, damit das Volk seine eigenen Angelegenheiten auch wirklich selbst ohne Bevormundung der aktenschreibenden Regierungen ordne. Wir wollen eine Umgestaltung der gegenwärtigen Gesetzbücher und des bestehenden Gerichtsverfahrens, dieses muß sich auf Öffentlichkeit, Mündlichkeit und Geschworenengerichte stützen. Wir wollen, daß Männer aus dem Volke Recht sprechen.

Wir wollen endlich volle Lehrfreiheit, vollständige staatsbürgerliche Gleichstellung aller Religionen und Konfessionen, eine wirkliche Volkserziehung, bei welcher es auch dem Unvermögenden möglich gemacht ist, sich auszubilden. Wir wollen eine Verminderung der kostspieligen und nutzlosen stehenden Heere, so daß sie nur noch den Stamm für eine Volksbewaffnung mit freier Wahl der Führer bilden. Wir wollen mit einem Worte eine volkstümliche, wohlfeile Regierung, damit wir die Mittel für die Bedürfnisse des Volkes gewinnen. Nach dem Sturze der Bürokratie, der Schreibstubenherrschaft, läßt sich das Heer der besoldeten Beamten bedeutend vermindern.

Und schließlich wollen wir die Mittel, welche der Staat nicht entbehren kann, dadurch aufbringen, daß wir die Steuern denen auferlegen, welche am wenigsten durch sie bedrückt werden. Wir wollen also eine vollständige Umgestaltung der bisherigen Steuerverhältnisse. Wir wollen alles für das Volk und alles durch das Volk!

Möge das Volk diesen unseren Grundsätzen seine mächtige Unterstützung leihen, mögen sich überall Vereine bilden, um diesen Grundsätzen Geltung zu verschaffen.

Es lebe die Freiheit!

Angenommen in Hamm am 2. April 1848 in einer Versammlung von Volksfreunden.

Das provisorische Komitee:
Otto Lüning aus Rheda.
J. Weydemeyer aus Hamm.
Christian Esselen aus Hamm.
Friedrich Kapp II. aus Hamm.
Rudolf Rempel aus Bielefeld.

Flugblätter der Revolution. Eine Flugblattsammlung zur Geschichte der Revolution von 1848/49 in Deutschland, hg. v. Karl Obermann Berlin 1970, S. 132ff.

Manifest des deutschen Arbeiter-Kongresses zu Berlin an die konstituierende Versammlung zu Frankfurt a.M. vom 2. September 1848

Hohe National-Versammlung!

Indem der unterzeichnete Kongreß der Arbeiter für sich sowie im Namen und Auftrag seiner Kommittenten, eines großen Teils der Arbeiter Deutschlands, einer hohen deutschen National-Versammlung die von ihm durch einmütige Beratung festgestellten Grundzüge einer den Anforderungen der Zeit entsprechenden Organisation der Arbeiter überreicht und zu geneigter Berücksichtigung bei der Beratung der Grundrechte des deutschen Volks angelegentlichst empfiehlt, übernimmt er zugleich die Verpflichtung, seine Anträge durch die nachfolgenden Erläuterungen zu unterstützen.

Mit der gespanntesten Aufmerksamkeit und mit hingebender Erwartung haben die Arbeiter, nachdem die politische Bewegung Europas auch sie in Anspruch genommen, sie zur Mitwirkung und, nach langer Zeit wieder, zum Hoffen erweckt hat, die Maßregeln, welche die deutschen Staaten zur Begründung besserer Staatseinrichtungen ergriffen haben, namentlich den Entwurf betreffend die Grundrechte des deutschen Volks und die davon ausgehenden Beratungen der hohen deutschen National-Versammlung verfolgt.

Sie haben nunmehr leider die Überzeugung erlangt, daß auch in der Verfassungsurkunde für Deutschland die soziale Frage ebenso wenig wie in andern Verfassungsarbeiten, eine Stelle finden könne.

Wir wollen der Besorgnis nicht Raum geben, daß eine hohe National-Versammlung bei Nennung der sozialen Frage sich unwillig abwenden oder uns bloß mit einer trocknen Erwähnung der französischen »Nationalwerkstätten« zur Ruhe verweisen werde. Wir würden in solchem Einwurfe nichts anderes als eine, uns freilich überraschende Unkunde des Gegenstandes erblicken und der Kürze halber nur antworten: Wenn eine edelmütige Nation in ihrem ersten Aufwallen für einen guten Zweck eine ganz falsche Maßregel ergreift, so liegt darin keine Widerlegung der Sache und kaum ein Vorwurf für jene Nation; wer aber beide Momente in dieser Tatsache hervorhebt, beweist entweder sein Unvermögen oder seine Abgeneigtheit, auf dieselbe weiter einzugehen.

Da uns aber ein solches Nichtanstehen oder Nichteingehen auf die Lebensfrage eines großen Teils der europäischen Bevölkerung seitens der Staatsmänner und Volksvertreter fast allenthalben entgegentritt, so müssen wir uns wohl fragen, was die Augen einsichtsvoller Männer in diesem Stücke verdunkle und ihre Einsicht beschränke? Die Antwort auf diese Frage liegt uns nahe, sie lautet: wir Arbeiter und unsre Angelegenheiten stehen den Augen der Staatsmänner, wie diese bisher durch das Staatsleben gebildet wurden, zu fern, ja für die meisten waren die Arbeiter eigentlich gar nicht als Staatsbürger da und sichtbar, sondern nur als Ziffern in den Bevölkerungslisten und in den Berechnungen der Volksmacht.

Der Staat kennt nur den Besitz, als etwas Bleibendes, und die Besitzenden als bereits verschiedentlich organisierte und leiblich vorhandene Staatsbürger-Kasten; diese Massen liegen dem Staatsmanne, der über eine neue Konstitution verhandelt, lebendig vor Augen, sind durch spezielle Gesetze organisiert und seine neue Arbeit hat es nun bloß damit zu tun, den Umständen gemäß da und dort einige Umgestaltungen anzubringen.

Die Gesamtheit der Arbeiter steht dagegen nicht als eine bestimmte Staatsbürgermasse, welche einen Besitz habe und in diesem geschützt oder besser geordnet werden müsse, vor den Augen der Gesetzgeber. Die Gesetzgebung ist gegen sie nur beschränkend und maßgebend gewesen; an die Stelle des Schutzes stellt sie bei ihnen den Grundsatz: »dem Arbeiter ist erlaubt, in aller Freiheit und aus allen Kräften zu arbeiten und von dem Lohn der Arbeit zu leben.«

Der Staat verfährt in diesem Stück gewissermaßen richtig; denn solange der Arbeiter nur als eine zerstreute Menschenmenge zu betrachten ist, läßt sich auch nichts Gesetzlichbestimmtes für ihn als Ganzes, oder für Glieder desselben, als Ganze, zur Beschützung von Rechten begründen.

Es ist also vor allem erforderlich, daß die Arbeiter, um ihr Arbeiten als einen bestimmten Besitz in das Grundgesetz des Staats einzuführen, sich selbst als lebendige Gemeinschaften, gleichsam als politisch-beseelte Körperschaften, unter die übrigen Bürger hinstellen und den Staatsmännern bemerklich machen.

Dieses konnte nur von den Arbeitern selbst ausgehen. Es war bisher versäumt worden, ist aber von uns, soweit es der Augenblick zuläßt, nachgeholt worden, und die Organisation der Arbeiter Deutschlands, wie sie jetzt im Leben steht, liegt in den Grundzügen ihres Verfassungs-Statuts einer hohen National-Versammlung vor Augen. Mit ihr steht in engster Verbindung das Statut über die Association der Arbeit, welches als zweiter Teil beigelegt ist.

So organisiert, in dem festen Vorsatze, an der weiteren Ausbildung unseres Organismus mit aller Macht fortzuarbeiten, und in dem uns hiermit wiedergeborenen Bewußtsein unserer Persönlichkeit und unserer Berechtigungen im Staatsleben treten wir jetzt unter unsere Mitbürger und vor den gesetzgebenden Körper unserer Wahl, mit der Bitte:

in der künftigen Gesetzgebung auch uns, als Besitzer der Arbeit, anzuerkennen und solche gesetzliche Bestimmungen eintreten zu lassen, durch welche die Existenz und Fortdauer unserer Organisation und Assoziation für alle Zeiten geschützt und ihre weitere gedeihliche Ausbildung von Seiten des Staats begünstigt werden möge.

Unsere Anträge für diesen Zweck liegen im dritten und vierten Teile vor; sie beziehen sich teils auf das Verhältnis der Arbeiter zu den Gemeinden und auf die Rücksichten, welche sie von deren Verfassungen in ihrem Interesse erwarten, teils auf diejenigen allgemeinen Maßregeln, durch welche die Sache der Arbeiter in der Grundverfassung Deutschlands ihre Stütze und ihre Wurzel finden wird.

Aus dem Vorgetragenen wolle eine hohe deutsche National-Versammlung ersehen, daß wir frei von chimärischen Ansprüchen sind, wohl aber die Logik der Zeit und unsre eigne hinlänglich auf Erfahrungswegen kennengelernt haben, um einerseits unsre Erwartungen zu beschränken, andererseits aber auch nicht vor scheinbaren oder vorgespiegelten Schwierigkeiten und Hindernissen zu erschrecken, wo wir deutlich erkannt haben, daß da oder dort tief und radikal eingegriffen werden müsse, wenn nicht alle Mühe vergeblich sein und das etwa zur Beruhigung Vermittelte bei näherer Betrachtung nur als eine Täuschung der Einbildungskraft erfunden werden solle.

Das Eine nämlich, worauf es bei allen Neugestaltungen im jetzigen Staatsleben wesentlich ankommt, ist dieses, daß die Staaten aus dem früheren rohen Naturzustände des Krieges, des Prunkes und der List, in welchem sich jeder ganz nach außen gegen die anderen Staaten wenden mußte, um sich gegen sie entweder zu schützen, oder sie durch sein Auftreten nach Art wilder Streiter, die sich wie Kinder putzen und bemalen, zu blenden, oder sie durch seine Diplomatie zu betrügen, daß sie aus diesem rohen mittelalterlichen Naturzustände der Staaten, oder richtiger der regierenden Autokraten, nunmehr auf sich selbst zurückkehren und das Wohl der Staatsbürger im Innern als die Hauptaufgabe ihres Daseins zu betrachten anfangen, welchem sie ihre ganze Aufmerksamkeit widmen, und von dem alten absolutistischen Prunk sowie von der endlosen Streitfertigkeit des Heeres und von der Verschwendung der Bürokratie möglichst viel ersparen müssen, um den edleren und besseren Zwecken der Menschheit obliegen zu können.

Wir, die Arbeiter, sind von Natur die Stützen der Ruhe und der Ordnung, denn wir wissen sehr wohl, daß wir zum Leben vor allem der Ruhe und Ordnung bedürfen. Wir reichen unseren Mitbürgern und unseren Gesetzgebern die Hand und die Verheißung unseres Worts: Ja! wir wollen die Ruhe und Ordnung der Staaten aufrechterhalten – wir können es verheißen, denn wir haben die Kraft dazu und sind uns unserer politischen Bedeutung bewußt.

Nur notgedrungen würden wir, wenn wir abgewiesen würden,

wenn der alte Wahn aufrechterhalten und unserer Rechte auch fernerhin, wie früher, von keinem der Machthaber auf humane Weise gedacht würde, der Geißel des Schicksals gehorchen, und unter der Macht der finstern Not aus den wärmsten Freunden der bestehenden Ordnung zu den bittersten Feinden derselben werden müssen.

Berlin, den 2. September 1848.

Flugblätter der Revolution, Berlin 1970, S. 170ff.

Friedrich Engels, *Deutschland am Vorabend der Revolution*, 18. Oktober 1852

Zunächst, welches war der Zustand Deutschlands bei Ausbruch der Revolution?

Die Zusammensetzung der verschiedenen Klassen des Volkes, die die Grundlage eines jeden politischen Organismus bilden, war in Deutschland komplizierter als in irgend einem anderen Lande. Während in England und Frankreich eine mächtige, reiche, in großen Städten und namentlich in der Hauptstadt konzentrierte Bourgeoisie den Feudalismus völlig vernichtet oder wenigstens, wie in dem erstgenannten Lande, auf einige wenige, bedeutungslose äußere Formen reduziert hatte, war dem Feudaladel in Deutschland ein großer Teil seiner alten Privilegien erhalten geblieben. Fast überall herrschte noch das System des feudalen Grundbesitzes. Die Grundherren hatten sogar die Gerichtsbarkeit über ihren Gutsbezirk behalten. Obzwar ihrer politischen Vorrechte, des Rechtes, die Fürsten zu kontrollieren beraubt, hatten sie doch fast ihre ganzen mittelalterlichen Hoheitsrechte über die Bauernschaft ihrer Länder sowie die Steuerfreiheit bewahrt. Der Feudalismus war in manchen Gegenden mehr in Blüte als in anderen, aber außer auf dem linken Rheinufer war er nirgends völlig beseitigt. Dieser seinerzeit außerordentlich zahlreiche und zum Teil sehr reiche Feudaladel galt offiziell als der erste »Stand« im Lande. Er stellte die höheren Staatsbeamten, er besetzte fast ausschließlich die Offiziersstellen in der Armee.

Die Bourgeoisie Deutschlands war bei weitem nicht so reich und konzentriert wie die Frankreichs oder Englands. Die alten Manufakturen Deutschlands waren durch das Aufkommen der Dampfkraft und durch die sich rasch ausbreitende Vorherrschaft der englischen Industrie zugrunde gerichtet worden; die modernsten Industrien, die, unter dem napoleonischen Kontinentalsystem ins Leben gerufen, in anderen Teilen des Landes errichtet worden waren, boten keinen Ausgleich für den Verlust der alten und reichten nicht aus, um einen Kreis an der Industrie Interessierter zu bilden, der stark genug gewesen wäre, Regierungen, die jede Anhäufung nichtadeligen Reichtums und nichtadeliger Macht argwöhnisch gegenüberstanden, zur Rücksicht auf ihre Bedürfnisse zu zwingen. Während Frankreich seine Seidenindustrie siegreich über fünfzig Revolutions- und Kriegsjahre hinwegbrachte, büßte Deutschland im gleichen Zeitraum fast seine ganze alte Leinenindustrie ein. Überdies waren die deutschen Industriebezirke dünn gesät und weit verstreut, sie lagen tief im Innern des Landes, benutzen für ihre Ein- und Ausfuhr vorwiegend ausländische, holländische oder belgische Häfen und hatten daher wenig oder gar keine gemeinsame Interessen mit den großen Hafenstädten an der Nord- und Ostsee; vor allem aber waren sie außerstande, große Industrie- und Handelszentren zu bilden wie Paris und Lyon, London und Manchester. Die Rückständigkeit der deutschen Industrie hatte mannigfaltige Ursachen, aber zwei werden schon zu ihrer Erklärung genügen: die ungünstige geographische Lage des Landes, seine Entfernung vom Atlantischen Ozean, der zur großen Heerstraße des Welthandels geworden war, sowie die ständigen Kriege, in die Deutschland verwickelt war und die vom sechzehnten Jahrhundert an bis auf den heutigen Tag auf seinem Boden ausgefochten wurden. Diese zahlenmäßige Schwäche und namentlich ihre geringe Konzentration machten es der deutschen Bourgeoisie unmöglich, jene politische Machtkonzentration zu erringen, deren sich die englische Bourgeoisie seit 1688 erfreut und die die französische Bourgeoisie 1789 erobert hat. Und doch war in Deutschland der Reichtum und mit dem Reichtum die politische Bedeutung der Bourgeoisie seit 1815 in ständigem Wachstum begriffen. Die Regierungen waren gezwungen, wenn auch widerwillig, wenigstens ihren unmittelbaren materiellen Interessen Rechnung zu tragen. Man kann sogar mit Recht sagen, daß von 1815 bis 1830 und von 1832 bis 1840 jedes Stückchen an politischem Einfluß, das der Bourgeoisie in den Verfassungen der kleineren Staaten eingeräumt worden war und ihr in den erwähnten beiden

Perioden politischer Reaktion wieder entrissen wurde – daß jedes derartige Stückchen durch eine Konzession praktischerer Art aufgewogen wurde. Jede politische Niederlage der Bourgeoisie zog einen Sieg auf dem Gebiet der Handelsgesetzgebung nach sich. Und sicherlich war der preußische Schutzzolltarif von 1818 und die Gründung des Zollvereins für die deutschen Kaufleute und Fabrikherren ein gut Teil mehr wert als das zweifelhafte Recht, in der Kammer des einen oder anderen Duodezstaats Ministern, die über solche Abstimmungen nur lachten, ihr Mißtrauen auszusprechen. So gelangte die Bourgeoisie mit wachsendem Reichtum und zunehmender Ausdehnung ihres Handels bald zu einem Stadium, wo sie sich in der Entfaltung ihrer wichtigsten Interessen durch die politische Verfassung des Landes gehemmt sah: durch dessen kunterbunte Zersplitterung unter sechsunddreißig Fürsten mit gegensätzlichen Bestrebungen und Launen; durch die feudalen Fesseln, die die Landwirtschaft und die mit ihr verbundenen Gewerbe beengten; durch die aufdringliche Überwachung, der eine unwissende, anmaßende Bürokratie alle ihre Geschäfte unterzog. Gleichzeitig führten die Ausdehnung und Festigung des Zollvereins, die allgemeine Einführung der Dampfkraft in den Verkehr, die wachsende Konkurrenz auf dem inneren Markt zur gegenseitigen Annäherung der kommerziellen Klassen der verschiedenen Staaten und Provinzen, zur Angleichung ihrer Interessen und Zentralisation ihrer Kraft. Die natürliche Folge war der Übergang aller dieser Elemente ins Lager der liberalen Opposition und der siegreiche Ausgang des ersten ernstlichen Kampfes der deutschen Bourgeoisie um politische Macht. Diesen Umschwung kann man von 1840 datieren, von dem Zeitpunkt, zu dem die preußische Bourgeoisie an die Spitze der Bewegung der deutschen Bourgeoisie trat. Wir werden auf diese Bewegung der liberalen Opposition von 1840 bis 1847 noch später zurückkommen.

Die große Masse der Nation, die weder dem Adel noch der Bourgeoisie angehörte, bestand in den Städten aus der Klasse der Kleinbürger und der Arbeiterschaft, auf dem Lande aus der Bauernschaft.

Die Klasse der Handwerker und Kleinhändler ist in Deutschland außerordentlich zahlreich, eine Folge des Umstands, daß die großen Kapitalisten und Industriellen als Klasse in ihrer Entwicklung gehemmt waren. In den größeren Städten bildete sie beinahe die Mehrheit der Bevölkerung, in den kleineren überwiegt sie völlig, da es dort an reicheren Mitbewerbern um den maßgebenden Einfluß fehlt. Dieses Kleinbürgertum, in jedem modernen Staat und bei allen modernen Revolutionen von höchster Bedeutung, ist besonders wichtig in Deutschland, wo es bei den jüngsten Kämpfen meist eine entscheidende Rolle gespielt hat. Seine Zwischenstellung zwischen der Klasse der größeren Kapitalisten, Kaufleute und Industriellen, der eigentlichen Bourgeoisie, und dem Proletariat oder der Arbeiterklasse ist für seinen Charakter bestimmend. Es strebt nach der Stellung der Bourgeoisie, aber das geringste Mißgeschick schleudert die Angehörigen des Kleinbürgertums hinab in die Reihen des Proletariats. In monarchischen und feudalen Ländern bedarf das Kleinbürgertum, um existieren zu können, der Kundschaft des Hofes und des Adels; der Verlust dieser Kundschaft würde es zu einem großen teil zugrunde richten. In kleineren Städten bildet häufig eine Garnison, eine Kreisregierung, ein Gerichtshof und deren ganzer Anhang die Grundlage seines Wohlstands; entzieht man sie ihm, so ist es um die Krämer, Schneider, Schuhmacher, Schreiner geschehen. Das ewige Hin- und Hergerissensein zwischen der Hoffnung, in die Reihen der wohlhabenderen Klasse aufzusteigen, und der Furcht, auf das Niveau der Proletarier oder gar des Paupers hinabgedrückt zu werden; zwischen der Hoffnung, seine Interessen durch Eroberung eines Anteils an der Leitung der Staatsgeschäfte zu fördern, und der Furcht, durch ungelegene Opposition den Zorn einer Regierung zu erregen, von der seine Existenz völlig abhängt, da sie die Macht hat, ihm die besten Kunden zu entziehen; die Geringfügigkeit eines Besitzes, dessen Unsicherheit im umgekehrten Verhältnis steht zur Größe – all dies macht das Kleinbürgertum äußerst wankelmütig in seinen Anschauungen. Demütig und kriecherisch unterwürfig unter einer starken feudalen oder monarchischen Regierung, wendet es sich dem Liberalismus zu, wenn die Bourgeoisie im Aufstieg ist; sobald die Bourgeoisie ihre eigene Herrschaft gesichert hat, wird es von heftigen demokratischen Anwandlungen befallen, versinkt aber jämmerlich in Furcht und Zagen, sobald die Klasse unter ihm, das Proletariat, eine selbständige Bewegung wagt. Wir werden im weiteren sehen, wie das deutsche Kleinbürgertum abwechselnd aus dem einen dieser Stadien ins andere übergeht.

Die Arbeiterklasse Deutschlands ist in ihrer gesellschaftlichen und politischen Entwicklung ebenso weit hinter der Englands und Frankreichs zurück wie die deutsche Bourgeoisie hinter der Bourgeoisie jener Länder. Wie der Herr, so der Knecht. Die Entwicklung der Existenzbedingungen für ein zahlreiches, starkes, konzentriertes und intelligentes Proletariat geht Hand in Hand mit der Entwicklung der Existenzbedingungen für eine zahlreiche, wohlhabende, konzentrierte und mächtige Bourgeoisie. Die Arbeiterbewegung selbst ist niemals unabhängig, sie trägt niemals ausschließlich proletarischen Charakter, solange nicht alle die verschiedenen Teile der Bourgeoisie, namentlich ihr fortschrittlichster Teil, die großen Fabrikherren, die politische Macht erobert und den Staat ihren Bedürfnissen entsprechen umgestaltet haben. Dann ist der Augenblick gekommen, wo der unvermeidliche Konflikt zwischen Fabrikherren und Lohnarbeitern in drohende Nähe rückt und nicht länger hinausgeschoben werden kann, der Augenblick, wo sich die Arbeiterklasse nicht länger mit trügerischen Hoffnungen und niemals erfüllbaren Versprechungen abspeisen läßt, wo endlich das große Problem des neunzehnten Jahrhunderts, die Aufhebung des Proletariats, mit voller Klarheit und in seinem wahren Lichte in den Vordergrund rückt. Nun wurde aber in Deutschland die große Masse der Arbeiterklasse nicht von jenen Industrien beschäftigt, von denen Großbritannien so prachtvolle Exemplare aufweist, sondern von kleinen Handwerksmeistern, deren ganze Arbeitsweise lediglich ein Überbleibsel aus dem Mittelalter ist. Und wie zwischen einem großen Baumwoll-Lord und einem kleinen Flickschuster oder Schneidermeister ein himmelweiter Unterschied besteht, genau so weit voraus sind die aufgeweckten Fabrikarbeiter eines modernen Babylon der Industrie den schüchternen Schneider- und Schreinergesellen eines kleinen Landstädtchens, dessen Lebensverhältnisse und Arbeitsmethoden sich von denen ihrer Zunftgenossen vor fünfhundert Jahren nur wenig unterscheiden. Die natürlichen Begleiterscheinungen des allgemeinen Fehlens moderner Lebensverhältnisse und moderner industrieller Produktionsweisen war ein fast ebenso allgemeines Fehlen moderner Ideen, und daher ist es nicht verwunderlich, wenn ein großer Teil der arbeitenden Klassen bei Ausbruch der Revolution den Ruf nach sofortiger Wiederherstellung der Zünfte und der mittelalterlichen privilegierten Handwerksinnungen erhob. Zwar bildete sich unter dem Einfluß der Industriebezirke, wo das moderne Produktionssystem vorherrschte, und infolge der Möglichkeiten gegenseitigen Verkehrs und geistiger Entwicklung, die das Wanderleben zahlreicher Arbeiter mit sich brachte, ein starker Kern von Elementen, deren Ideen über die Emanzipation ihrer Klasse bedeutend klarer waren und mit der praktischen Wirklichkeit und der historischen Notwendigkeit weit besser in Einklang standen, aber sie bildeten nur eine kleine Minderheit. Wenn die aktive Bewegung der Bourgeoisie von 1840 datiert werden kann, so nimmt die der Arbeiterklasse ihren Anfang mit den Erhebungen der schlesischen und böhmischen Fabrikarbeiter im Jahre 1844, und wir werden bald Gelegenheit haben, einen Überblick zu gewinnen über die verschiedenen Stadien, die diese Bewegung durchlief.

Schließlich gab es noch eine große Klasse der kleinen Landwirte, die Bauernschaft, die mit ihrem Anhang von Landarbeitern die große Mehrheit des ganzen Volkes darstellt. Aber diese Klasse zerfiel wieder in verschiedene Schichten. Da waren, erstens, die wohlhabenderen Landwirte, die in Deutschland als Groß- oder Mittelbauern bezeichnet werden, die Eigentümer mehr oder weniger umfangreicher Wirtschaften sind und von denen jeder über die Dienste mehrerer Landarbeiter verfügt. Für diese Klasse, die zwischen den steuerfreien feudalen Grundherren einerseits, den Kleinbauern und Landarbeitern andererseits stand, war aus leicht begreiflichen Gründen ein Bündnis mit der antifeudalen städtischen Bourgeoisie die natürlichste Politik, dann gab es, zweitens die freien Kleinbauern, die im Rheinland vorherrschten, wo der Feudalismus den wuchtigen Schlägen der großen französischen Revolution erlegen war. Ähnliche unabhängige Kleinbauern gab es auch da und dort in anderen Provinzen, wo es ihnen gelungen war, die feudalen Lasten, die ehedem auf ihren Grundstücken ruhten, mit Geld abzulösen. Diese Klasse war jedoch nur dem Namen nach eine Klasse von freien Bauern, da ihre Wirtschaft gewöhnlich in so hohem Grade und unter so drückenden Bedingungen mit Hypotheken belastet war, daß nicht der Bauer, sondern der Wucherer, der das Geld vorgestreckt, der wirkliche Eigentümer des Landes war. Drittens, die feudalen Hintersassen, die nicht leicht von ihrem Stück Land vertrieben werden konnten, die aber eine ewige Pacht zu entrichten oder auf ewig eine gewisse Menge Arbeit für den Grundherrn zu leisten hatten. Endlich die Landarbeiter, deren Lage auf vielen großen Gütern genau die gleiche war wie die derselben Klasse in England und die ausnahmslos als arme, unterernährte Sklaven ihrer Herrn lebten und starben. Die drei letztgenannten Klassen der Landbevölkerung, die freien Kleinbauern, die feudalen Hintersassen und die Landarbeiter, hatten sich vor der Revolution über Politik nie viel Kopfzerbrechen gemacht; aber es ist ohne weiteres klar, daß dieses Ereignis ihnen einen neuen Weg voll der glänzendsten Aussichten eröffnen mußte. Ihnen allen bot die Revolution Vorteile, und war die Bewegung erst einmal ordentlich im Gange, so stand zu erwarten, daß sich ihr der Reihe nach alle anschließen würden.

Revolution und Konterrevolution in Deutschland (August 1851–September 1852), Kapitel 1, MEW 8, S. 5–13. Aus dem Englischen: New York Daily Tribune, 1.10.1851–23.10.1852

Friedrich Engels über die Aufstandsbewegung in Südwestdeutschland

Wenn in Rheinpreußen reaktionäre und revolutionäre Klassen von vornherein sich gegenüberstanden, wenn in Baden eine anfangs für die Bewegung schwärmende Klasse, die Kleinbürgerschaft, sich allmählich beim Heranrücken der Gefahr zuerst zur Gleichgültigkeit, später zur Feindseligkeit gegen die von ihr selbst provozierte Bewegung herüberführen ließ, so waren es in der Pfalz weniger einzelne Klassen der Bevölkerung als einzelne Distrikte, die sich, durch Lokalinteressen geleitet, teils von Anfang an, teils nach und nach gegen die Bewegung erklärte. Allerdings war in Speyer von vornherein die Bürgerschaft reaktionär, wurde sie es mit der Zeit in Kaiserslautern, Neustadt, Zweibrücken usw.; aber die Hauptmacht der reaktionären Partei saß in den über die ganze Pfalz verteilten Ackerbaubezirken. Diese konfuse Gestaltung der Parteien hätte nur durch eine Maßregel beseitigt werden können: durch einen direkten Angriff auf das in den Hypotheken und im Hypothekenwucher angelegte Privateigentum zugunsten der verschuldeten, von Wucherern ausgesogenen Bauern. Diese eine Maßregel, die sofort die ganze Landbevölkerung am Aufstand interessiert hätte, setzt aber ein viel größeres Terrain und viel entwickeltere Gesellschaftszustände in den Städten voraus, als die Pfalz sie besitzt. Sie war nur möglich im Anfang der Insurrektion, zugleich mit einer Ausdehnung des Aufstandes nach der Mosel und Eifel, wo dieselben Zustände auf dem Lande existieren und in der industriellen Entwicklung der rheinischen Städte ihre Ergänzung finden. Und ebenso wenig wie von Baden war von der Pfalz aus die Bewegung nach außen getrieben worden.

Die Regierung hatte unter diesen Umständen nur wenig Mittel, die reaktionären Bezirke zu bekämpfen: einzelne militärische Expeditionen in die widersetzlichen Ortschaften, Verhaftungen, besonders der katholischen Pfarrer, die an der Spitze des Widerstands traten usw.; Ernennung von tätigen Zivil- und Militärkommissären und endlich die Propaganda. Die Expeditionen, meistens sehr komischer Natur, hatten nur momentane Wirkung, die Propaganda hatte gar keine, und die Kommissäre begingen meistens in ihrer wichtigtuenden Ungeschicklichkeit Schnitzer über Schnitzer oder beschränkten sich auf eine großartige Konsumtion Pfälzer Weins nebst der unvermeidlichen Wirthausrenommage [...]

Die Reichsverfassungskampagne ging zugrunde an ihrer eignen Halbheit und inneren Misere. Seit der Juniniederlage 1848 steht die Frage für den zivilisierten Teil des europäischen Kontinents so: entweder Herrschaft des revolutionären Proletariats oder Herrschaft der Klassen, die vor dem Februar herrschten. Ein Mittelding ist nicht mehr möglich. In Deutschland namentlich hat sich die Bourgeoisie unfähig gezeigt zu herrschen; sie konnte ihre Herrschaft nur dadurch gegenüber dem Volk erhalten, daß sie sie an den Adel und die Bürokratie wieder abtrat. In der Reichsverfassung versuchte die Kleinbürgerschaft, verbündet mit der deutschen Ideologie, eine unmögliche Ausgleichung, die den Entscheidungskampf aufschieben sollte. Der Versuch mußte scheitern: denjenigen, denen es ernst war mit der Bewegung, war es nicht ernst mit der Reichsverfassung, und denen es ernst war mit der Reichsverfassung, war es nicht ernst mit der Bewegung. Die Reichsverfassungskampagne hat aber darum nicht minder bedeutende Resultate gehabt. Sie hat vor allem die Situation vereinfacht. Sie hat eine endlose Reihe von Vermittlungsversuchen abgeschnitten; nachdem sie verloren ist, kann nur die etwas konstitutionalisierte feudal-bürokratische Monarchie siegen oder die wirkliche Revolution. Und die Revolution kann in Deutschland nicht eher mehr abgeschlossen werden als mit der vollständigen Herrschaft des Proletariats.

Die Reichsverfassungskampagne hat ferner in den deutschen Ländern, wo die Klassengegensätze noch nicht scharf entwickelt waren, zu ihrer Entwicklung bedeutend beigetragen. Namentlich in Baden. In Baden bestanden, wie wir sehen, vor der Insurrektion fast gar keine Klassengegensätze. Daher die anerkannte Herrschaft der Kleinbürger über alle Oppositionsklassen, daher die scheinbare Einstimmigkeit der Bevölkerung, daher die Raschheit, mit der die Badenser wie die Wiener von der Opposition in die Insurrektion übergehn, bei jeder Gelegenheit einen Aufstand versuchen und selbst den Kampf im offnen Feld mit einer regelmäßigen Armee nicht scheuen. Sobald aber die Insurrektion ausgebrochen war, traten die Klassen bestimmt hervor, schieden sich die Kleinbürger von den Arbeitern und Bauern. In ihrem Repräsentanten Brentano blamierten sie sich auf ewige Zeiten. Sie selbst sind durch die preußische Säbelherrschaft so zur Verzweiflung getrieben, daß sie jetzt jedes Regime, selbst das der Arbeiter, dem jetzigen Druck vorziehn; sie werden einen viel tätigeren Anteil an der nächsten Bewegung nehmen als an jeder bisherigen; aber glücklicherweise werden sie nie wieder die selbständige, herrschende Rolle spielen können wie unter der Diktatur Brentanos. Die Arbeiter und Bauern, die unter der jetzigen Säbelherrschaft ebensosehr leiden wie die Kleinbürger, haben die Erfahrung des letzten Aufstands nicht umsonst gemacht; sie, die außerdem ihre gefallenen und gemordeten Brüder zu rächen haben, werden schon dafür sorgen, daß bei der nächsten Insurrektion sie und nicht die Kleinbürger das Heft in die Hand bekommen. Und wenn auch keine insurrektionellen Erfahrungen die Klassenentwickelung ersetzen können, die nur durch einen langjährigen Betrieb der großen Industrie erreicht wird, so ist doch Baden durch seinen letzten Aufstand und dessen Folgen in die Reihe der deutschen Provinzen getreten, die bei der bevorstehenden Revolution eine der wichtigsten Stellen einnehmen werden.

Politisch betrachtet, war die Reichsverfassungskampagne von vornherein verfehlt. Militärisch betrachtet, war sie es ebenfalls. Die einzige Chance ihres Gelingens lag außerhalb Deutschlands, im Sieg der Republikaner in Paris am 13. Juni – und der 13. Juni schlug fehl. Nach diesem Ereignis konnte die Kampagne nichts mehr sein als eine mehr oder minder blutige Posse. Sie war weiter nichts. Dummheit und Verrat ruinierten sie vollends. Mit Ausnahme einiger weniger waren die militärischen Chefs Verräter oder unberufene, unwissende und feige Stellenjäger, und die wenigen Ausnahmen wurden überall von den übrigen wie von der Brentanoschen Regierung im Stich gelassen. Wer bei der bevorstehenden Erschütterung keine anderen Titel aufzuweisen hat als die, Heckerscher General oder Reichsverfassungsoffizier gewesen zu sein, verdient, sogleich die Tür gewiesen zu bekommen. Wie die Chefs, so die Soldaten. Das badische Volk hat die besten kriegerischen Elemente in sich; in der Insurrektion wurden diese Elemente von vornherein so verdorben und vernachlässigt, daß die Misere daraus entstand, die wir des breiteren geschildert haben. Die ganze »Revolution« löste sich in eine wahre Komödie auf, und es war nur der Trost dabei, daß der sechsmal stärkere Gegner selbst noch sechsmal weniger Mut hatte.

Aber diese Komödie hat ein tragisches Ende genommen, dank dem Blutdurst der Konterrevolution. Dieselben Krieger, die auf dem Marsch oder dem Schlachtfelde mehr als einmal von panischem Schrecken ergriffen wurden — sie sind in den Gräben von Rastatt gestorben wie die Helden. Kein einziger hat gebettelt, kein einziger hat gezittert. Das deutsche Volk wird die Füsilladen und die Kasematten von Rastatt nicht vergessen; es wird die großen Herren nicht vergessen, die diese Infamien befohlen haben, aber auch nicht die Verräter, die sie durch ihre Feigheit verschuldeten: die Brentanos von Karlsruhe und von Frankfurt.

Friedrich Engels: Die deutsche Reichsverfassungskampagne, in: MEW, Bd. 7, Berlin 1960, S. 150 f und 196 f.

Karl Schurz' Erinnerungen an die Erhebung in der Pfalz und in Baden

Da stellte sich dann folgende wahrhaft groteske Lage der Dinge heraus: Das deutsche Nationalparlament hatte sich in der »provisorischen Zentralgewalt«, an deren Spitze der Reichsverweser Erzherzog Johann gestellt worden war, ein exekutives Organ gegeben, uni seinem Willen Achtung zu verschaffen und seine Beschlüsse praktisch durchzuführen. Die bei weitem wichtigste seiner Willensäußerung bestand in der von ihm gemachten deutschen Reichsverfassung, und der Wahl des Königs von Preußen als deutscher Kaiser. Der König von Preußen weigerte sich die Reichsverfassung als zu Recht bestehend anzuerkennen und die auf ihn gefallene Kaiserwahl anzunehmen. Das Nationalparlament forderte darauf nicht nur alle deutschen Regierungen, sondern auch die gesetzgebenden Körper und die Gemeinden der deutschen Einzelstaaten, ja das ganze deutsche Volk auf, die Reichsverfassung zur Anerkennung und Geltung zu bringen. Das Volk der Pfalz tat genau das, wozu das Nationalparlament das deutsche Volk aufforderte. Es stand für die Reichsverfassung auf gegen den König von Bayern, welcher der Reichsverfassung seine Anerkennung versagte. Ein von der Reichszentralgewalt in die Pfalz geschickter Reichskommissar fühlte sich durch seine Loyalität dem Nationalparlament gegenüber und durch die Logik der Umstände gezwungen, den pfälzischen »Landesausschuß für Verteidigung und Durchführung der Reichsverfassung« zu bestätigen und zur Zurückweisung gewaltsamer Angriffe auf die Reichsverfassung für berechtigt zu erklären. Und was tat darauf der Reichsverweser, der zu dem Zwecke geschaffen worden und dessen oberste Pflicht darin bestand, den Willen des Nationalparlaments und besonders die Reichsverfassung zur Anerkennung und Geltung zu bringen? Er rief den Reichskommissar sofort zurück und schickte sich an, die Volksbewegung, die in Übereinstimmung mit dem Aufruf des Nationalparlaments zur Verteidigung und Durchführung der Reichsverfassung begonnen worden war, mit Waffengewalt zu unterdrücken. Und zu diesem Zweck wurden hauptsächlich preußische Truppen gewählt – Truppen desselben Königs, der im März 1848 feierlich versprochen hatte, sich an die Spitze der nationalen Bewegung zu stellen und Preußen in Deutschland aufgehen zu lassen, der dann zum Deutschen Kaiser gewählt worden und nun diejenigen tot zu schießen bereit war, die ihn tatsächlich zum Kaiser machen wollten. Es ist zur Verteidigung dieser unerhörten Handlungsweise gesagt worden, daß dem Volksaufstand für die Reichsverfassung in der Pfalz und besonders demjenigen in Baden starke republikanische Tendenzen, »Umsturzgelüste«, beigemischt waren. Das ist richtig. Es ist aber ebenso wahr, daß, hätten die deutschen Fürsten in loyaler Weise, wie sie im März 1848 dem deutschen Volke das volle Recht gegeben hatten, von ihnen zu erwarten, die Reichsverfassung angenommen, sie alle republikanischen Bestrebungen in Deutschland brachgelegt haben würden. Das deutsche Volk würde im ganzen und großen zufrieden gewesen sein; ja es würde sich unzweifelhaft sogar einige Änderungen der Reichsverfassung im monarchischen Sinne halben gefallen lassen. Und es ist nicht weniger wahr, daß die Weise, in welcher die Machthaber nach so vielen schönen Versprechungen die Hoffnung des deutschen Volkes auf nationale Einigung zu vereiteln suchten, nur zu gut geeignet war, allen Glauben an die nationale Gesinnung und die Loyalität der Fürsten zu zerstören und die Meinung zu verbreiten, daß nur auf republikanischem Wege eine einheitliche deutsche Nation geschaffen werden könne. Die Haltung des Königs von Preußen sowie der Könige von Bayern, Hannover und Sachsen stellten den national gesinnten Deutschen vor die klare Alternative, entweder alle deutschen Einheitsbestrebungen und alles, was damit an nationaler Freiheit, Macht und Größe zusammenhing, vorläufig aufzugeben, oder dieselben auf dem Wege weiter zu führen, der von den Regierungen als revolutionär bezeichnet wurde. Die klägliche Geschichte Deutschlands während des nächsten Dezenniums hat schlagend bewiesen, daß diejenigen, welche die Situation im Jahre

1849 im Lichte dieser Alternativen auffaßten, sie richtig auffaßten. Kehren wir nun zur Pfalz nach der Abberufung des Reichskommissar Eisenstuck zurück. Zuerst wurden mit kleinen Truppenkörpern Versuche gemacht, der pfälzischen Bewegung Einhalt zu tun. Da dies jedoch nicht gelang und unterdes auch durch den Aufstand des Volkes und der Armee in Baden die Lage der Dinge viel ernster geworden war, so fing die preußische Regierung an, ein paar Armeekorps mobil zu machen und sich auf einen förmlichen Feldzug vorzubereiten. Es waren gerade diese Vorbereitungen, die durch die verschiedenen Aufstandsversuche in den preußischen Westprovinzen hatten verhindert werden sollen. Die Pfalz blieb nun mittlerweile eine Zeitlang unangegriffen, und das gutmütige, zu sanguinischen Anschauungen geneigte Völkchen sah in dieser zeitweiligen Ruhe ein Zeichen, daß die Fürsten, auch der König von Preußen, sich doch scheuten, einen offenen Waffengang zu unternehmen, weil sich für die große Sache der deutschen Einheit und Freiheit wahrscheinlich die anderen Völkerschaften ebenso begeistern würden wie die Pfälzer und die Badenser. Man gab sich daher gern dem Glauben hin, daß die Erhebung ebenso heiter enden werde, wie sie begonnen hatte; und dies erklärt die Tatsache, daß die lustige Stimmung inmitten der revolutionären Ereignisse, die ich als Picknickhumor beschrieb, eine gute Weile vorhielt. Nicht wenige der Führer wiegten sich auch in diese Vertrauensseligkeit ein, und als nun der »Landesausschuß« gar den offiziellen Titel einer »provisorischen Regierung« annahm, da freute man sich des Gefühls, daß nun die »Fröhliche Pfalz, Gott erhalts« der bayerischen Wirtschaft für immer ledig sei und als hübsche kleine Republik und Bestandteil des großen deutschen Freistaates sich fortan werde ersprießlich selbst regieren können.

Die Verständigeren und Weitersehenden verhehlten sich jedoch nicht, daß, wie die Dinge sich nun einmal gestaltet hatten, es sich hier um einen Entscheidungskampf mit einer antinationalen und antiliberalen Reaktion handle, die bei dieser Gelegenheit ihre ganz wohlorganisierte Macht, wenn nötig, bis zu den letzten Re-

serven, aufbieten werde, und daß dieser Macht gegenüber sich die
Hülfsmittel der Pfalz und Badens bedenklich gering ausnahmen.

Karl Schurz: Lebenserinnerungen bis zum Jahre 1852, Berlin 1906, S. 190ff.

Donno über die Rolle des Bürgertums in der badischen Revolution

»Männer und Frauen in Baden!« ruft der Landes-Ausschuß in einer andern Proklamation, »Säumet nicht, die Opfer zu bringen, welche das Vaterland in der Stunde der Gefahr von Euch verlangt. Ihr werdet für ewige Zeiten Euch ein ehrenvolles Denkmal setzen. Wir rufen an die Kraft Eures Willens, die Güte Eures Herzens, den Fleiß Eurer Hände, Säumet nicht! die Zeit drängt; wer rasch giebt, der giebt doppelt.«

So begeisternd auch diese Worte auf alle freiheitliebenden Gemüther wirken mußten, so fühlten sich doch die mit zeitlichen Gütern gesegneten Herren wenig dadurch gerührt. Was liegt ihnen an der Wohlfahrt, an der Ehre der Nation! Der Erfolg hat nur zu sehr gezeigt, wie wenig von solchen freiwilligen Beiträgen zu erwarten ist. Die patriotischen Bürger, welche ein Herz für die Leiden des Vaterlandes haben, besitzen größtentheils nichts als ihr Leben, welches sie zu opfern bereit sind; sie sind nicht im Stande, goldene Geschenke herbeizubringen. Und durfte man hoffen, daß die Leute, welche bis jetzt das Volk ausgesaugt, welche nie das Unglück des Volkes mitempfunden hatten, zur Unterstützung der Revolution, welche sie aus ihrer behaglichen Ruhe, aus der althergebrachten, lieb gewordenen Ordnung störte, auch nur den kleinsten Theil ihrer seit Jahren gesammelten Schätze hergeben würden? Durfte man hoffen, daß sich die badischen Pfahlbürger zu der Bewegung anders verhalten würden, als die Philister von Wien, Dresden, Elberfeld? Ueberall war die Bourgeoisie der Judas der Revolution; überall hat sie das Volk verrathen und verkauft. Von den beiden sich bekämpfenden Gegensätzen, von der Demokratie und dem Absolutismus in die Mitte genommen, von beiden Seiten gedrängt, bald nach rechts, bald nach links geschoben, weiß die Bourgeoisie sehr wohl, daß die Herrschaft ihrer schwächlichen Kaste bei der Stärke der extremen Parteien in Deutschland für immer unmöglich ist; von dem kleinlichsten Egoismus erfüllt, wirft sie sich daher lieber in die Arme des Despotismus, welcher die Herrschaft der Habsucht, des Egoismus bedeutet, als der Demokratie, welche alle Privilegien vernichtend alle Menschen mit gleicher Liebe mit gleicher Theilnahme umfaßt.

Die badische Bourgeoisie hat auf die Aufforderung zu Geldbeiträgen mit hartnäckigem Schweigen geantwortet, das Geld blieb im Kasten, durch den Geiz, durch die Feigheit und Theilnahmlosigkeit der Bourgeoisie wurde die Revolution geschwächt und ihren Feinden Vorschub geleistet.

Donno: Die badische Revolution und der Bürgerkrieg unter Miroslawskis Leitung, Leipzig 1849, S. 34–36

Ludwig Bamberger über die Rolle der Reichsverfassung für die Revolution

[...] In den öffentlichen Zusammenkünften des demokratischen Vereins wurde es verübelt, wenn man von irgendetwas anderem als von dem bevorstehenden Kampf sprach. Am buntesten gar ging es auf dem Redaktionsbüreau der Mainzer Zeitung zu. Dort summte von früh bis spät der ganze Schwarm der Ungeduldigen, Neugierigen, Berichterstatter ab und zu; es war nicht mehr möglich, drei Worte im Zusammenhang zu schreiben, und nachdem alles Einriegeln und Hinauswerfen sich als unzureichende Maßregel erwiesen, mußte feierlich beschlossen werden: in Anbetracht der sturm- und drangvollen Zeiten keine leitenden Artikel mehr zu schreiben. Und an dem Allen war merkwürdiger Weise die ehrsame deutsche Reichsverfassung schuld.

Was hatte aus dem zahmen Machwerk plötzlich einen Revolutionshebel gemacht? Es war nicht das Vertrauen auf die Bundesgenossenschaft mit dem Reichsphilisterium, welches die Demokratie in Bewegung setzte. Wer wäre so dumm gewesen zu glauben, daß der Philister für sein lange besungenes einiges Deutschland in den Kampf gehen werde? Wenn eine Bevölkerung in Konstitutionelle und Republikaner zerfällt, so zerfällt sie deshalb nicht auch in solche, welche sich für die Konstitution und solche, welche sich für die Republik schlagen. Da giebt es nur zweierlei Rassen, solche, die sich überhaupt und solche, die sich gar nicht schlagen. Zu der letztgenannten Sorte gehörte eben die deutsche Reichspartei. Denn es war Keinem ein Geheimniß, daß der ganze Troß der Nationalversammlung, der Einheit, kurz der ganzen hochtönenden Reichsposaune eigentlich nichts wollte, als Nichts, wofür er sich, so lange es anging, wohlklingender Phrasen bediente. Trotzdem der Philister in den ersten Wochen des Verfassungskonfliktes eine wüthige Miene annahm und wieder einmal, wie vor Zeiten für Schleswig-Holstein, Gut und Blut verpfändete, wußten wir Alle, daß nicht ein Haar breit auf ihn zu rechnen sei.

Man hat seit dem Anbeginn der letzten Bewegung bis auf diesen Moment die Demokraten mit dem Vorwurf verfolgt, daß es ihr mit dem Verfassungsstichwort nicht ernst gewesen sei. So hart es mir ankommt, der gesinnungslosen Bourgeoisie gegenüber, welche das namenlose Unglück Deutschlands zu verantworten hat, die redlichen Absichten der demokratischen Partei zu vertheidigen, so halte ich es doch für nothwendig, über diesen Punkt ein Geständniß niederzulegen.

Denn mit dieser Anklage, daß die Demokratie etwas Anderes als die Verfassung im Schilde geführt habe, wird die Bourgeoisie ihre Theilnamslosigkeit an einer Bewegung entschuldigen, welche um ihrer Prinzipien willen vor sich ging und mit derselben Anklage werden die königlichen und herzoglichen Gerichte der erwünschten Hochverrathsuntersuchungen gegen die Theilnehmer bemänteln. Die demokratische Partei – das ist wahr – dachte aus einem Siege in dem Verfassungskampf mehr Früchte ziehen zu können, als das Pfuschwerk der von allen Parteien der Nationalversammlung zusammengeflickten Charte. Allein sie rechnete dabei nicht so sehr auf eine Uebertölpelung derjenigen Kampfgenossen, welche nur die Verfassung wollten, als an die Nothwendigkeit, welche aus dem hartnäckigen Widerstande der Verfassungsgegner von selbst hervorgehen mußte. Es war voraus zu sehen, daß die deutschen Fürsten Alles aufbieten würden, die Erhebung zu bemeistern, und daß ein Sieg der letzteren daher nur in einer Beseitigung der ersteren bestehen konnte, ein Resultat, welches dann alle diejenigen wollen mußten, welchen es in Wahrheit um die Garantie der in der Verfassung enthaltenen Grundsätze zu thun war, ein Resultat, welches aufzuhalten in der Hand eben der deutschen Fürsten jeden Augenblick lag. Wenn die demokratische Partei aus einem Siege der Verfassungskämpfer auf den Sturz der Dynastien rechnete, so geschah es, weil sie erwartete, daß diese sich selber stürzen würden. Ich sage das nicht, um die Demokratie von hochverrätherischen Gedanken gegen die Monarchen rein zu waschen, was eine

Lächerlichkeit wäre, sondern um zu zeigen, wie sie in dem der Bourgeoisie angebotenen Bündniß nicht an eine unredliche Uebervortheilung dachte. So viel ist gewiß: ein großer Theil der demokratischen Partei hielt, abgesehen von allen weiteren möglichen Entwickelungen, den in der Reichsverfassung gesicherten Zustand werth, daß er dem herandrohenden schrankenlosen Absolutismus gegenüber mit allen Opfern eines offenen Kampfes vertheidigt werde. Die Demokratie mochte mehr erstreben als die Verfassung, allein sie wurde bestimmt lozuschlagen, weil selbst dieser äußerst nothdürftige Halt einer künftigen Existenz angegriffen wurde, und sie wäre zu selbiger Zeit nicht auf den Gedanken einer Erhebung gekommen, wenn nicht eben in der Verfassung der letzte Rest der deutschen Freiheit gefährdet gewesen wäre. Selbst ein preußisches Kaiserthum, nach den Beschlüssen der Nationalversammlung eingesetzt, hätte nicht den geringsten Empörungsversuch erfahren.

Mit der Verfassungsfrage schien endlich derjenige glückliche Umstand eingetreten, dessen Abwesenheit seit dreißig Jahren alle deutschen Volksbewegungen zum Scheitern gebracht hatte. Die Ausbrüche in einzelnen Staaten waren bisher stets an ihrer Vereinzelung zu Grunde gegangen, und solche, die für alle Theile Deutschlands zugleich vorbereitet wurden, gingen eben daran zu Grunde, daß sie als Komplotte lebensunfähig waren.

Eine Volkserhebung konnte in Deutschland nur gelingen, wenn am politischen Himmel ein Zeichen erschien, das von selbst, durch seine bloße Erscheinung, allen Stämmen mit gleichem Erfolg zurief: »Jetzt ist es Zeit!« Ein solches Zeichen mußte, wenn je Etwas, das offene Fehdewort der Fürsten gegen die Nationalversammlung und die Aufforderung der letzteren an das Volk sein. Das war die große Frage: Wird ganz Deutschland sich erheben? Das war es, was den Bedenklichsten, den zähesten Zweifler voranschieben mußte. Ich erinnere mich von allen Seelenzuständen jener verhängnißvollen Tage noch am deutlichsten der peinlichen Verlegenheit, welche jene Frage, von deren Verantwortung Alles abhing, in uns erzeugte. Ich war stets der Meinung und habe bei vielen Gelegenheiten danach gehandelt, daß nichts bedächtiger erwogen sein wolle, als der Entschluß, das Signal zu einer Erhebung zu geben. Das Volk ist gleich bereit, seine Haut zu Markt zu tragen, und im Nu sind Tausende dem Elende, der Verfolgung oder dem Exil verfallen. Außerdem bringt natürlich jede Niederlage noch hinter den Zustand zurück, der selber schon als unerträglich zur Erhebung aufgefordert hatte. Ich habe mir viele, viele Male seit dem trostlosen Ausgang dieser letzten Bewegung die Frage vorgelegt: War es vor der Lage der Dinge gerechtfertigt, daß damals das Zeichen zur Betheiligung an der Erhebung in Rheinhessen gegeben wurde? Und dann suchte ich mir, so gut es heut noch geht, die Stimmung jener Tage zu vergegenwärtigen. Es war nicht Hoffnung, es war nicht Ekstase, überhaupt kein leidenschaftlicher Zustand, in dem wir uns befanden. Mit einem Herzen voll Unruhe, aber mit dem klaren Bewußtsein eines unvermeidlichen »Muß« entschlossen wir uns zum äußersten Schritt. Dem letzten spärlichen Rest der sogenannten Revolutionserrungenschaften war der offne Krieg angekündigt, die höchste Gefahr war leibhaftig da. Es fragte sich: hat das Wagniß eines Kampfes Aussicht auf Gelingen? und die Antwort lautete: Ja, wenn ganz Deutschland sich betheiligt. Und wird es sich betheiligen? Das war die inhaltschwere Frage. Wir hatten unsere großen Zweifel. Allein die Antwort auf alle Bedenklichkeiten lag so nahe, war so unabweisbar kategorisch, daß man nicht anders konnte, als sich zu fügen. Diese Antwort lautete: Wenn Jeder so fragen und zweifeln will, dann ist nie eine deutsche Revolution möglich. In Sachsen schwankte damals der Kampf noch unentschieden; es war ungewiß, ob Berlin sich zu der preußischen Intervention abermals passiv verhalten werde. Am Niederrhein war Alles in Gährung, Düsseldorf, Elberfeld, Iserlohn in offener Erhebung; da kam die Bewegung in Rheinbaiern, die Aufforderung zur Hülfe von dort, das Volk war Feuer und Flamme, und es war nicht länger zu zaudern im Vertrauen, daß man überall in Deutschland im selben Moment denselben tausenfach gebotenen Entschluß fassen werde, mußte das verhängnißvolle Wort über die Lippen.

Ludwig Bamberger: Erlebnisse aus der Pfälzer Erhebung im Mai und Juni 1849, in: Gesammelte Schriften, Bd. 3, Berlin 1895, S. 66ff.

Carl Hecker, Mitglied des Elberfelder Sicherheitsaus-
schuss, über den Alltag in der Revolution, 1849

[…] Eine der schwersten Sorgen des Ausschusses war die Verhütung von Exzessen Seitens der Fremden, die in ansehnlichen
Schaaren der Stadt zuströmten und die gewiß nicht alle in der
besten Absicht kamen. Es gab Momente, namentlich in den ersten Tagen, wo wir daran verzweifelten, daß es uns gelingen werde, diese Aufgabe zu lösen. In solchen Augenblicken war schon
von den ernstesten Maßregeln, von Standrecht und Exekution die
Rede, ohne die es unmöglich sein werde, die Ordnung aufrecht zu
erhalten. Ich wehrte mich jedesmal mit Hand und Fuß dagegen
und sprach die Ansicht aus, daß mit dem ersten Tropfen Blutes,
welchen wir vergössen, die Fluthen der wildesten Anarchie über
uns zusammenschlagen würden.

Glücklicherweise war unsere Besorgniß unbegründet, es gelang uns bald der Unordnung, welche einzureißen drohte, Herr zu
werden, und außer einzelnen kleinen Erpressungen, zu denen die
Angst der Bürger vielleicht den meisten Anlaß gab, und die uns
immer erst hinterher und nur zufällig zu Ohren kamen, ist das
Eigenthum unversehrt geblieben. Ich schreibe dies keinesweges
allein unsern Bemühungen, sondern größtentheils dem natürlichen Rechtsgefühle zu, welches in jedem Menschen wohnt. Von
diesem konnten selbst die nicht entblößt sein, mit denen wir es
hier zu thun hatten und die man nicht anders als mit dem Namen
»schlechtes Gesindel« bezeichnet hat; sonst wüßte ich nicht, was
die Leute am Ende davon hätte abhalten sollen, die öffentlichen
und Privatkassen ein wenig zu leeren.

Der Sicherheitsausschuß war permanent. Von Schlaf ist wenig
in der Zeit über meine Augen gekommen. Ich habe in den 8 Tagen die Erfahrung gemacht, daß man viel von den gewöhnlichen
Lebensgenüssen entbehren kann wenn es einmal darauf ankommt.
So habe ich z.B. ein paar Stunden lang auf einer hölzernen Bank,
mit einem halben Ries Schreibpapier unter meinem Kopfe fest ge-

schlafen, während um mich herum Bewaffnete kamen und gingen, Gesang erschallte und Reden

gehalten wurden, die mit unaufhörlichen Hochs auf die Reichsverfassung und mit Pereats auf die Minister schlössen. Es gehörte übrigens doch eine starke Natur dazu, die körperlichen und geistigen Anstrengungen zu ertragen, denen wir Tag und Nacht ausgesetzt waren. Auch ist einer aus unsrer Mitte diesen Anstrengungen unterlegen. Er erkrankte schon am dritten Tage in Folge derselben an einem Nervenfieber, zu unsrer Aller aufrichtigstem Bedauern, denn er war eins der tüchtigsten und intelligentesten Mitglieder des Sicherheitsausschusses. […]

Carl Hecker: Der Aufstand zu Elberfeld im Mai 1849 und mein Verhältniß zu demselben. Elberfeld 1849, S. 35–37

Friedrich Engels über die Aufstandsbewegung in Südwestdeutschland

Mit der Pfalz und mit Baden dagegen fielen den Aufständischen eine reiche, fruchtbare Provinz und ein ganzer Staat in die Hände. Geld, Waffen, Soldaten, Kriegsvorräte, alles stand zur Verfügung. Selbst die Soldaten der regulären Armee schlossen sich den Aufständischen an, ja, in Baden standen sie in ihren vordersten Reihen. In Sachsen und in Rheinpreußen opferten sich die Aufständischen auf, um Zeit für die Organisierung der Bewegung in Süddeutschland zu gewinnen. Niemals hatte eine so günstige Lage für einen provinziellen Teilaufstand bestanden wie hier. Man erwartete eine Revolution in Paris, die Ungarn standen vor den Toren Wiens; in allen Staaten Mitteldeutschlands neigten nicht nur die Volksmassen, sondern auch die Truppen stark auf die Seite des Aufstands und warteten nur auf eine Gelegenheit, um sich ihm offen anzuschließen. Und doch war die Bewegung, einmal in die Hände des Kleinbürgertums geraten, von vornherein zum Scheitern verurteilt. Die kleinbürgerlichen Regenten, namentlich in Baden – an ihrer Spitze Herr Brentano –, vergaßen keinen Augenblick, daß sie durch Usurpierung des Platzes und der Prärogative des »gesetzlichen« Souveräns, des Großherzogs, Hochverrat begingen. Sie setzten sich in ihre Ministersessel mit Schuldbewusstsein im Herzen. Was kann man von solchen Feiglingen erwarten? Nicht nur, daß sie den Aufstand seiner eigenen spontanen Entwicklung überließen, ohne einheitliche Leitung und daher ohne rechte Wirkung, sie taten faktisch alles, was in ihren Kräften stand, um der Bewegung die Spitze abzubrechen, sie zu entmannen und zugrunde zu richten. Und sie taten das mit Erfolg, dank der eifrigen Unterstützung jener Sorte unergründlicher Politiker, der »demokratischen« Helden des Kleinbürgertums, die tatsächlich glaubten, »das Vaterland zu retten«, dieweil sie sich von einer Handvoll geriebener Leute vom Schlag des Herrn Brentano an der Nase herumführen ließen.

Was die Kämpfe selbst betrifft, so sind militärische Operationen noch niemals nachlässiger und dümmer durchgeführt worden als unter dem badischen Oberbefehlshaber Sigel, einem früheren Leutnant der regulären Armee. Alles wurde durcheinandergebracht, jede günstige Gelegenheit versäumt, jeder kostbare Augenblick mit dem Ausspinnen gewaltiger aber undurchführbarer Pläne vertrödelt, bis, als schließlich der begabte Pole Mieroslawski den Befehl übernahm, die Armee desorganisiert, geschlagen, entmutigt, mangelhaft versorgt einem viermal so starken Feind gegenüberstand, so daß dem neuen Befehlshaber nichts übrigblieb, als bei Waghäusel eine ruhmvolle aber erfolglose Schlacht zu schlagen, einen geschickten Rückzug durchzuführen, ein letztes, aussichtsloses Gefecht unter den Mauern von Rastatt zu liefern und abzudanken. Wie bei jedem Insurrektionskrieg, wo sich die Truppen aus geschulten Soldaten und aus ungeübten Aufgeboten zusammensetzen, gab es in der revolutionären Armee zahlreiche Fälle von Heldenmut und zahlreiche Fälle von unsoldatischer, oftmals unbegreiflicher Panik; aber so unvollkommen diese Armee notwendigerweise auch sein mußte, sie hatte wenigstens die Genugtuung, dass man eine vierfache Überzahl nicht für ausreichend hielt, um sie zu schlagen, und dass der Einsatz von hunderttausend Mann regulärer Truppen in einem Feldzug gegen zwanzigtausend Aufständige militärisch eine so hohe Einschätzung bekundete, wie wenn es sich um einen Kampf mit der alten Garde Napoleons gehandelt hätte. Im Mai war der Aufstand ausgebrochen, Mitte Juli 1849 war er gänzlich niedergeworfen. Die erste deutsche Revolution war zu Ende.

Friedrich Engels: Revolution und Konterrevolution in Deutschland, in: MEW, Bd. 8, Berlin 1960, S. 101f.

Literatur

BAHNE, SIEGFRIED: Die Verfassungspläne König Friedrich Wilhelm IV. von Preußen und die Prinzenopposition im Vormärz, Bochum 1970

BECKER, GERHARD: Das Protokoll des ersten Demokratenkongresses vom Juni 1848, in: Jahrbuch für Geschichte 8 (1973), S. 379–405

DERS.: Die Beschlüsse des preußischen Junkerparlaments von 1848, in: Zeitschrift für Geschichtswissenschaft 24 (1976), S. 889ff.

DERS.: Arbeiter in der Revolution von 1848, in: Volkmann/Bergmann, Sozialer Protest, S. 283–303

BELTZ, KARL CHRISTIAN: Elberfeld im Mai 1849. Die demokratischen Bewegungen im Bergischen und in der Grafschaft Mark, Elberfeld/Iserlohn 1849

BERGMANN, JÜRGEN: Die verdrängte Revolution. Darstellung und Bewertung der Revolution von 1848 in der deutschen Geschichtsschreibung vor dem Ersten Weltkrieg, Düsseldorf 1976

DERS.: Wirtschafskrise und Revolution. Handwerker und Arbeiter 1848/49, Stuttgart 1986

DERS.: Ökonomische Voraussetzungen der Revolution von 1848. Zur Krise von 1845 bis 1848 in Deutschland, in: Geschichte und Gesellschaft, Sonderheft 2 (1976), S. 254–287

BEST, HEINRICH: Interessenpolitik und nationale Integration 1848/49. Handelspolitische Konflikte im frühindustriellen Deutschland, Göttingen 1980

BLACKBURN, DAVID / ELEY, GEOFF: Mythen deutscher Geschichtsschreibung. Die gescheiterte bürgerliche Revolution von 1848, Frankfurt a.M. 1980

BLEIBER, HELMUT / DLUBEK, ROLF / SCHMIDT, WALTER (HG.): Demokratie und Arbeiterbewegung in der deutschen Revolution von 1848/49, Berlin 2000

DERS. / SCHMIDT, WALTER / SCHÖTZ, SABINE (HG.): Akteure eines Umbruchs. Männer und Frauen der Revolution 1848, Berlin 2003

BLEUEL, HANS PETER: Friedrich Engels. Bürger und Revolutionär, Bern, München 1981

BLOS, WILHELM: Die Deutsche Revolution. Geschichte der Deutschen Bewegung von 1848 und 1849. Illustriert von Otto E. Lau, Stuttgart 1893

BOCH, RUDOLF: Grenzenloses Wachstum? Das rheinische Wirtschaftsbürgertum und seine Industrialisierungsdebatte 1814–1857, Göttingen 1992

DERS.: Das Bergische Land im 19. Jahrhundert (1814–1914), in: Gorißen/Sassin/Wesoly, Geschichte des Bergischen Landes, S. 171–267

DERS. / KRAUSE, MANFRED: Historisches Lesebuch zur Geschichte der Arbeiterschaft im Bergischen Land, Köln 1983

BOTZENHARDT, MANFRED: Deutscher Parlamentarismus in der Revolutionszeit 1848–1850, Düsseldorf 1977

DERS.: 1848/49. Europa im Umbruch, Paderborn u.a. 1998

BRANDT, HARTWIG: Landständische Repräsentation im deutschen Vormärz, Neuwied 1968

BRANDT, PETER: Liberalismus, in: Lutz Niethammer u.a. (Hg.): Bürgerliche Gesellschaft in Deutschland, Frankfurt a.M. 1990, S. 146–165

CARNAP, ADOLPH VON: Die geschlossene Lesegesellschaft in Elberfeld, in: Zeitschrift des Bergischen Geschichtsvereins 1 (1863), S. 54–104

CARSTEN, FRANCIS LUDWIG: Geschichte der preußischen Junker, Frankfurt a.M. 1988

CONZE, WERNER: Vom »Pöbel« zum » Proletariat«. Sozialgeschichtliche Voraussetzungen für den Sozialismus in
Deutschland, in: Vierteljahresschrift für Sozial- und Wirtschaftsgeschichte 41 (1954), S. 332–364

DIPPER, CHRISTOPH: Die Bauernbefreiung in Deutschland
1790–1850, Stuttgart 1980

DERS. / SPECK, ULRICH (HG.): 1848. Revolution in Deutschland, Frankfurt a.M./Leipzig 1998

DOWE, DIETER / HAUPT, HEINZ-GERHARD / LANGEWIES-
CHE, DIETER (HG.): Europa 1848. Revolution und Reform,
Bonn 1998

DÜWELL, KURT: Das Schul- und Hochschulwesen der Rheinlande, in: Franz Petri / Georg Droege (Hg.): Rheinische
Geschichte, Bd. 3, Düsseldorf 1979, S. 465ff

ECKARDT, UWE: Elberfelder Chronik 1848/49, in: Knieriem,
Michels Erwachen, S. 8–30

EHRLE, P. M.: Volksvertretungen im Vormärz, Wahl und Funktion der deutschen Landtage im Spannungsfeld zwischen
monarchischem Prinzip und ständischer Repräsentation,
Frankfurt a.M./Bern/Cirencester 1979

ENGELS, FRIEDRICH: Briefe aus dem Wupperthale, in: Karl
Marx, Friedrich Engels Gesamtausgabe (MEGA), I/3, hg. v.
der Internationalen Marx-Engels-Stiftung, Berlin 1985,
S. 736–756

DERS.: Die deutsche Reichsverfassungskampagne, in: MEW,
Bd. 7, Berlin 1960, S. 109–197

DERS.: Revolution und Konterrevolution in Deutschland.
New York Daily Tribune, New York 1851/52, in: MEW, Bd. 8,
Berlin 1960, S. 5–108

DERS.: Die Lage der arbeitenden Klasse in England, in: MEW,
Bd. 2, Berlin 1972, S. 225–506

ENGELSING, RUDOLF: Analphabetentum und Lektüre. Zur Sozialgeschichte des Lesens in Deutschland zwischen feudaler
und industrieller Welt, Stuttgart 1973

EYCK, FRANZ: Deutschlands große Hoffnung. Die Frankfurter Nationalversammlung 1848/49, München 1973

FABER, KARL GEORG: Restauration und Revolution, Konstanz 1979

FENSKE, HANS (Hg.): Vormärz und Revolution, 1840–1849, Darmstadt 1976

FREI, ALFRED GEORG / HOCHSTUHL, KURT: Wegbereiter der Demokratie. Die badische Revolution 1848/49. Der Traum von der Freiheit, Karlsruhe 1997

FREITAG, SABINE (Hg.): Die 48-er. Lebensbilder aus der deutschen Revolution 1848/49, München 1998

FREVERT, UTE: Frauen-Geschichte. Zwischen Bürgerlicher Verbesserung und Neuer Weiblichkeit, Frankfurt a.M. 1986

DIES.: Die kasernierte Nation. Militärdienst und Zivilgesellschaft in Deutschland, München 2001

DIES.: Nation und militärische Gewalt, in: Dipper/Speck, 1848, S. 338–354

FÜLBERTH, GEORG: Friedrich Engels, Köln 2018

FUNK, ALBRECHT: Polizei und Rechtsstaat. Die Entwicklung des staatlichen Gewaltmonopols in Preußen 1848–1914, Frankfurt a.M./New York 1986

GAILUS, MANFRED: Straße und Brot. Sozialer Protest in den deutschen Staaten unter besonderer Berücksichtigung Preußens, 1847–1849, Göttingen 1990

DERS.: Soziale Protestbewegungen in Deutschland 1847–1849, in: Volkmann/Bergmann, Sozialer Protest, S. 76–106

DERS.: Die Revolution von 1848 als »Politik der Straße«, in: Dowe/Haupt/Langewiesche, Europa 1848, S. 1021–1043

DERS.: Die Straße, in: Dipper/Speck, 1848, S. 155–169

DERS.: »Pöbelexcesse« oder Straßenpolitik? Vom großen Protest der »kleinen Leute« um 1848, in: Hachtmann/Kitschun/Herwig, 1848, S.11-20

GALL, LOTHAR (Hg.): Liberalismus, Köln 1976

GEMKOW, HEINRICH U.A.: Friedrich Engels. Eine Biographie, Berlin 1970

GOEBEL, KLAUS: Schule im Schatten. Die Volksschule in den Industriestädten des Wuppertals und seiner niederbergischen Umgebung um 1850, Wuppertal 1978

DERS: Wer die Schule hat, der hat die Zukunft. Gesammelte Aufsätze zur rheinisch-westfälischen Schulgeschichte, hg. v. Hans-Georg Kirchhoff, Bochum 3. Aufl. 1997

DERS.: Politisierung und Industrialisierung, in: Goebel/Wichelhaus, Aufstand der Bürger, S. 225-246

DERS./WICHELHAUS, MANFRED (HG.): Aufstand der Bürger. Revolution im westdeutschen Industriezentrum, Wuppertal 1974

GORISSEN, STEFANT/SASSIN, HORST/WESOLY, KURT (HG.): Geschichte des Bergischen Landes, Bd. 2: Das 19. und 20. Jahrhundert, Bielefeld 2016

GRAB, WALTER (HG.): Die Revolution von 1848/49. Eine Dokumentation, München 1980

GREEN, JOHN: ENGELS: A Revolutionary Life, London 2008

GREBING, HELGA: Arbeiterbewegung. Sozialer Protest und kollektive Interessenvertretung bis 1914, München 2. Aufl. 1987

GRIEWANK, KARL: Ursachen und Folgen des Scheiterns der deutschen Revolution von 1848, in: Langewiesche, Die deutsche Revolution, S. 59–90

HACHTMANN, RÜDIGER: Berlin 1848. Eine Politik- und Gesellschaftsgeschichte der Revolution, Bonn 1997

DERS.: Epochenschwelle zur Moderne. Einführung in die Revolution von 1848/49, Tübingen 2002

DERS./KITSCHUN, SUSANNE/HERWIG, REJANE (HG.): 1848. Akteure und Schauplätze der Berliner Revolution, Freiburg 2013

HÄUSLER, WOLFGANG: Von der Massenarmut zur Arbeiterbewegung. Demokratie und soziale Frage in der Wiener Revolution von 1848, Wien 1979

HARDTWIG, WOLFGANG: Vormärz. Der monarchische Staat und das Bürgertum, München 1985

DERS. (HG.): Revolutionen in Deutschland und Europa 1848/49, Göttingen 1998

HAYM, RUDOLF: Die deutsche Nationalversammlung, Berlin 1848–1850

HECKER, CARL: der Aufstand zu Elberfeld im Mai 1849 und mein Verhältnis zu demselben, Elberfeld 1849

HEIN, DIETER: Die Revolution von 1848/49, München 1998

HENDRICHS, FRANZ: Die Schleifkotten an der Wupper, Köln 1922

HENKEL, MARTIN / TAUBERT, ROLF: Maschinenstürmer. Ein Kapitel aus der Sozialgeschichte des technischen Fortschritts, Frankfurt a.M. 1979

HERDEPE, KLAUS: Die Preußische Verfassungsfrage 1848, Neuried 2003

HERRES, JÜRGEN: Köln in preußischer Zeit 1815–1871, Köln 2012

DERS.: Marx und Engels. Porträt einer intellektuellen Freundschaft, Stuttgart 2018

DERS.: Das preußische Rheinland in der Revolution von 1848/49, in: Lennartz/Mölich, Revolution im Rheinland, S. 13–36

HERRES, JÜRGEN: Köln, in: Dipper/Speck, 1848, S. 113-129

DERS.: Friedrich Engels (1820–1895), in: Gorißen/Sassin/ Wesoly, Geschichte des Bergischen Landes, S. 391–398

HERZIG, ARNO: Vom sozialen Protest zur Arbeiterbewegung. Das Beispiel des märkisch-westfälischen Industriegebietes (1780–1865), in: Volkmann/Bergmann, Sozialer Protest, S. 253–280

DERS.: Die Reaktion der Unterschichten auf den technologischen Wandel der Proto- und Frühindustrialisierungsphase in Deutschland, in: Archiv für Sozialgeschichte 28 (1988), S. 1–26

HETTLING, MANFRED: Nachmärz und Kaiserreich, in: Dipper/Speck, 1848, S. 11–24

HIRSCH, HELMUT: Friedrich Engels, Hamburg 1975

HOBSBAWM, ERIC: The Age of Revolution: 1749–1848, New York 1996

DERS.: Das lange 19. Jahrhundert: Europäische Revolution, Die Blütezeit des Kapital, Das Imperiale Zeitalter, Darmstadt 2017

DERS. / GEORGE RUDÉ: Captain Swing, London 1969

HOFMANN, JÜRGEN: Das Ministerium Camphausen-Hansemann. Zur Politik der preußischen Bourgeoisie in der Revolution 1848/49, Berlin 1981

HOPPE, RUTH / KUCZYNSKI, JÜRGEN: Eine Berufs- bzw. auch Klassen- und Schichtenanalyse der Märzgefallenen 1848 in Berlin, in: Jahrbuch für Wirtschaftsgeschichte (1964), Teil IV, S. 200-276

HUBER, ERNST RUDOLF: Deutsche Verfassungsgeschichte seit 1789, 2. Bd., Stuttgart u.a. 2. Aufl. 1975

HUCK, GERD / REULECKE, JÜRGEN (Hg.): Reisen im Bergischen Land um 1800, Neustadt/Aisch 1978

HUNT, TRISTRAM: Friedrich Engels. Der Mann der den Marxismus erfand, Berlin 2013

ILLNER, EBERHARD: Bürgerliche Organisierung in Elberfeld 1775–1850, Neustadt/Aisch 1982

Illustrierte Geschichte der dt. Revolution 1848/49, Berlin 1975

JÄGER, GEORG / TENORTH, HEINZ-ELMAR: Pädagogisches Denken, in: Jeismann/Lundgreen, Handbuch der deutschen Bildungsgeschichte, S. 71–104

JANSEN, CHRISTIAN / MERGEL, THOMAS (Hg.): Die Revolutionen von 1848/49. Erfahrung – Verarbeitung – Deutung, Göttingen 1998

JEISMANN, KARL-ERNST / LUNDGREEN, PETER (Hg.): Handbuch der deutschen Bildungsgeschichte, Bd. 3: 1800–1870: Von der Neuordnung Deutschlands bis zur Gründung des Deutschen Reiches, München 1987

KAELBLE, HARTMUT: Die Polizei und die Fahndungen anlässlich der deutschen Revolution von 1848/49, in: Vierteljahresschrift für Sozial- und Wirtschaftsgeschichte 64 (1977), S. 328–355

KAUFHOLD, KARL-HEINRICH: Grundzüge des handwerklichen Lebensstandards in Deutschland im 19. Jahrhundert, in: Werner Conze / Ulrich Engelhardt (Hg.): Arbeiter im Industrialisierungsprozess, Stuttgart 1979, S. 136-162

KIENITZ, SABINE: Frauen, in: Dipper/Speck, 1848, S.272-285

KLESSMANN, CHRISTOPH: Zur Sozialgeschichte der Reichsverfassungskampagne von 1849, in: Historische Zeitschrift 218 (1974), S. 283–337

KLÖTZER, WOLFGANG U.A. (Hg.): Ideen und Strukturen der deutschen Revolution 1848, Frankfurt a.M. 1974

KNIERIEM, MICHAEL (Hg:): Michels Erwachen. Emanzipation durch Aufstand? Neustadt/Aisch 1998

KOCH, RAINER: Die Agrarrevolution in Deutschland 1848, in: Langewiesche, Die deutsche Revolution, S. 362-394

KOCKA, JÜRGEN: Unternehmer in der deutschen Industrialisierung, Göttingen 1975

DERS.: Lohnarbeit und Klassenbildung, Arbeit und Arbeiterbewegung 1800–1875, Berlin 1983

DERS. (Hg.): Bürger und Bürgerlichkeit im 19. Jahrhundert, Göttingen 1987

KÖNIG, JOHANN-GÜNTHER: Friedrich Engels. Die Bremer Jahre 1838 bis 1841, Bremen 2008

KÖRNER, KLAUS: »Wir zwei betreiben ein Compagniegeschäft«. Karl Marx und Friedrich Engels. Eine außergewöhnliche Freundschaft, Hamburg 2016

KRAUME, HANS GEORG: Außenpolitik 1848. Die holländische Provinz Limburg in der deutschen Revolution, Düsseldorf 1979

LANGEWIESCHE, DIETER (Hg.): Die deutsche Revolution von 1848/49, Darmstadt 1983

DERS.: Europa zwischen Restauration und Revolution 1815–1849, München 4. Aufl. 2004

DERS.: Die Anfänge der deutschen Parteien, in: Geschichte und Gesellschaft 4 (1978), S. 324–361

DERS.: Die deutsche Revolution von 1848/49 und die vorrevolutionäre Gesellschaft, in: Archiv für Sozialgeschichte 21 (1981), S. 458–498

DERS.: Republik, konstitutionelle Monarchie und »soziale Frage«, Grundprobleme der deutschen Revolution von 1848/49, in: Ders., Die deutsche Revolution, S. 341–361

DERS: Die Rolle des Militärs in den europäischen Revolutionen von 1848/49, in: W. Bachhofer / H. Fischer (Hg.): Ungarn – Deutschland, München 1983, S. 273–288

LEKEBUSCH, SIGRID: Das Vereinswesen im Bergischen Land im 19. Jahrhundert, in: Gorißen/Sassin/Wesoly, Geschichte des Bergischen Landes, S. 397–425

LENGER, FRIEDRICH: Sozialgeschichte der deutschen Handwerker seit 1800, Frankfurt a.M. 1988

DERS.: Stadt-Geschichten. Deutschland, Europa und Nordamerika seit 1800, Frankfurt a.M. 2009

DERS.: Metropolen der Moderne. Eine europäische Stadtgeschichte seit 1850, München 2013

DERS.: Bürgertum, in: Dipper/Speck, 1848, S. 235–247

LENNARTZ, STEPHAN / MÖLICH, GEORG (Hg.): Revolution im Rheinland. Veränderungen der politischen Kultur 1848/49, Bielefeld 1998

LIPP, CAROLA: Katzenmusiken, Krawalle und »Weiberrevolution«. Frauen im politischen Protest der Revolutionsjahre, in: dies. (Hg.): Schimpfende Weiber und patriotische Jungfrauen, Bühl-Moos 1986, S. 112–130

LÖNNE, KARL EGON: Politischer Katholizismus im 19. und 20. Jahrhundert, Frankfurt a.M. 1986

LUDWIG, JOHANNA / NAGELSCHMIDT, ILSE / SCHÖTZ, SUSANNE (HG.): Frauen in der bürgerlichen Revolution von 1848/49, Berlin 1998

MARSCHALCK, PETER: Deutsche Überseewanderung im 19. Jahrhundert, Stuttgart 1973

MARX, KARL: Der achtzehnte Brumaire des Louis Bonaparte, in: MEW, Bd. 8, Berlin 1960, S. 111–207

DERS. / ENGELS, FRIEDRICH: Manifest der Kommunistischen Partei, in: MEW, Bd. 4, Berlin 6. Aufl. 1972, S. 459–493

MATTHEISEN, DONALD J.: Die Fraktion der preußischen Nationalversammlung von 1848, in: Konrad Jarausch (Hg.): Quantifizierung in der Geschichtswissenschaft, Düsseldorf 1976, S. 149–167

MAYER, GUSTAV: Friedrich Engels. Eine Biographie; Bd. 1: Friedrich Engels in seiner Frühzeit, Berlin 1920; Bd. 2: Engels und der Aufstieg der Arbeiterbewegung in Europa, Haag 1934; Nachdruck Frankfurt a.M./Berlin/Wien 1975

MESENHÖLLER, PETER: Eine stille Karavane zog durchs deutsche Vaterland. Zum Verhältnis von Auswanderung und Revolution im Wuppertal, in: Knieriem, Aufstand, S. 228–237

MICK, GÜNTER: Die Paulskirche. Streiten für Recht und Gerechtigkeit, Darmstadt 1997

MOMMSEN, HANS / SCHULZE, WINFRIED (HG.): Vom Elend der Handarbeit. Probleme historischer Unterschichtenforschung, Stuttgart 1981

MOMMSEN, WOLFGANG J.: 1848. Die ungewollte Revolution, Frankfurt a.M. 2000

MOORE, BARRINGTON: Soziale Ursprünge von Diktatur und Demokratie. Die Rolle der Grundbesitzer und Bauern bei der Entstehung der modernen Welt, Frankfurt a.M. 1969

NIETHAMMER, LUTZ U.A. (HG.): Bürgerliche Gesellschaft in Deutschland, Frankfurt a.M. 1990

NIESSNER, ALOIS: Rheinland und Westfalen während der Sturmjahre 1848/49. Stimmungsbilder aus der deutschen Revolution, Aachen 1906

NIPPERDEY, THOMAS: Deutsche Geschichte 1800–1866. Bürgerwelt und starker Staat, München 1983

NOHL, FRANZ LUDWIG: Der Iserlohner Aufstand 1849. Ein Tatsachenbericht, hrsg. v. Kulturamt der Stadt Iserlohn, Iserlohn 1949

NOLTE, PAUL: Baden, in: Dipper/Speck, 1848, S. 53–68

NOYES, PAUL H.: Organization and Revolution, Working-Class Association in the German Revolutions of 1848–1849, Princeton 1966

OSTERHAMMEL, JÜRGEN: Die Verwandlung der Welt. Eine Geschichte des 19. Jahrhunderts, München 2. Aufl. 2016

PANKOKE, ECKARDT: Sociale Bewegung – sociale Frage – sociale Politik. Grundlagen der deutschen »Socialwissenschaft« im 19. Jahrhundert, Stuttgart 1970

PARISIUS, BERND: »Daß die liebe alte Vorzeit wo möglich wieder hergestellt werde«. Politische und soziokulturelle Reaktionen von oldenburgischen Landarbeitern auf ihren sozialen Abstieg 1800–1848, in: Volkmann/Bergmann, Sozialer Protest, S. 198–211

PASCHEN, JOACHIM: Landarbeiterleben im 19. Jahrhundert, Berlin 1979

PEINIGER, AUGUST: Persönliche Erlebnisse während der Unruhen 1848–49 in Elberfeld und Solingen, in: Monatsschrift des Bergischen Geschichtsvereins (1898), S. 3ff.

PIELHOFF, STEPHEN (HG.): Jürgen Reulecke. Bergische Miniaturen. Geschichten und Erfahrungen, Essen 2010

PLAUL, HAINER: Landarbeiterleben im 19. Jahrhundert, Berlin 1979

PRÖVE, RALF: Bürgergewalt und Staatsgewalt. Bewaffnete Bürger und vorkonstitutionelle Herrschaft im frühen 19. Jahrhundert, in: Alf Lüdtke / Herbert Reinke / Michael Sturm (Hg.): Polizei, Gewalt, Staat im 20. Jahrhundert, Wiesbaden 2011, S. 61–80

RAPPORT, MIKE: 1848. Revolution in Europa, Stuttgart 2011

REIF, HANS: Westfälischer Adel 1770–1860. Vom Herrschaftsstand zur regionalen Elite, Göttingen 1979

DERS.: Der Adel, in: Dipper/Speck, 1848, S. 213–234

REITH, REINHOLD: Der Aprilaufstand von 1848 in Konstanz, Sigmaringen 1982

REULECKE, JÜRGEN: Geschichte der Urbanisierung in Deutschland, Frankfurt a.M. 1985

DERS.: »Hebung der unteren Volksklassen« und »Hebung der Lehrerschaft« – Adolph Diesterweg und das soziale Vereinswesen im Vormärz, in: Pielhoff, Jürgen Reulecke, S. 31–38

DERS.: Reform versus Revolution. Zur Generationalität bürgerlicher Sozialreformer, in: Pielhoff, Jürgen Reulecke, S. 39–46

RIEHL, WILHELM HEINRICH: Nassauische Chronik des Jahres 1848, hg. v. Guntram Müller-Schellenberg, Nachdruck Idstein 1979

DERS.: Die bürgerliche Gesellschaft (1851), hg. v. Peter Steinbach, Frankfurt a.M./Berlin/Wien 1976

RÖHRIG, PAUL: Volksbildung, in: Jeismann/Lundgreen, Handbuch der deutschen Bildungsgeschichte, S. 333–361

ROHLINGER, HARALD: Das Sozialprofil der Hanauer Turnerwehr 1849, in: Volkmann/Bergmann, Sozialer Protest, S. 107–127

RÜHLE, OTTO: 1848 – Revolution in Deutschland, Dresden 1927

RÜRUP, REINHARD: Deutschland im 19. Jahrhundert 1815–1871, Göttingen 1984

RUMMEL, WALTER: Gegen Bürokratie, Steuerlast und Bevormundung durch den Staat. Anliegen und Aktionen in ländlichen Gebieten der Rheinprovinz während der Revolution 1848/49, in: Lennartz/Mölich, Revolution im Rheinland, S. 109–162

RUPIEPER, HERMAN-JOSEF: Deutschland im 19. Jahrhundert, 1815–1871, Göttingen 1984

DERS.: Die Sozialstruktur der Trägerschichten der Revolution von 1848/49 am Beispiel Sachsen, in: Hartmut Kaelble u.a. (Hg.): Probleme der Modernisierung in Deutschland, Opladen 1978, S. 80–109

SCHARFE, MARTIN: Revolution als Kommunikationsprozess: 1848/49, in: Hermann Bausinger / Elfriede Moser-Rath (Hg.): Direkte Kommunikation und Massenkommunikation, Tübingen 1976, S. 55–64

SCHIEDER, WOLFGANG: Die Rolle der deutschen Arbeiter in der Revolution von 1848/49, in: Werner Klötzer u.a. (Hg.): Ideen und Strukturen der deutschen Revolution 1848, Frankfurt a.M. 1974, S. 44–56

SCHMIDT, WALTER: Zur Rolle des Proletariats in der deutschen Revolution von 1848/49, in: Zeitschrift für Geschichtswissenschaft 17 (1969), S. 270–288

DERS.: Die europäischen Revolutionen 1848/49, in: Manfred Kossok (Hg.): Revolutionen der Neuzeit 1500–1917, Berlin/Vaduz 1982, S. 271–348

DERS.: Zur historischen Stellung der deutschen Revolution von 1848/49, in: Langewiesche, Die deutsche Revolution, S. 134–162

DERS.: Sachsen, in: Dipper/Speck, 1848, S. 69–81

SCHWENTKER, WOLFGANG: Konservative Vereine und Revolution in Preußen 1848/49, Diss. Düsseldorf 1986

SEDATIS, HELMUT: Liberalismus und Handwerk in Südwestdeutschland. Wirtschafts- und Gesellschaftskonzeption des
Liberalismus und die Krise des Handwerks im 19. Jahrhundert, Stuttgart 1979

SHEEHAN, JAMES J.: Der deutsche Liberalismus, München
1983

SIEMANN, WOLFRAM: Die Frankfurter Nationalversammlung
1848/49 zwischen demokratischem Liberalismus und konservativer Reform, Frankfurt/Bern 1976

DERS.: Die deutsche Revolution von 1848/49, Frankfurt a.M.
1985

DERS.: »Deutschlands Ruhe, Sicherheit und Ordnung«.
Die Anfänge der politischen Polizei 1806–1866, Tübingen
1985

DERS.: 1848/49 in Deutschland und Europa. Ereignis – Bewältigung – Erinnerung, Paderborn u.a. 2006

DERS.: Soziale Protestbewegungen in der deutschen Revolution
von 1848/49, in: Helmut Reinalter (Hg.): Demokratische und
soziale Protestbewegungen in Mitteleuropa 1815–1848/49,
Frankfurt a.M. 1986, S. 305–326

SIMON, MANFRED: Handwerk in Krise und Umbruch. Wirtschaftspolitische Forderungen und sozialpolitische Vorstellungen der Handwerkermeister im Revolutionsjahr 1948/49,
Köln 1983

SPECK, ULRICH: 1848. Chronik einer deutschen Revolution,
Frankfurt a,M./Leipzig 1998

SPEHR, MICHAEL: Maschinensturm. Protest und Widerstand
gegen technische Neuerungen am Anfang der Industrialisierung, Münster 2000

SPERBER, JONATHAN: Rhineland Radicals. The Democratic
Movement and the Revolution of 1848–1849, Princeton 1991

STADELMANN, RUDOLF: Soziale und politische Geschichte der
Revolution von 1848, München 1970 (zuerst 1948)

STEDMAN JONES, GARETH: Karl Marx. Die Biographie, Frankfurt a.M. 2017

THOMPSON, EDWARD PALMER: Plebejische Kultur und moralische Ökonomie. Aufsätze zur englischen Sozialgeschichte des 18. und 19. Jahrhunderts, Berlin 1980

DERS.: Die sittliche Ökonomie der englischen Unterschichten im 18. Jahrhundert, in: Detlev Puls u.a.: Wahrnehmungsformen und Protestverhalten, Frankfurt a.M. 1979, S. 13-80

TRAPP, ALFRED: Hanau im Vormärz und in der Revolution von 1848–1849, Hanau 1976

THUN, ALPHONS: Die Industrie am Niederrhein und ihre Arbeiter, Zweiter Theil: Die Industrie des bergischen Landes, Leipzig 1879

ÜNLÜDAG, TANIA: Historische Texte aus dem Wupperthale. Quellen zur Sozialgeschichte des 19. Jahrhunderts, Wuppertal 1989

VALENTIN, VEIT: Geschichte der deutschen Revolution 1848–1849, 2 Bde., Weinheim/Berlin 1998 (zuerst 1931–1932)

VIERHAUS, RUDOLF: Der Aufstieg des Bürgertums vom späten 18. Jahrhundert bis 1848/49, in: Kocka, Bürger, S. 64–78

VOLKMANN, HEINRICH: Protestträger und Protestformen in den Unruhen 1830–1832, in: Volkmann/Bergmann, Sozialer Protest, S. 56–75

DERS./BERGMANN, JÜRGEN (HG.): Sozialer Protest, Opladen 1984

VONDE, DETLEF: … dass der Mensch was lernen muss. Bildungsgeschichte(n) aus dem Ruhrgebiet und dem Bergischen Land, Wuppertal 2011

DERS.: Schule und Bildung, in: Gorißen/Sassin/Wesoly, Geschichte des Bergischen Landes, S. 488–528

WEHLER, HANS ULRICH: Deutsche Gesellschaftsgeschichte, Bd. 2: 1815–1845/49, München 1987

WEIGEL, SIGRID: Flugschriftenliteratur 1848 in Berlin. Geschichte und Offensichtlichkeit einer volkstümlichen Gattung, Stuttgart 1979

WELSKOPP, THOMAS: Das Banner der Brüderlichkeit. Die deutsche Sozialdemokratie vom Vormärz bis zum Sozialistengesetz, Bonn 2000

WENDE, PETER: Radikalismus im Vormärz, Wiesbaden 1975

WIGARD, FRANZ (HG.): Stenografischer Bericht der deutschen constituierenden Nationalversammlung zu Frankfurt am Main, Frankfurt a.M. 1848, Bd. 8

WIRTZ, RAINER: »Widersetzlichkeiten, Excesse, Crawalle, Tumulte und Skandale«. Soziale Bewegung und gewalthafter sozialer Protest in Baden 1815–1848, Frankfurt a.M./Berlin/Wien 1981

WOLLENSTEIN, GÜNTER: Das »Großdeutschland« der Paulskirche. Nationale Ziele in der bürgerlichen Revolution 1848/49, Düsseldorf 1977

WITTMANN, REINHARD: Buchmarkt und Lektüre. Beiträge zum literarischen Leben 1750–1880, Tübingen 1982

ZUCCALMAGLIO, VINCENZ VON: Die große Schlacht bei Remlingrade oder der Sieg der bergischen Bauern über die Elberfelder Allerwelts-Barrikadenhelden am 17. Mai 1849, Koblenz 1849

Verzeichnis der Abbildungen

Titel: Friedrich Engels auf der Barrikade, Zeichnung von
W. Stscheglowa 1961, in: Walter Schmidt, Gerhard Becker,
Helmut Bleiber: Illustrierte Geschichte der deutschen Revo-
lution von 1848/49. Berlin 1975, S. 294

Kinder im Winter 1837, Das Lesekabinett, Arbeiter vor dem
Magistrat, Ölgemälde von Johann Peter Hasenclever, in: Ka-
talog zur Ausstellung Johann Peter Hasenclever (1810-1853).
Mainz 2003 (Philipp von Zabern Verlag), S. 235, S. 260,
S. 278,

Bahnhof Steinbeck, Elberfeld 1840, in: Klaus Goebel / Manfred
Wichelhaus: Aufstand der Bürger, Wuppertal 1974, Abb.6

Zinna und Glaswald auf der Barrikade (in Berlin), Federlithografie
von Theodor Hosemann, 1849, aus: Walter Schmidt, Gerhard
Becker, Helmut Bleiber: Illustrierte Geschichte der deutschen
Revolution von 1848/49. Berlin 1975, S. 8

Barrikaden. Historienmalerei von Albert Mann 1953, Ölgemälde.
Deutsches Historisches Museum. Bildarchiv. Inventarnum-
mer: Kg 54/13., © Deutsches Historisches Museum /
S. Ahlers

Elberfeld im Mai 1849, Historienmalerei von Heinrich von
Tiedemann 1917auf Postkarte, HZ Wuppertal. Abgedruckt
in: Michael Knieriem: Michels Erwachen. Wuppertal 1998,
S. 134

Barrikade Elberfeld, aus: Kladderadatsch 20 (Mai 1849). Univer-
sitäts- und Landesbibliothek Düsseldorf: zb 8376, aus: Kunst
der bürgerlichen Revolution von 1830 bis 1848/49[2] Berlin
1973, S. 94

Barrikade in Paris, von Raunheim und Flatters, Lithografie
1848, Aus: Kunst der bürgerlichen Revolution von 1830 bis
1848/49[2] Berlin 1973, S. 49

Bekanntmachung des Elberfelder Sicherheitsausschusses vom 14. Mai 1849, in: Klaus Goebel / Manfred Wichelhaus: Aufstand der Bürger, Wuppertal 1974, S. 111

Brücke am Döppersberg, Elberfeld am Wall, aus dem Bestand des ehemaligen, inzwischen aufgelösten Fuhlrott-Museums Wuppertal, in: Klaus Goebel / Manfred Wichelhaus: Aufstand der Bürger, Wuppertal 1974, Abb.: 27/28

Armenviertel in Elberfeld 1848, Stadtarchiv Wuppertal

Das Quartier an der Fuhr in Elberfeld um 1880, in: Klaus Goebel/Michael Knieriem/Kurt Schnöring/Volkmar Wittmütz: Geschichte der Stadt Wuppertal, Wuppertal 1977, Abb. 32

Die Wupper um 1850, in: Klaus Goebel/Michael Knieriem/Kurt Schnöring/Volkmar Wittmütz: Geschichte der Stadt Wuppertal, Wuppertal 1977, Abb. 20

Engels-Porträt von G. W. Feistkorn, 1840, in: Mayer, Gustav: Friedrich Engels. Eine Biographie. Bd. 1: Friedrich Engels in seiner Frühzeit. Berlin 1920

Der junge Friedrich Engels; Friedrich Engels in Manchester, Zeichnungen von Nikolai Nikolaijewitsch Shukow: Karl Marx. Friedrich Engels. 24 Zeichnungen. Berlin 1952 (Dietz Verlag) S. 4, S. 7

Friedrich Wilhelm IV-Karikatur, 1849 von Isidor Popper (1816–1884), public domain

Charivari, Lithographie von Grandville = Jean Ignace Isidore Gérard (1803–1847), in: »La Caricature«, Paris, 1.9.1831, public domain

Der Düsseldorfer Landwehrmann auf dem Manöver, in: Düsseldorfer Monatshefte, aus: Michael Knieriem: Michels Erwachen. Wuppertal 1998, S. 69

Solingen um 1850, Lithographie v. Joh. Wetzel, aus: Jürgen Reulecke / Burkhard Dietz: Mit Kutsche, Dampfross und Schwebebahn. Reisen im Bergischen Land II (1750–1910), Neustadt/Aisch 1984, S. 84, Abb. 11

Steckbrief, in: Walter Schmidt, Gerhard Becker, Helmut Bleiber: Illustrierte Geschichte der deutschen Revolution von 1848/49. (Dietz Verlag) Berlin 1975, S. 295

Die Waarenzahler. Die Wucher. Lithografien von Adolf Schroedter in Düsseldorfer Monatshefte 1847/48; aus: Kunst der bürgerlichen Revolution von 1830 bis 1848/49[2] Berlin 1973, S. 128

Zuccamaglio, Spott mit der Zeichenfeder: von Mirbach; bei Remlingrade; Freischärler, aus: Zuccalmaglio, Vincenz von: Die große Schlacht bei Remlingrade oder der Sieg der bergischen Bauern über die Elberfelder Allerwelts - Barrikadenhelden am 17. Mai 1849, Koblenz 1849, S. 7, 12, 17

Detlef Vonde, Dr. phil., geb. 1954 in Hagen, Studium der Geschichtswissenschaft, Germanistik, Philosophie und Wissenschaftlichen Weiterbildung in Bochum und Hagen. Bis 1987 wissenschaftlicher Mitarbeiter am Lehrstuhl Neuere Geschichte der Fernuniversität Hagen. Danach Fachbereichsleiter an der Bergischen VHS Solingen/Wuppertal. Zahlreiche Publikationen zu Themen der Urbanisierungsgeschichte, Bildungs- und Sozialgeschichte sowie zur Geschichte des Ruhrgebiets und des Bergischen Landes.